高等院校土建专业互联网+新形态创新系列教材

U0366684

工程经济学
(第 2 版)

于立君　主　编
刘颖春　闫　波　副主编

清华大学出版社
北京

内 容 简 介

本书编写依据"应用型"的定位，坚持"注重基本理论、基本概念，淡化过程推导，突出工程应用"的宗旨，注重实践性和应用性，使整部教材理论阐述清晰，案例和例题科学、实用，内容体系创新独特，每章内容均配有一定量的习题进行实践和理解。有利于学生边学习、边研究、边实践。

本书紧密结合工程管理和工程造价管理专业实践性强、应用性强的特点，更加注重教材的实用性，注重对学生建设项目经济评价能力的培养和训练，注重与其他专业课程的衔接性，并保持教学内容体系系统性，更适宜应用型普通高等院校教学的需要。

本书共分为 12 章，主要内容包括工程经济学概论、工程经济评价基本要素、工程项目经济预测、资金的时间价值、工程经济评价的基本方法、多方案经济评价方法、不确定性分析、建设项目可行性研究与经济评价、设备更新决策、价值工程、工程经济学在工程中的应用和经济评价案例。

本书体系完整，思路清晰，案例丰富，难易适当，除了可以作为土木工程专业学生的教材以外，还可以作为工程管理专业学生的教材或工程经济管理人员的工作参考书。

图书在版编目(CIP)数据

工程经济学/于立君主编. —2 版. —北京：清华大学出版社，2023.8 (2025.7 重印)

高等院校土建专业互联网+新形态创新系列教材

ISBN 978-7-302-64490-3

Ⅰ.①工… Ⅱ.①于… Ⅲ.①工程经济学—高等学校—教材 Ⅳ.①F062.4

中国国家版本馆 CIP 数据核字(2023)第 153682 号

责任编辑：石　伟
装帧设计：刘孝琼
责任校对：周剑云
责任印制：沈　露

出版发行：清华大学出版社
　　　　网　　　址：https://www.tup.com.cn, https://www.wqxuetang.com
　　　　地　　　址：北京清华大学学研大厦 A 座　　　邮　　编：100084
　　　　社 总 机：010-83470000　　　　邮　　购：010-62786544
　　　　投稿与读者服务：010-62776969, c-service@tup.tsinghua.edu.cn
　　　　质量反馈：010-62772015, zhiliang@tup.tsinghua.edu.cn
　　　　课件下载：https://www.tup.com.cn,010-62791865

印 装 者：三河市龙大印装有限公司
经　　销：全国新华书店
开　　本：185mm×260mm　　　印　张：19.5　　　字　数：471 千字
版　　次：2015 年 1 月第 1 版　　2023 年 9 月第 2 版　　印　次：2025 年 7 月第 2 次印刷
定　　价：59.00 元

产品编号：095939-01

前　　言

现代社会的工程师不再仅仅承担以技术创新为核心的技术使命，还要具有经济意识。在技术方案的设计和选择过程中，要充分考虑与技术方案相关的投入与产出，力求形成或选定最大经济效果的技术方案。工程经济学正是一门工程技术科学与经济科学相结合的交叉学科，研究的就是工程技术的经济效果问题。

本书着眼于工程技术人员的实际工作需要，吸收了国内外工程经济研究的新成果，系统介绍了工程经济学的基本理论，并力图做到理论联系实际，让读者在学习基本理论的同时，了解工程经济理论在实践中的具体应用，在学习工程经济分析方法和建设项目经济评价方法的同时，树立技术经济的思维。

本书共分为 12 章，各章的主要内容说明如下：

第 1 章为工程经济学概论。包括工程经济学的基本概念、工程经济学的产生与发展。以及工程经济分析的一般过程和基本原则。

第 2 章为工程经济评价基本要素，包括经济效果、投资、成本、税金、营业收入与利润、现金流量。

第 3 章为工程项目经济预测，包括预测的概念和基本原则、项目经济预测的分类及一般步骤、预测方法。

第 4 章为资金的时间价值，包括资金的时间价值的概念、资金等值计算的基本公式。

第 5 章为工程经济评价的基本方法，包括投资回收期、净现值、内部收益率、其他判别指标。

第 6 章为多方案经济评价方法，包括方案类型、互斥方案的经济评价方法、独立方案的经济评价方法、混合方案的经济评价方法。

第 7 章为不确定性分析，包括不确定性分析概述、盈亏平衡分析、敏感性分析、概率分析。

第 8 章为建设项目可行性研究与经济评价，包括可行性研究概述，可行性研究的阶段、主要内容和工作程序，可行性研究报告，财务分析，国民经济评价，环境评价。

第 9 章为设备更新决策，包括设备磨损与补偿、设备更新概述、设备更新方案的比较和选择方法、设备租赁与购买方案的比较与选择。

第 10 章为价值工程，包括价值工程的基本原理，选择价值工程对象与收集情报，功能的分析、整理和评价，方案创造与评价。

第 11 章为工程经济学在工程中的应用，包括建筑设计中的经济分析、工程施工中的经济分析。

第 12 章为经济评价案例，以某石化工建设项目为例，介绍了工程经济分析的主要过程。

本书由于立君任主编，刘颖春、闫波任副主编。具体编写分工如下：第 1 章由于立君(长春工程学院)编写，第 2 章、第 3 章由景亚平(长春工程学院)编写，第 4 章、第 10 章由刘颖春(吉林建筑大学)编写，第 5 章、第 6 章由闫波(长春建筑学院)编写，第 7 章、第 9 章由刘绍涛(河南城建学院)编写，第 8 章、第 12 章由郝利光(长春工程学院)编写，第 11 章由胡金红(长春工程学院)编写。

本次再版，主要修订了以下方面：

(1) 工程经济评价基本要素一章中，按照现行税收法律和财务会计准则对要素内容进行了修订。调整了税金部分的分类，删除了营业税的内容，补充完善了其他部分税类。

(2) 对经济评价案例一章进行了调整，删除了房地产开发项目的经济评价案例。

(3) 根据工程经济学当前理论和实践的新变化，对全书涉及的各细节部分进行了修订。

(4) 对各章节的例题、习题进行了审核验算，对全书的文字进行了全面校对，修改了发现的差错。

本书在编写过程中参考了大量的相关文献，在此谨向这些文献的作者表示衷心的感谢。感谢清华大学出版社的诸位编辑，他们的敬业精神令人感动。感谢本书的读者一直以来的支持，衷心希望你们对本书提出改进意见和建议。

编　者

目 录

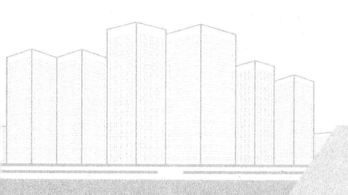

第 1 章　工程经济学概论

※ 【学习要点及目标】

● 了解工程、技术和经济的含义及其关系。
● 了解工程经济学的定义及研究对象。
● 了解工程经济学的产生和发展。
● 掌握工程经济分析的一般步骤。
● 掌握工程经济分析的原则。

※ 【核心概念】

工程、技术、经济、工程经济学

1.1 工程经济学的基础概念

1.1.1 工程、技术与经济

1. 工程的含义

在《现代汉语词典》中，工程有两方面的含义，一是指土木建筑或其他生产、制造部门用比较大而复杂的设备来进行的工作，例如土木工程、机械工程、化学工程、水利工程等，也指具体的建设工程项目；二是指某项需要投入巨大人力和物力的工作，例如菜篮子工程。工程经济学中所谈到的工程主要指第一方面的含义，从本质上说工程是人们改造客观世界的社会实践活动。

2. 科学与技术的含义

"技术"是大家都很熟悉的名词，在很多方面都广泛应用，但对其概念的理解却不尽相同。最早给"技术"下明确定义的是18世纪法国启蒙主义思想家、唯物主义者狄德罗，他认为"技术是为某一个目的共同协作组成的各种工具和规则的体系"。苏联学者比较普遍的看法是"技术是社会生产体系中的劳动手段"。在我国，通常所说的"技术"，是指人在实践活动过程中体现出来的经验、知识以及操作技巧的科学总结，也就是"根据生产实践经验和自然科学原理而发展成的各种工艺操作方法和技能"。除了操作技术以外，广义地讲，技术还包括相应的生产工具和其他物资设备以及生产的工艺过程或作业程序方法。

科学与技术的关系是一个古老的话题，长久以来我们一直在讨论。从一般意义上来说，科学是对大自然的最基础的探索和研究，而技术是在科学的基础上用于改造自然界和人类社会。从本质上说科学属于认识世界的范畴，而技术属于改造世界的范畴。二者是不同的概念，但又是密切联系的。科学是技术存在的前提，技术是科学的具体应用。现代工程是人们运用科学知识和技术手段创建的。

3. 经济与经济学的含义

英文中 economy 一词，源自古希腊语 οικονομα(家政术)，到了近代扩大为治理国家的范围。在中国古汉语中，"经济"一词是"经邦"和"济民""经国"和"济世""经世济民"等词的综合和简化，含有"治国平天下"的意思。

在近代和现代，"经济"一词大致有如下几种含义：①经济是指社会生产关系的总和，指人们在物质资料生产过程中结成的，与一定的社会生产力相适应的生产关系的总和或社会经济制度，是政治、法律、哲学、宗教、文学、艺术等上层建筑赖以建立起来的基础。②经济是指社会物质资料的生产和再生产过程，包括物质资料的直接生产过程以及由它决定的交换、分配和消费过程。其内容包括生产力和生产关系两个方面，但主要是指生产力。③经济是指一个国家国民经济的总称，包括一个国家全部物质资料生产部门及其活动和部分非物质资料生产部门及其活动。我们通常讲不同国家的经济状况，就是从国民经济的角度出发的。④经济就是生产或生活上的节约、节俭，前者包括节约资金、物质资料和劳动等，归根结底是劳动时间的节约，即用尽可能少的劳动消耗生产出尽可能多的社会所需要的成果。后者指个人或家庭在生活消费上精打细算，用消耗较少的消费品来满足最大的需要。经济一词的多种含义视其使用范围不同而异。但在一定的场合使用时，其含义是确定的。

经济学是研究人类社会在各个发展阶段的各种经济活动和各种相应的经济关系及其运行、发展的规律的科学。经济活动是人们在一定的经济关系的前提下，进行生产、交换、分配、消费以及与之有密切关联的活动。由于资源的稀缺性，所以在经济活动中存在着以较少耗费取得较大效益的问题。经济关系是人们在经济活动中结成的相互关系，在各种经济关系中，占主导地位的是生产关系。

4. 技术与经济的关系

技术和经济是人类社会进行再生产活动不可缺少的两个方面。它们之间是相互联系、相互依存、相互促进和相互制约的关系。技术与经济之间的关系，既有统一的方面，也有矛盾的方面。

(1) 经济发展是技术进步的动力。

(2) 技术进步是推动经济发展的重要条件和手段。

(3) 技术与经济两者之间是对立统一关系。

先进的技术并不一定具有经济合理性；不具有经济性的技术是不适用的。

总之，技术和经济的关系是辩证的，是处于不断发展变化中的。任何技术的应用，都应以提高经济效益为前提，要因地、因时处理好技术和经济之间的关系。

1.1.2 工程经济学的定义

工程是人们运用技术手段改造自然的社会实践活动，其复杂的属性决定工程会投入大量的人力、物力和财力。在工程实践中，工程技术人员将涉及各种设计方案、工艺流程方案、设备方案的选择，工程管理人员会遇到项目投资决策、生产计划安排和人员调配等问题，解决这些问题也有多种方案。技术上可行的各种行动方案可能涉及不同的投资、不同的经常性费用和效益，那么以什么样的标准来对这些方案进行取舍呢？那就是技术上可行，经济上合理，以最小的投入获得预期产出或者说以等量的投入获得最大产出为标准，这就是工程经济学所要解决的问题。

什么是工程经济学呢？工程经济学是运用工程学和经济学有关知识相互交融而形成的工程经济分析原理与方法，以及能够完成工程项目预定目标的各种可行技术方案进行技术经济论证、比较、计算和评价，优选出技术上先进、经济上有利的方案，从而为实现正确的投资决策提供科学依据的一门应用性经济学科。

1.1.3 工程经济学的研究对象

研究对象是一个学科独立存在的首要问题。工程经济学的研究对象是工程项目技术经济分析的最一般方法。这就是为了实现工程中资源的合理配置和有效使用，达到技术上可行、经济上合理的最佳结合点，从而建立的技术经济理论体系、方法体系和指标体系。运用这些知识体系对具体的工程项目进行分析的过程，就是工程经济分析。工程经济学为具体工程项目分析提供方法基础，而工程经济分析的对象则是具体的工程项目。这里的工程项目的含义是广泛的，不仅指固定资产建造和购置活动中的具有独立设计方案、能够独立发挥功能的工程整体，而且更主要的是指投入一定资源的计划、规划和方案并可以进行分析和评价的独立单位。比如它既可以是一个具有一定生产能力的大型工厂，也可以是某个生产线上的一台设备。

1.2 工程经济学的产生与发展

工程经济学的产生至今有 100 多年，其标志是 1887 年美国土木工程师亚瑟·M. 惠灵顿出版的著作《铁路布局的经济理论》(*The Economic Theory of Railway Location*)。很显然，铁路线路的选择可以有多种方案，而且不同方案的选择对铁路的建设费用、未来的运营费用和收益会产生很大影响。但当时的实际情况是许多选线工程师没有意识到这个问题的重要性。于是作为铁路工程师的亚瑟·M. 惠灵顿首次将成本分析方法应用于铁路的最佳长度和路线的曲率选择问题，并提出了工程利息的概念，开创了工程领域中的经济评价工作。在其著作中，他将工程经济学描述为"一门少花钱多办事的艺术"。1920 年，O.B.哥德曼研究了工程结构的投资问题，并在著作《财务工程》(*Financial Engineering*)中提出了用复利法来分析各个方案的比较值，并提到"有一种奇怪而遗憾的现象，就是许多作者在他们的工程学书籍中，没有或很少考虑成本问题。实际上，工程师的最基本的责任是分析成本，以便达到真正的经济性，即赢得最大可能数量的货币，获得最佳财务效益"。1930 年，E.L.格兰特教授出版了《工程经济学原理》教科书，从而奠定了经典工程经济学的基础。该书历经半个世纪，到 1982 年已经再版 6 次，是一本公认的学科代表性著作。在《工程经济学原理》一书中，作者指出了古典工程经济学的局限性，以复利计算为基础，讨论了判别因子和短期投资评价的重要性，以及长期资本投资的一般比较。E.L.格兰特教授的许多贡献得到了社会的承认，他也被称为"工程经济学之父"。之后，J.迪安发展了折现现金流量法和资金分配法。J.迪安指出"时间具有经济价值，所以近期的货币要比远期的货币更有价值"。1982 年，曾经担任世界生产力科学联合会主席的 J.L.里格斯教授出版了《工程经济学》，系统阐述了工程经济学的内容。该书具有观点新颖、内容丰富、论述严谨的特点，把工程经济学的学科水平向前推进了一大步。书中写道："工程师的传统工作是把科学家的发现转变为有用的产品。而今，工程师不仅要提出新颖的技术发明，还要能够对其实施的结果进行熟练的财务评价。现在，在密切而复杂地联系着的现代工业、公共部门和政府之中，成本和价值的分析比以往更为细致、更为广泛(例如工人的安全、环境影响、消费者保护)。缺少这些分析，整个项目往往很容易成为一种负担，而收益不大。"显然，工程经济学家们是把工程经济学作为一门为工程师创立的独立的经济学。

我国对工程经济学的研究和应用起步于 20 世纪 70 年代后期。随着改革开放，传统的计划经济不讲核算、不讲效益的观点被逐渐摒弃，在工程项目的成本核算中，开始出现折现现金流量的概念。1984 年，交通部组织编制了《运输船舶技术经济论证名词术语》的部颁标准(JT 0013－1985)，其中已经出现了工程经济学的若干基本概念。现在，在项目投资决策分析、项目评估和管理中，工程经济学的原理和方法已经被广泛地应用。

1.3　工程经济分析的一般过程

工程经济分析工作应该遵循科学的程序。其一般过程如图 1-1 所示。

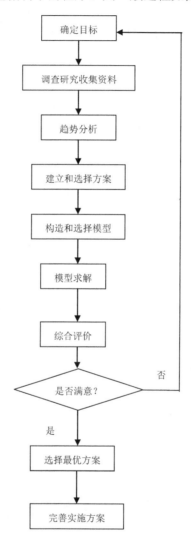

图 1-1　工程经济分析的一般过程

1. 确定目标

依照分析对象的不同，确定分析目标。目标可以分为国家目标、地区或部门目标、项目或企业目标，目标内容可以是项目规模、设备选择或技术改造等。

2. 调查研究收集资料

根据确定的目标，进行调查研究，收集有关技术、经济、财务、市场、政策法规等资料。

3. 趋势分析

根据现有的数据资料，结合外部环境和内部因素获得研究所需的数据指标。

4. 建立和选择方案

根据确定的目标集思广益，尽可能收集各种可能的方案，从中筛选出所有可能的方案。从国家目标出发，兼顾企业目标，拟定技术经济分析指标，分析各方案的利弊得失以及影响技术经济效果的内外因素。

5. 构造和选择模型

经济数学模型是工程经济分析的基础和手段，通过经济数学模型的建立，进一步规定方案的目标体系和约束条件，为以后的经济分析创造条件。

6. 模型求解

把各种具体资料和数据代入数学模型中进行运算，求出各方案主要经济指标的具体数值并进行比较，初步选择方案。

7. 综合评价

在对各方案的经济效益进行定量分析的基础上，还要采用定性分析的办法，对方案进行综合分析和全面评价(包括技术、经济、政治、社会、国防、资源以及生态环境等方面的分析与评价)。综合评价的正确与否，关键取决于定性分析的正确与否以及所引入的数据是否准确可靠，否则将影响评价结果。

8. 选择最优方案

根据综合评价的结果，优选出技术上先进、经济上合理的最佳方案，若该方案能让人满意，则选中最优方案。若不够满意，则检查方案、指标的合理性。

9. 完善实施方案

选择最优方案后，再进一步完善具体细节，然后在实际工程中开始实施这个方案。

1.4 工程经济分析的基本原则

工程经济分析的重要任务，是正确选择和确定经济效益最佳的技术方案。在现代科学技术条件下为完成某项生产建设任务，能够列举各式各样的技术方案。但从经济分析的角度考察，这些方案不一定都能符合技术上先进、经济上合理、生产上适用的要求。在实际工作中，一方面要分析这些方案各自的所费和所得，考察其自身的经济效益；另一方面大量的工作是将各方案与其他可能采用的方案进行比较，分析它们之间的经济效益的差别。对各种技术方案进行经济效益评价时，应遵循以下几项基本原则。

1. 工程技术与经济相结合的原则

技术和经济是一种辩证的关系，它们之间既相互统一，又相互矛盾。我们知道，人们为了达到一定的目的和满足一定的需要，都必须采用一定的技术，而任何社会实践在所有条件下都必须消耗人力、物力和财力。换句话说，不能脱离经济，也就是技术和经济之间有着相互依赖和相互统一的关系。从技术发展的各个阶段来考察，许多先进的技术往往同时带来很好的经济效果，在生产实践中得到了广泛的采用和推广，推动了国民经济的发展，促进了社会进步。同时经济的发展也能促进新技术的应用，经济发展的需要成为推动技术进步的动力。因此，经济是技术发展的起因和归宿。但是由于各种因素的影响，技术的先进性及经济的合理性之间存在着一定的矛盾。例如，有不少技术虽然反映了先进的技术水平，但在当时所处的环境下，其经济效果不如另外的技术，那么这种技术就不能在生产实践中被广泛使用。但应看到，随着事物的发展和条件的变化，这种矛盾关系也会随着改变，原来经济效果差的技术可以转化成经济效果好的，原来经济效果好的技术也可以转化成经济效果差的。正因为这种转化关系的存在，才使技术不断进步，促进社会生产力的不断发展。因此，在进行工程经济分析时，既要求技术上的先进性，又要分析经济上的合理性，力求做到两者的统一。

2. 宏观经济效益和微观经济效益相结合的原则

宏观经济效益是指国民经济效益或社会经济效益，微观经济效益是指一个企业或项目的具体经济效益，两者实质上是整体利益和局部利益的关系。一般来讲，微观效益和宏观效益是一致的，但有时也会出现矛盾。也就是说，从一个企业、一个部门来看是有利的，但从整个国民经济的角度考察是不利的；或者对整个社会有利，而对一个企业或一个部门的利益不大。此时，就需要局部利益服从整体利益，从整个国民经济的利益出发，选择宏观经济效益好的方案。

3. 可持续发展的原则

我们国家实行的是社会主义市场经济，生产的目的是满足人们日益增长的物质文化生活需要，应该说近期的经济效益和长远的经济效益从根本上是一致的。但有时两者之间也会出现矛盾。这时进行经济评价不仅要考虑近期的效益，还要分析和考察长远效益。以生产性建设项目为例，既要考察生产施工过程的经济效益，也要考察投入使用以后的经济效益，从而为社会主义经济持续发展创造良好的条件。

4. 可比性原则

工程经济分析的可比性原则，是指为完成某项工程建设任务所提出的各种可行的技术方案在进行经济比较时，必须具备一定的共同的比较前提和基础。工程经济分析的可比性原则，主要是研究技术方案经济比较的可比性原则与条件，分析各可行技术方案之间可比与不可比的因素，探讨不可比向可比转化的规律及处理办法，提高工程经济分析工作的科学性。对两个或两个以上的可行技术方案进行经济比较时，应遵循以下四个可比原则。

1) 满足需要的可比原则

任何技术方案的主要目的都是满足一定的需要，没有一个方案不是以满足一定的客观需要为基础的。例如，彩色电视机厂的单层厂房，可以采用现浇框架结构或轻钢结构，都是为了生产彩色电视机，满足社会对彩色电视机的需要。因此一种技术方案若要和另一种方案比较的话，这两种方案都要满足相同的需要，否则，它们之间就不能互相代替，就不能互相比较，所以，满足需要上的可比是一个很重要的可比原则。

技术方案一般以其产品的数量、品种和质量等技术经济指标来满足社会需要，对满足相同需要的不同技术方案进行比较时，首先要求不同方案的产品数量、品种、质量等指标具有可比性。有些指标虽然不能直接进行比较，但是可以通过换算和修正，使之具有可比性。而有些指标是不能换算和修正的，这时方案就不具备可比性。

2) 消耗费用的可比条件

经济效果是投入与产出之比，应从满足需要和消耗费用两个方面进行考核，所以在进行技术方案比较时还应注意在满足消耗费用方面的可比原则。

每个技术方案在工程中的具体实现都必须消耗一定的社会劳动或费用。由于每个技术方案的技术特性和经济特性不同，因此在各方面所消耗的劳动和费用也不相同。为了使各个技术方案能够正确地进行经济效果的比较，每个技术方案的消耗费用必须从整个社会和整个国民经济的角度出发，从总的全部消耗的观点(即综合的观点)出发考虑。也就是说，必须考虑技术方案的社会全部消耗费用，而不只是从某个个别的国民经济部门，从个别环节个别部分的消耗费用出发考虑。具体来说，就是不仅要计算技术方案本身直接消耗的费用，还应计算与实现方案密切相关的部门的投资或费用；不仅要求计算实现方案的一次性投资费用，还要计算实现方案后每年的经营使用费用。

在对各种技术方案计算消耗费用时，也必须采用统一的计算原则和方法。

3) 价格指标的可比原则

一方面，在市场经济条件下，各种商品要在市场上进行交换。在计算比较方案的经济效果时，就必须用到价格指标。价格指标可以从两方面影响技术分析工作的正确性。一是价格水平本身的合理性；二是所选用的价格的恰当性(例如采用国内市场价格、国际市场价格还是其他理论价格)。由于价格体系不合理或某些价格与价值的偏离，常给工程经济分析带来假象，而导致错误的结论。为了避免这种错误，必须建立价格指标可比的条件。

另一方面，随着科技进步和社会劳动生产率的提高，各种技术方案的消耗费用也随之减少，因此要求在方案比较和进行经济计算时，采用一定的相应时期的价格，即在分析近期技术方案时，应统一使用现行价格，而在分析远期方案时，则应统一使用远景价格。

4) 时间的可比原则

一方面，技术方案的经济效果还具有时间的概念。例如，有两个技术方案，它们的产品产量、质量、投资、成本等各方面都相同，但在时间上有差别，即一个投产早，另一个投产晚；或者，一个投资早，另一个投资晚。在这种情况下，这两个方案的经济效果就会不同，不能简单地进行比较，必须考虑时间因素，采用相等的计算期作为比较基础，才能进行经济效果比较。

另一方面，各种技术方案由于受到外界的技术、经济等各种因素的限制，在投入的人力、物力、资源和发挥效益的时间上有所差别。例如，有的技术方案建设年限短，有的建设年限长；有的投入运行、生产早，有的晚；有的服务年限长，有的短，等等。可见，当对不同技术方案进行经济比较时，不仅要考虑技术方案所产生的社会产品数量和产值的大小，所消耗和占用的人力、物力和资源数量及其费用的大小，而且还必须考虑这些社会产品和产值以及人力、物力和资源数量及其费用是在什么时间产生、占用和消耗的，以及总共生产、占用和消耗了多长时间。早生产就会早发挥效益，创造的财富就多；晚生产就会晚发挥效益，创造的财富就少。服务年限长，生产的产品就多；服务年限短，生产的产品就少。

5. 直接经济效益与间接经济效益相结合的原则

经济评价除了考虑项目自身的经济效益以外，还要考虑本项目给其他相关项目和部门的发展创造的有利条件及其经济效益。间接效益在经济评价中有时是很重要的，尤其是当间接效益比较高或者直接效益虽然好，但妨碍了其他相关项目或部门的发展及效益的提高时，更有必要考察间接效益，以便得到全面、正确的评价结论。

6. 定量的经济效益与定性的经济效益相结合的原则

由于有用成果有可定量的效果因素和不可定量的效果因素，因此经济效益也有可定量的方面和不可定量的方面。然而，对不可定量效果因素的分析非常重要，即要求在评价时不仅从定量方面衡量其经济效益的高低，而且还要从定性方面分析经济效益的优劣，并使两者有机地结合，以利于正确选择最优方案。

7. 经济效益评价与综合效益评价相结合的原则

经济效益评价是分析经济合理性的，但对技术方案的评价和选优也不能单从经济因素这一方面做出最终结论。在此过程中，还要从社会因素、政治因素、自然资源、生态环境等诸方面进行分析，并以国家政治经济形势和政策要求为依据，针对技术方案自身的技术经济特点，做出综合的效益评价，从而为正确进行决策提供全面的、客观的依据。

习　　题

1. 什么是工程经济学？其研究的对象与内容是什么？
2. 什么是技术？什么是经济？两者之间的关系如何？工程经济学为什么十分注重技术与经济的关系？
3. 在工程经济分析时为什么要强调可比条件？应注意哪些可比条件？
4. 从技术与经济既相互促进又相互制约两方面各举一个实例证明。

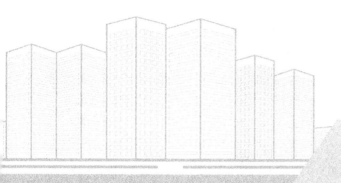

第 2 章　工程经济评价基本要素

※ 【学习要点及目标】

- 掌握经济效果的概念，了解经济效果的分类。
- 掌握投资的概念和投资的组成。
- 掌握固定资产投资的构成，了解固定资产投资的估算方法。
- 掌握流动资产的内容及流动资产估算方法。
- 掌握成本、经营成本、总成本费用的内涵和组成
- 了解各项成本项目的估算。
- 理解固定成本与变动成本、机会成本、沉没成本的含义。
- 了解各种税费的内容及计算方法。
- 了解营业收入、利润的概念和计算方法。
- 掌握现金流量的概念和构成，掌握现金流量图的绘制方法。

※ 【核心概念】

经济效果、经济效益、固定资产投资、经营成本、总成本费用、机会成本、固定成本、变动成本、营业税金及附加、企业所得税、营业收入、利润、现金流量等

【引导案例】

某企业准备投资兴建一个工业生产项目，技术方案已经设计完成，现在要考察其在经济上是否能够达到预期的要求，应该采用何种指标进行目标实现程度的考核呢？

工程经济学把工程领域内的经济效果作为研究的核心。以最少的投入取得尽可能多的积极成果或者产出，是各种工程活动追求的经济目标。因此，经济效果及其构成要素是工程技术人员必须掌握的内容。

2.1 经济效果

2.1.1 经济效果的概念

经济效果是指人们为达到一定目的所从事的社会实践活动的成果和劳动消耗的比较。它反映的是社会生产实践活动过程中劳动耗费转化为劳动成果的程度。人们根据不同的评价领域和评价对象，使用"成果与消耗之比""产出与投入之比""所得与所费之比"等不同的表述方式描述经济效果。

对上述经济效果概念进行正确理解，应注意以下三个方面。

(1) 成果和劳动消耗相比较是理解经济效果的本质所在。

人们在社会实践中从事各种活动都有一定的目的，都是为了取得一定的效果，在此过程中，会有得有失。在经济活动中，人们会更加注重经济上的得失，对比得与失的差异。因此，经济效果必须强调将成果和劳动消耗联系起来综合考虑的原则，而不能仅使用单独的成果或消耗指标。不将成果与消耗、投入与产出相联系，我们就无法判断其优劣、好坏。

(2) 技术方案实施后的效果有好坏之分。

随着经济活动的进行、技术方案的实施，这些社会实践活动都会取得一定的成果，都会消耗一定的劳动，产生一定的效果。但这个效果不一定是有用的效果，比如因为生产焦炭产生的环境污染就是生产活动的坏的效果，或者叫负效果。经济效益是经济活动中所取得的有效劳动成果与劳动耗费的比较。有效劳动成果是指对社会有用的劳动成果，即被社会所承认和需要的效果。

(3) 经济效果概念中的劳动消耗由三部分组成。

经济效果概念中的劳动耗费，包括生产过程中的直接劳动消耗、劳动占用、间接劳动消耗三部分，即技术方案消耗的全部人力、财力、物力。直接劳动消耗是指技术方案在生产运行中所消耗的原材料、燃料、动力、生产设备等物化劳动消耗以及劳动力等活劳动消耗。劳动占用通常指技术方案为正常进行生产而长期占用的用货币表现的厂房、设备、资金等。间接劳动消耗是指在技术方案实施过程中社会发生的消耗。

在对工程项目进行工程经济分析、评价经济效果时，必然要对经济活动产生的成果和发生的劳动耗费进行考察，以此为依据进行定量经济效果评价。这些组成成果和劳动耗费的基本内容就构成了经济评价的基本经济要素，它们主要由体现投入的投资、成本费用等和体现产出的收入、利润、税金等构成。分析评价人员需要对这些要素进行收集、估算、预测等，这些数据预测或估算的准确程度将直接影响工程项目评价的质量及决策。

2.1.2　经济效果的表示方式

经济效果通常有三种表示方式。

1. 差额表示法

差额表示法是一种用成果与劳动耗费之差表示经济效果大小的方法，表达式为

$$经济效果 = 成果 - 劳动耗费(或劳动占用) \tag{2-1}$$

例如利润额、利税额、国民收入、净现值等都是以差额表示法表示的常用的经济效果指标。

2. 比值表示法

比值表示法是一种用成果与劳动耗费之比表示经济效果大小的方法，表达式为

$$经济效果 = \frac{成果}{劳动耗费(或劳动占用)} \tag{2-2}$$

采用比值法表示的指标有劳动生产率、单位产品原材料消耗水平等。

3. 差额-比值表示法

这是一种用差额表示法与比值表示法相结合来表示经济效果大小的方法，表达式为

$$经济效果 = \frac{成果 - 劳动耗费}{劳动耗费(或劳动占用)} \tag{2-3}$$

采用差额-比值法表示的指标有成本利润率、投资收益率等。

2.1.3　经济效果的分类

1. 企业经济效果和国民经济效果

根据受益分析对象不同，可以将经济效果分为企业经济效果和国民经济效果。从企业的利益出发，分析得出的技术方案为企业带来的效果称为企业经济效果。而技术方案对整个国民经济以至整个社会产生的效果称为国民经济效果。

由于分析的角度不同，对同一技术方案的企业经济效果评价结果与国民经济效果评价结果可能会不一致，这就要求不仅要做企业经济效果评价，而且还要分析国民经济效果。对技术方案的取舍应主要取决于国民经济效果评价的结果。

2. 直接经济效果和间接经济效果

直接经济效果是指项目自身直接产生并得到的经济效果。间接经济效果是指由项目引起的，由自身之外的其他项目得到的经济效果。

一个技术方案的采用，除了给实施企业带来直接的经济效果以外，还会对社会其他部门产生间接的经济效果。比如，一个水电站的建设不仅给建设单位带来发电收益、旅游收益，而且给下游带来防洪收益。一般来说，直接经济效果容易判定计量，不容易被忽略。但从全社会角度，则更应强调间接经济效果。

3. 有形经济效果和无形经济效果

有形经济效果是指能用货币计量的经济效果，比如净利润、净现金流量。无形经济效果是指难以用货币计量的经济效果，例如，技术方案被采用后对改善环境污染、保护生态平衡、提高劳动力素质、填补国内空白等方面产生的效益。在技术方案评价中，不仅要重视有形经济效果的评价，还要重视无形经济效果的评价。

2.2 投 资

2.2.1 投资的概念

"投资"一词具有双重含义。

第一，投资是指投资活动，即投资主体为了特定的目的，获取预期收益而施行的一种价值垫付行为。或者说是经济主体为了获取经济利益，向某项计划投入一定量的资源并使资源不断转化为资产的全部经济活动。

这是一种广义上的概念，包括投资主体、投资动机、投资目的、投资形式、投资领域、投入产出效益、投资的过程和行为等诸多因素。

第二，投资是指投入的资金数量，是指投资者为获取预期收益而投入的资金或资源以及其他形式的等值价值量。或者说是为了保证项目投产和生产经营活动的正常进行而投入的活劳动和物化劳动的价值总和，是为了未来收益而预先垫付的资金。

这是工程经济分析的重要经济指标，是一种狭义上的概念。

建设项目投资是指投资主体为了获取预期收益，在选定的建设项目上所需投入的全部资金。生产性建设项目总投资包括建设投资(含固定资产投资、无形资产投资、其他资产投资等)、建设期借款利息和流动资产投资三部分。而非生产性建设项目总投资只有固定资产投资，不包括流动资产投资。建设项目总投资的构成如图 2-1 所示。

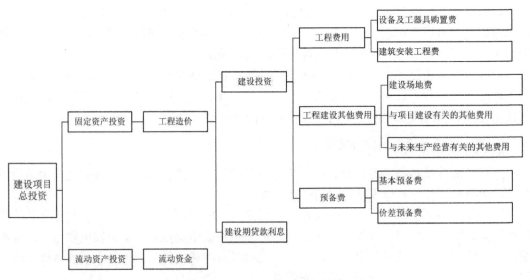

图 2-1 建设项目总投资的构成

2.2.2　固定资产投资

固定资产投资是指在建造、购置固定资产等的经济活动中所投入的资金。

固定资产是指企业使用期限超过一年的房屋、建筑物、机器、机械、运输工具以及其他与生产、经营有关的设备、器具、工具等。不属于生产经营主要设备的物品，单位价值在 2000 元以上，并且使用年限超过二年的，也应当作为固定资产。

在会计学中，固定资产是指企业用于生产商品或提供劳务、出租给他人，或为行政管理目的而持有的，预计使用年限超过一年的具有实物形态的资产。固定资产一般使用年限较长，单位价值较高，并且在使用过程中保持原有实物形态，包括建筑物、机械仪器、运输工具以及其他与生产经营有关的工具、器具和设备等。

固定资产投资由建筑安装工程费、设备工器具购置费、其他费用、预备费和建设期利息等 5 个部分组成。

1. 建筑安装工程费

建筑安装工程是指各种房屋、建筑物的建造工程和各种设备、装置的安装工程。包括各种房屋建造工程，各种用途设备基础和各种工业窑炉的砌筑工程；为施工而进行的各种准备工作和临时工程以及完工后的清理工作等；铁路、道路的铺设，矿井的开凿及石油管道的架设等；水利工程；防空地下建筑等特殊工程；各种机械设备的安装工程；为测定安装工程质量，对设备进行的试运行工作等。在以上各项工程中投入的资金构成建筑安装工程费，但不包括在安装工程中被安装设备本身的价值。

建筑安装工程费按照工程造价形成由分部分项工程费、措施项目费、其他项目费、规费、税金组成；分部分项工程费、措施项目费、其他项目费包含人工费、材料费、施工机具使用费、企业管理费和利润。

1) 分部分项工程费

分部分项工程费是指各专业工程的分部分项工程应予列支的各项费用。

2) 措施项目费

措施项目费是指为完成建设工程施工，发生于该工程施工前和施工过程中的技术、生活、安全、环境保护等方面的费用。内容包括安全文明施工费(包括环境保护费、文明施工费、安全施工费、临时设施费等)、夜间施工增加费、二次搬运费、冬雨季施工增加费、已完工程及设备保护费、工程定位复测费、特殊地区施工增加费、大型机械设备进出场及安拆费、脚手架工程费等。

3) 其他项目费

其他项目费包括暂列金额、计日工以及总承包服务费等。

4) 规费

规费是指按国家法律、法规规定，由省级政府和省级有关权力部门规定必须缴纳或计取的费用。包括社会保险费(养老保险费、失业保险费、医疗保险费、生育保险费、工伤保险费，即"五险")、住房公积金、工程排污费等。其他应列而未列入的规费，按实际发生计取。

5) 税金

税金是指国家税法规定的应计入建筑安装工程造价内的增值税销项税额。建筑安装工程费用项目组成如图 2-2 所示。

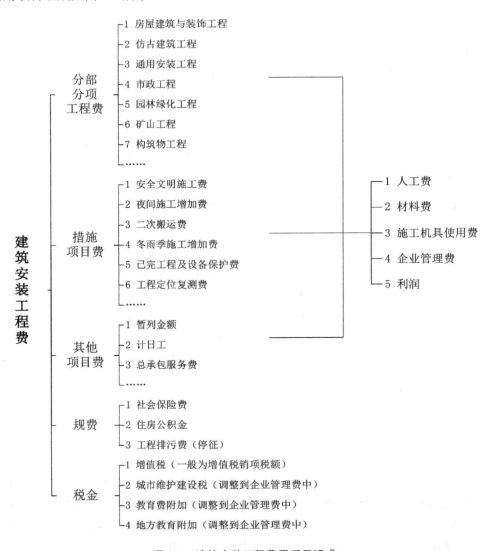

图 2-2　建筑安装工程费用项目组成

2. 设备工器具购置费

1) 设备购置费

设备工器具购置费是指为建设项目购置或自制的达到固定资产标准的各种国产或进口设备、工具、器具的购置费用。

设备购置费由设备原价加上设备运杂费组成。

(1) 国产设备原价。国产标准设备原价一般是指设备制造商的交货价，或设备供应商订货合同价，它一般根据制造商或供应商的询价、报价或者合同价确定。国产非标准设备原价则需要按照一定的估价方法计算确定。

(2) 进口设备原价。进口设备原价是指进口设备的抵岸价，即抵达买方边境港口或边境车站，且交完关税等税费为止形成的价格。

进口设备有内陆交货、目的地交货和装运港交货三种交货方式。其中，装运港交货方式是我国进口设备采用较多的一种方式，它有三种交货价。

① FOB(free on board)，也称为离岸价。按离岸价进行的交易，买方负责派船接运货物，卖方应在合同规定的装运港和规定的期限内将货物装上买方指定的船只，并及时通知买方。货物在装船时越过船舷，风险即由卖方转移至买方。

② C&F(cost and freight)，成本加运费，又称为 CFR 或 CNF。它指卖方必须支付把货物运至指定目的港所需的开支和运费，但从货物交至船上甲板后，货物的风险、灭失或损坏以及发生事故后造成的额外开支，在货物越过指定港的船舷后，就由卖方转向买方负担，另外要求卖方办理货物的出口结关手续。

③ CIF(cost, insurance and freight)，成本加保险费加运费。按此术语成交，货价的构成因素中包括从装运港至约定目的地港的通常运费和约定的保险费，故卖方除了具有与 C&F(CFR) 术语的相同的义务以外，还要为买方办理货运保险。

$$进口设备原价 = 装运港船上交货价(FOB) + 国际运费 + 运输保险费 + 银行财务费 + 外贸手续费 + 关税 + 增值税 + 消费税 + 海关监管手续费 + 车辆购置附加费 \quad (2\text{-}4)$$

(3) 设备运杂费。设备运杂费一般由国内运费和装卸费、包装费、设备供销部门的手续费、采购与仓库保管费等组成。

设备运杂费可以按下列公式估算：

$$设备运杂费 = 设备原价 \times 设备运杂费率 \quad (2\text{-}5)$$

其中，设备运杂费率按有关规定计取。

2) 工具、器具及生产家具购置费

工具、器具及生产家具购置费是指新建或扩建项目初步设计规定的，保证初期正常生产必须购置的没有达到固定资产标准的设备、仪器、工卡模具、生产家具和备品备件的购置费用。

工具、器具及生产家具购置费可以按下列公式估算：

$$工具、器具及生产家具购置费 = 设备购置费 \times 定额费率 \quad (2\text{-}6)$$

3. 其他费用

其他费用是指在固定资产建造和购置过程中发生的，除了建筑安装工程和设备、工具、器具购置以外的各种应计入固定资产的费用。

固定资产其他费用包括建设管理费、建设用地费、可行性研究费、研究试验费、勘察设计费、环境影响评价费、劳动安全卫生评价费、场地准备及临时设施费、引进技术和引进设备其他费、工程保险费、联合试运转费、特殊设备安全监督检验费、市政公用设施费等，为了保证固定资产工程建设顺利完成和交付使用后能够正常发挥效用而发生的其他相关费用。

4. 预备费

预备费是指考虑建设期可能发生风险因素而导致建设费用增加而事先预计的建设费用

增加额。按照风险因素的性质划分，预备费包括基本预备费和涨价预备费两部分。

1) 基本预备费

基本预备费是指针对在项目实施过程中可能发生难以预料的支出，需要事先预留的费用，又称为工程建设不可预见费。主要指设计变更及施工过程中可能增加工程量的费用。

基本预备费按工程费用(即建筑安装工程费和设备工器具购置费之和)和工程建设其他费用两者之和乘以基本预备费的费率计算。

$$基本预备费 = (工程费用 + 工程建设其他费用) \times 基本预备费率 \tag{2-7}$$

2) 涨价预备费

涨价预备费是对建设工期较长的投资项目，在建设期内可能发生的材料、人工、设备、施工机械等价格上涨，以及费率、利率、汇率等变化，而引起项目投资的增加，需要事先预留的费用，也称为价差预备费或价格变动不可预见费。

涨价预备费一般根据国家规定的投资综合价格指数，以估算年份价格水平的投资额为基数，采用复利法计算。

涨价预备费计算公式为

$$P_f = \sum_{t=1}^{n} I_t [(1+f)^m (1+f)^{0.5} (1+f)^{t-1} - 1] = \sum_{t=1}^{n} I_t [(1+f)^{m+t-0.5} - 1] \tag{2-8}$$

式中：P_f——涨价预备费；

I_t——第 t 年投资使用计划额，包括工程费用、工程建设其他费用和基本预备费；

f——年均投资价格指数；

m——建设前期年限(从编制估算到开工建设，单位：年)；

n——建设期年限。

5. 建设期利息

建设期利息是指为工程项目的基本建设而借入、在建设期间内发生的、应计入固定资产的各项贷款的利息。国内银行借款按现行贷款计算，国外贷款利息按协议书或贷款意向书确定的利率计算。建设期借款利息实行复利计算。

建设期贷款根据贷款发放形式的不同，其利息计算公式有所不同。贷款发放形式一般有两种。

1) 贷款总额一次性贷出且利率固定

这种情况下的计算公式为

$$I = P[(1+i)^n - 1] \tag{2-9}$$

式中：I——建设期利息；

P——一次性贷款金额；

n——计息期数；

i——计息周期利率。

2) 贷款总额是分年均衡(按比例)发放，利率固定

当总贷款分年均衡发放时，建设期利息的计算可以按当年借款在年中支用考虑，即当年贷款按半年计息，上年贷款按全年计息。计算公式为

$$Q_j = \left(P_{j-1} + \frac{1}{2}A_j\right)i \tag{2-10}$$

式中：Q_j——建设期第 j 年的利息；

$\quad\quad P_{j-1}$——建设期第 $j-1$ 年年末借款本息累计额；

$\quad\quad A_j$——建设期第 j 年贷款额；

$\quad\quad i$——年利率。

2.2.3　流动资产投资

流动资产投资和固定资产投资相对应，是指投资主体用以获得流动资产的投资，即项目在投产前预先垫付、在投产后生产经营过程中周转使用的资金。

流动资产是指可以在一年或者超过一年的一个营业周期内变现或者耗用的资产。它由现金、应收及预付款项、存货等组成，也是企业用于购买、储存劳动对象(原材料、燃料、动力等)以及占用在生产过程和流通过程的在产品、产成品等周转资金的投资。流动资产在生产经营过程中经常改变其存在状态，在一定的营业周期内变现或被耗用。

流动资产和固定资产一样，都是生产过程不可缺少的生产要素，两者都要被生产过程长期占用。但从价值周转的角度看，固定资产投资和流动资产投资不同，前者属于长期投资，其价值需要在固定资产长期使用过程中逐渐回收，并且固定资产价值的回收要依赖于流动资产的顺利周转；后者属于短期投资，在一个供产销循环过程中就能完成一次周转。从投资结果来看，固定资产投资的结果形成劳动手段，决定着企业生产什么、如何生产、生产多少；流动资产投资的结果通常是形成劳动对象，流动资产投资的数量及其结构由固定资产投资的规模及其结构所决定。因此固定资产投资和流动资产投资是相互依存、密不可分的。

2.2.4　无形资产投资和其他资产投资

无形资产是指由特定主体所拥有、无一定的形态、不具有实体但可以构成竞争优势或对生产经营发挥作用的非货币性资产。建设投资中，为了购置工业产权、非专利技术、土地使用权等所发生的支出形成无形资产投资。

其他资产投资是指建设投资中除了形成固定资产和无形资产以外的部分，主要包括生产准备费、开办费、租入固定资产改良支出等。按照现行企业所得税制的规定，除了租入固定资产改良支出等可以进行分期摊销以外，其他均应该在发生时或在开业时一次性计入当期费用。

2.2.5　投资估算

投资估算是指在整个投资决策过程中，依据现有的资料和一定的方法，对建设项目的投资额进行的估计。投资估算总额是指从筹建、施工直至建成投产的全部建设费用。

1. 投资估算的作用

投资估算贯穿于整个建设项目投资决策过程之中，投资决策过程可以划分为项目的投资机会研究或项目建议书阶段，初步可行性研究阶段及详细可行性研究阶段，因此投资估算工作也分为相应的三个阶段。不同阶段所具备的条件和掌握的资料不同，对投资估算的要求也各不相同，因此投资估算的准确程度在不同阶段也不同，进而每个阶段投资估算所起的作用也不同。

(1) 项目建议书阶段的投资估算是多方案比选、优化设计、合理确定项目投资的基础，是项目主管部门审批项目建议书的依据之一，并对项目的规划、规模起参考作用，从经济上判断项目是否应列入投资计划。

(2) 项目可行性研究阶段的投资估算，是项目投资决策的重要依据，是正确评价建设项目投资合理性、分析投资效益、为项目决策提供依据的基础。当可行性研究报告被批准之后，其投资估算额就作为建设项目投资的最高限额，不得随意突破。

(3) 项目投资估算对工程设计概算起控制作用，它为设计提供了经济依据和投资限额，设计概算不得突破批准的投资估算额。投资估算一经确定，即成为限额设计的依据，用以对各设计专业实行投资切块分配，作为控制和指导设计的尺度或标准。

(4) 项目投资估算是进行工程设计招标、优选设计方案的依据。

(5) 项目投资估算可以作为项目资金筹措及制订建设贷款计划的依据，建设单位可以根据批准的投资估算额进行资金筹措向银行申请贷款。

2. 投资估算编制的内容

根据国家规定，从满足建设项目投资计划和投资规模的角度，建设项目投资估算包括固定资产投资估算和铺底流动资金估算。但从满足建设项目经济评价的角度，其总投资估算包括固定资产投资估算和流动资金估算。不管从满足哪一个角度进行的投资估算，都需要进行固定资产投资估算和流动资金估算。铺底流动资金的估算是项目总投资估算中流动资金的一部分，它等于项目投产后所需流动资金的30%。根据国家现行规定要求，新建、扩建和技术改造项目，必须将项目建成投资投产后所需的铺底流动资金列入投资计划，铺底流动资金不落实的，国家不予批准立项，银行不予贷款。

3. 固定资产投资中静态投资部分的估算方法

1) 单位生产能力估算法

依据调查的统计资料，利用相近规模的单位生产能力投资乘以建设规模，即得拟建项目投资。其计算公式为

$$Y_2 = \left(\frac{Y_1}{X_1}\right) X_2 \cdot \text{CF} \tag{2-11}$$

式中：Y_1——已建相近规模项目或装置的投资额；

Y_2——拟建项目或装置的投资额；

X_1——已建相近规模项目或装置的生产能力；

X_2——拟建项目或装置的生产能力；

CF——不同时期、不同地点的定额、单价、费用变更等的综合调整系数。

这种方法把项目的建设投资与其生产能力的关系视为简单的线性关系，估算结果精确度较差。这种方法主要用于新建项目或装置的估算，十分简便迅速，但要求估价人员掌握

大量的同类工程实际投资额的资料，并且评价人员要有丰富的经验。

2) 生产能力指数法

这种方法根据已建成项目的投资额或其设备投资额，估算同类而不同生产规模的项目投资或其设备投资的方法。计算公式为

$$C_2 = C_1 \left(\frac{Q_2}{Q_1} \right)^n f \tag{2-12}$$

式中：C_1——已建类似项目或装置的投资额；

　　　C_2——拟建项目或装置的投资额；

　　　Q_1——已建类似项目或装置的生产能力；

　　　Q_2——拟建项目或装置的生产能力；

　　　f——不同时期、不同地点的定额、单价、费用变更等的综合调整系数；

　　　n——生产规模指数($0 \leqslant n \leqslant 1$)。

正常情况下，$0 \leqslant n \leqslant 1$。在不同生产率水平的国家和不同性质的项目中，$n$ 的取值是不相同的。比如化工项目美国取 $n = 0.6$，英国取 $n = 0.66$，日本取 $n = 0.7$。若已建类似项目或装置的规模和拟建项目或装置的规模相差不大，生产规模比值为 $0.5 \sim 2$，则指数 n 的取值近似为 1。

若已建类似项目或装置与拟建项目或装置的规模相差不大于 50 倍，且拟建项目规模的扩大仅靠增大设备规模来达到时，则 n 取值为 $0.6 \sim 0.7$。若是靠增加相同规格设备的数量达到时，则 n 的取值为 $0.8 \sim 0.9$。

采用这种方法的特点是计算简单、速度快，但要求类似工程的资料可靠，条件与拟建项目基本相同，否则误差就会增大。

例 2-1 已知建设年产 30 万吨乙烯装置的投资额为 60 000 万元，现拟建年产 70 万吨乙烯的装置，工程条件与上述装置类似，试估算该装置的投资额(生产能力指数 $n = 0.6$，$f = 1.2$)。

根据公式，则有

$$拟建项目投资额 = 60\,000 \times \left(\frac{70}{30} \right)^{0.6} \times 1.2 = 119\,707(万元)$$

3) 系数估算法

系数估算法也称为因子估算法，它是以拟建项目的主体工程费或主要设备购置费为基数，以其他工程费与主体工程费的百分比为系数估算项目的静态投资的方法。这种方法简单易行，但是精度较低，一般用于项目建议书阶段。系数估算法的种类很多，在我国国内常用的方法有设备系数法和主体专业系数法，朗格系数法是世界银行贷款项目投资估算常用的方法。

(1) 设备系数法。以拟建项目的设备购置费为基数，根据已建成的同类项目的建筑安装费和其他工程费等与设备价值的百分比，求出拟建项目建筑安装工程费和其他工程费，进而求出项目的静态投资。

其计算公式如下：

$$C = E(1 + f_1 P_1 + f_2 P_2 + f_3 P_3 + \cdots) + I \tag{2-13}$$

式中：C——拟建项目的静态投资；

　　　E——拟建项目根据当时当地价格计算的设备购置费；

$P_1,P_2,P_3,\cdots$——已建项目中建筑安装工程费及其他工程费等与设备购置费的比例；

$f_1,f_2,f_3,\cdots$——因为时间因素引起的定额、价格、费用标准等变化的综合调整系数；

I——拟建项目的其他费用。

(2) 主体专业系数法。以拟建项目中投资比重较大，并与生产能力直接相关的工艺设备投资为基数，根据已建同类项目的有关统计资料，计算出拟建项目各专业工程(总图、土建、采暖、给排水、管道、电气、自控等)与工艺设备投资的百分比，以此为据求出拟建项目各专业投资，然后加总即为拟建项目的静态投资。其计算公式为

$$C = E(1 + f_1P_1' + f_2P_2' + f_3P_3' + \cdots) + I \tag{2-14}$$

式中：$P_1',P_2',P_3',\cdots$——已建项目中各专业工程费用与工艺设备投资的比重。

其他符号同设备系数法公式。

(3) 朗格系数法。这种方法是以设备购置费为基数，乘以适当系数来推算项目的静态投资。这种方法在国内不常见，是世界银行贷款项目投资估算常采用的方法。该方法的基本原理是将项目建设中的总成本费用中的直接成本和间接成本分别计算，再合为项目的静态投资。其计算公式为

$$C = E(1 + \sum K_i)K_c \tag{2-15}$$

式中：K_i——管线、仪表、建筑物等项费用的估算系数；

K_c——管理费、合同费、应急费等间接费在内的总估算系数。

其他符号同设备系数法公式。

静态投资与设备购置费之比为朗格系数 K_L。即

$$K_L = (1 + \sum K_i)K_c \tag{2-16}$$

由于受区域自然地理条件、经济地理条件、气候条件、建设规模等因素的影响，应用朗格系数法进行工程项目或装置估价的精度仍然不高。尽管如此，由于朗格系数法以设备费为计算基础，而设备费用在一项工程中所占的比重对于石油、石化、化工工程而言占45%~55%，占一半左右，同时一项工程中每台设备所含有的管道、电气、自控仪表、绝热、油漆、建筑等，都有一定的规律，所以，只要对各种不同类型工程的朗格系数掌握得准确，估算精度仍然较高。朗格系数法估算误差为10%~15%。

朗格系数包含的内容见表2-1。

表2-1 朗格系数

项　目		固体流程	固流流程	流体流程
朗格系数 K_L		3.1	3.63	4.74
内容	①包括基础、设备、绝热、油漆及设备安装费	$E \times 1.43$		
	②包括上述在内和配管工程费	①×1.1	①×1.25	①×1.6
	③装置直接费	②×1.5		
	④包括上述在内和间接费，总费用 C	③×1.31	③×1.35	③×1.38

4) 比例估算法

根据统计资料，先求出已有同类企业主要设备投资占全厂建设投资的比例，然后再估算出拟建项目的主要设备投资，即可按比例求出拟建项目的建设投资。其表达式为

$$I = \frac{1}{K} \sum_{i=1}^{n} Q_i P_i \qquad (2\text{-}17)$$

式中：I——拟建项目的建设投资；

　　　K——主要设备投资占拟建项目投资的比例；

　　　n——设备种类数；

　　　Q_i——第 i 种设备的数量；

　　　P_i——第 i 种设备的单价(到厂价格)。

5) 指标估算法

指标估算法是把建设项目划分为建筑工程、设备安装工程、设备购置费及其他基本建设费等费用项目或单位工程，再根据各种具体的投资估算指标，进行各项费用项目或单位工程投资的估算，在此基础上，可以汇总成每个单项工程的投资。

使用指标估算法，应注意以下事项。

① 使用估算指标法应根据不同地区、年代而进行调整。因为地区、年代不同，设备与材料的价格均有差异，调整方法可以以主要材料消耗量或"工程量"为计算依据；也可以按不同的工程项目的"万元工料消耗定额"而定不同的系数。在有关部门颁布有定额或材料价差系数(物价指数)时，可以据其调整。

② 使用估算指标法进行投资估算绝不能生搬硬套，必须对工艺流程、定额、价格及费用标准进行分析，经过实事求是的调整与换算后，才能提高其精确度。

4. 流动资金的估算方法

流动资金是指生产经营性项目投产后，为了进行正常生产运营，用于购买原材料、燃料，支付工资及其他经营费用等所需的周转资金。流动资金估算一般采用分项详细估算法，个别情况或者小型项目可以采用扩大指标法。

1) 扩大指标估算法

扩大指标估算法是一种简化的流动资金估算方法，一般可以参照同类企业流动资金占销售收入、经营成本的比例，或者单位产量占用流动资金的数额估算。虽然扩大指标估算法简便易行，但是准确度不高，一般适用于项目建议书阶段的流动资金估算。

2) 分项详细估算法

分项详细估算法是根据周转额与周转速度之间的关系，对流动资产和流动负债主要构成要素，即存货、现金、应收账款、预付账款、应付账款、预收账款等项内容分项进行估算，加总后得出项目所需的流动资金数额，是国际上通行的流动资金估算方法。计算公式为

$$\text{流动资金} = \text{流动资产} - \text{流动负债} \qquad (2\text{-}18)$$

$$\begin{array}{l}\text{年流动资金} \\ \text{投资额}\end{array} = \begin{array}{l}\text{本年流动} \\ \text{资金需用额}\end{array} - \begin{array}{l}\text{截止上年的} \\ \text{流动资金投资额}\end{array} = \begin{array}{l}\text{本年流动} \\ \text{资金需用额}\end{array} - \begin{array}{l}\text{上年流动} \\ \text{资金需用额}\end{array} \qquad (2\text{-}19)$$

(1) 流动资产由应收账款、预付账款、存货和现金四部分组成。

① 应收账款。

$$\text{应收账款} = \frac{\text{年经营成本}}{\text{应收账款年周转次数}} \qquad (2\text{-}20)$$

其中

$$年周转次数 = \frac{360}{最低周转天数} \qquad (2\text{-}21)$$

存货、现金、应收账款和应付账款的最低周转天数，参照类似企业的平均周转天数并结合项目特点确定，或按部门(行业)规定计算。

② 预付账款。

$$预付账款 = \frac{年预付款外购商品或服务费用经营成本}{预付账款年周转次数} \qquad (2\text{-}22)$$

③ 存货。存货主要由外购原材料、外购燃料、在产品和产成品构成。相关费用的计算公式如下：

$$存货 = 外购原材料 + 外购燃料 + 在产品 + 产成品 \qquad (2\text{-}23)$$

$$外购原材料 = \frac{年外购原材料费用}{原材料年周转次数} \qquad (2\text{-}24)$$

$$外购燃料 = \frac{年外购燃料费用}{燃料年周转次数} \qquad (2\text{-}25)$$

$$在产品 = \frac{年外购原材料、燃料 + 工资及福利费 + 年修理费 + 年其他制造费用}{在产品年周转次数} \qquad (2\text{-}26)$$

$$产成品 = \frac{年经营成本}{产成品年周转次数} \qquad (2\text{-}27)$$

④ 现金。计算公式如下：

$$现金 = \frac{年工资及福利费 + 年其他费用}{现金年周转次数} \qquad (2\text{-}28)$$

其中，年其他费用 = 制造费用 + 管理费用 + 销售费用 - 以上 3 项费用中所含的工资及福利费、折旧费、维简费、摊销费、修理费。

(2) 流动负债主要由应付账款和预收账款构成。

① 应付账款。计算公式如下：

$$应付账款 = \frac{年外购原材料费用 + 年外购燃料费用}{应付账款年周转次数} \qquad (2\text{-}29)$$

② 预收账款。计算公式如下：

$$预收账款 = \frac{年预收的销售(营业)收入额}{预收账款年周转次数} \qquad (2\text{-}30)$$

(3) 估算流动资金应注意的问题。

① 在采用分项详细估算法时，应根据项目实际情况分别确定现金、应收账款、存货和应付账款的最低周转天数，并考虑一定的保险系数。因为最低周转天数减少，将增加周转次数从而减少流动资金需用量。因此，必须切合实际地选用最低周转天数。对于存货中的外购原材料和燃料，要区分品种和来源，考虑运输方式和运输距离，以及占用流动资金的比例大小等因素确定。

② 在不同生产负荷下的流动资金，应按不同生产负荷所需的各项费用金额，分别按上

述的计算公式进行估算，而不能直接按照 100%生产负荷下的流动资金乘以生产负荷百分比求得。

③ 流动资金属于长期性(永久性)流动资产，流动资金的筹措可以通过长期负债和资本金的方式解决。流动资金一般要求在投产前一年开始筹措，为了简化计算，可以规定在投产的第一年开始按生产负荷安排流动资金需用量。其借款部分按全年计算利息，流动资金利息应计入生产期间财务费用，项目计算期末收回全部流动资金(不含利息)。

2.3　成　本

成本费用是企业为生产商品和提供劳务等所耗费的物化劳动、活劳动中必要劳动的价值的货币表现，是商品价值的重要组成部分。成本费用是补偿生产耗费的尺度，是企业计算盈亏、进行决策的重要依据。

事实上，成本费用的含义非常广泛，不同的情形下需要使用不同的成本费用概念。在本节中，我们将讨论在经济评价过程中所需要用到的一些主要成本费用概念。

2.3.1　总成本

总成本也称为会计成本，是广义上的总成本，由生产成本(制造成本)和期间费用组成。

1. 生产成本

生产成本又称为制造成本，是生产单位为生产产品或提供劳务而发生的各项生产费用，包括各项直接支出和制造费用。

直接支出包括直接材料(原材料、辅助材料、备品备件、燃料及动力等)、直接工资(生产人员的工资、补贴)、其他直接支出(例如福利费)。

制造费用是指企业内的分厂、车间为组织和管理生产所发生的各项费用，包括分厂、车间管理人员工资、折旧费、维修费、修理费及其他制造费用(办公费、差旅费、劳保费等)。

2. 期间费用

期间费用是指不能直接归属于某个特定产品成本的费用。它是随着时间推移而发生的与当期产品的管理和产品销售直接相关，而与产品的产量、产品的制造过程无直接关系，即容易确定其发生的期间，而难以判别其所应归属的产品，因此不能列入产品制造成本，而在发生的当期从损益中扣除。期间费用包括销售费用、管理费用和财务费用。

1) 销售费用

销售费用(营业费用)是企业为销售产品和提供劳务而发生的各项费用。具体包括应由企业负担的运输费、装卸费、包装费、保险费、展览费、销售佣金、委托代销手续费、广告费、租赁费和销售服务费用，专设销售机构人员工资、福利费、差旅费、办公费、折旧费、修理费、材料消耗、低值易耗品摊销及其他费用。在工程经济评价中，销售费用一般由销售部门(营业部门)人员工资及福利费、销售机构固定资产折旧、修理费以及其他销售费用等四项组成。

2) 管理费用

管理费用是企业管理和组织生产经营活动所发生的各项费用。管理费用包括的内容较多，主要由公司经费、工会经费、职工教育经费、劳动保险费、待业保险费、住房公积金、董事会费、咨询费、审计费、诉讼费、税金、土地使用费、土地损失补偿费、技术转让费、矿产资源补偿费、研究与开发费、无形资产及其他资产摊销费、坏账损失、业务招待费以及其他费用等组成。为了简化起见，在工程经济评价中，管理费用一般由行政管理人员工资及福利费、管理机构固定资产折旧、修理费以及其他管理费用等四项组成。

3) 财务费用

财务费用是企业为进行资金筹集等理财活动而发生的各项费用。财务费用主要包括利息净支出、汇兑净损失、金融机构手续费和其他因资金而发生的费用。

2.3.2　经营成本

经营成本是工程经济学项目评价中所使用的特定概念，经营成本涉及产品生产及销售、企业管理过程中的物料、人力和能源的投入费用，它反映企业生产和管理水平，同类企业的经营成本具有很强的可比性。

作为项目运营期的主要现金流出，其构成和估算可以采取下式表达：

$$\begin{aligned}\text{经营成本} &= \text{总成本费用} - \text{折旧费} - \text{摊销费} - \text{维简费} - \text{利息支出}\\ &= \text{外购原材料燃料和动力费} + \text{工资及福利费} + \text{修理费} + \text{其他费用}\end{aligned} \tag{2-31}$$

式(2-31)中，其他费用是指从制造费用、管理费用和销售费用中扣除了折旧费、摊销费、维简费、修理费、工资及福利费以后的剩余部分。

2.3.3　固定成本与变动成本

在一定条件下，成本总额的变动与特定业务量之间有着一定的依存关系，这种关系通常称为成本习性或称为成本性态。

固定成本是指其总额在一定时期和一定业务量范围内不随业务量发生任何变动的那部分成本。属于固定成本的主要有折旧费、保险费、管理人员工资、办公费等。单位固定成本将随产量的增加而逐渐变小。

变动成本是指其总额随着业务量成正比例变动的那部分成本。直接材料、直接人工等都属于变动成本，但产品单位成本中的直接材料、直接人工将保持不变。

有些成本虽然也随业务量的变动而变动，但是不成正比例变动，这类成本称为混合成本。混合成本按其与业务量的关系又可以分为半变动成本和半固定成本。

(1) 半变动成本。它通常有一个初始量，类似于固定成本，在这个初始量的基础上随产量的增长而增长，又类似于变动成本。

(2) 半固定成本。这类成本随产量的变化而呈阶梯形增长，产量在一定的限度内，这种成本不变。当产量增长到一定的限度后，这种成本就跳跃到一个新水平。

2.3.4　机会成本

机会成本是指决策过程中面临多项选择，当中被放弃而价值最高的选择，又称为替代性成本。

利用机会成本概念进行经济分析的前提条件是：资源是稀缺的；资源具有多种用途；资源已经得到充分利用；资源可以自由流动。

在稀缺性的世界中选择一种东西意味着放弃其他东西。一项选择的机会成本，也就是所放弃的物品或劳务的价值。

机会成本所指的机会必须是决策者可以选择的项目，若不是决策者可以选择的项目则不属于决策者的机会。例如，某农民只会养猪和养鸡，那么养牛就不会是该农民的机会。

放弃的机会中收益最高的项目才是机会成本，即机会成本不是放弃项目的收益总和。例如，某农民只能在养猪、养鸡和养牛中择一从事，若三者的收益关系为养牛＞养猪＞养鸡，则养猪和养鸡的机会成本皆为养牛，而养牛的机会成本仅为养猪。

2.3.5　沉没成本

沉没成本是指由于过去的决策已经发生了的，而不能由现在或将来的任何决策改变的成本。

沉没成本是一种历史成本，对现有决策而言是不可控成本，不会影响当前行为或未来决策。从这个意义上说，在投资决策时应排除沉没成本的干扰。

2.3.6　成本费用估算

1. 外购原材料、燃料动力成本的估算

原材料、燃料动力成本是总成本费用的重要组成部分，其计算公式如下：

$$原材料成本＝全年产量×单位产品原材料成本$$
$$燃料、动力成本＝全年产量×单位产品燃料、动力成本$$
(2-32)

式(2-32)中，全年产量可以根据测定的设计生产能力和生产负荷加以确定，单位产品原材料、燃料动力成本是依据原材料、燃料动力消耗定额及单价确定的。工业项目生产所需要的原材料、燃料动力种类繁多，在进行项目评估时，可以根据具体情况，选取耗用量较大的、主要的原材料为估算对象(耗用量小的可以合并列入"其他原材料"估算)，依据国家有关规定和经验数据估算原材料成本。需要注意的是，原材料成本中，包含采购原材料时所支付的增值税进项税额，外购燃料动力成本也是如此。

2. 工资及福利费的估算

工资及福利费包括在制造成本、管理费用和销售费用之中。

工资既可以按项目定员数乘以人均年工资数计算，也可以按照不同的工资级别对职工进行划分，分别估算同一级别职工的工资，然后再加以汇总。一般可以分为五个级别，即高级管理人员、中级管理人员、一般管理人员、技术工人和一般工人等。若有国外的技术和管理人员，则要单独列出。

职工福利费主要用于职工的医药费、医务经费、职工生活困难补助以及按国家规定开支的其他职工福利支出，不包括职工福利设施的支出。一般可以按照职工工资总额的14%计提。

3. 折旧费的估算

所谓折旧，就是固定资产在使用过程中，通过逐渐损耗(包括有形损耗和无形损耗)而转移到产品成本或商品流通费中的那部分价值。

计提折旧是企业回收其固定资产投资的一种手段。按照国家规定的折旧制度，企业把已经发生的资本性支出转移到产品成本费用中去，然后通过产品的销售，逐步回收初始的投资费用。

结合我国的企业管理水平，可以将企业固定资产分为三大部分，22类，按大类实行分类折旧。在进行工程项目经济评价时，既可以分类计算折旧，也可以采用综合折旧率计算折旧。我国现行固定资产折旧方法，一般采用平均年限法、工作量法、双倍余额递减法和年数总和法，其中，双倍余额递减法和年数总和法属于加速折旧法。

1) 平均年限法

平均年限法亦称为直线法，即根据固定资产的原值、预计的净残值率和折旧年限计算折旧。计算公式如下：

$$年折旧率 = \frac{1-预计净残值率}{折旧年限} \times 100\%$$

$$年折旧额 = 固定资产原值 \times 年折旧率 \qquad (2-33)$$

或：

$$年折旧额 = \frac{固定资产原值 \times (1-预计净残值率)}{折旧年限}$$

例 2-2 某企业 2012 年 12 月 31 日购置一台设备，价值 200 000 元，估计使用年限为 8 年，预计净残值率为 5%，按平均年限法计提折旧，则该设备年折旧率和年折旧额计算如下：

$$年折旧率 = \frac{1-5\%}{8} \times 100\% = 11.875\%$$

$$年折旧额 = 200\ 000 \times 11.875\% = 23\ 750(元)$$

2) 工作量法

工作量法是指按实际工作量计提固定资产折旧额的一种方法。通常适用于那些在使用期间负担程度差异很大，提供的经济效益很不均衡的固定资产。计算公式如下：

$$单位工作量折旧额 = \frac{固定资产原值 \times (1-预计净残值率)}{预计总工作量} \qquad (2-34)$$

$$年折旧额 = 单位工作量折旧额 \times 本年实际完成的工作量$$

工作量可以按照固定资产使用特点，选择工作小时、行驶里程、工作台班等确定。

例 2-3 某企业一辆汽车的原值为 400 000 元，预计净残值率为 5%，预计行驶里程为 500 000 km。2013 年实际行驶里程为 45 000 km，则该汽车 2013 年应提的折旧额计算如下：

$$每千米折旧额 = \frac{400\ 000 \times (1-5\%)}{500\ 000} = 0.76(元/千米)$$

$$2013年折旧额 = 0.76 \times 45\ 000 = 34\ 200(元)$$

3) 双倍余额递减法

双倍余额递减法是在不考虑净残值情况下，按双倍的平均年限法折旧率乘以固定资产期初折余价值，从而确定当期应提折旧的方法。计算公式如下：

$$年折旧率 = \frac{2}{折旧年限} \times 100\%$$

(2-35)

$$年折旧额 = 年初固定资产折余价值 \times 年折旧率$$

实行双倍余额递减法的固定资产，应当在其折旧年限到期前两年内，将固定资产折余价值扣除预计净残值后的净额平均摊销。

例 2-4　某个机械设备的资产原值为 50 万元，折旧年限为 5 年，预计净残值率为 4%，按双倍余额递减法计提折旧，则该设备各年折旧额计算如表 2-2 所示。

表 2-2　采用双倍余额递减法计算的各年折旧额　　　　　　　　　　　单位：元

年　份	期初折余价值	年折旧率	年折旧额	累计折旧	期末折余价值
1	500 000	40/%	200 000	200 000	300 000
2	300 000	40/%	120 000	320 000	180 000
3	180 000	40/%	72 000	392 000	108 000
4	108 000		44 000	436 000	64 000
5	64 000		44 000	480 000	20 000

4) 年数总和法

年数总和法是以固定资产原值扣除预计净残值后的余额作为计提折旧的基础，按照逐年递减的折旧率计提折旧的一种方法。其折旧率计算公式为

$$第 i 年折旧率 = \frac{折旧年限 - i + 1}{\dfrac{折旧年限(折旧年限 + 1)}{2}} \times 100\%$$

(2-36)

$$第 i 年折旧额 = 固定资产原值 \times (1 - 预计净残值率) \times 第 i 年折旧率$$

例 2-5　如果例 2-4 中设备按年数总和法计提折旧，那么该设备各年折旧额计算如表 2-3 所示。

表 2-3　采用年数总和法计算的各年折旧额　　　　　　　　　　　单位：元

年　份	原值-净残值	折旧年限	折　旧　率	折　旧　额	累计折旧
1	480 000	5	5/15	160 000	160 000
2	480 000	5	4/15	128 000	288 000
3	480 000	5	3/15	96 000	384 000
4	480 000	5	2/15	64 000	448 000
5	480 000	5	1/15	32 000	480 000

4. 修理费的估算

修理费也包括在制造成本、管理费用和销售费用之中。进行项目经济评估时，可以单独计算修理费。修理费包括大修理费用和中小修理费用。

在项目评估时，一般无法确定修理费具体发生的时间和金额，一般是按照折旧费的一定百分比计算。该百分比可以参照同行业经验数据，结合固定资产特点和管理水平加以确定。

5. 维简费的估算

维简费是指采掘、采伐工业按生产产品数量(采矿按每吨原矿产量，林区按每立方米原木产量)提取的固定资产更新的技术改造资金，即维持简单再生产的资金。

企业的维简费直接计入成本，其计算方法和折旧费相同。

6. 摊销费的估算

摊销费是指使用寿命有限的无形资产和长期待摊费用在一定期限内分期摊销的费用。

使用寿命有限的无形资产，其应摊销金额应当在使用寿命内系统合理摊销。使用寿命不确定的无形资产不应摊销，应当于期末测试其是否发生减值。

企业选择的无形资产摊销方法，应当反映与该项无形资产有关的经济利益的预期实现方式。无法可靠确定预期实现方式的，应当采用直线法摊销。

长期待摊费用是指企业已经支出，但摊销期限在 1 年以上的各项费用。长期待摊费用不能全部计入当年损益，应当在以后年度内分期摊销，具体包括租入固定资产的改良支出及摊销期限在 1 年以上的其他待摊费用。长期待摊费用的摊销应当采用直线法。

7. 其他费用的估算

其他费用是指在制造费用、管理费用、财务费用和销售费用中扣除工资及福利费、修理费、折旧费、维简费、摊销费、利息支出后的费用。

在项目评估中，其他费用一般是根据总成本费用中前 6 项(外购原材料燃料动力成本、工资及福利费、折旧费、修理费、维简费及摊销费)之和的一定比例计算的，其比例应按照同类企业的经验数据加以确定。

2.4 税　　金

税收是以实现国家公共财政职能为目的，基于政治权力和法律规定，由政府专门机构向居民和非居民就其财产或特定行为实施强制、非罚与不直接偿还的金钱或实物课征，是一种财政收入的形式。国家依据法律法规对有纳税义务的单位和个人征收的这种财政资金就是税金。税金对于纳税义务人来说，是一项必须负担的支出和费用，对纳税人投资项目的经济效果产生影响。

我国现行税制按课税对象的不同性质，可以分为商品(货物)和劳务税类、所得税类、财产和行为税类、资源税和环境保护税类、特定目的税类五大类。

2.4.1 商品(货物)和劳务税类

商品(货物)和劳务税类包括增值税、消费税和关税。

1. 增值税

增值税是以商品和劳务在流转过程中产生的增值额作为征税对象而征收的一种流转税。按照《中华人民共和国增值税暂行条例》的规定，增值税是对在我国境内销售货物或者加工、修理修配劳务(以下简称劳务)、销售服务、无形资产、不动产以及进口货物的单位和个人，就其销售货物、劳务、服务、无形资产、不动产(以下统称应税销售行为)的增值额和货物进口金额为计税依据而课征的一种流转税。

增值税的税率分别为 13%、9%、6% 和零税率。同时，针对特定的货物或特定的纳税人发生应税销售行为，使用增值税征收率确定应纳增值税额。

增值税的计税方法，包括一般计税方法、简易计税方法和扣缴计税方法。从计税原理上说，增值税是对商品生产、流通、劳务服务中多个环节的新增价值或商品的附加值征收的一种流转税。在实际当中，商品新增价值或附加值在生产和流通过程中是很难准确计算的。因此，中国也采用国际上的普遍采用的税款抵扣的办法，即一般计税方法。

1) 一般计税方法

一般纳税人发生应税销售行为适用一般计税方法计税。其计算公式为

$$应纳税额 = 当期销项税额 - 当期进项税额 \qquad (2\text{-}37)$$

销项税额是纳税人销售货物或者应税劳务，按照销售额和规定的税率计算并向购买方收取的增值税额，其计算公式为

$$销项税额 = 不含增值税销售额 \times 适用的增值税率 \qquad (2\text{-}38)$$

在一般销售方式下，销售额是指纳税人发生应税销售行为时收取的全部价款和价外费用。特别需要强调的是，尽管销项税额也是销售方向购买方收取的，但是由于增值税采用价外计税方式，用不含增值税(以下简称不含税)价作为计税依据，因此销售额中不包括向购买方收取的销项税额。

价外费用是指价外收取的各种性质的收费，但下列项目不包括在内。

(1) 受托加工应征消费税的消费品所代收代缴的消费税。

(2) 同时符合以下条件的代垫运输费用：①承运部门的运输费用发票开具给购买方的。②纳税人将该项发票转交给购买方的。

(3) 同时符合以下条件代为收取的政府性基金或者行政事业性收费：①由国务院或者财政部批准设立的政府性基金，由国务院或者省级人民政府及其财政、价格主管部门批准设立的行政事业性收费。②收取时开具省级以上财政部门印制的财政票据。③所收款项全额上缴财政。

(4) 以委托方名义开具发票代委托方收取的款项。

(5) 销售货物的同时代办保险等而向购买方收取的保险费，以及向购买方收取的代购买方缴纳的车辆购置税、车辆牌照费。

凡随同应税销售行为向购买方收取的价外费用，无论其会计制度如何核算，均应并入销售额计算应纳税额。应当注意，根据国家税务总局的规定，对增值税一般纳税人(包括纳税人自己或代其他部门)向购买方收取的价外费用和逾期包装物押金，应视为含税收入，在征税时应换算成不含税收入再并入销售额。

进项税额是指纳税人购进货物、劳务、服务、无形资产、不动产所支付或者负担的增值税税额。进项税额是与销项税额相对应的另一个概念。在开具增值税专用发票的情况下，它们之间的对应关系是，销售方收取的销项税额，就是购买方支付的进项税额。增值税的核心就是用纳税人收取的销项税额抵扣其支付的进项税额，其余额为纳税人实际应缴纳的增值税税额。

然而，并不是纳税人支付的所有进项税额都可以从销项税额中抵扣。为了体现增值税

的配比原则，即购进项目金额与发生应税销售行为的销售额之间应有配比性，当纳税人购进的货物、劳务、服务、无形资产、不动产行为是用于简易计税方法计税项目、免税项目或用于集体福利、个人消费等情况时，其支付的进项税额就不能从销项税额中抵扣。增值税法律法规对不能抵扣进项税额的项目作了严格的规定，如果违反规定，随意抵扣进项税额就将以逃避缴纳税款论处。进项税额能否从销项税额中抵扣，相关规定的篇幅较多，详情请参阅《中华人民共和国增值税暂行条例》和《国务院关于做好全面推开营改增试点工作的通知》。

例 2-6　某生产企业为增值税一般纳税人，适用增值税率 13%，2020 年 6 月份的有关生产经营业务如下。

①　销售 A 产品给某商场，开具增值税专用发票，取得不含税销售额 160 万元。另开具普通发票，取得销售 A 产品的送货运输费收入 8.72 万元。

②　销售 B 产品，开具普通发票，取得含税销售额 65.54 万元。

③　购进货物取得增值税专用发票，注明支付的货款 135 万元，进项税额 17.55 万元。另外支付购货运输费用 6 万元，取得运输公司开具的普通发票。

则该企业当月应交增值税额计算如下：

$$当期销项税额 = 160 \times 13\% + 8.72/(1 + 9\%) \times 9\% + 65.54/(1 + 13\%) \times 13\% = 29.06(万元)$$
$$当期进项税额 = 17.55(万元)$$
$$当期应交增值税额 = 29.06 - 17.55 = 11.51(万元)$$

2) 简易计税方法

小规模纳税人发生应税销售行为适用简易计税方法计税。简易计税方法的公式为

$$当期应纳增值税税额 = 当期销售额(不含增值税) \times 征收率 \tag{2-39}$$

3) 扣缴计税方法

境外单位或者个人在境内发生应税行为，在境内未设有经营机构的，以购买方为增值税扣缴义务人。财政部和国家税务总局另有规定的除外。

扣缴义务人按照下列公式计算应扣缴税额：

$$应扣缴税额 = 接收方支付的价款 \div (1 + 税率) \times 税率 \tag{2-40}$$

在工程经济分析中，增值税虽然是价外税，但是也可以包含在营业税金及附加中。在这种情形下，产出物的价格中包含销项税额，即销售收入为含税收入。投入物的价格中包含进项税额，即直接材料成本为含税成本。当然，增值税也可以独立于营业税金及附加之外。此时，投入物和产出物的价格中均不包含增值税，增值税额、进项税额、销项税额应当单独作为现金流量进行确认，以便正确确定流动资金等相关项目的金额。

2. 消费税

消费税是指对消费品和特定的消费行为按流转额征收的一种商品税。从广义上看，消费税应对所有消费品包括生活必需品和日用品普遍课税。但从征收实践上看，消费税主要指对特定消费品或特定消费行为等课税。消费税主要以消费品为课税对象，属于间接税，税收随价格转嫁给消费者负担，消费者是税款的实际负担者。消费税的征收具有较强的选择性，是国家贯彻消费政策、引导消费结构从而引导产业结构的重要手段，因此在保证国家财政收入、体现国家经济政策等方面具有十分重要的意义。

现行消费税的征收范围主要包括烟、酒、高档化妆品、贵重首饰及珠宝玉石、鞭炮焰火、成品油、小汽车、摩托车、高尔夫球及球具、高档手表、游艇、木制一次性筷子、实木地板、电池、涂料等税目，有的税目还进一步划分为若干子目。

应税消费品的生产和销售是消费税征收的主要环节，因为在一般情况下，消费税具有单一环节征税的特点，对于大多数消费税应税商品而言，在生产销售环节征税以后，流通环节不再缴纳消费税。纳税人生产应税消费品，除了直接对外销售应征收消费税以外，例如将生产的应税消费品换取生产资料、消费资料、投资入股、偿还债务以及用于继续生产应税消费品以外的其他方面都应缴纳消费税。

经国务院批准，自 1995 年 1 月 1 日起，金银首饰消费税由生产销售环节征收改为零售环节征收。改在零售环节征收消费税的金银首饰仅限于金基、银基合金首饰以及金、银和金基、银基合金的镶嵌首饰，进口环节暂不征收，零售环节适用税率为 5%，在纳税人销售金银首饰、钻石及钻石饰品时征收。其计税依据是不含增值税的销售额。

与其他消费税应税商品不同的是，卷烟除了在生产销售环节征收消费税以外，还在批发环节征收一次。

直接对外销售应纳消费税实行从价定率、从量定额、从价定率和从量定额复合计算等三种方法计算应纳税额。应纳税额计算公式为

$$实行从价定率办法计算的应纳税额 = 销售额 \times 比例税率$$

$$实行从量定额办法计算的应纳税额 = 销售数量 \times 定额税率 \tag{2-41}$$

$$\begin{matrix} 实行复合计税办法 \\ 计算的应纳税额 \end{matrix} = 销售额 \times 比例税率 + 销售数量 \times 定额税率$$

其中，销售额为纳税人销售应税消费品向购买方收取的全部价款和价外费用，不包括向购买方收取的增值税款。

3. 关税

关税是依法对进出境货物、物品征收的一种税。关税的征税对象是准许进出境的货物和物品。货物是指贸易性商品。物品是指入境旅客随身携带的行李物品、个人邮递物品、各种运输工具上的服务人员携带进口的自用物品、馈赠物品以及其他方式进境的个人物品。

关税的征税基础是关税完税价格。进口货物的完税价格包括货物的货价、货物运抵我国境内输入地点起卸前的运输及其相关费用、保险费。进口货物完税价格的确定方法大致可以划分为两类：一类是以进口货物的成交价格为基础进行调整，从而确定进口货物完税价格的估价方法；另一类则是在进口货物的成交价格不符合规定条件或者成交价格不能确定的情况下，海关用以审查确定进口货物完税价格的估价方法。出口货物的完税价格，由海关以该货物的成交价格为基础审查确定，并且应当包括货物运至我国境内输出地点装载前的运输及其相关费用、保险费。

关税应税额的计算公式为

$$关税税额 = 应税进(出)口货物数量 \times 单位完税价格 \times 税率$$

或

$$关税税额 = 应税进(出)口货物数量 \times 单位货物税额$$

或

$$关税税额 = \frac{应税进(出)口}{货物数量} \times 单位完税价格 \times 税率 + \frac{应税进(出)口}{货物数量} \times 单位货物税额 \qquad (2\text{-}42)$$

2.4.2　所得税类

所得税类包括企业所得税、个人所得税、土地增值税，主要是在国民收入形成后，对生产经营者的利润和个人的纯收入发挥调节作用。

1. 企业所得税

企业所得税是指对中华人民共和国境内的企业(居民企业及非居民企业)和其他取得收入的组织的生产经营所得和其他所得征收的一种税。

居民企业，是指依法在中国境内成立，或者依照外国(地区)法律成立但实际管理机构在中国境内的企业。这里的企业包括国有企业、集体企业、私营企业、联营企业、股份制企业、外商投资企业、外国企业以及有生产、经营所得和其他所得的其他组织。

居民企业应就来源于中国境内、境外的所得作为征税对象。所得包括销售货物所得，提供劳务所得，转让财产所得，股息、红利等权益性投资所得，利息所得，租金所得，特许权使用费所得，接受捐赠所得和其他所得。

非居民企业，是指依照外国(地区)法律成立且实际管理机构不在中国境内，但在中国境内设立机构、场所的，或者在中国境内未设立机构、场所，但有来源于中国境内所得的企业。

非居民企业在中国境内设立机构、场所的，应当就其所设机构、场所取得的来源于中国境内的所得，以及发生在中国境外但与其所设机构、场所有实际联系的所得，缴纳企业所得税。非居民企业在中国境内未设立机构、场所的，或者虽设立机构、场所但取得的所得与其所设机构、场所没有实际联系的，应当就其来源于中国境内的所得缴纳企业所得税。

企业所得税的基本税率为 25%，适用于居民企业和在中国境内设有机构、场所且所得与机构、场所有关联的非居民企业。低税率为 20%，适用于在中国境内未设立机构、场所的，或者虽设立机构、场所但取得的所得与其所设机构、场所没有实际联系的非居民企业，但实际征税时适用 10%的税率。

企业应纳所得税额计算公式为

$$应纳所得税额 = 应纳税所得额 \times 所得税税率 \qquad (2\text{-}43)$$

1) 应纳税所得额的确定

企业每一纳税年度的收入总额，减除不征税收入、免税收入、各项扣除以及允许弥补的以前年度亏损后的余额，为应纳税所得额。

(1) 收入总额。企业以货币形式和非货币形式从各种来源取得的收入，为收入总额。包括销售货物收入，提供劳务收入，转让财产收入，股息、红利等权益性投资收益，利息收入，租金收入，特许权使用费收入，接受捐赠收入，其他收入。

(2) 不征税收入。收入总额中的下列收入为不征税收入：财政拨款，依法收取并纳入财政管理的行政事业性收费、政府性基金，国务院规定的其他不征税收入。

(3) 免税收入。企业的下列收入为免税收入：①国债利息收入。②符合条件的居民企业之间的股息、红利等权益性投资收益。③在中国境内设立机构、场所的非居民企业从居民企业取得与该机构、场所有实际联系的股息、红利等权益性投资收益。但不包括连续持有居民企业公开发行并上市流通的股票不足 12 个月取得的投资收益。④符合条件的非营利组织的收入。

(4) 各项扣除。企业实际发生的与取得收入有关的、合理的支出，包括成本、费用、税金、损失和其他支出，准予在计算应纳税所得额时扣除。

合理的支出，是指符合生产经营活动常规，应当计入当期损益或者有关资产成本的必要和正常的支出。

① 成本，是指企业在生产经营活动中发生的销售成本、销货成本、业务支出以及其他耗费。

② 费用，是指企业在生产经营活动中发生的销售费用、管理费用和财务费用，已经计入成本的有关费用除外。

③ 税金，是指企业发生的除企业所得税和允许抵扣的增值税以外的各项税金及其附加。

④ 损失，是指企业在生产经营活动中发生的固定资产和存货的盘亏、毁损、报废损失，转让财产损失，呆账损失，坏账损失，自然灾害等不可抗力因素造成的损失以及其他损失。企业发生的损失，减除责任人赔偿和保险赔款后的余额，依照国务院财政、税务主管部门的规定扣除。企业已经作为损失处理的资产，在以后纳税年度又全部收回或者部分收回时，应当计入当期收入。

其他支出，是指除成本、费用、税金、损失外，企业在生产经营活动中发生的与生产经营活动有关的、合理的支出。

2) 应纳税所得额与利润总额

应纳税所得额与利润总额是两个不同的概念，但又有着一定的联系。应纳税所得额是一个税收概念，是根据企业所得税法按照一定的标准确定的、纳税人在一个时期内的计税所得，是企业所得税的计税依据。利润总额则是一个会计概念，它反映的是企业一定时期内生产经营的财务成果。两者都是对所得的界定，但企业所得税的界定规则与会计准则的界定规则存在着差异，表现出不同的结果。但是，差异是少量的，共同点是占大部分的，所以，可以对利润总额进行一定的调整，从而形成应纳税所得额。

在工程项目的经济分析中，在一般情况下，可以认为各项扣除金额等于总成本费用加营业税金及附加。工程项目中也没有不征税收入和免税收入，这时的利润总额就等于应纳税所得额。

2. 土地增值税

土地增值税是对有偿转让国有土地使用权及地上建筑物和其他附着物产权，取得增值收入的单位和个人征收的一种税。征收土地增值税增强了政府对房地产开发和交易市场的调控，有利于抑制炒买炒卖土地获取暴利的行为，也增加了国家财政收入。

土地增值税是指转让国有土地使用权、地上的建筑物及其附着物并取得收入的单位和个人，以转让所取得的收入包括货币收入、实物收入和其他收入为计税依据向国家缴纳的一种税赋，不包括以继承、赠与方式无偿转让房地产的行为。

土地增值税是以转让房地产取得的收入，减除法定扣除项目金额后的增值额作为计税依据，并按照四级超率累进税率进行征收。

纳税人转让房地产取得的应税收入(不含增值税)应包括转让房地产的全部价款及有关的经济收益。从收入的形式来看，包括货币收入、实物收入和其他收入。

依据税法规定，在计算土地增值税的增值额时，准予从房地产转让收入额中减除下列相关项目金额。

(1) 取得土地使用权所支付的金额，是指纳税人为取得土地使用权所支付的地价款和按国家统一规定交纳的有关费用。

(2) 房地产开发成本。房地产开发成本是指纳税人房地产开发项目实际发生的成本，包括土地的征用及拆迁补偿费、前期工程费、建筑安装工程费、基础设施费、公共配套设施费、开发间接费用等。

(3) 房地产开发费用。房地产开发费用是指与房地产开发项目有关的销售费用、管理费用和财务费用。根据现行财务会计制度的规定，这三项费用作为期间费用，直接计入当期损益，不按成本核算对象进行分摊。故作为土地增值税扣除项目的房地产开发费用，不按纳税人房地产开发项目实际发生的费用进行扣除，而按《中华人民共和国土地增值税暂行条例实施细则》的标准进行扣除。

(4) 与转让房地产有关的税金。与转让房地产有关的税金，是指在转让房地产时缴纳的城市维护建设税、印花税。因转让房地产缴纳的教育费附加，也可视同税金予以扣除。

(5) 财政部确定的其他扣除项目。对从事房地产开发的纳税人，允许按取得土地使用权所支付的金额和房地产开发成本之和，加计 20%的扣除。需要特别指出的是，此条优惠只适用于从事房地产开发的纳税人，除此之外的其他纳税人不适用。

(6) 旧房及建筑物的评估价格。纳税人转让旧房的，应按房屋及建筑物的评估价格、取得土地使用权所支付的地价款或出让金，按国家统一规定缴纳的有关费用和转让环节缴纳的税金作为扣除项目金额计征土地增值税。对取得土地使用权时未支付地价款或不能提供已支付的地价款凭据的，在计征土地增值税时不允许扣除。

计算土地增值税税额，可以按增值额乘以适用的最高税率减去扣除项目金额乘以对应的速算扣除系数这种简便方法进行计算，具体公式如下:

$$应纳税额 = 土地增值额 \times 适用税率 - 扣除项目金额 \times 速算扣除系数 \quad (2\text{-}44)$$

土地增值税税率如表 2-4 所示。

表 2-4　土地增值税税率

级数	计税依据	适用税率	速算扣除系数
1	增值额未超过扣除项目金额 50%的部分	30%	0
2	增值额超过扣除项目金额 50%、未超过扣除项目金额 100%的部分	40%	5%
3	增值额超过扣除项目金额 100%、未超过扣除项目金额 200%的部分	50%	15%
4	增值额超过扣除项目金额 200%的部分	60%	35%

2.4.3　财产和行为税类

1. 房产税

房产税是以房屋为征税对象，按房屋的计税余值或租金收入为计税依据，向产权所有人征收的一种财产税。

房产税的计税依据有两种：①从价计征的，其计税依据为房产原值一次减去 10%～30% 后的余值，从价计征 10%～30% 的具体减除幅度由省、自治区、直辖市人民政府确定；②从租计征的，以房产租金收入为计税依据。

房产税税率采用比例税率。从价计征的，年税率为 1.2%；从租计征的，年税率为 12%。自 2008 年 3 月 1 日起，对个人出租住房，不区分用途，均按 4% 的税率征收房产税。对企事业单位、社会团体以及其他组织按市场价格向个人出租用于居住的住房，减按 4% 的税率征收房产税。

2. 车船税

车船税是指在中华人民共和国境内的车辆、船舶的所有人或者管理人按照《中华人民共和国车船税法》应缴纳的一种税。

车船税采用定额税率，即对征税的车船规定单位固定税额。车船税通常采用代收代缴方式，从事机动车交通事故责任强制保险业务的保险机构为机动车车船税的扣缴义务人。

3. 印花税

印花税是对经济活动和经济交往中书立、领受具有法律效力的凭证的行为所征收的一种税。

在中华人民共和国境内书立、领受《中华人民共和国印花税法》所列举凭证的单位和个人，都是印花税的纳税义务人，应当按照规定缴纳印花税。具体有立合同人、立据人、立账簿人、领受人、使用人。

印花税的税目，指《中华人民共和国印花税法》明确规定的应当纳税的项目，它具体划定了印花税的征税范围。一般来说，列入税目的就要征税，未列入税目的就不征税。印花税共有 13 个税目：购销合同，加工承揽合同，建设工程勘察设计合同，建筑安装工程承包合同，财产租赁合同，货物运输合同，仓储保管合同，借款合同，财产保险合同，技术合同，产权转移书据，营业账簿，权利、许可证照。

印花税根据不同征税项目，分别实行从价计征和从量计征两种征收方式。

4. 契税

契税是以在中华人民共和国境内转移土地、房屋权属为征税对象，向产权承受人征收的一种财产税。应缴税范围包括国有土地使用权出让、土地使用权转让、房屋买卖、房屋赠与、房屋互换等。

契税的计税依据为不动产的价格。契税实行 3%～5% 的幅度税率，各省、自治区、直辖市人民政府可以在 3%～5% 的幅度税率规定范围内，按照该地区的实际情况决定。自 2010 年 10 月 1 日起，对个人购买 90 平方米及以下且属家庭唯一住房的普通住房，减按 1% 的税率征收契税。

契税应纳税额的计算公式为

$$应纳税额 = 不动产价格 \times 税率 \tag{2-45}$$

2.4.4　资源税和环境保护税类

1. 资源税

资源税是对在我国领域和管辖的其他海域开发应税资源的单位和个人课征的一种税，属于对自然资源开发课税的范畴。

资源税的计税依据为应税产品的销售额或销售量，各税目的征税对象包括原矿、精矿等。资源税适用从价计征为主、从量计征为辅的征税方式。根据《资源税税目税率表》的规定，地热、砂石、矿泉水和天然卤水可以采用从价计征或从量计征的方式，其他应税产品统一适用从价定率征收的方式。

资源税范围限定如下

(1) 能源矿产。包括：①原油，指专门开采的天然原油，不包括人造石油。②天然气、页岩气、天然气水合物。③煤，包括原煤和以未税原煤加工的洗选煤。④煤成(层)气。⑤铀、钍。⑥油页岩、油砂、天然沥青、石煤。⑦地热。

(2) 金属矿产。包括：①黑色金属。②有色金属。

(3) 非金属矿产。包括：①矿物类。②岩石类。③宝玉石类。

(4) 水气矿产。包括：①二氧化碳气、硫化氢气、氦气、氡气。②矿泉水。

(5) 盐。包括：①钠盐、钾盐、镁盐、锂盐。②天然卤水。③海盐。

资源税的应纳税额，按照从价定率或者从量定额的办法，分别以应税产品的销售额乘以纳税人具体适用的比例税率或者以应税产品的销售数量乘以纳税人具体适用的定额税率计算。计算公式为

$$应纳税额 = 销售额 \times 适用税率 \tag{2-46}$$

或

$$应纳税额 = 课税数量 \times 单位税额$$

2. 环境保护税

环境保护税是对在我国领域以及管辖的其他海域直接向环境排放应税污染物的企业事业单位和其他生产经营者征收的一种税，其立法目的是保护和改善环境，减少污染物排放，推进生态文明建设。环境保护税是我国首个明确以环境保护为目标的独立型环境税税种，有利于解决排污费制度存在的执法刚性不足等问题，有利于提高纳税人环保意识和强化企业治污减排责任。

环境保护税税目包括大气污染物、水污染物、固体废物和噪声四大类。

环境保护税采用定额税率，其中，对应税大气污染物和水污染物规定了幅度定额税率，具体适用税额的确定和调整由省、自治区、直辖市人民政府统筹考虑本地区环境承载能力、污染物排放现状和经济社会生态发展目标要求，在规定的税额幅度内提出，报同级人民代表大会常务委员会决定，并报全国人民代表大会常务委员会和国务院备案。

应税污染物的计税依据，按照下列方法确定：①应税大气污染物按照污染物排放量折合的污染当量数确定；②应税水污染物按照污染物排放量折合的污染当量数确定；③应税固体废物按照固体废物的排放量确定；④应税噪声按照超过国家规定标准的分贝数确定。

3. 城镇土地使用税

城镇土地使用税是以国有土地为征税对象，对拥有土地使用权的单位和个人征收的一种税。征收城镇土地使用税有利于促进土地的合理使用，调节土地级差收入，也有利于筹集地方财政资金。

城镇土地使用税采用定额税率，即采用有幅度的差别税额。按大、中、小城市和县城、建制镇、工矿区分别规定每平方米城镇土地使用税年应纳税额。城镇土地使用税每平方米年税额标准具体规定如下：大城市为1.5～30元；中等城市为1.2～24元；小城市为0.9～18元；县城、建制镇、工矿区为0.6～12元。

城镇土地使用税根据实际使用土地的面积，按税法规定的单位税额交纳。其计算公式如下：

$$应纳城镇土地使用税额 = 应税土地的实际占用面积 \times 适用单位税额 \qquad (2\text{-}47)$$

2.4.5　特定目的税类

1. 城市维护建设税

城市维护建设税是我国为了加强城市的维护建设，扩大和稳定城市维护建设资金的来源，而对从事工商经营，缴纳增值税、消费税的单位和个人征收的一种附加税。

城市维护建设税是以纳税人实际缴纳的增值税、消费税税额为计税依据征收的一种税，纳税环节确定在纳税人缴纳的增值税、消费税的环节上，从商品生产到消费流转过程中只要发生增值税、消费税的当中一种税的纳税行为，就要以这种税为依据计算缴纳城市维护建设税。

城市维护建设税是根据城市维护建设资金的不同层次的需要而设计的，实行分区域的差别比例税率，即按纳税人所在城市、县城或镇等不同的行政区域分别规定不同的比例税率。具体规定如下：

(1) 纳税人所在地在市区的，税率为7%。这里称的"市"是指国务院批准市建制的城市，"市区"是指省人民政府批准的市辖区(含市郊)的区域范围。

(2) 纳税人所在地在县城、镇的税率为5%。这里所称的"县城、镇"是指省人民政府批准的县城、县属镇(区级镇)，县城、县属镇的范围按县人民政府批准的城镇区域范围。

(3) 纳税人所在地不在市区、县城、县属镇的，税率为1%。

城市维护建设税应纳税额的计算比较简单，其计算公式为

$$应纳税额 = (实际缴纳的增值税 + 实际缴纳的消费税) \times 适用税率 \qquad (2\text{-}48)$$

2. 车辆购置税

车辆购置税是以在中国境内购置规定车辆为课税对象、在特定的环节向车辆购置者征收的一种税。

车辆购置税以列举的车辆作为征税对象，未列举的车辆不纳税。其征税范围包括汽车、有轨电车、汽车挂车、排气量超过150毫升的摩托车。

车辆购置税实行统一比例税率，税率为10%。应纳税额的计算公式为

$$应纳税额 = 计税依据 \times 税率 \qquad (2\text{-}49)$$

计税依据为应税车辆的计税价格，按照下列规定确定：①自 2020 年 6 月 1 日起，纳税人购置应税车辆，以发票电子信息中的不含增值税价作为计税价格。②纳税人进口自用应税车辆的计税价格，为关税完税价格加上关税和消费税。③纳税人自产自用应税车辆的计税价格，按照纳税人生产的同类应税车辆(即车辆配置序列号相同的车辆)的销售价格确定，不包括增值税税款；没有同类应税车辆销售价格的，按照组成计税价格确定。组成计税价格计算公式为：组成计税价格 = 成本 ×(1 + 成本利润率)。属于应征消费税的应税车辆，其组成计税价格中应加计消费税税额。④纳税人以受赠、获奖或者其他方式取得自用应税车辆的计税价格，按照购置应税车辆时相关凭证载明的价格确定，不包括增值税税款。无法提供相关凭证的，参照同类应税车辆市场平均交易价格确定其计税价格。原车辆所有人为车辆生产或者销售企业，未开具机动车销售统一发票的，按照车辆生产或者销售同类应税车辆的销售价格确定应税车辆的计税价格。无同类应税车辆销售价格的，按照组成计税价格确定应税车辆的计税价格。

3. 耕地占用税

耕地占用税是对占用耕地建房或从事其他非农业建设的单位和个人，就其实际占用的耕地面积征收的一种税，它属于对特定土地资源占用课税。

耕地占用税的征税范围包括纳税人占用耕地建设建筑物、构筑物或者从事非农业建设的国家所有和集体所有的耕地。

所称耕地，是指用于种植农作物的土地，包括菜地、园地。其中，园地包括花圃、苗圃、茶园、果园、桑园和其他种植经济林木的土地。

占用鱼塘及其他农用土地建房或从事其他非农业建设，也视同占用耕地，必须依法征收耕地占用税。占用已开发从事种植、养殖的滩涂、草场、水面和林地等从事非农业建设，由省、自治区、直辖市本着有利于保护土地资源和生态平衡的原则，结合具体情况确定是否征收耕地占用税。

耕地占用税以纳税人实际占用的耕地面积为计税依据，按照规定的适用税额一次性征收。耕地占用税的税额规定如下：①人均耕地不超过 1 亩的地区(以县、自治县、不设区的市、市辖区为单位，下同)，每平方米为 10 元至 50 元；②人均耕地超过 1 亩但不超过 2 亩的地区，每平方米为 8 元至 40 元；③人均耕地超过 2 亩但不超过 3 亩的地区，每平方米为 6 元至 30 元；④人均耕地超过 3 亩的地区，每平方米为 5 元至 25 元。

4. 船舶吨税

船舶吨税是根据船舶运载量课征的一个税种。自中华人民共和国境外港口进入境内港口的船舶(以下简称应税船舶)，应当缴纳船舶吨税(以下简称吨税)。

吨税设置优惠税率和普通税率。中华人民共和国国籍的应税船舶，船籍国(地区)与中华人民共和国签订含有相互给予船舶税费最惠国待遇条款的条约或者协定的应税船舶，适用优惠税率。其他应税船舶，适用普通税率。

吨税按照船舶净吨位和吨税执照期限征收。吨税的应纳税额按照船舶净吨位乘以适用税率计算，计算公式为

$$应纳税额 = 船舶净吨位 × 定额税率 \tag{2-50}$$

5. 烟叶税

烟叶税是以纳税人收购烟叶的收购金额为计税依据征收的一种税。

烟叶税的征税范围包括晾晒烟叶、烤烟叶。烟叶税的计税依据为纳税人收购烟叶实际支付的价款总额。烟叶税实行比例税率，税率为20%。

烟叶税的应纳税额按照纳税人收购烟叶实际支付的价款总额乘以税率计算，计算公式为

$$应纳税额 = 实际支付价款 \times 税率 \tag{2-51}$$

纳税人收购烟叶实际支付的价款总额包括纳税人支付给烟叶生产销售单位和个人的烟叶收购价款和价外补贴。其中，价外补贴统一按烟叶收购价款的10%计算。

2.5　营业收入与利润

2.5.1　营业收入

营业收入是指企业在从事销售商品、提供劳务和让渡资产使用权等日常经营业务过程中所形成的经济利益的总流入。营业收入是企业补偿生产经营耗费的资金来源，是企业的主要经营成果，是企业取得利润的重要保障。

营业收入包括主营业务收入和其他业务收入。主营业务收入是指企业经常性的、主要业务所产生的收入。例如制造业的销售产品、半成品和提供工业性劳务作业的收入等。主营业务收入在企业收入中所占的比重较大，它对企业的经济效益有着举足轻重的影响。其他业务收入是指除了上述主营业务收入之外的其他业务的收入。

营业收入的计算公式如下：

$$营业收入 = 主营业务收入 + 其他业务收入$$

或　　　　　　　$$营业收入 = 产品销售量(或服务量) \times 产品单价(或服务单价) \tag{2-52}$$

主副产品(或不同等级产品)的销售收入应全部计入营业收入，所提供的不同类型服务收入也应计入营业收入。

2.5.2　利润

1. 会计利润

会计利润是指企业在一定会计期间的经营成果。会计利润包括收入减去费用后的净额、直接计入当期利润的利得和损失等。会计利润按其构成的不同层次可以划分为营业利润、利润总额和净利润。会计利润是衡量企业优劣的一种重要标志，往往是评价企业管理层业绩的一项重要指标，也是投资者等财务报告使用者进行决策时的重要参考。

会计利润的计算公式如下：

$$营业利润 = 营业收入 - 营业成本 - 营业税金及附加 - 销售费用 - 管理费用$$
$$- 财务费用 - 资产减值损失 + 公允价值变动收益 + 投资收益 \tag{2-53}$$
$$利润总额 = 营业利润 + 营业外收入 - 营业外支出 \tag{2-54}$$
$$净利润 = 利润总额 - 所得税费用 \tag{2-55}$$

2. 经济利润

经济利润等于总收入减去总成本的差额。而总成本既包括显性成本也包括隐性成本。因此，经济学中的利润概念与会计利润也不一样。

隐性成本是指稀缺资源投入任何一种用途中所能得到的正常的收入，如果在某种用途上使用经济资源所得的收入还抵不上这种资源正常的收入，该厂商就会将这部分资源转向其他用途以便获得更高的报酬。因此，西方经济学中的隐性成本又被称为正常利润。将会计利润再减去隐性成本，就是经济学中的利润概念，即经济利润。企业所追求的利润就是最大的经济利润。可见正常利润相当于中等的或平均的利润，它是生产某种产品所必须付出的代价。因为如果生产某种产品连正常或平均的利润都得不到，资源就会转移到其他用途中去，该产品就不可能被生产出来。而经济利润相当于超额利润，即总收益超过机会成本的部分。

经济利润可以为正、负或零。在西方经济学中经济利润对资源配置和重新配置具有重要意义。如果某个行业存在着正的经济利润，就意味着该行业内企业的总收益超过了机会成本，生产资源的所有者将要把资源从其他行业转入这个行业中。因为他们在该行业中可能获得的收益，超过该资源的其他用途。反之，如果一个行业的经济利润为负，那么生产资源将要从该行业退出。经济利润是资源配置和重新配置的信号。正的经济利润是资源进入某个行业的信号。负的经济利润是资源从某个行业撤出的信号。只有经济利润为零时，企业才没有进入某个行业或从中退出的动机。

2.6　现　金　流　量

2.6.1　现金流量的概念

现金流量(cash flow)是指特定经济系统一定时期内的现金的流入和流出的数量。流入系统的现金称为现金流入，通常用 CI 表示，例如销售商品收到的现金、借款取得的现金等都是现金流入。流出系统的现金称为现金流出，通常用 CO 表示，例如购买原材料支付的现金、偿债支付的现金等都是现金流出。同一时间点上现金流入与现金流出之间的差额称为净现金流量(net cash flow，NCF)，NCF = CI - CO。

特定经济系统实现的净利润与现金流量，都是其经营成果，都是分析、评价经济效果的主要指标。但是，在工程经济评价中，我们更加侧重于利用现金流量进行经济效果的分析评价，其原因主要有以下几点。

(1) 在项目的整个投资有效年限内，净利润总计与现金流量总计是相等的。因此，可以用现金流量替代净利润进行经济效果的评价。

(2) 净利润在很大的程度上受人为因素的影响，而现金流量不受人为因素的影响，比较客观。

(3) 现金流量比净利润更能反映企业的盈利质量，现金流量状况决定企业的生存能力。

(4) 现金流量决定价值创造。

2.6.2　项目现金流量的基本构成

项目在其经济寿命期的不同阶段，现金流量的基本构成不同。项目的经济寿命期也称为项目计算期，是指投资项目从投资建设开始到最终清理结束整个过程的全部时间，包括建设期和运营期两个阶段。建设期是指项目从资金正式投入开始到项目建成投产为止所需要的时间。运营期又包括投产期和达产期两个阶段。投产期是指项目投入生产，但生产能力尚未达到设计生产能力时的过渡阶段。达产期是指生产运营达到了设计生产能力后的时期。

项目在其计算期的各阶段，经营活动的主要内容也有所不同。在建设期，主要是进行各项固定资产的建设，现金流量主要表现为各种形式的建设投资。在运营期，项目主要进行供产销等活动，会取得收入，也会发生各项经营耗费。在项目终结时，会回收固定资产的残余价值，回收垫支的流动资金。项目各阶段现金流量的一般构成如下。

1. 项目建设期现金流量

项目建设期现金流量的计算公式如下：

$$净现金流量 = -(固定资产投资 + 无形资产投资 + 其他资产投资 + 流动资金投资) \quad (2\text{-}56)$$

2. 项目投产期现金流量

项目投产期现金流量的计算公式如下：

$$
\begin{aligned}
净现金流量 &= \frac{营业}{收入} - \frac{经营}{成本} - \frac{营业税金}{及附加} - 所得税 - \frac{流动资金}{增加额} \\
&= \frac{营业}{收入} - \frac{总成本}{费用} - \frac{营业税金}{及附加} - 所得税 + \frac{折旧费}{(维简费、摊销费)} - \frac{流动资金}{增加额} \\
&= 净利润 + 折旧费(维简费、摊销费) - 流动资金增加额
\end{aligned}
\quad (2\text{-}57)
$$

3. 项目达产期现金流量

项目达产期现金流量的计算公式如下：

$$净现金流量 = 净利润 + 折旧费(维简费、摊销费) \quad (2\text{-}58)$$

4. 项目终结期现金流量

项目终结期现金流量的计算公式如下：

$$净现金流量 = 净利润 + \frac{折旧费}{(维简费、摊销费)} + \frac{回收固定}{资产余值} + \frac{回收}{流动资金} \quad (2\text{-}59)$$

2.6.3　现金流量图

现金流量图是一种反映经济系统资金运动状态的图形，即把经济系统的现金流量绘入一个时间坐标图中，表示出各现金流入、流出与相应时间的对应关系。运用现金流量图，就可全面、形象、直观地表达经济系统的资金运动状态。

现金流量图包括三个要素：大小、流向、时间点。其中大小表示现金流的数额；流向

指现金的流动方向，即流入或流出；时间点是指现金流入或现金流出所发生的时间。

现金流量图(见图2-3)的作图方法和规则如下。

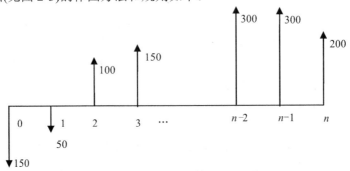

图2-3　现金流量图

(1) 横轴表示时间轴，将横轴分为 n 等份，注意第 $n-1$ 期的终点和第 n 期的始点是重合的。每一等份代表一个时间单位，可以是年、半年、季、月或天。

(2) 与横轴垂直向下的箭头代表现金流出，与横轴垂直向上的箭头代表现金流入，箭头的长短与金额的大小成比例。

(3) 代表现金流量的箭头与时间轴的交点即表示该现金流量发生的时间。

由此可知，要正确绘制现金流量图，必须把握好现金流量的三要素。另外，现金流量图与立脚点有关，从借款人角度出发和从贷款人角度出发所绘现金流量图不同。

本 章 小 结

经济效果是工程经济学研究的核心问题。经济效果是指人们为了达到一定的目的所从事的社会实践活动的成果和劳动消耗的比较。它反映的是社会生产实践活动过程中劳动耗费转化为劳动成果的程度。要对投资方案的经济效果进行评价，需要了解投资、成本、税金、营业收入等经济效果的基本构成要素，借助具体的经济效果评价指标对投资方案的经济效果做出评价。

投资是指投资者为了获取预期收益而投入的资金或资源以及其他形式的等值价值量，主要包括固定资产投资、无形资产投资、其他资产投资和流动资金投资。成本是企业为生产商品和提供劳务等所发生的耗费，按照不同的归集对象，这些耗费可以分为生产成本和期间费用。税金是企业必须负担的一项支出和费用，对纳税人投资项目的经济效果产生影响。按照我国现行税收征管办法及企业会计准则，不同的税费体现在成本费用中的方式也有所不同，有独立体现的增值税和企业所得税，有在营业税金及附加中的营业税、消费税、关税、土地增值税、资源税、城市维护建设税等，也有在管理费用中的房产税、车船税、印花税，等等。营业收入是企业补偿生产经营耗费的资金来源，是投资项目取得的成果。

现金流量是指特定经济系统在一定的时期内的现金的流入和流出的数量。现金流量是工程经济学中表达经济效果最重要的指标，现金流量是建立在经济效果构成基本要素的基础上的。因此，需要在全面理解投资与资产、成本、税金、收入利润等的基础上，正确确定经济系统的现金流量。

习　题

一、单选题

1. 投资估算从费用构成来讲，涉及(　　)阶段所需的全部费用。
   A. 从设计到施工　　　　　　　　B. 从筹建到施工
   C. 从设计到竣工投产　　　　　　D. 从筹建到竣工

2. 拟建某项目，已知该行业设备投资占总投资比例高达 60%，则适宜采用的投资估算方法是(　　)。
   A. 生产能力指数法　　　　　　　B. 指标估算法
   C. 资金周转率法　　　　　　　　D. 比例估算法

3. 拟新建一个有 5000 个床位的综合性医院，已知同类型医院的投资为 6000 元/床，则采用的估算方法应该是(　　)。
   A. 生产能力指数法　　　　　　　B. 指标估算法
   C. 资金周转率法　　　　　　　　D. 比例估算法

4. 拟建一个日产 4 万吨的某化工产品的生产线，已知该地区去年已经建成的日产 2 万吨类似产品的工厂的投资额为 10 亿元，进行该项目投资估算时应该采用(　　)方法。
   A. 资金周转率法　　　　　　　　B. 生产能力指数法
   C. 比例估算法　　　　　　　　　D. 指标估算法

5. 可行性研究阶段投资估算的允许误差率为(　　)。
   A. 大于±30%　　　B. ±30%以内　　　C. ±20%以内　　　D. ±10%以内

二、多选题

1. 在项目总投资中，动态投资部分有(　　)。
   A. 工程费用　　　B. 建设期利息　　　C. 基本预备费　　　D. 涨价预备费
   E. 工程建设其他费用

2. 建设工程项目静态投资包括(　　)。
   A. 基本预备费　　　B. 设备购置费　　　C. 涨价预备费　　　D. 建设期贷款利息
   E. 因为工程量变更所增加的工程造价

3. 在下列各项中，属于工程项目建设投资的有(　　)。
   A. 建设期利息　　　　　　B. 工程建设其他费　　　　　C. 预备费
   D. 流动资产投资　　　　　E. 设备及器具购置费

4. 工程造价基本构成包括(　　)。
   A. 用于购买工程项目所含各种设备的费用
   B. 用于建筑施工和安装施工所需支出的费用
   C. 用于委托工程勘察设计应支付的费用
   D. 用于购置土地所需的费用
   E. 用于运营单位自身进行项目筹建和项目管理所花费的费用

5. 下列属于固定资产的是(　　)。

A. 建筑材料   B. 房屋及建筑物   C. 大型机器设备

D. 办公用品   E. 管线

6. 固定资产的特点有( )。

A. 具有不可移动性   B. 使用期限长

C. 单位价值较高   D. 在使用过程中价值量基本不变

E. 在使用过程中保持原有实物形态不变

三、计算题

1. 某企业 2013 年 12 月 31 日购置数控机床，价值 3600 万元，估计使用年限为 15 年，预计净残值率为 3%，试分别用平均年限法、年数总和法和双倍余额递减法计算该设备每年应提的折旧额。

2. 某工业企业为一般纳税人，2013 年 5 月发生以下业务。

(1) 采用交款提货方式销售货物一批，并开具增值税专用发票，发票注明销售额为 85 万元，增值税额为 14.45 万元。

(2) 采用赊销方式销售货物一批，开具普通发票，发票金额为 52.65 万元。

(3) 本月购进货物，增值税专用发票上注明材料款为 60 万元，进项税额为 10.2 万元，同时从运输部门取得的增值税专用发票上注明的运费为 3 万元，增值税额 0.33 万元。

请计算该企业当月应缴纳增值税额。

3. 某企业于 2013 年 1 月 1 日创立，2013 年度生产经营情况如下。

(1) 本年投产产品全部完工销售，全年取得销售收入 40 000 万元(按不含增值税价格计算，企业适用的增值税率为 13%)。货款及增值税销项税额已收妥。

(2) 全年采购原材料、燃料、动力等共计 20 000 万元(按不含增值税价格计算，原材料、燃料、动力适用 13%的增值税率)，这些原材料、燃料、动力均已投入产品生产，年末无结余。货款及增值税进项税额已付。

(3) 全年计提的薪酬共计 6000 万元，已经支付和缴存。

(4) 企业各类固定资产全年共计提折旧 3000 万元。

(5) 企业各类固定资产全年共发生修理维护费 500 万元，款项已经支付。

(6) 企业年度内除了薪酬、折旧、修理之外的管理费用共计 3400 万元，款项已经支付。

(7) 企业年度内除了薪酬、折旧、修理之外的销售费用共计 1200 万元，款项已经支付。

(8) 企业年度内除了薪酬、折旧、修理之外的制造费用共计 2100 万元，款项已经支付。

(9) 企业年度内应支付的借款利息为 1800 万元，款项已经支付。

(10) 企业适用的城建税税率为 7%，教育费附加为 5%(其中 2%为地方教育费附加)，所得税税率为 25%。各项税费经过计算确定后已经缴付。

除了上述各项成本费用和税费以外，企业无其他成本费用和税费，所得税无纳税调整事项。

请根据以上内容计算企业 2013 年度的净利润和营业净现金流量。

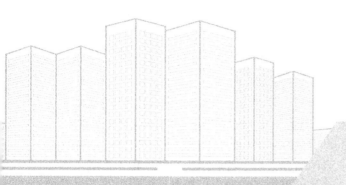

第 3 章　工程项目经济预测

※ 【学习要点及目标】

- 了解预测的概念。
- 了解预测的基本原则。
- 了解项目经济预测的分类。
- 掌握预测的一般步骤。
- 了解定性预测方法，掌握德尔菲法。
- 了解定量预测方法。
- 熟练掌握时间序列预测法和因果关系分析法。

※ 【核心概念】

预测、德尔菲法、简单算术平均法、移动平均法、指数平滑法、一元线性回归分析预测法等

【引导案例】

某企业准备投资某工业生产项目，进行某产品的生产销售，技术方案已经设计完成，现在要考察其经济效果，需要了解该产品在其寿命周期内的市场供求情况、生产耗费状况以及与之相关的税费等情况，如何获取这些信息呢？

工程经济学的一个重要的工作重点就是预测。要评价工程项目未来的经济效果，就必须合理可靠地预计构成经济效果的基本要素。因此，必须切实掌握经济预测的基本方法。

研究经济效果就是要通过事前预测、事中控制和事后评价，把工程实践活动的运行控制在最满意的状态。工程经济学对经济效果的研究是以事前或事中主动分析为侧重点的，事前或事中主动分析过程是科学预见活动结果的过程，也是主动控制的过程。对工程经济活动的预见要求人们面对未来，对可能发生的结果进行合理的预测。只有合理可靠的预测，才有助于我们把握未来。预测是决策的依据，没有科学的预测就不可能做出科学的决策。

3.1 概　　述

3.1.1　预测的概念

预测是指在掌握现有信息的基础上，依照一定的方法和规律对未来的事情进行测算，以便预先了解事情发展的过程与结果。预测是一种认识未来事物的行为活动，表现为一个过程。同时，预测也表现为这个活动的一个结果。从本质上看，预测是在深刻把握客观事物发展的因果关系和内在规律的基础上，使用科学的方法，推断出其未来发展可能呈现的各种结果以及各种结果发生的可能程度。

项目经济预测可以看成是预测学理论和方法在工程经济分析领域的应用。

项目经济预测是在项目详尽的系统分析基础上，对影响工程项目的基本经济要素进行的科学推测和判断。

为了进行工程项目经济效果的分析评价，必须以一定数量的基础资料为依据。主要是有关工程项目的投资、成本、折旧、销售收入、税金和利润等。由于工程经济分析通常是对尚未实施的项目进行分析，因此是在这些基本要素的未来预测值的基础上进行的。这样，对这些基本经济要素的预测工作就显得十分重要。

除了得到工程项目的基本经济要素数据以便反映项目预期盈利能力以外，投资者还非常关心项目的抗风险能力和生存能力，所以还经常对工程项目做风险预测。

总之，在市场经济环境下，项目未来的收益和费用与变幻无常的市场息息相关，只有依靠科学、缜密的预测方法，才能较好地保证项目的生存和盈利。

3.1.2　预测的基本原则

1. 惯性原则

任何事物在经历由量变到质变的发展变化过程中，都具有时间上的连续性，表现为特有的过去、现在和未来这样一个过程。在性质、数量、范围等方面，存在着继承性和变异性。事物在经历量变过程时，继承性占主导地位，事物在性质上没有根本性变化，仅在数量和范围上有所增减，这就为预测事物的发展提供了极大的可能性。大量的数量预测方法，就应用在量变阶段。当量变积累到一定的程度时，就会出现事物质的飞跃，变异性将占主导地位，事物的性质将发生根本性变化。质的飞跃可能会突然爆发，但它绝不是偶然出现的，它是事物连续发展的一个重要的特殊环节。在长期的实践中，人们能够逐步认识和掌握事物发展的质、量互变规律，并用于预测事物的未来发展方向，转折点(质变)的出现，以及发生转折之后的基本状况。

可以说，没有一种事物的发展与其过去没有关系。过去的行为和状态不仅会影响到现在，还会影响到未来。这表明任何事物的发展都有一定的连续性，这种连续性称为惯性。惯性越大表示过去对未来的影响越大，研究过去所得到的信息对研究未来越有帮助。惯性越小表示过去对未来的影响越小。

2. 类推原则

世界上的事物千差万别，每一种事物都存在于特定的环境之中，都有其特殊的运动规律。但世界上的事物又处在普遍的联系之中，同类事物之间又存在着普遍适用的运动规律。即使不同的事物之间，也常常存在某些相似或类同之处。只要掌握了事物发展变化的普遍规律，再结合具体事物所处的环境条件和具体特点，认识具体事物的特殊运动规律是完全做得到的。所谓"举一反三""依次类推"讲的就是这个道理。

类推原则尤其适用于历史资料较为欠缺的新产品的市场预测。

3. 相关原则

相关原则是指建立在"分类"的思维高度，关注事物之间的关联性，当了解到已知的某个事物发生变化时，再推知另一个事物的变化趋势。

世界上各种事物之间均存在着直接或间接的联系，事物之间或构成的各种因素之间，存在着或大或小的相互影响、相互制约、相互促进的关系。在经济领域中，这种相互联系更是普遍存在。利用事物之间这种相互影响关系，就可以根据观察到的某些经济现象推测这种现象将要引起的结果或状态。

4. 概率推断原则

由于各种因素的干扰，经常使一些预测对象呈现出随机变化的形式。由此带来的不确定性，使预测工作变得十分困难。为了给决策工作提供依据，需要预测工作者对具有不确定性结果的预测对象提出比较可靠的结论，这就需要概率推断原则。所谓概率推断原则，就是当推断预测结果能以比较大的概率出现时，就认为这个结果是成立的，是可用的。在实际应用中，概率应伴随预测结果同时给出。在定量预测中的置信度，表示的就是事物出现的数量落在该区间的概率。在进行定性和定量预测时，一般要对多种可能的结果分别给出其发生的概率。

3.1.3　项目经济预测的分类

1. 按预测结果的属性分类

按预测结果的属性划分，可把预测分为定性预测和定量预测。

定性预测是指预测者依靠熟悉业务知识、具有丰富经验和综合分析能力的人员与专家，根据已经掌握的历史资料和直观材料，运用个人的经验和分析判断能力，对事物的未来发展做出性质和程度上的判断，然后再通过一定的形式综合各方面的意见，作为预测未来的主要依据。

定量预测是使用历史数据或因素变量来预测需求的数学模型，是根据已经掌握的比较完备的历史统计数据，运用一定的数学方法进行科学的加工整理，借以揭示有关变量之间的规律性联系，用于预测和推测未来发展变化情况的一类预测方法。

2. 按预测范围分类

按预测范围划分，可将经济预测分为宏观经济预测、微观经济预测和中观经济预测。

宏观经济预测，一般是指对部门或地区以上范围的经济发展前景进行的各种预测，是以整个社会经济发展的总图景作为考察对象，研究经济发展中各项有关指标之间的联系和发展变化。例如对全国或某个地区社会再生产各环节的发展速度、规模和结构的预测。宏观经济预测是政府制定方针政策、编制和检查计划、调整经济结构的重要依据。

微观经济预测，是对基层单位例如单个企业的经济活动的预测；是以个别经济单位生产经营发展的前景作为考察对象，研究微观经济中各项有关指标之间的联系和发展变化。例如对工业企业所生产的具体商品的生产量、需求量和市场占有率的预测等。微观经济预测是企业制定生产经营决策、编制和检查计划的依据。

中观经济预测，是对一个部门或一个行业的经济活动所做的预测，是介于宏观经济预测与微观经济预测之间的经济预测。

3. 按预测的时态分类

按预测的时态划分，可将经济预测分为静态经济预测和动态经济预测。

静态经济预测，是指不包含时间变动因素，对同一个时期经济现象因果关系的预测。

动态经济预测，是指包含时间变动因素，根据经济现象发展的历史和现状，对其未来发展前景的预测。

3.1.4　预测的一般步骤

预测是对事物发展、演变客观规律的认识和分析过程。因此，应该建立在科学的理论基础之上，采用合理的分析、测算以及评价方法和手段。预测技术遵循的理论包括两个方面：一是预测对象本身所处学科领域的理论，用以辨识事物发展的客观规律，指导预测方法的选择和结果的分析检验；二是预测方法本身的理论，主要是数理统计学的一些有关理论。因此，实施一个具体的预测项目，必须基于上述两方面的科学理论。一个成功的预测实践，应当科学、合理地选择预测方法以及准确、完整地理解预测对象。总体看来，预测大致可以分为以下几个步骤。

1. 明确预测目的

一般来说，预测不是目的，它是为决策服务的。因此，在预测工作过程中，首先要在总目标指导下，确定预测对象及具体的要求，包括预测指标、预测期限、可能选用的预测方法以及要求的基本资料和数据。

2. 收集、整理资料和数据

根据可能选用的预测方法和预测指标，需要进行两个方面的工作：一是把有关的历史资料、统计数据、试验数据等尽可能收集齐全，在此基础上进一步分析、整理，去伪存真，形成合格的数据样本；二是进行调查、访问，以便取得第一手的数据资料，这一点对定性预测更是如此。

3. 建立预测模型

根据科学理论指导以及所选择的预测方法，基于有关变量与预测对象的关系，建立起预测用的数学模型。必要时可以对数据样本进行适当处理，以便符合模型本身的要求。

4. 模型参数估计

按照各自模型的性质和可能的样本数据，采取科学的统计方法，对模型中的参数进行估计，最终识别和确认所选用的模型形式和结构。

5. 模型检验

检验包括对模型的合理性及有效性验证。模型检验具体有两个方面：一是对有关假设的检验，例如对线性关系的假设、变量结构(变量选取)以及独立性假设等必须进行统计检验，以便保证理论、方法的正确性；二是模型精度即预测误差的检验，例如误差区间、标准离差等的检验。

6. 预测实施与结果分析

运用通过检验的预测模型，使用有关数据进行预测，并对预测结果进行有关理论、经验方面的分析。此外，必要时还应对不同方法、模型的预测结果加以分析对比，以便做出更加可信的预测。

上述列出了预测的六个步骤。从预测实际工作来看，不可能仅靠上述步骤就能完全达到目标，有时会需要若干次的反复和迭代，经过多次样本修改、信息补充、模型修正等，才能完成系统预测任务。

3.2　定性预测方法

定性预测是根据已经掌握的信息资料和直观材料，依靠具有丰富经验和分析能力的专家，运用主观经验，对施工项目的材料消耗、市场行情及成本等，做出性质上和程度上的推断与估计，然后把各方面的意见进行综合，作为预测成本变化的主要依据。

定性预测在工程实践中被广泛使用，无论是有意还是无意的。特别适合对预测对象的数据资料(包括历史的和现实的)掌握不充分，或影响因素复杂，难以用数字描述，或对主要影响因素难以进行数量分析等情况。

由于定性预测方法更重视事物发展趋势、方向、重大转折点的分析，因此它比较适合国民经济形势发展、经济政策的演变、市场总体形势变化、科学技术发展与实际应用对市场供求影响、新产品开发、新市场开拓、企业经营环境分析和战略决策方向、企业市场营

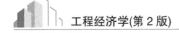

销组合及对市场销售影响等方面的预测。

值得注意的是，定性预测技术一定要与定量预测技术配合使用。

3.2.1　市场调查法

市场调查法是企业营销管理人员组织或亲自参与市场调查，并在掌握第一手市场信息资料的基础上，经过分析和推算，预测市场未来发展形势的一类预测方法。

市场调查法更注重市场信息资料的搜集、整理、分析和推算，人的主观判断较少，这可以在一定的程度上减少主观性和片面性。客观性强和针对性强是市场调查法的两个优势。

1. 预购测算法

预购测算法主要是根据需求者的预购订单和预购合同来测算产品的市场需求量。这种方法适用于现代企业的微观预测。主要预测目标是市场销售量。根据订单和合同测算需求数量，方法虽然简单，但是在实际应用时，仍然要注意以下几点。

(1) 有了订单和合同并不等于产品已经售出。由于社会生产、市场需求等重大因素的变化，很可能发生撤回订单、不能如期履行合同等情况。因此，预测人员要在积累各种条件下合同的实现程度等方面资料的基础上，寻求不同条件下的履约率，并用以调整预测值。

(2) 由于经济情况的复杂多变，所以常常发生签约之后的补充订货、临时追加订货等情况。预测者应根据积累起来的历史资料，估算出补充订货和追加订货占总销售量的比重，作为调整测算值的修正系数。

2. 用户调查法

用户调查法是指预测者直接向用户了解需求与购买意向的第一手资料，分析用户的需求变化趋势，预测市场销售前景。

需求预测和销售预测实质上是预计与推测顾客在一系列特定条件下可能做什么的技术关键。就是说，最有价值的信息来源于买主。与买主的直接接触，可能会得到购买量的准确数字，还可以询问有多少购买指向特定企业产品或品牌，对产品有哪些意见，哪些因素影响他们对供货者的选择等。

用户调查法分为两大类。一类是普查法，就是开列一份现实顾客和潜在顾客名单，逐一调查名单上的用户。但这仅适用于用户不多且用户规模较大的情况。如果用户多且分散，普查就费时费力。另一类是抽样调查法，就是在全体用户中按一定的抽样规则，抽取一定数量的样本用户，通过对样本用户的细致周密的调查，掌握各项统计资料，然后再利用样本用户所表现出来的基本特征与规律推算整体的未来趋势。

3. 典型调查法

典型调查法也叫重点调查推算法，就是有目的地选择有代表性的顾客进行调查，并利用调查后的统计分析结果，去推算整体市场趋势的方法。

典型调查不同于抽样调查，典型用户的选择是有目的、有意识地主观确定。为了保证预测的准确可靠，典型用户的选择就必须十分谨慎仔细，务必保证典型用户的确有典型代表意义，否则，预测结果将会出现严重失误。

4．展销调查法

展销调查法是工商企业常用的了解市场行情的预测方法。它通过产品展销这种手段，直接调查客户的各种需求，了解客户对产品的各种反应。得到的第一手资料，往往是十分宝贵的。特别是新产品的销售前景预测，展销调查法是十分有效的。展销调查法把销售与调查预测相结合，十分便于对消费需求、购买能力、购买意向等方面情况做出分析研究。在展销调查期间要采取多种手段积极地与客户接触，诸如有计划地采访各类客户、召集客户座谈、发放调查表、记录客户的意见或抱怨等。

3.2.2　德尔菲法

德尔菲法是在 20 世纪 40 年代由 O.赫尔姆和 N.达尔克首创，经过 T.J.戈尔登和兰德公司进一步发展而成的。

德尔菲法也称为专家调查法，是一种采用通信方式分别将所需解决的问题单独发送到各个专家手中，征询意见，然后回收汇总全部专家的意见，并整理出综合意见。随后将该综合意见和预测问题再分别反馈给专家，再次征询意见，各专家依据综合意见修改自己原有的意见，然后再汇总。这样多次反复，逐步取得比较一致的预测结果的决策方法。

德尔菲法的具体实施步骤如下。

(1) 组成专家小组。按照预测对象所需要的知识范围，确定专家。专家人数的多少，可以根据预测对象的大小和涉及面的宽窄而定，一般不宜超过 20 人。

(2) 向所有专家提出所要预测的问题及有关要求，并附上有关这个问题的所有背景材料，同时请专家提出还需要哪些材料。然后，由专家做书面答复。

(3) 各个专家根据他们所收到的材料，提出自己的预测意见，说明自己是怎样利用这些材料并提出预测值的。

(4) 将各位专家第一次判断意见汇总，列成图形和表格，进行对比，再分发给各位专家，让专家比较自己和他人的不同意见，修改自己的意见和判断。也可以把各位专家的意见加以整理后由其他专家加以评论，然后把这些意见再分送给各位专家，以便他们参考后修改自己的意见。

(5) 将所有专家的修改意见收集起来，汇总，再次分发给各位专家，以便做第二次修改。逐轮收集意见并为专家反馈信息是德尔菲法的主要环节。收集意见和信息反馈一般要经过三四轮。在向专家进行反馈的时候，只给出各种意见，但并不说明发表各种意见的专家的具体姓名。这个过程重复进行，直到每一个专家不再改变自己的意见为止。

(6) 对专家的意见进行综合处理。

采用德尔菲法，可以充分利用专家的经验和学识，吸收不同专家的预测和判断。由于采用匿名或背靠背的方式，能使每一位专家独立地做出自己的判断，所以不会受到其他繁杂因素的影响。预测过程必须经过几轮的反馈，使专家的意见逐渐趋同。正是由于德尔菲法具有这些特点，使它在诸多判断预测或决策手段中脱颖而出。

这种方法的优点主要是简便易行，具有一定的科学性和实用性，能充分发挥各位专家的作用，集思广益，能把各位专家意见的分歧表达出来，取各家之长，避各家之短。同时，又可以避免害怕权威随声附和，或固执己见，或因为顾虑情面不愿意与他人意见冲突等弊病。同时，也可以使大家发表的意见较快收敛，参加者也容易接受结论，具有一定的程度的综合意见的客观性。德尔菲法的主要缺点是过程比较复杂，花费时间较长。

3.3　定量预测方法

定量预测方法是指运用数学知识，从数量上分析把握客观事物发展变化趋势的预测方法。运用定量预测方法需要具备三个条件：一是要有过去的历史资料；二是这种资料能以数据方式定量化；三是可以假设过去的形态会延续到将来。

定量预测方法的优点是能够比较准确地把握未来事件的发展程度和规模，为制订计划提供科学的数据和资料。不足之处是对统计资料的要求和依赖性高，计算量大，对一些重大事件的发生、科技上的重大突破、经济活动的重要转折点和新的动向预测敏感性差，有时甚至不能表现出来。因此在运用定量预测方法时，一要注意以正确的经济理论为指导；二要注意和定性预测方法配合使用，以便取得较好的预测效果。

项目预测中常用的定量预测方法主要分为两大类：时间序列预测法、因果关系分析法。

3.3.1　时间序列预测法

时间序列预测法也称为历史延伸法或趋势外推法，是通过对时间序列的分析和研究，运用科学的方法建立预测模型，使市场现象的数量向未来延伸，预测市场现象未来的发展变化趋势，确定市场预测值。

时间序列预测法具有以下 3 个特点。

(1) 时间序列预测法是根据市场过去的变化趋势预测未来的发展，它的前提是假设事物的过去同样会延续到未来。正是由于这个特点，它比较适合短期和近期预测。

(2) 时间序列数据的变动存在规律性与不规律性。时间序列观察值是影响市场变化的各种不同因素共同作用的结果，在诸多因素中，有的对事物的发展起长期的、决定性的作用，致使事物的发展呈现出某种趋势和一定的规律性；有些则对事物的发展起着短期的、非决定性的作用，致使事物的发展呈现出某种不规则性，时间序列分析法把影响市场现象变动的各因素，按其特点和综合影响结果分为四种类型：长期变动趋势、季节变动、循环变动、不规则变动。

(3) 时间序列法撇开市场发展的因果关系去分析市场的过去和未来的联系。运用时间序列分析法进行预测，实际上是将所有的影响因素归结到时间这个因素上，只承认所有影响因素的综合作用，并认为在未来对预测对象仍然起作用。

时间序列预测法包括简单算术平均法、移动平均法和指数平滑法。分别介绍如下。

1. 简单算术平均法

简单算术平均法是将观察期内预测目标时间序列值加总平均，求得算术平均数，并将其作为下期预测值。计算公式为

$$\overline{X} = \frac{X_1 + X_2 + \cdots + X_n}{n} = \frac{\sum_{t=1}^{n} X_t}{n} \tag{3-1}$$

简单算术平均法适用于趋势比较稳定的时间序列的短期预测。

2. 移动平均法

算术平均值只能说明一般情况，看不出数据的中点、高点、低点，也不能反映事物的发展过程和趋势，而移动平均法则能较好地反映事物的发展过程和趋势，是一种对原有时间序列进行修匀，测定其长期趋势的一种常用而又简单的方法，适用于既有趋势变动又有波动的时间序列的预测。

移动平均法的准确程度主要取决于平均期数或移动期数 n 的选择。

常用的移动平均法有一次移动平均法、二次移动平均法。一次移动平均法中又包括简单移动平均和加权移动平均两种。

1) 一次移动平均法

(1) 简单移动平均法。计算公式为

$$\hat{X}_{t+1}^{(1)}=M_t^{(1)}=\frac{X_t+X_{t-1}+\cdots+X_{t-n+1}}{n} \tag{3-2}$$

关于移动期数 n 的确定：

① 若时间序列观察值越多，移动期数应越长。

② 若时间序列存在周期性波动，则以周期长度为移动期数。

在实际预测中，通常不直接将移动平均值作为预测值，而要进行误差分析，选取误差最小的那个移动平均期数。误差分析包括平均绝对误差和标准误差分析。

例 3-1　表 3-1 中是一组某商品历史销售数据资料，试用一次移动平均法预测第 12 期销售量。

表 3-1　某商品销售预测

期数 t	销售量 X_t	$n=3$		$n=5$	
		预测值 $\hat{X}_t$	绝对误差 $|e_t|$	预测值 $\hat{X}_t$	绝对误差 $|e_t|$
1	2000				
2	1350				
3	1950				
4	1975	1767	208		
5	3100	1758	1342		
6	1750	2342	592	2075	325
7	1550	2275	725	2025	475
8	1330	2133	833	2065	765
9	2200	1533	667	1935	265
10	2770	1683	1087	1980	790
11	2350	2090	260	1915	435

首先，分别计算 $n=3$ 和 $n=5$ 的移动平均值。

当 $n=3$ 时：

$$M_3 = \frac{X_3 + X_2 + X_1}{3} = \frac{1950 + 1350 + 2000}{3} = 1767$$

$$\vdots$$

$$M_{11} = \frac{X_{11} + X_{10} + X_9}{3} = \frac{2350 + 2770 + 2200}{3} = 2440$$

当 $n = 5$ 时：

$$M_5 = \frac{X_5 + X_4 + X_3 + X_2 + X_1}{5} = \frac{3100 + 1975 + 1950 + 1350 + 2000}{5} = 2075$$

$$\vdots$$

$$M_{11} = \frac{X_{11} + X_{10} + X_9 + X_8 + X_7}{5} = \frac{2350 + 2770 + 2200 + 1330 + 1550}{5} = 2040$$

其次，比较 $n = 3$ 和 $n = 5$ 时的平均绝对误差，取误差小的移动期数为预测用移动期数。

$$|\bar{e}|_{n=3} = \frac{208 + 1342 + 592 + 725 + 833 + 667 + 1087 + 260}{8} = 714$$

$$|\bar{e}|_{n=5} = \frac{325 + 475 + 765 + 265 + 790 + 435}{6} = 509$$

故取 $n = 5$ 进行预测，则

$$\hat{X}_{12} = M_{11}^{(1)} = 2040$$

(2) 加权移动平均法。计算公式为

$$\hat{X}_{t+1}^{(1)} = M_{tW}^{(1)} = \frac{W_1 X_t + W_2 X_{t-1} + \cdots + W_n X_{t-n+1}}{W_1 + W_2 + \cdots + W_n} \tag{3-3}$$

2) 二次移动平均法

当时间序列呈现出明显的线性增长或下降趋势时，用一次移动平均进行预测时，移动平均值总是滞后于实际值的变化，因此要进行修正。在一次移动平均值的基础上再进行二次移动平均，利用两次移动平均的滞后偏差规律，求得移动系数，建立线性预测方程，该方法在实践中应用较多。

二次移动平均法是对时间序列的一次移动平均值再进行第二次移动平均，利用一次移动平均值和二次移动平均值构成时间序列的最后一个数据为依据建立线性预测模型进行预测。必须指出，一次移动平均值和二次移动平均值并不直接用于预测，只是用以求出线性预测模型的平滑系数和修正滞后偏差。

二次移动平均值的公式为

$$M_t^{(1)} = \frac{X_t + X_{t-1} + \cdots + X_{t-n+1}}{n}, \quad M_t^{(2)} = \frac{M_t^{(2)} + M_{t-1}^{(2)} + \cdots + M_{t-n+1}^{(2)}}{n} \tag{3-4}$$

二次移动平均法的预测模型为

$$X_{t+T} = a_t + b_t T$$

其中

$$a_t = 2M_t^{(1)} - M_t^{(2)}, \quad b_t = \frac{2}{n-1}(M_t^{(1)} - M_t^{(2)}) \tag{3-5}$$

$\hat{X}_{t+T}$ 为第 $t+T$ 期的预测值，a_t 为截距，即第 t 期现象的基础水平，b_t 为斜率，即第 t 期现象单位时间变化量，T 为由本期到预测期的期数。

例 3-2　对某地区某种商品的销售量进行预测，其资料和计算如表 3-2 所示。

① 计算 $M_t^{(1)}$，$M_t^{(2)}$，计算过程略，应注意其排放的位置。当 $n=3$ 时，第一个一次移动平均数 $M_3^{(1)}$ 对应第三个原值，第一个二次移动平均数 $M_5^{(2)}$ 对应第五个原值或第三个一次移动平均数。

表 3-2　某地区某种商品的销售预测　　　　　　　　　　单位：吨

时间 t	销售量 X_t	$n=3$ $M_t^{(1)}$	$n=3$ $M_t^{(2)}$	a_t	b_t	预测值 $\hat{X}_t$	预测误差 $X_t - \hat{X}_t$
1	10						
2	12						
3	17	13.00					
4	20	16.33					
5	22	19.67	16.33	23.01	3.34		
6	27	23.00	19.67	26.33	3.33	26.35	0.65
7	25	24.67	22.45	26.89	2.22	29.66	−4.66
8	29	27.00	24.89	29.11	2.11	29.11	−0.11
9	30	28.00	26.56	29.44	1.44	31.22	−1.22
10	34	31.00	28.67	33.33	2.33	30.88	3.12
11	33	32.33	30.44	34.22	1.89	35.66	−2.66
12	37	34.67	32.67	36.67	2.00	36.11	0.89

② 计算 a_t、b_t 值，过程略，计算结果见表。

③ 计算观察期内预测值。

$$\hat{X}_6 = a_5 + b_5 \times 1 = 23.01 + 3.34 \times 1 = 26.35$$

$$\vdots$$

$$\hat{X}_{12} = a_{11} + b_{11} \times 1 = 34.22 + 1.89 \times 1 = 36.11$$

④ 应用预测模型计算预测值。

$$\hat{X}_{13} = a_{12} + b_{12} \times 1 = 36.67 + 2.00 \times 1 = 38.67$$

$$\hat{X}_{15} = a_{12} + b_{12} \times 3 = 36.67 + 2.00 \times 3 = 42.67$$

应该注意的是，观察期内各期预测值的 a、b 值不同，而在预测期各期预测值的 a、b 值是一致的，都是最后一个观察期的 a、b 值，在该例中，$a=36.67$，$b=2.00$。

⑤ 对预测误差进行测算。

$$\sigma = \sqrt{\frac{\sum (X_t - \hat{X}_t)^2}{n}} = \sqrt{\frac{41.24}{7}} = 2.43 \text{(吨)}$$

与实际值相比，误差较小，因此预测值可以采纳，该模型可以用于预测。

3. 指数平滑法

指数平滑法是一种特殊的加权移动平均法。加权移动平均法对移动期内各组数据都确定不同的权数，但是确定一个权数需要预测者花费大量的时间和精力反复计算、比较，从经济的角度讲是不划算的。指数平滑法是对加权移动平均法的改进，它只确定一个权数，即距离预测期最近的那期数据的权数，其他时期数据的权数按指数规律推算出来，并且权数由近及远逐期递减。

指数平滑法有以下 3 个特点。

(1) 对离预测期最近的实际值给予最大的权数，而对离预测值渐远的实际值给予递减的权数。

(2) 对于同一市场现象连续计算其指数平滑值，对较早的实际值不是一概不予考虑，而是给予递减的权数。实际值对预测值的影响，由近及远按等比数列减小，其首项为 α，公比为 $1-\alpha$。这种市场预测法之所以被称为指数平滑法，就是因为这个等比数列若绘成曲线则是一条指数曲线，而不是说这种预测法的预测模型是指数形式。

(3) 指数平滑中的 α 值是一个可以调节的权数值，它的大小在 0 到 1 之间。预测值可以通过调节 α 的大小来调节近期实际值和远期实际值对预测值的不同影响程度。

因为指数平滑法具有连续运用所需资料少、计算方便、短期预测精确度高等优点，所以是市场预测中经常使用的一种预测方法。指数平滑法在实际应用中可以分为一次指数平滑法和多次指数平滑法。

1) 一次指数平滑法

一次指数平滑法是以预测目标的本期实际值和本期预测值为基础，分别给予二者不同的权数，计算出一次指数平滑值作为下期预测值的一种预测方法。计算公式如下：

$$\hat{X}_{t+1} = S_{t+1}^{(1)} = \alpha X_t + (1-\alpha)S_t^{(1)} \tag{3-6}$$

式中：$\hat{X}_{t+1}$——第 $t+1$ 期预测值；

$S_{t+1}^{(1)}$——第 $t+1$ 期平滑值；

α——平滑系数，$0<\alpha<1$。

采用一次指数平滑法进行预测时，可以按以下步骤进行。

(1) 确定初始平滑值 $S_1^{(1)}$。

初始平滑值可以取前几期实际值的平均值，即 $S_1^{(1)} = \dfrac{X_1 + X_2 + \cdots + X_t}{t}$，适用于时间序列数据较少的情况($t<50$)。若预测者没有过去的数据，则可以采用专家评估法进行估计。

(2) 选择平滑系数 α。

理论计算，$\alpha^{(1)} = \dfrac{2}{n+1}$。但在现实中经常依赖经验判断：当时间序列变化较大时，宜选择较大的 α (0.6～0.8)；当时间序列变化较为平缓时，宜选择较小的 α (0.1～0.3)；当时间序列呈水平趋势变化时，α 的取值居中；在不能做出很好的判断时，可以分别用几个不同的 α 值加以试算比较，取其预测误差小者用之。

(3) 确定预测值。

例 3-3 某自行车生产厂自行车销售额历史资料如表 3-3 所示，用一次指数平滑法预测第十期产量。

采用 $\hat{X}_{t+1} = S_{t+1}^{(1)} = \alpha X_t + (1-\alpha)S_t^{(1)}$ 模型进行预测。

因为 $\hat{X}_{t+1} = S_{t+1}^{(1)}$，所以，只要求出 $S_{t+1}^{(1)}$，就知道了 $\hat{X}_{t+1}$。

令 $S_1^{(1)} = \dfrac{X_1 + X_2 + X_3}{3}$，则 $S_1^{(1)} = (4000 + 4700 + 5000)/3 = 4566.67$

当 $\alpha = 0.1$ 时：

$\hat{X}_2 = S_2^{(1)} = \alpha X_2 + (1 - \alpha)S_1^{(1)} = 0.1 \times 4000 + 0.9 \times 4566.67 = 4510.00$

以此类推，结果如表 3-3 所示。

表 3-3　某自行车厂销售额预测　　　　　　单位：万元

期　数	销售额	$\alpha = 0.1$		$\alpha = 0.6$	$\alpha = 0.9$
		$S_t^{(1)}$	预测值 $\hat{X}_t$	$S_t^{(1)}$	$S_t^{(1)}$
1	4000	4566.67		4566.67	4566.67
2	4700	4510.00	4510.00	4226.67	4056.67
3	5000	4529.00	4529.00	4510.67	4635.67
4	4900	4576.10	4576.10	4804.27	4963.57
5	5200	4608.49	4608.49	4861.71	4906.36
6	6600	4667.64	4667.64	5064.68	5170.64
7	6200	4860.88	4860.88	5985.87	6457.06
8	5800	4994.79	4994.79	6114.35	6225.71
9	6000	5075.31	5075.31	5925.74	5842.57
10		5167.78	5167.78	5970.30	5984.26

通过比较实际值与预测值的绝对平均误差大小，选择误差小的平滑系数作为预测。

2）二次指数平滑法

二次指数平滑法是对一次指数平滑序列再进行一次指数平滑，求得二次指数平滑值，适用于具有明显上升或下降趋势的线性时间序列的预测。其计算公式为

$$S_{t+1}^{(1)} = \alpha X_t + (1 - \alpha)S_t^{(1)}$$
$$S_{t+1}^{(2)} = \alpha S_t^{(1)} + (1 - \alpha)S_t^{(2)} \tag{3-7}$$

然后利用下面的模型进行预测：

$$\hat{X}_{t+T} = a_t + b_t T$$

其中

$$a_t = 2S_t^{(1)} - S_t^{(2)}, \quad b_t = \frac{\alpha}{1 - \alpha}(S_t^{(1)} - S_t^{(2)}) \tag{3-8}$$

例 3-4　某公司 2002—2013 年的实际销售额如表 3-4 所示，据此资料预测 2014 年和 2015 年公司销售额。

表 3-4　某公司销售额预测　　　　　　单位：亿元

年　份	实际销售额	$S_t^{(1)}$	$S_t^{(2)}$	a_t	b_t	$\hat{X}_{t+T}$
2002	33	33.67	33.67	33.67	0.00	—
2003	36	33.27	33.43	33.11	−0.24	33.67
2004	32	34.91	34.32	35.50	0.88	32.87
2005	34	33.16	33.62	32.70	−0.69	36.38
2006	42	33.66	33.64	33.68	0.03	32.01
2007	40	38.66	36.65	40.67	3.02	33.71

年　份	实际销售额	$S_t^{(1)}$	$S_t^{(2)}$	a_t	b_t	$\hat{X}_{t+T}$
2008	44	39.46	38.34	40.58	1.68	43.69
2009	48	42.18	40.64	43.72	2.31	42.26
2010	46	45.67	43.66	47.68	3.02	46.03
2011	50	45.87	44.99	46.75	1.32	50.70
2012	54	48.35	47.01	49.69	2.01	48.07
2013	58	51.74	49.85	53.63	2.84	51.70

由于观察值变动基本呈线性趋势,选用二次指数平滑法,取 $\alpha=0.6$,初始值用前三期实际观察值的平均值。计算过程略,结果如表 3-4 所示。

所以预测模型为

$$\hat{X}_{t+T}=53.63+2.84T$$

2014 年、2015 年销售额预测分别为 56.47 亿元和 59.31 亿元。

3) 三次指数平滑法

二次指数平滑法解决了一次指数不能用于有明显趋势变动的市场现象的预测,适合时间序列呈直线趋势的预测,但当时间序列呈现出某种非线性趋势时,二次指数平滑法就不适用了。对非线性趋势时间序列的预测要采用三次指数平滑法来进行预测。

三次指数平滑值的计算公式为

$$S_{t+1}^{(3)} = \alpha S_t^{(2)} + (1-\alpha)S_t^{(3)} \tag{3-9}$$

然后利用下面的模型进行预测:

$$\hat{X}_{t+T}=a_t + b_t T + c_t T^2 \tag{3-10}$$

其中

$$a_t = 3S_t^{(1)} - 3S_t^{(2)} + S_t^{(3)}$$

$$b_t = \frac{\alpha^2}{2(1-\alpha)^2}\left[(6-5\alpha)S_t^{(1)} - 2(5-4\alpha)S_t^{(2)} + (4-3\alpha)S_t^{(3)}\right]$$

$$c_t = \frac{\alpha^2}{2(1-\alpha)^2}(S_t^{(1)} - 2S_t^{(2)} + S_t^{(3)})$$

3.3.2　因果关系分析法

1. 因果关系分析的有关概念

1) 市场变量之间的因果关系种类

经济变量之间的因果关系的数量变化关系形态可以分为两种:函数关系(确定性的因果关系)和相关关系(非确定性的因果关系)。

(1) 函数关系:反映变量之间存在的严格的依存关系。例如保险公司的保费,如果每辆汽车保费收入为 1500 元,共承保了 8 万辆,那么保险公司承保总收入为 1.2 亿元。如果把承保总收入记为 Y,承保汽车辆数记为 X,则 $Y=1500X$。X 和 Y 之间完全表现为一种确定性关系,即函数关系。

(2) 相关关系：反映变量之间存在着的一定的依存关系，这种依存关系不是确定的和严格的，即自变量与因变量之间不是严格的一一对应关系。例如国民经济发展速度与社会商品零售额之间、消费品需求量与居民收入水平之间、企业商品销售量与广告支出水平之间、加速资金周转与利润率之间等，都有一定的因果关系，但它们之间的密切程度并没有到由一个变量完全确定另一个变量的程度。它们是一种非确定性关系。在不同地区或不同时期会有所不同，从而导致不同的数学模型。这种模型就称为非确定性因果关系数学模型。

变量之间的函数关系用函数表达式来描述，而相关关系要用相关关系分析和回归方程即统计分析的方法来描述。这种非确定性的因果关系数学模型分析方法有三种：回归分析法、经济计量法、投入产出法。回归分析法中又包括一元线性回归、多元线性回归和自相关回归分析法，我们主要介绍一元线性回归分析法。

2) 因果分析预测法的应用条件

(1) 因变量与自变量之间必须存在相关关系。

(2) 两个变量之间的相关关系是高度相关的。

(3) 自变量的资料精确。

3) 因果分析预测法的种类

按照自变量的数量，可以分为一元回归分析和多元回归分析。按照自变量与因变量的函数表达式可以分为线性回归分析和非线性回归分析。

4) 因果分析预测法的基本步骤

(1) 选择和确定自变量与因变量。

(2) 根据变量之间的因果关系类型，选择基本数学模型。

(3) 求参数并建立预测模型。

(4) 对预测模型进行检验。

(5) 求出预测值，并对预测值做区间估计。

2. 一元线性回归分析预测法

回归指研究某个因变量与其他一个或多个自变量的相互依存关系。一元线性回归分析预测法是指只有一个自变量的回归分析预测方法。

一元线性回归分析的具体步骤如下。

(1) 确定因变量和自变量。

(2) 绘制散点图，确定两种变量的关系。若在散点图上反映出自变量和因变量之间呈直线关系，则可以用一元线性方程作为基本数学模型。

(3) 求回归参数，建立一元线性回归方程预测模型。

$$\hat{y} = a + bx \tag{3-11}$$

用最小二乘法可以求得参数 a、b。

$$b = \frac{n\sum xy - \sum x \sum y}{n\sum x^2 - \left(\sum x\right)^2}; \quad a = \hat{y} - b\overline{x} = \frac{\sum y - b\sum x}{n} \tag{3-12}$$

将 a、b 值代入 $\hat{y} = a + bx$ 中，可以得到具体预测模型。

(4) 对预测模型进行检验。

以上求出的预测模型并不能直接用于预测，还应进行检验。对预测模型的检验主要包括回归标准差检验、相关系数检验、显著性检验、t 检验等。

① 回归标准差检验。

回归标准差 s 是用来估量观察值 y 对回归直线的偏离程度的指标，s 越大，表示偏离程度越大，回归直线拟合越不好，所以 x 与 y 相关程度不高。反之，s 越小，回归直线拟合越好，则 x 与 y 之间的相关程度越高。

$$s = \sqrt{\frac{\sum (y_t - \hat{y}_t)^2}{n-2}} \qquad (3\text{-}13)$$

判断回归标准差能否通过检验，通常采用以下公式：

$$\frac{s}{\bar{y}} \times 100\% \qquad (3\text{-}14)$$

若依此公式计算出来的值小于 15%，则回归标准差检验通过。

② 相关系数检验。

对于任何给定的一组因变量、自变量观察样本资料，用最小二乘法都可以计算出回归方程系数，建立回归方程。但是，这样建立的回归方程并非一定有实用意义。正因为如此，才需要进行相关检验。

(a) 计算相关系数 r。

$$r = \frac{\sum (x - \bar{x})(y - \bar{y})}{\sqrt{\sum (x - \bar{x})^2 (y - \bar{y})^2}} \qquad (3\text{-}15)$$

相关系数 r 具有以下特征。

相关系数 r 与 b 同号，相关系数的取值范围为 $0 \leqslant |r| \leqslant 1$。

当 $r < 0$ 时，$b < 0$，称为负相关，y_t 有随 x_t 增加而线性减少的趋势。当 $r > 0$ 时，$b > 0$，称为正相关，y_t 有随 x_t 增加而线性增加的趋势。

相关系数 $|r|$ 越接近 1，两个变量之间的线性相关程度就越高。$|r|$ 接近 0，两个变量之间线性相关程度越低。当 $|r| = 0$ 时，因变量 y 的取值与自变量 x 无关。当 $|r| = 1$ 时，x 与 y 完全相关。当 $0 < |r| < 1$ 时，称 x 与 y 存在一定的线性相关关系，其密切程度由 $|r|$ 的大小说明。

一般 $|r| > 0.7$ 为高度线性相关，$0.3 < |r| \leqslant 0.7$ 为中度线性相关；$|r| \leqslant 0.3$ 为低度线性相关。

(b) 进行相关系数检验。

由于相关系数 r 是用观察样本资料计算得到的，它说明线性关系密切程度对总体是具有 5% 还是 10% 的显著性，即有 95% 或 90% 的可信度(置信度)，所以需要进行相关系数检验。

选择显著性水平 α(通常经济预测问题 α 选择 5% 或 10%)，根据 α 值和 $(n-2)$，查相关系数临界表，得到临界值 r_α。

比较 r 和 r_α，当 $|r| > r_\alpha$ 时，表明两个变量之间存在显著的线性相关关系，检验通过。当 $|r| < r_\alpha$ 时，则说明两个变量之间不存在显著的线性相关关系，用历史资料计算出来的 r 值具有偶然性。

③ F 检验(显著性检验)。

F 检验是对已经建立的预测模型和变量之间是否具有显著相关关系的检验，其目的在于判定预测模型在整体上是否显著成立。计算公式为

$$F = \frac{\sum (\hat{y} - \overline{y})^2}{\dfrac{\sum (y - \hat{y})^2}{n-2}} \tag{3-16}$$

通过计算出 F 值，与查表得到的在显著性水平 α，分子自由度为 1，分母自由度为 $(n\text{-}2)$ 情况下的 F_α 进行比较。当 $F > F_\alpha$ 时，检验通过，说明 x 与 y 之间存在显著相关关系，运用这个模型进行预测是可行的、科学的。

④ t 检验。

t 检验主要是对参数 b 进行检验，检验 b 在某个显著性水平 α 上是否为 0。其实质是检验 x 是否对 y 有显著的相关关系影响(不一定是线性相关关系)。如果 $b=0$，就说明 x 对 y 影响不显著，线性假设不成立。原因是两个毫不相关的变量也可以计算出较高的 r。

计算公式为

$$t = \frac{b}{s_b} \tag{3-17}$$

式中，

$$s_b = \sqrt{\frac{\sum (y - \hat{y})^2}{(n-2)\sum (x - \overline{x})^2}}$$

或

$$t = \frac{r\sqrt{n-2}}{\sqrt{1-r^2}} \tag{3-18}$$

比较计算出来的 t 值和查 t 分布表中自由度为 $n\text{-}2$ 时的 r 临界值 t_α，当 $t > t_\alpha$ 时，则说明自变量与因变量之间存在相关性。

(5) 计算标准误差，进行预测，并确定置信区间。

当观察值数据较多即样本较大时，可以用回归标准差来判断预测置信区间。

$$\hat{y}_t \pm t_{\frac{\alpha}{2}} \cdot s \tag{3-19}$$

当样本较小即样本数小于 30 时，估计预测值的置信区间应引入一个校正系数：

$$\sqrt{1 + \frac{1}{n} + \frac{(x_0 - \overline{x})^2}{\sum (x - \overline{x})^2}} \tag{3-20}$$

则置信区间为

$$\hat{y} \pm t_{\frac{\alpha}{2}} \cdot s \cdot \sqrt{1 + \frac{1}{n} + \frac{(x_0 - \overline{x})^2}{\sum (x - \overline{x})^2}} \tag{3-21}$$

x_0 为预测期自变量的值，x 为观察期自变量的值，$\overline{x}$ 为观察期自变量平均值，$t_{\frac{\alpha}{2}}$ 为 $\frac{\alpha}{2}$ 置信度和 $(n\text{-}2)$ 自由度的 t 临界值。

本 章 小 结

预测是决策的依据，没有科学的预测就不可能做出科学的决策。预测一般分为定性预测和定量预测。定性预测是指预测者依靠熟悉业务知识、具有丰富经验和综合分析能力的专家，根据已经掌握的历史资料和直观材料，运用个人的经验和分析判断能力，对事物的未来发展做出性质和程度上的判断，然后再通过一定的形式综合各方面的意见，作为预测未来的主要依据。定量预测是使用历史数据或因素变量来预测需求的数学模型，是根据已经掌握的比较完备的历史统计数据，运用一定的数学方法进行科学的加工整理，借以揭示有关变量之间的规律性联系，用于预测和推测未来发展变化情况的一类预测方法。

习　　题

一、多选题

1. 下列哪项属于定性预测方法？（　　　）
　　A. 市场调查法　　　B. 电话调查　　　C. 德尔菲法　　　D. 历史类推法
　　E. 试验调查
2. 市场调查法包括（　　　）。
　　A. 留置问卷调查　　　　　　　　　B. 预购测算法
　　C. 用户调查法　　　　　　　　　　D. 典型调查法
　　E. 展销调查法
3. 下列哪项属于定量预测方法？（　　　）
　　A. 时间序列分析法　　　B. 因果分析法　　　C. 观察法
　　D. 历史类推法　　　　　　E. 展销调查法
4. 常见的时间序列分析方法有（　　　）。
　　A. 简单平均法　　　B. 趋势外推法　　　C. 历史类推法　　　D. 移动平均法
　　E. 指数平滑法

二、简答题

1. 什么是预测？什么是项目经济预测？
2. 预测的基本原则是什么？
3. 预测的一般程序是什么？
4. 应用德尔菲法应注意什么问题？
5. 简述移动平均法与指数平滑法的特点和区别。

三、计算题

1. 某企业 2013 年 1—11 月某商品的销售金额如表 3-5 所示。用一次移动平均法预测 2013 年 12 月和 2014 年 1 月份的销售量（$n=3$）。

表 3-5　某企业 2013 年 1—11 月某商品的销售金额　　　　　　　　单位：万元

月份	1	2	3	4	5	6	7	8	9	10	11
销售金额	31	29	30	28	31	29	30	31	30	32	33

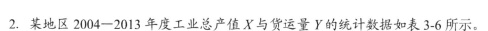

2. 某地区 2004—2013 年度工业总产值 X 与货运量 Y 的统计数据如表 3-6 所示。

表 3-6　某地区 2004—2013 年工业总产值 X 与货运量 Y 的统计数据

i(年份)	2004	2005	2006	2007	2008	2009	2010	2011	2012	2013
工业总产值 X/亿元	28	29	32	32	34	32	33	37	39	42
货运量 Y/万吨	25	27	29	32	34	36	35	39	42	45

利用上述资料:

(1) 画出散点图。

(2) 计算这两组变量的相关系数。

(3) 求货运量 Y 对工业总产值 X 的回归方程。

(4) 做显著性检验($\alpha = 0.05$)。

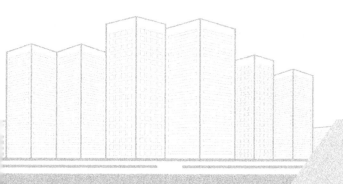

第 4 章　资金的时间价值

※ 【学习要点及目标】

- 了解单利、复利的含义与区别。
- 懂得利息、利率的概念与计算。
- 掌握资金时间价值的概念及含义。
- 了解资金等值的概念。
- 学会资金等值计算的基本公式和计算方法。
- 懂得名义利率与有效利率的差别及换算。
- 懂得连续复利下资金等值计算的公式。

※ 【核心概念】

资金时间价值、终值、现值、等值、单利、复利、间断复利、连续复利、年金、普通年金、即付年金、递延年金、永续年金、名义利率、有效利率

【引导案例】

某企业出售 M 型设备，价格为 30 万元。现在决定对客户分期收款销售，准备两年内每年年末各收款 16 万元。那么，每年年末收到的两个 16 万元和期初一次性收到 30 万元价值相等吗？

实际上，在现实的经济生活中，即使不考虑通货膨胀和投资风险，今天的一元钱和明天的一元钱价值也是不等的，这和资金时间价值的作用有关。

在工程经济分析中，经常会遇到诸如投资时间不同的方案评价、投产时间不同的方案评价、使用寿命不同的方案评价、实现技术方案后各年经营费用不同的方案评价等。是早投资还是晚投资，是集中投资还是分期投资，它们的经济效果是不一样的。是早投产还是晚投产，分期投产还是一次投产，在这些情况下经济效果也是不一样的。而有的方案前期经营费用多后期经营费用少，有的前期经营费用少后期经营费用多，经济效果也是不一样的。上述问题都存在时间因素的不可比现象，要正确评价项目技术方案的经济效果，就必须研究资金的时间价值及其计算，从而为消除方案在时间上的不可比奠定基础。因此，重视时间因素的研究，对工程经济分析有着重要的意义。

4.1 资金的时间价值的概念

4.1.1 资金的时间价值的基本概念

1. 资金的时间价值的含义

一定量的资金在不同的时点上具有不同的价值。假设年初的 1 万元用于投资，年投资收益率为 10%，则年终其价值已经是 1.1 万元。可见随着时间的推移，周转使用中的资金价值发生了增值。资金使用者把资金投入生产经营以后，劳动者借以生产新的产品，创造新的价值，会带来利润，实现增值。随着时间的推移，所获得的利润增多，实现的增值额加大。所以，资金时间价值的实质，是资金周转使用后的增值额。一般而言，资金由资金使用者从资金所有者处筹集来进行周转使用以后，资金所有者也要分享一部分资金的增值额。

我们把资金在周转使用过程中随着时间的推移而发生的增值称为资金的时间价值。

要使资金产生增值，即获得资金的时间价值，必须具备以下两个条件：①参加生产过程的周转。任何一笔资金必须参加生产过程的周转，在社会生产过程中创造社会财富，才有可能产生价值增值，这是产生资金时间价值的必要条件。而一笔资金作为储藏手段保存起来，数年之后，表面上仍然是数量相等的资金，但其实际价值却已经不同了。②经历一定的时间。任何一笔资金要想产生价值增值，必须经历一定的时间，这是产生资金的时间价值的基本条件。

从全社会的角度看，资金的时间价值是一种客观存在。只要商品生产存在，资金就具有时间价值。

2. 资金的时间价值的衡量尺度

1) 衡量资金的时间价值的绝对尺度

衡量资金的时间价值大小的绝对尺度是资金在周转使用过程中随着时间的推移而发生

增值的绝对数额，即增值额。在实际工作和生活中，增值额的表现形式多种多样，可以具体化为利润、利息等。其中，利润是资金投入生产过程而产生的增值，而利息是资金所有者转让资金使用权所得到的报酬，或者是资金的使用者因为占有他人资金所付出的代价，其来源于生产过程中产生的剩余价值，是利润的一部分。可见，利润和利息都是资金随着时间的推移而产生增值的具体表现，可以作为具体衡量资金的时间价值的绝对尺度。

2) 衡量资金的时间价值的相对尺度

衡量资金的时间价值大小的相对尺度是资金在周转使用过程中随着时间的推移而发生增值的相对数，即资金在单位时间内的增值率。在实际工作和生活中，增值率的表现形式多种多样，可以具体化为利率、利润率和利税率等。通常，我们习惯上把单位时间内获得或支付的利息金额与最初的存款或贷款总额(均称为本金)的比率称为利息率，简称利率。而把单位时间内获得的收益与所投入资金总额的比值称为收益率(包括利润率和利税率等)。利率、利润率和利税率(在工程经济学中可以统称为收益率)反映了资金随时间变化而增值的速度快慢，是具体衡量资金的时间价值的相对尺度。

4.1.2　与资金的时间价值相关的概念

资金的时间价值是经济活动中的一个重要概念，也是在使用资金的过程中必须认真考虑的一个因素。要想正确运用和计算资金的时间价值，还需要了解和资金时间价值相关的一些概念，例如终值、现值、等值、一次性收付和多次收付、利息与利率、单利与复利、间断复利与连续复利等。

1. 现值、终值与等值

终值(future value，FV 或 F)就是本利和，是指现在一定数额的资金在若干期后包括本金和利息在内的未来货币量。

现值(present value，PV 或 P)是指以后年份收到或付出资金按一定的折现率折现后的货币量。

前述已知，资金有时间价值，即使金额相同，因为其发生在不同的时点，其价值也不相同。反之，不同时点货币量不等的资金在时间价值的作用下却可能具有相等的价值。这些不同时期、不同数额但其"价值等效"的资金称为等值，又叫等效值。终值和现值是等值概念的具体化。在工程经济分析中，等值是一个十分重要的概念，它为我们衡量某个经济活动的有效性或者进行方案比较、优选提供了可能。

2. 一次性收付与多次收付

一次性收付是指所分析系统的现金流量，无论是流入还是流出，均在一个时点上一次性发生，如图 4-1 所示。在生产实践中，多次收付是最常见的情形。多次收付是指现金流量在多个时点发生，而不是集中在某一个时点上。多次收付具体表现形式多种多样，如图 4-2 所示，只是众多表现中的一种，一些有代表性的情况将会在本书中陆续出现。

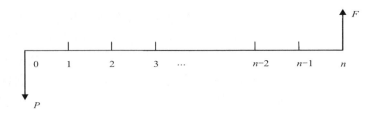

图 4-1　一次性收付现金流量图

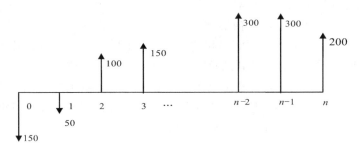

图 4-2　多次收付现金流量图

3. 利息与利率

资金的时间价值既可以用绝对数表示，也可以用相对数表示。因为利息是资金时间价值的一种重要表现形式，资金的时间价值的计算方法与计息的方法完全相同，所以在理论分析时通常习惯用利息作为衡量资金的时间价值的绝对尺度，用利率作为衡量资金的时间价值的相对尺度。

利息(Interest，I)就是在借贷过程中，债务人支付给债权人的超过原借款本金的部分。在工程经济分析中，利息常常被看成资金的一种机会成本，是占用资金所付的代价。同时，从投资者的角度来看，利息也体现为对放弃现期消费的损失所做的必要补偿。

利率(interest rate，i)就是在单位时间内(例如年、半年、季、月、周、日等)所得利息与借款本金之比，通常用百分数表示。用于表示计算利息的时间单位称为计息周期，计息周期通常为年、半年、季，也可以为月、周或日。在经济学中，利率的定义是从利息的定义中衍生出来的。也就是说，在理论上先承认了利息，再以利息来解释利率。在实际计算中，正好相反，常根据利率计算利息，利息的大小借助利率来衡量。

利率是各国发展国民经济的杠杆之一，利率的高低由下述因素决定。

(1) 社会平均利润率。马克思曾经指出，必须把平均利润率看成利息的有最后决定作用的最高界限。作为资金时间价值表现形态的利息率，应以社会平均资金利润率为基础，而又不应高于这种资金利润率。即平均利润率是利率的最高界限。如果利率高于利润率，借款人投资后无利可图，也就不会去借款了。

(2) 金融市场上借贷资本的供求情况。在平均利润率不变的情况下，借贷资本供过于求，利率便下降。反之，利率便上升。

(3) 银行所承担的贷款风险。借出资本要承担一定的风险，而风险的大小也影响利率的波动。风险越大，利率也就越高。

(4) 通货膨胀率。通货膨胀对利率的波动有直接影响，资金贬值往往会使有效利率无形中成为负值。

(5) 借出资本的期限长短。借款期限长，不可预见因素多，风险大，利率也就高。反之，利率就低。

可见，银行的利率、利息不完全是资金时间价值的概念，它是一种对存款者的补偿。通常利率除了包含资金时间价值以外，还有通货膨胀以及风险价值两个因素。在不考虑通货膨胀的影响以及不存在任何风险的情况下，利率就可以表示为时间价值，才是科学合理的衡量资金的时间价值的相对尺度。从整个社会看，资金的时间价值通常被认为是不考虑风险和通货膨胀条件下的社会平均利润率，这是利润平均化规律作用的结果。

4. 单利与复利

利息计算有单利和复利之分。当计息周期在一个以上时，就需要考虑"单利"与"复利"的区别。复利是以单利为基础进行计算的。所以要了解复利的计算，必须先了解单利的计算。

单利是仅以本金为基数计算利息，而利息永远不计息的方法，即通常所说的"利不生利"的计息方法。如果在计算利息时，用本金加上之前周期所累积的利息总额作为计息基础，那么这种计息方式称为复利，即不仅最初本金计息，利息也计息，即通常所说的"利滚利"。

单利法计算利息的公式如下：

$$I = Pin \tag{4-1}$$

式中，n 为计息周期数，下同。

复利法计算利息的公式如下：

$$I = P[(1+i)^n - 1] \tag{4-2}$$

在工程经济分析中，一般采用复利计息。因为单利的各期利息额仅由本金所产生，其新生利息不再加入本金产生利息，也就是说增值的资金闲置起来不再增值，这不符合客观的经济发展规律，没有完全反映资金的时间价值。因此，在工程经济分析中单利使用较少，通常只适用于短期投资及不超过一年的短期贷款。复利计息比较符合资金在社会再生产过程中运动的实际状况，因此，在实际工作中得到了广泛的应用。

5. 间断复利与连续复利

复利计息有间断复利和连续复利之分。按期(年、半年、季、月、周、日)计算复利的方法称为间断复利(即普通复利)。按瞬时计算复利的方法称为连续复利。

4.2 资金等值计算的基本公式

资金等值是指在考虑时间价值因素后，不同时点上数额不等的资金在一定的利率条件下具有相等的价值。例如现在的 100 元和一年后的 110 元，在年利率为 10%时，两者是等值的。可见，某个时点的资金，按一定的利率换算至另一个时点，换算前后数额绝对值虽然不等，但是其价值是相等的。此外，不同数额的资金，折算到某个相同时点所具有的实际经济价值也有可能是相等的，这个原理叫作资金等值原理。利用等值的概念，可以把在一个时点发生的资金金额换算成另一个时点的等值金额，这个过程叫资金等值计算。

影响资金等值的因素有三个：金额的多少、资金发生的时间、利率的大小。其中利率是一个关键因素，一般等值计算中是以同一利率为依据的。在工程经济分析中，在考虑资金的时间价值的情况下，其不同时间发生的收入或支出是不能直接相加减的。而利用等值的概念，则可以把在不同时点发生的资金换算成同一个时点的等值资金，然后再进行比较。在工程经济分析中，方案比较的动态法都是采用等值概念来进行分析、评价和选定的。

4.2.1 一次性收付款项等值的计算

一次性收付款项这个类型通常涉及现值和终值的计算。对应的等值计算公式即终值和现值的计算公式。

根据"4.1 资金的时间价值的概念"的内容，一次性收付款项的终值和现值的计算公式如下。

单利法：

$$F = P(1 + ni) \tag{4-3}$$

$$P = \frac{F}{1 + ni} \tag{4-4}$$

复利法：

$$F = P(1 + i)^n \tag{4-5}$$

$$P = F(1 + i)^{-n} \tag{4-6}$$

在运用上述公式时应注意 i 和 n 所反映的周期要匹配。如果 i 为年利率，那么 n 应为计息的年数。如果 i 为月利率，那么 n 应为计息的月数。

在上述复利法的公式中，$(1 + i)^n$ 称为一次支付复利终值系数，用 $(F/P,i,n)$ 表示；$(1 + i)^{-n}$ 称为一次支付复利现值系数，用 $(F/P,i,n)$ 表示。在工程经济分析中，一般是将未来值折现到零期。计算现值 P 的过程叫"折现"或"贴现"，其所使用的利率通常称为折现率、贴现率或收益率。贴现率反映了利率在资金时间价值计算中的作用，所以也叫复利现值系数或复利贴现系数。

为了计算方便，通常按照不同的利率 i 和计息期 n 计算出和的值，并列于表中(见附录)。在计算 F 时，只要从复利表中查出相应的复利终值系数再乘以本金即为所求。在计算 P 时，未来一笔资金乘上表中复利现值系数就可以求出其现值。

现值与终值的概念和计算方法正好相反，因为现值系数与终值系数互为倒数。观察附录的一次支付现值系数和一次支付终值系数的规律，可以得出如下结论：当 P 一定，在 n 相同时，i 越高，F 越大；在 i 相同时，n 越长，F 越大。当 F 一定，n 相同时，i 越高，P 越小；在 i 相同时，n 越长，P 越小。

例 4-1 存入本金 10 000 元，年利率为 10%。5 年后的本利和为多少？

单利法：$F = 10\ 000 \times (1 + 5 \times 10\%) = 15\ 000(元)$

复利法：$F = 10\ 000 \times (F/P,10\%,5) = 10\ 000 \times 1.6105 = 16\ 105(元)$

例 4-2 某项投资 5 年后可得收益 10 000 元。按年利率 10%计算，其现值应为多少？

单利法：$P = 10\ 000 \times \dfrac{1}{1 + 5 \times 10\%} = 6666.67(元)$

复利法：$P = 10\ 000 \times (P/F,10\%,5) = 10\ 000 \times 0.6209 = 6209(元)$

4.2.2 多次收付款项等值的计算

对于多次收付款项，如果用 X_t(可正可负，其中 $t=1,2,\cdots,n$)表示第 t 期期末发生的现金流量大小，那么多次收付款项终值计算最基本的也是最原始的方法就是对每一个 X_t 逐个计算终值，然后计算这些终值的代数和。多次收付款项现值计算最基本也是最原始的方法是对每一个 X_t 逐个计算现值，然后计算这些现值的代数和。但如果 n 较大，X_t 较多，那么上述计算是非常麻烦的。但在某些情况下，诸如当等额系列收付款项、等差系列收付款项或等比系列收付款项等情况发生时，则可以大大简化上述计算方法。下面就分别说明三种典型系列收付款项的复利计算简便方法。

1. 等额系列收付款项等值的计算

等额系列收付款项这种类型的现金流量每期发生的资金数额是相等的，我们把在一定的时期内一系列发生的数额相等、间隔期相同的收付款项称为年金(annuity，A)。按平均年限法计算的年折旧、每期等额收取或支付的租金、各期等额收付的利息、各期等额收付的保险金、各期等额收付的养老金等都是年金的具体形式。年金的每次收付发生的时点各有不同，每期期末收款、付款的年金，称为后付年金(也称为普通年金)。每期期初收款、付款的年金，称为先付年金(也称为即付年金)。距今若干期以后发生的每期期末收款、付款的年金，称为延期年金(也称为递延年金)。无期限连续收款、付款的年金，称为永续年金。

1) 普通年金等值的计算

(1) 普通年金终值(已知 A 求 F)。

普通年金是指一定的时期内每期期末发生的等额系列收付款项，如图 4-3 所示。由于在经济活动中后付年金最为常见，故称为普通年金。

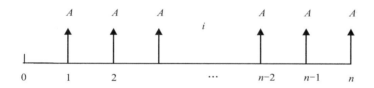

图 4-3 普通年金现金流量图

普通年金终值是一定的时期内每期期末等额收付款项的复利终值之和。由普通年金终值概念可知：

$$F = A[(1+i)^{n-1} + (1+i)^{n-2} + \cdots + (1+i) + 1] = A\sum_{t=1}^{n}(1+i)^{n-t}$$

由等比数列求和公式可以推导出普通年金终值的一般计算公式为

$$F = A\left[\frac{(1+i)^n - 1}{i}\right] \tag{4-7}$$

式中，$\dfrac{(1+i)^n - 1}{i}$ 称为等额系列终值系数或年金终值系数，用符号 $(F/P,i,n)$ 表示。

例 4-3 每年年末存入银行 10 000 元，年利率为 10%。5 年后的本利和为多少？

$$F = 10\,000 \times (F/A,10\%,5) = 10\,000 \times 6.1051 = 61\,051(元)$$

(2) 偿债基金(已知 F 求 A)。

偿债基金是指为了在约定的未来某个时点清偿某笔债务或积聚一定数额的资金而必须分次等额提取的存款准备金。每次提取的等额存款金额类似年金存款，它同样可以获得按复利计算的利息，因此应清偿的债务(或应积聚的资金)即为年金终值，每年提取的偿债基金即为年金。由此可见，偿债基金的计算也就是年金终值的逆运算。其计算公式如下：

$$A = F\left[\frac{i}{(1+i)^n - 1}\right] \tag{4-8}$$

式中，$\dfrac{i}{(1+i)^n - 1}$ 称为偿债基金系数，用符号 $(A/F, i, n)$ 表示。

例 4-4 某人欲在第 5 年年末获得 10 000 元，若每年存款金额相等，年利率为 10%，复利计息，则每年年末需要存款多少元？

$$A = 10\ 000 \times (A/F, 10\%, 5) = 10\ 000 \times 0.1638 = 1638(\text{元})$$

(3) 普通年金现值(已知 A 求 P)。

普通年金现值是一定的时期内每期期末收付款项的复利现值之和。

由普通年金现值概念可知：

$$P = A\left[(1+i)^{-1} + (1+i)^{-2} + \cdots + (1+i)^{-n}\right] = A\sum_{t=1}^{n}(1+i)^{-t}$$

由等比数列求和公式可以推导出普通年金现值的一般计算公式为

$$P = A\left[\frac{1 - (1+i)^{-n}}{i}\right] = A\left[\frac{(1+i)^n - 1}{i(1+i)^n}\right] \tag{4-9}$$

式中，$\dfrac{1-(1+i)^{-n}}{i}$ 或 $\dfrac{(1+i)^n - 1}{i(1+i)^n}$ 称为等额系列现值系数或年金现值系数，用符号 $(P/A, i, n)$ 表示。

例 4-5 某人预计未来两年内每年末从银行取出 5 万元，假设年利率为 10%，复利计息，问现在需要一次性存入多少钱？

$$P = 5 \times (P/A, 10\%, 2) = 5 \times 1.7355 = 8.6775(\text{万元})$$

(4) 资本回收额(已知 P 求 A)。

资本回收额是指在约定的期限内各期等额回收的初始投入资本额或清偿所欠的债务额。其中未回收或清偿的部分要按复利计息构成需要回收或清偿的内容。资本回收额的计算是年金现值的逆运算。其计算公式如下：

$$A = P\left[\frac{i}{1 - (1+i)^{-n}}\right] = P\left[\frac{i(1+i)^n}{(1+i)^n - 1}\right] \tag{4-10}$$

式中，$\dfrac{i}{1-(1+i)^{-n}}$ 或 $\dfrac{i(1+i)^n}{(1+i)^n - 1}$ 称为资本回收系数，用符号 $(A/P, i, n)$ 表示。

例 4-6 某公司现在借入 10 000 元，约定在 5 年内按年利率 10% 等额偿还，则每年应还本付息的金额为多少？

$$A = 10\ 000 \times (A/P, 10\%, 5) = 10\ 000 \times 0.2638 = 2638(\text{元})$$

2) 即付年金等值的计算

(1) 即付年金终值(已知 A 求 F)。

即付年金是指一定的时期内每期期初等额发生的系列收付款项，如图 4-4 所示。即付年金终值是一定的时期内每期期初等额收付款项的复利终值之和。

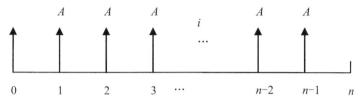

图 4-4　即付年金现金流量图

即付年金终值与现值的计算公式可以利用普通年金现值终值公式来计算,先将每一个 A 乘以 $(1+i)$,将其延后一期,这样就转换成了以 $A(1+i)$ 为金额的普通年金形式,套用普通年金终值现值公式即可得出即付年金的终值与现值。即付年金终值公式如下:

$$F = A(1+i)\left[\frac{(1+i)^n - 1}{i}\right] \tag{4-11}$$

即付年金终值系数 $(1+i)\left[\dfrac{(1+i)^n - 1}{i}\right]$ 可以表示为 $(F/A,i,n)(1+i)$。

例 4-7　每年年初存入银行 10 000 元,年利率为 10%。5 年后的本利和为多少?

$$F = 10\,000 \times (1+10\%) \times (F/A,10\%,5) = 67\,156(元)$$

(2) 即付年金现值(已知 A 求 P)。

即付年金现值公式为

$$P = A(1+i)\left[\frac{1-(1+i)^{-n}}{i}\right] = A(1+i)\left[\frac{(1+i)^n - 1}{i(1+i)^n}\right] \tag{4-12}$$

即付年金现值系数 $(1+i)\left[\dfrac{1-(1+i)^n}{i}\right]$ 或 $(1+i)\left[\dfrac{(1+i)^n - 1}{i(1+i)^n}\right]$ 可以表示为 $(P/A,i,n)(1+i)$。

例 4-8　每年年初支付设备租金 10 000 元,年利率为 10%。则 5 年中租金的现值为多少?

$$P = 10\,000 \times (1+10\%) \times (P/A,10\%,5) = 41\,699(元)$$

3) 递延年金等值的计算

递延年金是指不是从第一期发生的年金,如图 4-5 所示,m 表示递延期。

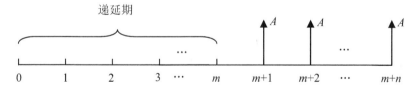

图 4-5　递延年金现金流量图

因为在递延期没有现金流量,计算递延年金的终值可以将递延期忽略,将 m 期看作 0,以此类推,其终值计算与普通年金终值计算完全相同。

递延年金的现值 P 常见的计算方法有两种。

第一种方法,是把递延年金视为 n 期普通年金,求出递延期末的现值 P_m,然后再将此现值调整到第一期期初。

$$P = A(P/A,i,n)(P/F,i,m)$$

第二种方法,是假设递延期中也进行等额支付,先求出$(m+n)$期的年金现值,然后扣除实际并未支付的递延期 m 期的年金现值,即可得出最终结果:

$$P = A(P/A,i,n+m) - A(P/A,i,m)$$

也可以先计算终值,再将终值调整为现值:

$$P = A(F/A,i,n)(P/F,i,m+n)$$

例 4-9 某项目 2014 年年初动工,预计 2 年建成并投产,投产后运营 10 年,每年得到收益 10 000 元。按每年收益率 10%折现,则运营期 10 年收益的 2014 年年初的等值是多少?

第一种方法计算如下:

$$P = 10\,000 \times (P/A,10\%,10) \times (P/F,10\%,2)$$
$$= 10\,000 \times 6.1446 \times 0.8264 = 50\,778.97(元)$$

第二种方法计算如下:

$$P = 10\,000 \times (P/A,10\%,12)-10\,000 \times (P/A,10\%,2)$$
$$= 10\,000 \times 6.8137 - 10\,000 \times 1.7355 = 50\,782(元)$$

结果的差异是由于使用不同系数且系数值四舍五入取近似值的缘故所导致。

4) 永续年金现值的计算

无限期等额支付的年金,称为永续年金,如图 4-6 所示。永续年金没有终止的时间,也就没有终值的计算问题。

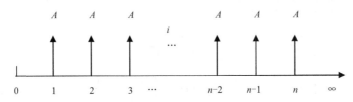

图 4-6　永续年金现金流量图

永续年金现值的计算公式如下:

$$P = A\left[\frac{1-(1+i)^{-\infty}}{i}\right] = \frac{A}{i} \tag{4-13}$$

例 4-10 某经济学会 2014 年年初拟存入银行一笔基金,准备以后无限期地每年年末取出 100 万元用以颁发年度经济学杰出贡献奖金。若存款利息率为 5%,则该经济学会于 2014 年年初一次性存入银行多少款项?

$$P = 100/5\% = 2000(万元)$$

2. 等差系列收付款项等值的计算

如果每年现金流量不等,但逐年的增加额或减少额却相等,就把这样的一系列收付款项称为等差(设 G 表示等差)系列现金流量,如图 4-7 所示。

1) 等差系列收付款项终值计算

等差系列现金流量可以分解为两个部分:数额为 A_1 的等额年金系列现金流量部分和由等差定额 G 构成的等额递增系列现金流量部分。

对于第一部分现金流量(即数额为 A_1 的等额系列现金流量部分)计算终值如下:

$$F_{A1} = A_1(F/A,i,n)$$

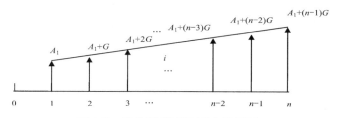

图 4-7 等差(递增)系列现金流量图

第二部分现金流量(即由 G 组成的等额递增系列现金流量部分)终值计算过程如下：

$$F_G = G(1+i)^{n-2} + 2G(1+i)^{n-3} + \cdots + (n-2)G(1+i)^{n-(n-1)} + (n-1)G$$

$$= G\left[\frac{(1+i)^n - 1}{i^2} - \frac{n}{i}\right] \tag{4-14}$$

式中，$\dfrac{(1+i)^n - 1}{i^2} - \dfrac{n}{i}$ 为等差系列终值系数，用符号 $(F/G, i, n)$ 表示。

所以，$F = F_{A1} + F_G = A_1(F/A, i, n) + G(F/G, i, n)$，也可以记作 $F = A_1(F/A, i, n) + \dfrac{G}{i}[(F/A, i, n) - n]$。

2) 等差系列收付款项现值计算

同理，可以求得现值公式：

$$P = A_1\left[\frac{1 - (1+i)^{-n}}{i^2}\right] + G\left\{\frac{1}{i}\left[\frac{(1+i)^n - 1}{i(1+i)^n} - \frac{n}{(1+i)^n}\right]\right\} \tag{4-15}$$

$$= A_1(P/A, i, n) + G(P/G, i, n)$$

式中，$\dfrac{1}{i}\left[\dfrac{(1+i)^n - 1}{i(1+i)^n} - \dfrac{n}{(1+i)^n}\right]$ 为等差系列现值系数，用符号 $(P/G, i, n)$ 表示。

需要说明的是，等差 G 从第二年开始，其现值必位于 G 开始的前两年。

例 4-11 某项目第一年的收益额 100 万元，由于其后逐年进行技术改造、优化工艺参数等，第一年以后至第 5 年年末收益逐年递增额为 20 万元。假设年利率为 10%，试计算该项目 5 年的收益现值。

$$P_A = 100 \times (P/A, 10\%, 5) = 100 \times 3.7908 = 379.08(万元)$$

$$P_G = 20 \times (P/G, 10\%, 5) = 20 \times 6.862 = 137.24(万元)$$

$$P = P_A + P_G = 379.08 + 137.24 = 516.32(万元)$$

3) 等差年金计算(已知 G 求 A)

由 A 与 P 的关系得：

$$P = A_1\left[\frac{1 - (1+i)^{-n}}{i^2}\right]\left[\frac{i(1+i)^n}{(1+i)^n - 1}\right] \pm G\left\{\frac{1}{i}\left[\frac{(1+i)^n - 1}{i(1+i)^n} - \frac{n}{(1+i)^n}\right]\right\}\left[\frac{i(1+i)^n}{(1+i)^n - 1}\right]$$

$$= A_1 \pm \frac{G}{i}\left[\frac{(1+i)^n - 1}{i(1+i)^n} - \frac{n}{(1+i)^n}\right]\left[\frac{i(1+i)^n}{(1+i)^n - 1}\right] \tag{4-16}$$

$$= A_1 \pm G\left[\frac{1}{i} - \frac{n}{(1+i)^n - 1}\right]$$

式中，$\dfrac{1}{i} - \dfrac{n}{(1+i)^n - 1}$ 称为等差年金换算系数，用符号 $(A/G, i, n)$ 表示。

式(4-16)中的"减号"为递减系列的现金流量。

3. 等比系列收付款项等值的计算

如果每年现金流量不等，但逐年按一定的比例递增或递减，就把这样的一系列收付款项称为等比(设 j 表示等比)系列现金流量，如图 4-8 所示。

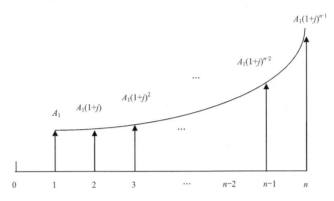

图 4-8　等比系列现金流量图

(1) 等比系列收付款项现值计算，公式如下：

$$P = \begin{cases} A_1 \left[\dfrac{(1+j)^n (1+i)^{-n} - 1}{j - i} \right] & i \neq j \\[4mm] A_1 \times \dfrac{n}{1+j} & i = j \end{cases} \quad , \quad \text{记作} P = A_1(P/A, i, j, n) \tag{4-17}$$

(2) 等比系列收付款项终值计算，公式如下：

$$F = \begin{cases} A_1 \left[\dfrac{(1+j)^n - (1+i)^{-n}}{j - i} \right] & i \neq j \\[4mm] n A_1 (1+j)^{n-1} & i = j \end{cases} \quad , \quad \text{记作} F = A_1(F/A, i, j, n) \tag{4-18}$$

案 例 分 析

王达用 100 万元购买了一套住宅，首付 30%，其余资金来自银行贷款。该笔贷款的期限为 20 年，年利率为 7.2%，按月等额偿还。如果王达于第 7 年年末提前偿还本金 10 万元，那么从第 8 年开始的月还款额为多少？

可以依据资金等值计算方法分析。

第一步，分析正常情况下的月还款额。

根据资料分析，银行贷款 700 000 元。

$$\text{月等额还款} = 700\,000 \times \dfrac{7.2\%/12}{1 - (1 + 7.2\%/12)^{-240}} = 5511.45 \,(\text{元})$$

第二步，分析第 8 年至第 20 年每月减少的还款额。

第8年至第20年每月减少的还款额$=100\,000\times\dfrac{7.2\%/12}{1-(1+7.2\%/12)^{-156}}=988.94(元)$

则从第 8 年开始的月还款额 $=5511.45-988.94=4522.51(元)$

本 章 小 结

(1) 资金在周转使用过程中随着时间的推移而发生的增值称为资金的时间价值。

(2) 利息就是在借贷过程中，债务人支付给债权人的超过原借款本金的部分。利率就是在单位时间内(例如年、半年、季、月、周、日等)所得利息与借款本金之比，通常用百分数表示。利息计算有单利和复利之分。当利率周期与计息周期不一致时，就出现了名义利率和实际利率的概念。名义利率 r 是指计息周期利率 i 乘以一个利率周期内的计息周期数 m 所得的利率周期利率。若用计息周期利率来计算利率周期利率，并将利率周期内的利息再生因素考虑进去，这时所得的利率周期利率称为利率周期实际利率(又称为有效利率)。

(3) 资金等值是指在考虑时间价值因素后，不同时点上数额不等的资金在一定的利率条件下具有相等的价值。利用等值的概念，可以把在一个时点发生的资金金额换算成另一个时点的等值金额，这个过程叫资金等值计算。

习　　题

一、单选题

1. 已知 $100\times(A/P,20\%,10)=23.85$，则 $100\times(A/F,20\%,10)=($ 　　)。

    A. 13.85　　　　　B. 3.85　　　　　C. 25.96　　　　　D. 43.85

2. 与年金终值系数互为倒数的是(　　)。

    A. 年金现值系数　　　　　　　　B. 资本回收系数

    C. 复利现值系数　　　　　　　　D. 偿债基金系数

3. 下列关于资金等效值概念的表述中，正确的是(　　)。

    A. 时值是资金运动起点的金额　　　B. 终值是资金运动结束的金额

    C. 资金等值是指与某个时点上一定金额的实际价值相等的另一个时点的价值

    D. 不同时点发生的绝对值相等的资金具有相同的价值

4. 某家庭向银行申请了一笔等额还本付息的个人住房抵押贷款，其月供为 2850 元，月利率为 0.625%，则该抵押贷款的实际年利率为(　　)。

    A. 7.50%　　　　　B. 7.56%　　　　　C. 7.71%　　　　　D. 7.76%

5. 银行为某家庭提供了期限为 10 年的按月等额还本付息的个人住房抵押贷款，若该笔贷款的实际年利率为 7.25%，则名义年利率是(　　)。

    A. 7.02%　　　　　B. 7.04%　　　　　C. 7.50%　　　　　D. 7.85%

6. 银行为某家庭提供了一笔总额 10 万元，期限 10 年，年利率为 6% 的住房抵押贷款。若采用月还款常数为 0.7% 的还款方式，并在最后一个月还清所余本息，则相对于按月等额还款方式，该家庭在还贷期间，除了最后一个月之外，其他各月的月供负担减少了(　　)元。

A. 137.5　　　　　B. 410.2　　　　　C. 432.2　　　　　D. 452.2

7. 某家庭预计今后 15 年内月收入为 10 000 元，如果其中的 35%可以用于支付住房抵押贷款的月还款，已知贷款年利率为 12%，那么该家庭有偿还能力的 15 年期最大抵押贷款申请额是(　　)万元。

A. 28.62　　　　　B. 29.16　　　　　C. 41.56　　　　　D. 48.24

8. 银行为某人提供期限为 10 年，年利率为 6%，首期月还款为 1000 元，月还款递增率为 0.2%的个人住房抵押贷款。若将此方案转为按月等额支付，则月等额还款额是(　　)元。

A. 1005.56　　　　B. 1010.56　　　　C. 1110.56　　　　D. 1115.56

二、多选题

1. 某笔贷款年利率为 12%，按季度计息，则该笔贷款的实际年利率不可能是(　　)。

A. 12.35%　　　　B. 12.55%　　　　C. 12.68%　　　　D. 12.93%

2. 某购房者申请了 4 万元的抵押贷款，按月等比递增还款，已知贷款年利率为 6.6%，期限为 10 年，购房者月还款额的增长率为 0.5%，则购房者的首次还款额不可能是(　　)元。

A. 204.08　　　　B. 345.18　　　　C. 508.91　　　　D. 666.67

3. 在市场经济条件下，利率的高低主要取决于(　　)等因素。

A. 行业基准收益率　　　　　　　B. 政府政策　　　　C. 通货膨胀率

D. 内部收益率　　　　　　　　　E. 投资者的目标收益率

三、计算题

1. 当银行存款利率为 5%时，请计算：

(1) 某人每年年末存入银行 10 000 元，问第 5 年后得多少钱？

(2) 某人想第 5 年后从银行得到 10 000 元，问每年年末需要等额存入多少钱？

(3) 某人想第 5 年后从银行得到 10 000 元，问现在需要存入多少钱？

(4) 某人现在存入银行 10 000 元，问 5 年后从银行能得多少钱？

(5) 某人想 5 年内每年年末从银行取得 10 000 元，问现在需要存入多少钱？

2. 某公司拟租赁一间厂房，期限是 10 年，假设年利率是 12%，出租方提出以下几种付款方案。

(1) 立即支付全部款项共计 20 万元。

(2) 从第 4 年开始每年年初付款 4 万元，至第 10 年年初结束。

(3) 第 1 年到第 8 年每年年末支付 3 万元，第 9 年年末支付 4 万元，第 10 年年末支付 5 万元。

要求：通过计算回答该公司应选择哪一种付款方案比较合算。

3. 某人每月月末存款 1000 元，期限一年，年利率为 12%，每两个月计息一次，复利计息，计息期内收付利息按复利计算，问年末他的存款金额有多少？

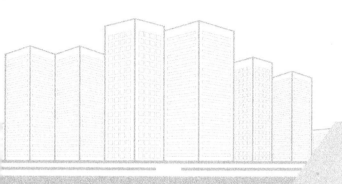

第 5 章　工程经济评价的基本方法

※ 【学习要点及目标】

- 掌握经济效果的概念，了解经济效果的分类。
- 了解工程项目经济评价常用的经济指标体系。
- 掌握静态投资回收期、动态投资回收期的计算。
- 掌握净现值、净现值率、净年值、费用现值和费用年值的计算方法。
- 掌握内部收益率和投资收益率的计算方法。

※ 【核心概念】

静态投资回收期、动态投资回收期、净现值、净年值、内部收益率、投资收益率

【引导案例】

某投资机构以 15 000 元/平方米的价格购买了一栋商业大厦 48 年的经营权用于出租，建筑面积为 27 000 平方米。该投资机构在购买该商业大厦的过程中先后支付了购买价格 4% 的契税、0.5% 的手续费、0.5% 的律师费及 0.3% 的其他费用。其中，相当于购买价格的 30% 及各种税费使用自有资金支付，余款由商业抵押贷款支付。商业抵押贷款具体期限为 15 年，固定利率为 7.5%，按年等额偿还。预计在该商业大厦的经营期内，月租金水平始终维持在 160 元/平方米，前 3 年的出租率分别为 70%、75% 及 85%，从第四年开始到经营期结束出租率将保持在 95% 的水平。如果经营期间每年的运营成本为毛租金收入的 30%，购买大厦的经营权发生在第一年的年初，此后每年的净经营收入和抵押贷款还本付息均发生在年末，该机构的全部投资及资本金的目标收益要求分别为 10% 和 14%。试分析该项目是否具有可行性，并分析全部投资和资本金的净现值及内部收益率。

经济评价指标是工程项目经济效益或投资效果的定量化及其直观的表现形式，它通常可以通过对投资项目所涉及的费用和效益的量化与比较来确定。为了对某个工程项目的经济效益做出评价，从而选择可行或最优方案，需要确定经济评价的指标。只有正确地理解和适当地应用各个评价指标的含义及其评价准则，才能对工程项目进行有效的经济分析，才能做出正确的投资决策。由于项目经济效益是一个综合性的指标，所以任何一个单一指标，都只能从某个方面或某些方面反映项目的经济性。为了使评价工作系统而全面，就需要采用一系列指标，从多角度、多方面进行分析和考察。本章将介绍投资回收期、净现值、内部收益率及投资收益率等工程项目经济评价常用的经济指标，从多个角度来评价工程项目的经济效益。

5.1 投资回收期

投资回收期也称为返本期，是反映一个项目清偿能力的重要指标，是指从项目的投资建设之日起，用项目所得的净收益偿还原始投资所需要的年限。一般情况下，投资回收期越短，项目的经济效果就越好。投资回收期法就是把投资回收期作为项目的评价指标的方法。在实际工作中，这个指标不单独使用，通常要与其他经济评价指标结合去评价某个方案或某个项目。按照是否考虑资金的时间价值划分，投资回收期分为静态投资回收期(P_t)与动态投资回收期(P_t')两种。

5.1.1 静态投资回收期

1. 静态投资回收期的概念

项目的静态投资回收期简称回收期，是指在不考虑资金的时间价值的情况下，收回全部原始投资额所需要的时间，即投资项目在经营期间内预计净现金流量的累加数恰巧抵偿其在建设期内预计现金流量所需要的时间。这里所说明的全部投资既包括固定资产投资，又包括流动资金投资。其单位通常用"年"表示。投资回收期一般从建设开始年算起，也可以从投资年开始算起，计算时应具体注明。

2. 静态投资回收期的计算

静态投资回收期 P_t 的计算公式为

$$\sum_{t=0}^{P_t}(\text{CI}-\text{CO})_t=0 \tag{5-1}$$

式中： P_t——静态投资回收期；

CI——现金流入量；

CO——现金流出量；

$(\text{CI-CO})_t$——第 t 年的净现金流量。

在计算项目的具体静态投资回收期时通常使用列表法。

列表法也称为累计法，工程项目建成投产后的各年的净收益不同，是指通过列表计算"累计净现金流量"的方式来确定包括建设期的静态投资回收期，进而再推算出不包括建设期的静态投资回收期的方法。因为不论在什么情况下，都可以通过这种方法来确定静态投资回收期，所以这种方法又称为一般方法。其计算公式为

$$P_t=\left(\frac{\text{累计净现金流量}}{\text{出现正值的年份数}}-1\right)+\frac{|\text{上一年累计净现金流量}|}{\text{出现正值年份的净现金流量}} \tag{5-2}$$

例 5-1 某工程项目的现金流量如表 5-1 所示，计算该项目的静态投资回收期。

表 5-1 某工程项目的投资及净现金收入 单位：万元

年份	0	1	2	3	4	5	6	7
总投资	200	150						
收入			60	80	90	180	200	220
支出			30	40	40	50	60	60

由表 5-1 整理可得表 5-2。

表 5-2 某工程项目各年净现金流量及累计净现金流量 单位：万元

年 份	0	1	2	3	4	5	6	7
净现金流量	−200	−150	30	40	50	130	140	160
累计净现金流量	−200	−350	−320	−280	−230	−100	40	200

由表 5-2 可知该工程项目的静态投资回收期在 5 年和 6 年之间，根据式(5-2)可得：

$$P_t=(6-1)+\frac{|-100|}{140}=5.71(\text{年})$$

3. 静态投资回收期的判别标准

计算出的静态投资回收期应与行业或部门的基准投资回收期 P_c 进行比较，若 $P_t \leqslant P_c$，表明项目投入的总资金在规定的时间内可以收回，则认为项目是可以接受的。若 $P_t > P_c$，表明项目投入的总资金在规定的时间内不能收回，则认为项目是不可行的。

4. 静态投资回收期的优点和缺点

静态投资回收期可以在一定的程度上反映出项目方案的资金回收能力，其计算方便，有助于对技术上更新较快的项目进行评价。但该指标没有考虑资金的时间价值，也没有对投资回收期以后的收益进行分析，无法确定项目在整个寿命期的总收益和获利能力。容易使人接受短期效益好的方案，忽视短期效益差、但长期收益高的方案。

比较三个方案(见表5-3)，初始投资总额都为1800万元，静态投资回收期分别为2年、4年和3年，如果仅按静态投资回收期的长短来进行方案的取舍，就应选择方案一，但其收回投资后年份的净收益为0，是三个方案中最差的。

表5-3　某项目三个方案的现金流量　　　　　　　　单位: 万元

年份	0	1	2	3	4	5	累计现金流量
方案一	−1800	900	900	0	0	0	0
方案二	−1800	450	450	450	450	450	450
方案三	−1800	600	600	600	600	600	1200

5.1.2　动态投资回收期

1. 动态投资回收期的概念

动态投资回收期是把投资项目各年的净现金流量按基准收益率折成现值之后，再来推算投资回收期，这就是它与静态投资回收期的根本区别。动态投资回收期就是净现金流量累计现值等于零时的年份。

2. 动态投资回收期的计算

常用的动态投资回收期的计算方法为列表法，动态投资回收期 P_t' 的计算公式为

$$\sum_{t=0}^{P_t'} (\text{CI} - \text{CO})_t (1 + i_c)^{-t} = 0 \tag{5-3}$$

式中：P_t'——动态投资回收期；

i_c——基准折现率。

在实际的计算中，通常根据项目的现金流量采用列表法计算，公式为

$$P_t' = \left(\frac{\text{累计净现金流量折现值}}{\text{出现正值的年份数}} - 1 \right) + \frac{|\text{上一年累计净现金流量折现值}|}{\text{出现正值年份的净现金流量折现值}} \tag{5-4}$$

例5-2　根据项目的有关数据(见表5-4)，计算该项目的静态投资回收期和动态投资回收期 ($i_c = 10\%$)。

表5-4　某项目的净现金流量　　　　　　　　单位: 万元

年份	0	1	2	3	4	5	6
投资支出	50	300	200				
其他支出				300	450	450	450
收入				450	700	700	700

根据表 5-4 计算可得表 5-5。

表 5-5　某项目的净现金流量　　　　　　　　　　单位：万元

年份	0	1	2	3	4	5	6
净现金流量	−50	−300	−200	150	250	250	250
累计净现金流量	−50	−350	−550	−400	−150	100	350
折现系数	1	0.9091	0.8264	0.7513	0.6830	0.6209	0.5654
折现值	−50	−272.73	−165.28	112.695	170.75	155.225	141.35
累计折现值	−50	−322.73	−488.01	−375.315	−204.565	−49.34	92.01

根据式(5-2)可得：

$$P_t = (5-1) + \frac{|-150|}{250} = 4.6(年)$$

根据式(5-4)可得：

$$P_t' = (6-1) + \frac{|-49.34|}{141.35} = 5.35(年)$$

3. 动态投资回收期的判别准则

计算出的动态投资回收期应与行业或部门的基准投资回收期 P_c 进行比较，若 $P_t \leqslant P_c$，表明项目投入的总资金在规定的时间内可以收回，则认为项目是可以接受的。若 $P_t > P_c$，表明项目投入的总资金在规定的时间内不能收回，则认为项目是不可行的。

4. 动态投资回收期的优点和缺点

动态投资回收期是一个常用的经济评价指标，不仅考虑了资金的时间价值，而且该指标容易理解，计算也比较简便，在一定的程度上显示了资本的周转速度。显然，资本的周转速度越快，回收期越短，风险越小，盈利越多。这对于那些技术上更新迅速的项目或资金相当短缺的项目或未来的情况很难预测而投资者又特别关心资金补偿的项目进行分析是特别有用的。

动态投资回收期的不足是，没有全面地考虑投资方案在整个计算期内的现金流量，即忽略了发生在投资回收期以后的所有情况，对总收入不做考虑。只考虑回收之前的效果，不能反映投资回收之后的情况，即无法准确衡量方案在整个计算期内的经济效果。所以它和静态投资回收期一样，通常只适用于辅助性评价。

5.2　净　现　值

5.2.1　净现值的概念、计算、判别准则及优缺点

1. 净现值的概念

净现值(Net Present Value，NPV)是一项投资所产生的未来现金流的折现值与项目投资成本之间的差值。该方法是指按一定的折现率(基准收益率)，将方案在计算期内的净现金流

量折现到计算基准年(通常是期初,即第0年)的现值的代数和,然后根据净现值的大小来评价投资方案。

2. 净现值的计算

净现值是考察项目在计算期内盈利能力的主要动态评价指标,其计算公式为

$$NPV = \sum_{t=0}^{n}(CI - CO)_t(1 + i_c)^{-t} \tag{5-5}$$

净现值的计算方法有两种:列表法和公式法。

(1) 列表法,在项目的现金流量表上按基准折现率计算寿命期内累计折现值。

(2) 公式法,利用一次支付现值公式或等额支付现值公式将寿命期内每年发生的现金流量,按基准折现率折现到期初,然后累加起来。

3. 净现值的判别准则

1) 单一方案

根据式(5-5)计算出NPV后,其结果有以下三种情况:即NPV>0,NPV = 0或NPV<0。在用于投资方案的经济评价时其判别准则如下。

(1) 若NPV>0,则说明方案可行。这种情况说明投资方案实施后的投资收益水平不仅能够达到基准折现率的水平,而且还会有盈余,即项目的盈利能力超过其投资收益期望水平。

(2) 若NPV = 0,则说明方案可以接受。因为这种情况说明投资方案实施后的收益水平恰好等于基准折现率,即盈利能力能达到所期望的最低财务盈利水平。

(3) 若NPV<0,则说明方案不可行。因为这种情况说明投资方案实施后的投资收益水平达不到基准折现率,即其盈利能力水平比较低,甚至有可能出现亏损。

2) 多方案

多方案进行比选时,选择NPV值大于0且最大的方案。

例5-3 如表5-6所示为某项目的经济数据,已知基准折现率 $i_c = 10\%$,计算该项目的净现值,并判断项目方案在经济上是否可行。

表5-6 某项目的现金流量 单位:万元

年份 项目	0	1	2	3	4	5
现金流出	100	100				
现金流入			50	60	80	100

(1) 列表法。根据表5-6计算可得(见表5-7)。

表5-7 某项目的净现金流量 单位:万元

年份 项目	0	1	2	3	4	5
累计现金流量	−100	−100	50	60	80	100
折现系数	1	0.9091	0.8264	0.7513	0.6830	0.6209
折现值	−100	−90.91	41.32	45.078	54.64	62.09
累计折现值	−100	−190.91	−149.59	−104.51	−49.87	12.22

NPV = 寿命期内的累积折现值 = 12.22(万元)

(2) 公式法。

$$NPV = -100-100 \times (P/F,10\%,1) + 50 \times (P/F,10\%,2) + 60 \times (P/F,10\%,3)$$
$$+ 80 \times (P/F,10\%,4) + 100 \times (P/F,10\%,5)$$
$$= -100-100 \times 0.9091 + 50 \times 0.8264 + 60 \times 0.7513 + 80 \times 0.6830 + 100 \times 0.6209$$
$$= 12.22(万元)$$

由于 NPV = 12.22＞0，所以根据判别标准，项目在经济上是可行的。

4. 净现值的优点和缺点

1) 净现值的优点

(1) 考虑了资金的时间价值并全面考虑了项目在整个寿命期内的经济情况。

(2) 经济意义明确直观，能够直接以货币额表示项目的净收益。

(3) 能直接说明项目投资额与资金成本之间的关系。

(4) 不仅适用单一方案的比选，也适用于多方案的选择。

2) 净现值的缺点

(1) 必须首先确定一个符合经济现实的基准折现率，而基准折现率的确定往往是比较困难的。

(2) 不能直接说明项目运营期间各年的经营成果。

(3) 不能真正反映项目投资中单位投资的使用效率。

5.2.2　净现值率

1. 净现值率的概念

净现值指标用于多个方案的比选时，没有考虑各方案投资额的大小，因此不能直接反映资金的利用效率。为了考察资金的利用效率，通常采用净现值率作为净现值的辅助指标。

净现值率(net present value ratio，NPVR)是指项目的净现值与投资总额现值的比值，其经济含义是单位投资现值所能带来的净现值，是一个考察项目单位投资的盈利能力的指标。

2. 净现值率的计算

净现值率的计算公式为

$$NPVR = \frac{NPV}{K_p} \tag{5-6}$$

式中：K_p——项目总投资现值。

3. 净现值率的判别准则

1) 单一方案

① 当 NPVR≥0 时，方案可行；

② 当 NPVR＜0 时，方案不可行。

2) 多方案比选

用净现值率法进行多方案比较时，以 NPVR 大于 0 且最大的方案为优，它体现了投资资金的使用效率，此指标主要适用多方案的优劣排序。

例 5-4 某项目有 A、B 两个设计方案，建设期都为 1 年，计算期为 6 年，$i_c = 15\%$。其中 A 方案的期初投资为 1700 万元，年运营成本为 1500 万元，年销售收入为 2000 万元，无残值。B 方案期初投资为 2500 万元，年运营成本为 500 万元，年销售收入为 1200 万元，残值为 100 万元。计算 A、B 方案的净现值、净现值率并对方案进行评价选择(见表 5-8 和表 5-9)。

表 5-8 方案 A 的现金流量 单位：万元

年份	0	1	2	3	4	5	6
投资	1700						
年运营费用	1500	1500	1500	1500	1500	1500	1500
年销售收入	2000	2000	2000	2000	2000	2000	2000
残值							0

表 5-9 方案 B 的现金流量 单位：万元

年份	0	1	2	3	4	5	6
投资	2500						
年运营费用	500	500	500	500	500	500	500
年销售收入	1200	1200	1200	1200	1200	1200	1200
残值							100

① 求净现值。

$$\mathrm{NPV_A} = -1700 + (2000-1500) \times (P/A,15\%,6)$$
$$= -1700 + 500 \times 3.7845$$
$$= 192.25(万元)$$
$$\mathrm{NPV_B} = -2500 + (1200 - 500) \times (P/A,15\%,6) + 100 \times (P/F,15\%,6)$$
$$= -2500 + 700 \times 3.7845 + 100 \times 0.4323$$
$$= 192.38(万元)$$

② 求净现值率。

$$\mathrm{NPVR_A} = \frac{192.25}{1700} = 0.11$$
$$\mathrm{NPVR_B} = \frac{192.38}{2500} = 0.08$$

③ 评价结果。

根据计算结果可得，$\mathrm{NPV_A} > 0$，$\mathrm{NPV_B} > 0$，$0 < \mathrm{NPV_A} < \mathrm{NPV_B}$，根据净现值应该选择 B 方案。但是，$\mathrm{NPVR_A} > \mathrm{NPVR_B}$，故与净现值法结论相反，应该选择 A 方案。

由此可见，当投资额不相同时，需要对方案的投资效率进行比较，即计算方案的 NPVR，并综合考虑投资资金要求后，才能对方案进行评价和决策。

5.2.3　净年值

1. 净年值的概念

净年值(net annual value，NAV)是指按给定的折现率，通过等值换算将方案计算期内各个不同时点的净现金流量分摊到计算期内各年的等额年值。净年值指标反映的是项目年均收益的情况。

2. 净年值的判别准则

1) 单一方案

由 NPV≥0，可得 NAV≥0，项目可行。如果 NPV＜0，那么可得 NAV＜0，项目不可行。

2) 多方案

多方案比选时，NAV 越大的方案就越优。

一般情况下，净年值与净现值对项目评价结论完全一致。但在不同寿命的多方案的比选中，净年值比净现值法简便。所以净年值法在经济评价方法中占有相当重要的地位。

3. 净年值的计算

净年值的计算公式为

$$\mathrm{NAV} = \mathrm{NPV}(A/P,i_c,n) = \sum_{t=0}^{n}(\mathrm{CI}-\mathrm{CO})_t(1+i_c)^{-t}(A/P,i_c,n) \tag{5-7}$$

例 5-5　某工业企业拟购买一台生产设备，该设备的购置费为 3.5 万元，预计寿命期为 4 年，第 4 年年末还可以获得残值 0.5 万元。在寿命期内，该设备每年能给企业带来 2 万元收入，每年经营成本为 0.75 万元，若使用 10%作为标准折现率，则请用净年值指标分析该设备购置方案的可行性。

方法一：

根据式(5-7)可得

$$\begin{aligned}
\mathrm{NAV} &= [-3.5 + (2-0.75) \times (P/A,10\%,4) + 0.5 \times (P/F,10\%,4)] \times (A/P,10\%,4) \\
&= (-3.5 + 1.25 \times 3.1699 + 0.5 \times 0.6830) \times 0.3155 \\
&= 0.2536(万元)
\end{aligned}$$

因为 NAV = 0.2536 万元＞0，所以该购置方案可行。

方法二：

$$\begin{aligned}
\mathrm{NAV} &= -3.5 \times (A/P,10\%,4) + 2 - 0.75 + 0.5 \times (A/F,10\%,4) \\
&= -3.5 \times 0.3155 + 1.25 + 0.5 \times 0.2155 \\
&= 0.2535(万元)
\end{aligned}$$

因为 NAV = 0.2535 万元＞0，所以该购置方案可行。

例 5-6　修建某永久工程，经过研究方案初始投资 3000 万元，年维护费用为 6 万元，每 10 年要大修一次需要 15 万元，该工程每年可以获得 350 万元收益。若利率为 10%，则使用净年值指标判断该项目是否可行？

$$\begin{aligned}
\mathrm{NAV} &= -3000 \times 10\% - 6 - 15 \times (A/F,10\%,10) + 350 \\
&= -300 - 6 - 15 \times 0.0627 + 350
\end{aligned}$$

$$=43.06(万元)$$

因为 NAV = 43.06 万元 > 0，所以该工程可行。

4. 净年值指标的优点或缺点

1) 净年值指标的优点

(1) 考虑了资金的时间价值，对项目进行动态评价。

(2) 考虑了项目在整个寿命期内的经济状况，可以直接以货币额表示项目投资的收益性，经济意义明确直观。

2) 净年值指标的缺点

在实际投资项目中，容易选到投资额大、盈利多的方案，而容易忽视投资少、盈利较多的方案。

5.2.4 费用现值

费用现值(present cost，PC)是一种特定情况下的净现值法。在比较方案时，如果两个方案的寿命期和生产能力相同，也就是销售收入相同，或者两个方案的效益基本相同，但它们有无形效益而且难以估算，例如安全保障、环境保护、劳动条件改善等，那么为了简化计算，可以不必考虑其相同因素(收入或无形效益)，仅比较其不同因素(支出)。此时，净现值法可以改称为费用现值法，通常仍然简称为现值法(PC)或现值比较法。为了计算上的方便，往往将支出值的负号略去，而回收残值的符号则应与支出值的符号相反，取负值。计算公式如下：

$$PC = -NPV = \sum_{t=0}^{n}(CO-CI)_t(1+i_c)^{-t} \tag{5-8}$$

例 5-7 A、B 两个方案的相关费用支出如表 5-10 所示，各方案寿命周期为 10 年，基准折现率为 10%，请选择最优方案。

表 5-10 A、B 方案的净现金流量   单位：万元

方　　案	初始投资	年经营成本(第 1—10 年)
A	800	200
B	1000	150

各方案的费用现值计算如下：

$PC_A = 800 + 200 \times (P/A, 10\%, 10) = 800 + 200 \times 6.1446 = 2028.92(万元)$

$PC_B = 1000 + 150 \times (P/A, 10\%, 10) = 1000 + 150 \times 6.1446 = 1921.69(万元)$

$PC_A > PC_B$，故方案 B 更优，应选择方案 B。

5.2.5 费用年值

费用年值(AC)是一种特定情况下的净年值法。为了方便计算，往往在计算中亦将支出值的负号省去。计算公式如下：

$$AC = PC(A/P, i_c, n) = -NPV(A/P, i_c, n) = -NAV \tag{5-9}$$

例 5-8 使用费用年值指标判断例 5-7。

各方案的费用年值计算如下：

$$AC_A = 800 \times (A/P,10\%,10) + 200 = 800 \times 0.1627 + 200 = 330.16(万元)$$

$$AC_B = 1000 \times (A/P,10\%,10) + 150 = 1000 \times 0.1627 + 150 = 312.7(万元)$$

$AC_A > AC_B$，故方案 B 更优，应选择方案 B。

5.3　内部收益率

5.3.1　内部收益率的概念

内部收益率(internal rate of return，IRR)又称为内部报酬率，就是资金流入现值总额与资金流出现值总额相等、净现值等于零时的折现率，是除了净现值以外的另一个最重要的动态经济评价指标。从投入的角度，IRR 反映项目所能承受的最高利率；从产出的角度，IRR 代表项目能得到的收益程度。因此内部收益率与净现值、净年值的评价结论一致。

5.3.2　内部收益率的计算

与内部收益率有关的计算式为

$$\text{NPV}_{\text{IRR}} = \sum_{t=0}^{n}(\text{CO} - \text{CI})_t(1+\text{IRR})^{-t} = 0 \tag{5-10}$$

内部收益率是使项目在整个计算期内各年净现金流量现值累计之和等于 0 时的折现率。所以内部收益率的计算式是一个高次方程，计算复杂，一般采用线性内插法求出近似解。

线性内插法的原理如图 5-1 所示，净现值函数曲线与横轴的交点处，NPV = 0，该处的 i 就是 IRR。用直线 AB 近似净现值曲线，取 i^* 为 IRR 的近似值，即 $i^* \approx \text{IRR}$。则得

$$\text{NPV}_1 ：| \text{NPV}_2 |= (i^* - i_1)：(i_2 - i^*)$$

整理可得

$$\text{IRR} = i^* = i_1 + \frac{\text{NPV}_1}{\text{NPV}_1 + | \text{NPV}_2 |}(i_2 - i) \tag{5-11}$$

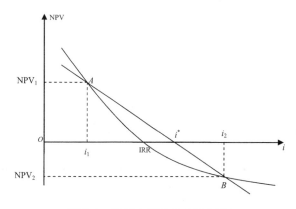

图 5-1　线性内插法求 IRR 图解

在实际的计算时，需要通过反复试算，求出 NPV_1 略大于零时的 i_1，再求出使 NPV_2 略小于零时的 i_2，同时应满足 i_2 与 i_1 的差值不超过 2%，这样通过线性内插法求得的 i^* 才近似等于 IRR。

5.3.3 内部收益率的判别准则

将所求得的内部收益率与基准折现率 i_c 比较，若 IRR $\geq i_c$，则说明方案达到了基准折现率的获利水平，方案可以接受。若 IRR $< i_c$，则方案不能接受。

例 5-9 某项目的净现金流量如表 5-11 所示，当基准折现率 $i_c=12\%$ 时，试用内部收益率指标评价该项目的经济效果是否可行。

表 5-11　某项目的现金流量　　　　　　　　单位：万元

项目 \ 年份	0	1	2	3	4	5
现金流出	200	40	60	60	60	60
现金流入	0	100	100	160	140	140
净现金流量	−200	60	40	100	80	80

设 $i_1 = 20\%$，得

$$\begin{aligned}
NPV_1 &= -200 + 60 \times (P/F,20\%,1) + 40 \times (P/F,20\%,2) + 100 \times (P/F,20\%,3) + 80 \times (P/F,20\%,4) + 80 \times (P/F,20\%,5) \\
&= -200 + 60 \times 0.8333 + 40 \times 0.6944 + 100 \times 0.5787 + 80 \times 0.4823 + 80 \times 0.4019 \\
&= 6.38(万元)
\end{aligned}$$

设 $i_2 = 25\%$，得

$$\begin{aligned}
NPV_2 &= -200 + 60 \times (P/F,25\%,1) + 40 \times (P/F,25\%,2) + 100 \times (P/F,25\%,3) + 80 \times (P/F,25\%,4) + 80 \times (P/F,25\%,5) \\
&= -200 + 60 \times 0.8000 + 40 \times 0.6400 + 100 \times 0.5120 + 80 \times 0.4096 + 80 \times 0.3277 \\
&= -16.22(万元)
\end{aligned}$$

使用线性内插法求 IRR：

$$IRR = 20\% + \frac{6.38}{6.38+|-16.22|} \times (25\% - 20\%) = 21.41\%$$

因为内部收益率(21.41%)大于基准折现率(12%)，所以该项目在经济上是可行的。

5.3.4 内部收益率的使用条件

以上所讨论的内部收益率的计算及经济意义都是针对常规现金流量而言的，这类现金流量的特点是：期初几年投资现金流量为负值，然后有收益，直到寿命期末现金流量始终为正值，而且所有现金流量的代数和为正。这类项目的净现值函数如图 5-1 所示，项目的净现值随着 i 的增加而减小，与横轴有且只有一个交点，在这种情况下，内部收益率有唯一解。

净现值符号变化多次的项目称为非常规项目。对于非常规项目的内部收益率的解有两种情况。一是有多个正根，通常取其中较小的值，如表 5-12 中的方案 A，其净现值与内部收益率的关系如图 5-2 所示。二是有两个正根，则内部收益率应处于两根之间，如表 5-12 中的方案 B，其净现值与内部收益率的关系如图 5-3 所示。

表 5-12　某项目方案 A、B 的净现金流量　　　　　　　　单位：万元

年份	0	1	2	3	4	5
方案 A 各年净现金流	−2000	0	12 000	0	0	−11 000
方案 B 各年净现金流	−3200	4500	−7000	3500	0	0

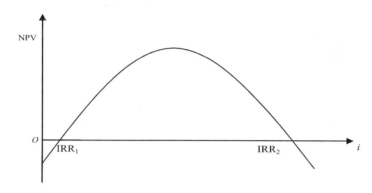

图 5-2　方案 A 净现值与内部收益率的关系

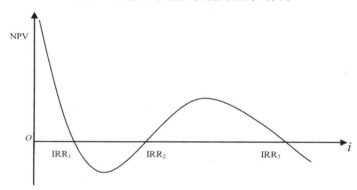

图 5-3　方案 B 净现值与内部收益率的关系

5.3.5　内部收益率的优点和缺点

1. 内部收益率的优点

(1) 内部收益率的优点在于考虑了资金时间价值并全面考虑了项目在整个寿命期间的经济状况。

(2) 同时将项目寿命期内的收益与其投资总额联系起来，得出这个项目的收益率，并将它与行业基准折现率对比，确定这个项目是否可行。

(3) 内部收益率的计算不需要确定基准折现率，而计算净现值或净年值都需要事先确定基准折现率。

2. 内部收益率的缺点

(1) 内部收益率计算比较麻烦。

(2) 对于非常规项目来讲，其内部收益率在某些情况下甚至不存在或存在多个内部收

益率。

(3) 使用内部收益率评价经济效果同时隐含了再投资假设，降低了准确程度，因此需要与其他指标配合使用。

尽管如此，内部收益率指标仍然是反映工程项目投资收益能力的最重要的指标之一。

5.4 其他判别指标

5.4.1 投资收益率

投资收益率又称为投资效果系数、投资利润率，是指在项目达到设计能力后的正常生产年份的年利润总额与项目投资总额的比率，它表明投资项目正常生产年份中，单位投资每年所创造的年净收益额。投资收益率越大，说明项目的投资效益越好。

$$投资收益率 = \frac{年利润总额}{项目总投资} \times 100\% \tag{5-12}$$

其中

$$项目总投资 = 建设投资 + 流动资金$$
$$年利润总额 = 年销售收入 - 年总成本费用 - 年销售税金$$

如果项目在正常生产年份内各年收益情况变化幅度较大，那么也可以采用下面的公式进行计算：

$$投资收益率 = \frac{年均利润总额}{项目总投资} \times 100\% \tag{5-13}$$

例 5-10 某项目的投资与收益情况如表 5-13 所示，计算该项目的投资收益率。

表 5-13 某项目的投资收益情况 单位：万元

项目 \ 年份	0	1	2	3	4	5	6
投资	180						
利润		15	25	35	40	50	60

根据式(5-13)可得

$$投资收益率 = \frac{(15 + 25 + 35 + 40 + 50 + 60)/6}{180} \times 100\% = 20.83\%$$

经过计算得出该项目的投资收益率为 20.83%。它反映了项目在正常年份的每百万元投资带来的年收益为 20.83 万元。

用投资收益率评价方案，同样要与项目的基准投资收益率 R_c 进行比较。如果项目的投资收益率大于或等于基准投资收益率 R_c，就认为项目是可以接受的。如果项目的投资收益率小于基准投资收益率 R_c，就认为项目是不可行的。

5.4.2 投资利税率

投资利税率是指项目达到设计生产能力后的一个正常生产年份的年利税总额或项目生产经营期内的年平均利税总额与总投资的比率。公式为

$$投资利税率=\frac{年利税总额或年均利税总额}{项目总投资}\times100\% \qquad (5\text{-}14)$$

当投资利税率高于或等于行业基准投资利税率时，项目可以采纳。投资利税率和投资利润率不同，它在效益中多考虑税金。这是因为在财务效益分析中，为了从国家财政收入的角度衡量项目为国家所创造的积累，特别是一些税大利小的企业，用投资利润率衡量往往不够准确，用投资利税率则能较合理地反映项目的财务效益。在市场经济条件下，使用投资利税率指标更具有现实意义。

5.4.3　资本金利润率

资本金利润率是指项目达到设计生产能力后的一个正常生产年份的利润总额或项目在生产经营期内的平均利润总额与资本金的比率，它反映拟建项目的资本金盈利能力。其计算公式为

$$资本金利润率=\frac{年净利润或年均净利润}{项目资本金}\times100\% \qquad (5\text{-}15)$$

例 5-11　某项目总资金为 2400 万元，其中资本金为 1900 万元，项目正常生产年份的销售收入为 1800 万元，总成本费用为 920 万元(含利息支出 60 万元)，销售税金及附加 190 万元，所得税税率为 25%。试计算该项目的投资收益率、投资利税率和资本金利润率。

年利润总额 = 1800 − 920 − 190 = 690(万元)

年应纳所得税 = 690 × 25% = 172.5(万元)

年税后利润 = 690 − 172.5 = 517.5(万元)

$$投资收益率=\frac{690}{2400}\times100\%=28.75\%$$

$$投资利税率=\frac{690+190}{2400}\times100\%=36.67\%$$

$$资本金利润率=\frac{517.5}{1900}\times100\%=27.24\%$$

案 例 分 析

国内某企业通过国际招标方式购买一套国外设备，招标采用最低评标价法评标。某个投标人报价为 1000 万元(天津项目现场)，交货期为合同生效后 3 个月，交货后即付清合同价款。生产线在交货后 10 个月投产，运行寿命期为 5 年。设备运行费用为 20 万美元/月(按月结算)，维护费用为 25 万美元/年(按年结算)。月折现率为 1%，年折现率为 12%。分别计算该投标人采购费用、运行费用、维护费用在合同生效时的现值。

合同生效时采购费用的现值 = 1000 × (P/F,1%,3) = 970.59(万美元)

合同生效时运行费用的现值 = 20 × (P/A,1%,60) × (P/F,1%,13) = 790.01(万美元)

合同生效时维护费用的现值 = 25 × (P/A,12%,5) × (P/F,1%,13) = 79.19(万美元)

合同的投标报价 = 970.59 + 790.01 + 79.19 = 1839.79(万美元)

本 章 小 结

经济效果评价是工程项目评价的重要内容。为了对工程项目的经济性作出评价，一方面取决于项目基础数据的完整性和可靠性，另一方面需要确定合理的经济评价的指标。按工程项目评价时是否考虑资金的时间价值，评价指标可以分为静态评价指标和动态评价指标两大类。

静态评价指标不考虑资金的时间价值，计算方便、简单。适用于对方案的粗略评价，以及时间较短、投资规模和收益规模比较小的投资项目的经济评价。本章主要介绍了静态投资回收期、投资收益率、资本金利润率和投资利税率这些指标。

静态投资回收期不考虑资金的时间价值，也没有对投资回收期以后的收益进行分析，是指以项目的净收益回收项目全部投资所需要的时间。静态投资回收期可以在一定的程度上反映出项目方案的资金回收能力。

投资收益率是指在项目达到设计能力后的正常生产年份的年利润总额与项目投资总额的比率，它表明投资项目正常生产年份中，单位投资每年所创造的年净收益额。投资收益率越大，说明项目的投资效益越好。

动态评价指标是常用的经济评价指标，计算中考虑了资金的时间价值。本章重点介绍了净现值、净年值、费用现值、费用年值、动态投资回收期以及内部收益率的经济含义、计算方法、使用条件及各指标的优缺点。

动态投资回收期是一个常用的经济评价指标，不仅考虑了资金的时间价值，该指标容易理解，计算也比较简便，在一定的程度上显示了资本的周转速度。这对于那些技术上更新迅速的项目或资金相当短缺的项目或未来的情况很难预测而投资者又特别关心资金补偿的项目进行分析是特别有用的。

内部收益率是投资项目寿命期净现值为零时的折现率。即在这个折现率下，项目的现金流入的现值和现金流出的现值相等。使用内部收益率法进行经济评价的显著特点是不需要事先确定折现率的大小。在要进行的投资活动的未来收益和高度不确定的条件下，采用内部收益率法进行经济评价，是一种行之有效的计算方法。

净现值、净年值、费用现值、费用年值这些动态经济评价指标是经济评价使用频率最高的评价方法，不仅考虑了资金的时间价值而且全面考虑了项目在整个寿命期内的经济情况。同时经济意义明确直观，能够直接以货币额表示项目的净收益，能直接说明项目投资额与资金成本之间的关系，不仅适用单一方案的比选，也适用于多方案的选择。

习 题

一、单选题

1. 净现值率是项目净现值与( )的比值。

　　A. 投资年值　　　　B. 投资回收值　　C. 投资总额现值　D. 投资期望收益现值

2. 某建设项目，当 i 为 15% 时，净现值为 128 万元。当 i 为 17% 时，净现值为 -72 万元，则该项目的内部收益率为(　　)。

  A. 16. 13%   B. 16.28%   C. 16.73%   D. 17.28%

  3. 下列对净现值法理解不正确的是(　　)。

   A. 净现值法考虑了资金的时间价值

   B. 不能揭示各个投资方案本身可能达到的投资报酬率

   C. 在互斥选择决策中, 净现值法最为适用

   D. 在有多个备选方案的互斥选择中, 一定要选用净现值最大的方案

  4. 项目的(　　)计算结果越大, 表明其盈利能力越强。

   A. 财务净现值 B. 投资回收期 C. 盈亏平衡点 D. 借款偿还期

  5. 某建设项目, 当折现率为 10%时, 财务净现值 FNPV = 200 万元; 当折现率为 15%时, FNPV = −100 万元, 用内插公式法可以求得其财务内部收益率为(　　)。

   A. 15%   B. 20%   C. 13.3%   D. 11.67%

  6. 有甲、乙两个方案, 其寿命期甲较乙长, 在各自的寿命期内两个方案的净现值均大于零且相等, 那么(　　)。

   A. 甲优于乙   B. 相等   C. 乙优于甲   D. 无法评价

二、计算题

  1. 一台设备的初始成本为 5000 元, 使用 5 年后残值为 300 元, 若基准收益率为 20%, 则其费用年值是多少?

  2. 一项工程总投资为 30 000 万元, 寿命期为 10 年, 每年净收益为 3000 万元, 残值为 8000 万元, 基准收益率为 5%, 求该项目的 IRR 并判断项目是否可行。

  3. 某项目的现金流量如表 5-14 所示, 基准折现率为 10%, 试计算: ①动态投资回收期; ②净现值; ③内部收益率。

表 5-14　某项目的现金流量　　　　　　　　　　　　　　　　　　单位: 万元

年　份	0	1	2	3	4	5	6
现金流量	−400	80	90	100	100	100	100

  4. 某工程总投资为 4500 万元, 投产后每年经营成本为 600 万元, 每年收益为 1400 万元, 产品的经济寿命期为 10 年, 在第 10 年年末还能回收资金 200 万元, 年基准收益率为 12%。试用净现值法确定投资方案是否可行。

  5. 某工程计划修建 2 年, 第一年年初投资 1800 万元, 生产期为 14 年。若投产后预计年均净收益为 270 万元, 无残值, 基准收益率为 10%, 则用 IRR 来判断项目是否可行。

  6. 设备的进价为 25 000 元, 寿命期为 3 年, 每年的收益为 15 000 元, 第一年的运营费为 3000 元, 第二年的运营费为 4000 元, 第三年的运营费为 6000 元, 寿命期后无残值。若基准收益率为 10%, 则计算内部收益率并判断是否购买该设备。

  7. 某项目建设期间, 第一年年初投资 1000 万元, 第二年年初投资 1000 万元, 第三年当年收益为 150 万元, 项目生产期为 10 年。若从第四年起到生产期末的年均收益为 380 万元, 基准收益率为 12%, 则计算并判断: ①项目是否可行; ②若不可行, 则从第四年起年收益必须为多少才能保证使基准收益率保持为 12%?

8. 某项目各年的现金流量如下：第一年年初投资 20 万元，第二年年初投资 16 万元，第三年到第四年每年生产运营费用为 4.4 万元，收益为 14 万元，费用和收益均发生在年末。试求该项目的静态投资回收期和动态投资回收期(基准折现率为 10%)。

9. 某项目期初投资 5000 万元，当年完工并产生收益，预计 10 年中每年可以获得收益 100 万元，期末残值为 7000 万元，试计算内部收益率。

10. 某项目第一年和第二年期初分别投资 1000 万元、800 万元，第二年、第三年、第四年每年获得收益净现值为 500 万元，第五年和第六年收益净现值为 1200 万元，试计算该项目的内部收益率。

11. 某项目拟定两个技术方案，方案一的净现值为 400 万元，投资现值为 2000 万元。方案二的净现值为 1000 万元，投资现值为 10 000 万元。试以净现值和净现值率指标来选择最优方案。

12. 某项目初始投资 1000 万元，第一年需要追加投资 150 万元，第二年达到设计生产能力的产量运行，第二年至第五年每年的经营成本为 300 万元，预计年销售收入为 500 万元，该项目第六年至第十年每年的经营成本为 250 万元，预计年销售收入为 550 万元。试使用净现值指标评价该项目的经济性(基准折现率为 10%)。

13. 某项目有两个拟订方案，寿命期均为 5 年，基准折现率为 10%。方案一：初始投资为 80 万元，第三年年末需要追加投资 10 万元，该方案 5 年的经营成本分别为 5 万元、5 万元、6 万元、6 万元、7 万元。方案二：初始投资为 70 万元，该方案 5 年的经营成本分别为 6 万元、8 万元、8 万元、10 万元、10 万元。试用费用现值和费用年值比较两个方案的经济性。

14. 某项目初始投资 130 万元，第三年达到设计生产能力的产量，年销售收入为 100 万元，寿命期为 8 年，年经营成本为 50 万元。试计算该项目的内部收益率，并评价其经济性(基准折现率为 15%)。

15. 某企业欲在自有厂房内投资一个新项目，有 A、B、C 三个备选方案。方案 A 初始投资为 5000 万元，年收益为 1224 万元。方案 B 初始投资为 3000 万元，年收益为 970 万元。方案 C 初始投资为 1000 万元，年收益为 160 万元。三个方案寿命期均为 10 年，基准折现率为 10%，试决策该企业应该采用哪个方案。

16. 某项目的现金流量如表 5-15 所示，求：①投资回收期；②净现值；③内部收益率(基准折现率为 15%)。

表 5-15 某项目的现金流量   单位：万元

年 份	0	1	2	3	4	5
现金流量	−2400	460	580	700	750	800

17. 某工地欲搭建一处临时设施，初始投资为 10 000 元，该设施拆除后残值为 0，现在假设该设施每年能获得 1500 元的净收益。

(1) 使用 9 年，该设施的内部收益率是多少？

(2) 假设希望得到 12% 的收益率，该设施至少使用多少年才值得投资？

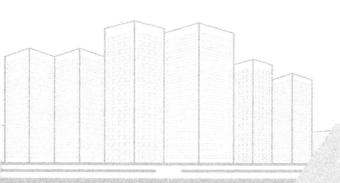

第6章　多方案经济评价方法

※ 【学习要点及目标】

- 了解多方案之间的关系类型。
- 掌握互斥型方案的比较和选择方法。
- 掌握独立型方案的比较和选择方法。
- 掌握混合型方案的比较和选择方法。

※ 【核心概念】

互斥方案、独立方案、混合方案、差额内部收益率、差额投资回收期

【引导案例】

某企业生产线上现有一台设备已经陈旧，故障时有发生，影响了正常生产作业活动。企业领导拟研究维修或更换现有设备的方案，经过技术部门测算，有以下几种方案可行。

方案一：修理现有设备。由于设备陈旧，所以需要修理费 700 万元，经过修理后预计可以继续使用 3 年，每年的经营成本为 450 万元。

方案二：购买国外一台二手设备。设备需要初始投资 2500 万元，年经营成本为 820 万元，设备预计可以使用 10 年。

方案三：购买一台先进的新设备。设备需要初始投资 3200 万元，年经营成本为 560 万元，设备使用寿命为 15 年。

如果该企业目前采用方案一，那么几年后也需要再考虑方案二或方案三。同时，如果现在决定购买国外二手设备或新设备，那么该企业现有的旧设备处理价为 600 万元。如果使用 3 年后处理，该设备报废，那么处理残值收入为 0。此外，方案一和方案二的两种设备在寿命期后残值都为 0。这是实际投资项目进行的工程经济评价。在进行经济评价前，不仅要建立一套评价指标体系，如果要在多个方案之间进行选择，还需要核定多方之间的关系类型。不同的方案类型针对不同的比选方法。

6.1　方　案　类　型

工程经济中的所谓项目方案是指一种投资的可能性，在实际的工程经济分析中用得较多的是方案的比较和选择。忽略影响投资的外部条件(例如政治、经济、政策和组织等)的一般工程投资项目，由于原料路线、技术水平等方面的不同，为了实现某个目标会形成众多的工程方案，为了保证某项投资活动得到较好的预期收益，通常需要制订出多个方案，通过选择适当的经济评价方法和指标，对各个方案的经济效益进行比较，最终选择出最佳投资方案。

在投资决策过程中，企业所面临的经常是多个投资方案的选择问题。例如，对拟建项目所需要的材料，既可以考虑采用购买进口材料的方案，也可以考虑采用购买国产材料的方案。同时，购买材料所需要的资金也有多种不同的筹资方案，既可以采用自有资金购买，也可以考虑采用贷款购买。哪个方案更经济，成本费用更低，需要使用科学的方法做出决策。与单一方案经济评价相比，多方案的比较和选择要复杂得多。由于不同的投资方案投资、收益、费用及方案的寿命期都不相同，所以我们在单一方案分析中所得出的一些结论不能直接用于多方案的比较和选择。在多方案比较和选择的过程中不仅要考虑单一方案的经济可行性，还要考虑项目群的整体最优。另外，并不是任何方案之间都是绝对可以比较的。不同的方案产出的数量和质量、产出的时间、费用的大小和寿命期都不相同，因此，在进行多方案的比较和选择时，就需要有一定的前提条件和判别标准。

还需要明确指出的是，多方案的比较和选择不仅涉及经济因素，而且还涉及技术因素以及项目内外部环境等其他相关因素(例如产品质量、市场竞争、市场营销等)，只有对这些因素进行全面、系统的调查、分析和研究，才能选出最佳方案，做出科学的投资决策。

在进行投资方案的比较和选择时，首先应明确投资方案之间的相互关系，方案之间是否可以比较，然后才能考虑选用适宜的评价指标及方法进行方案的比较和选择。备选方案之间的关系不同，决定了所采用的评价方法和评价指标也会有所不同。一般来说，方案之间存在着三种关系：互斥型、独立型和混合型。

1. 互斥型

互斥型方案的特点是诸方案之间具有互斥性，在多方案当中只能选择一个，其余方案必须放弃，不能同时存在。互斥型诸方案的效果之间不具有加和性。

2. 独立型

独立型方案的特点是作为评价对象的各个方案的现金流是独立的，不具有相关性，且任一方案的采用与否都不影响其他方案是否采用的决策。独立型方案的效果之间具有加和性。

3. 混合型

混合型方案是独立型与互斥型的混合情况，即在有限的资源约束下有几个相互独立的投资方案，在这些方案中又分别包含着若干互斥型方案。

在不同的方案类型中，经济比较的原则只有一个，即最有效地分配有限的资源，以便获得最好的经济效益。重要的是根据不同的方案类型正确地选择和使用评价方法。除了使用绝对经济效果指标筛选方案以外，还要使用相对经济效果指标优选方案，具体如下。

(1) 确定项目方案自身的绝对经济效果，通过方案本身的经济效果指标绝对值(例如投资回收期、净现值、内部收益率等)的计算，来确定方案自身的经济性，评价和选择方案。

(2) 确定方案之间的相对经济效果，通过方案对比来考察哪个方案最优，从而选择方案。可以是对上述绝对经济效果指标值及其相应的效率型指标(例如净现值率、内部收益率)进行大小排序，也可以采用上述指标的增量分析(或差额分析)方法，例如差额净现值、差额内部收益率以及差额投资回收期等指标进行排序。

这两个步骤的目的和作用不同，前者是筛选方案，后者是优选方案。在工程经济评价中两者相辅相成。一般情况下，独立方案或单一方案采用前一种方法检验即可，互斥方案、混合方案的评价和优选通常需要同时采用两个步骤。

6.2　互斥方案的经济评价方法

在工程技术经济分析中，较多的是互斥型方案的比较和优选问题。互斥方案是指被比较的方案之间互不相容、互为排斥，只能选择其一，其余方案必须放弃。互斥型方案的评价，不仅要考察各方案本身的经济性并进行筛选，而且要对通过筛选的方案按特定指标进行排序，从而优胜劣汰、选取最优方案。必须注意的是，互斥型方案的比较必须具备以下几个可比条件。

(1) 对于被比较方案，比较指标的计算方法一致。

(2) 各方案在时间上可比。

(3) 各方案的现金流量具有相同的时间特征。

互斥型方案通常采用的评价指标有净现值、净年值、费用现值、费用年值、差额内部

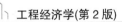

收益率、差额净现值和差额投资回收期等。

考虑互斥型方案的时间可比性问题,按互斥型方案的寿命期是否相等把互斥型方案分为各方案寿命期相等、各方案寿命期不相等和无限寿命期的三种情况。

6.2.1 寿命期相等的互斥型方案

寿命期相等的互斥型方案的评价指标可以采用净现值、净年值、费用现值以及费用年值等指标。其比较和选择过程通常遵循如下三个步骤。

第一步,分别检验各方案自身的经济效果,将不能通过评价标准的方案淘汰。

第二步,检验方案的相对经济效果,即分别计算各备选方案的指标值。

第三步,根据净现值(净年值)最大准则或费用现值(费用年值)最小准则,对方案进行选优。

1. 净现值法

对净现值指标来说,只需要计算出各方案的净现值就可以做直接比较。根据净现值为正且最大准则进行比较选择。这里既包含了绝对经济效益检验,又包含了相对经济效益检验。与用增量分析法计算,两方案的增量净现值进行比较选择结论是一致的。净现值最大准则的正确性,是由基准折现率——最低希望收益率的经济意义决定的。一般来说,最低希望收益率应该等于被拒绝的投资机会中最佳投资机会的盈利率,因此净现值就是拟采纳方案与被拒绝的最佳投资机会相比多得的盈利,其值越大越好,这符合盈利最大化的决策目标的要求。净现值法的优点是,概念清晰而且分析简单,在实际工作中是首选的方法。

例 6-1 三个互斥型方案的初始投资和年净收益如表 6-1 所示,各方案寿命周期为 10 年,基准折现率为 10%,请选择最优方案。

表 6-1 互斥型方案的净现金流量 单位:万元

方 案	初始投资	年净收益(第 1 年至第 10 年)
A	400	70
B	350	60
C	250	45

(1) 首先进行各方案的绝对经济效果检验。

各方案的净现值计算如下:

$NPV_A = -400 + 70 \times (P/A, 10\%, 10) = -400 + 70 \times 6.1446 = 30.12(万元)$

$NPV_B = -350 + 60 \times (P/A, 10\%, 10) = -350 + 60 \times 6.1446 = 18.68(万元)$

$NPV_C = -250 + 45 \times (P/A, 10\%, 10) = -250 + 45 \times 6.1446 = 26.51(万元)$

$NPV_A > 0$,$NPV_B > 0$,$NPV_C > 0$,故方案 A、B、C 在经济上都是可行的。

(2) 检验方案的相对经济效果。

$NPV_A > NPV_C > NPV_B$,故方案 A 更优,应选择方案 A。

2. 净年值法

净年值比较法就是分别计算互斥型方案的净年值,然后根据净年值为正且最大准则进行比较和选择。因为净年值与净现值是等效指标，可以用资金等额计算公式互相换算，因此也同时包含绝对经济效果检验和相对经济效果检验，与用增量分析法比较和选择的结论是一致的。互斥型方案选择究竟采用净现值比较法还是净年值比较法，关键在于计算净现值和计算净年值哪个更方便、简单。

例 6-2　使用净年值指标评价例 6-1 的三个方案。

(1) 各方案绝对经济效果检验。

各方案的净年值计算如下：

$\text{NAV}_A = -400 \times (A/P,10\%,10) + 70 = -400 \times 0.1627 + 70 = 4.92(万元)$

$\text{NAV}_B = -350 \times (A/P,10\%,10) + 60 = -350 \times 0.1627 + 60 = 3.06(万元)$

$\text{NAV}_C = -250 \times (A/P,10\%,10) + 45 = -250 \times 0.1627 + 45 = 4.33(万元)$

$\text{NAV}_A > 0$，$\text{NAV}_B > 0$，$\text{NAV}_C > 0$，故方案 A、B、C 在经济上都是可行的。

(2) 检验方案的相对经济效果。

$\text{NAV}_A > \text{NAV}_C > \text{NAV}_B$，故方案 A 更优，应选择方案 A(与使用净现值法评价结果一致)。

3. 最小费用法

在工程经济中经常会遇到这样一类问题，两个或多个互斥方案产出的效果相同或基本相同，但却难以进行具体估算，其产生的效益无法或者说很难用货币直接计量，即只有费用发生，例如图书馆、博物馆、城市绿化工程、污水处理工程、水利工程、国防、教育等项目，这样由于得不到其现金流量情况，所以也就无法采用诸如净现值法、差额内部收益率法等方法来对此类项目进行经济评价。在这种情况下，我们只能假设各方案的收益是相等的，由于这些不同的方案都具有统一的目标，所以可以只比较这些方案费用的大小，并选择费用最小的方案为最佳方案，这种方法就称为最小费用法。

最小费用法包括费用现值(PC)比较法和年费用(AC)比较法，在寿命期相同的互斥方案的比较和选择中，常用费用现值法。

例 6-3　某个工业项目有两种运营方案，两种方案寿命期内的现金流如表 6-2 所示，使用最小费用法进行方案选择。

表 6-2　两种运营方案的净现金流量

方　案	期初投资	年运营成本	寿命期
A	15 万元	2 万元	10 年
B	6 万元	3 万元	5 年

各方案的费用现值计算如下：

$$\text{PC}_A = 15 + 2 \times (P/A,10\%,10) = 15 + 2 \times 6.1446 = 27.29(万元)$$

$$\text{PC}_B = 6 + 3 \times (P/A,10\%,5) = 6 + 3 \times 3.7908 = 17.37(万元)$$

$\text{PC}_A > \text{PC}_B$，故方案 B 更优，应选择方案 B。

例 6-4　使用费用年值指标判断例 6-3。

各方案的费用年值计算如下：

$\text{AC}_A = 15 \times (A/P,10\%,10) + 2 = 15 \times 0.1627 + 2 = 4.44(万元)$

$AC_B = 6 \times (A/P, 10\%, 5) + 3 = 6 \times 0.2638 + 3 = 4.58(万元)$

$AC_A < AC_B$，故方案 A 更优，应选择方案 A。

4. 差额净现值法(△NPV)

差额净现值法比较的原则是通过对现金流量差额的评价来比较和选择方案。一般情况下，比较和选择方案时需要有一个基准，即相对于某个给定的基准折现率而言，比较投资大的方案比投资小的方案所增加的投资是否值得。具体地说，如果是在两个方案中选优，那么首先要进行两个方案的绝对性的检验，两个方案都通过了绝对性检验后计算这两个方案的现金流量之差，通常是投资大的方案的现金流量减投资少的方案的现金流量。形成一个差额现金流量。然后考虑某个方案比另一个方案增加的投资在经济上是否合算，即考核新形成的差额现金流量的经济效益，可以计算新形成的差额现金流量的净现值，这个净现值称为投资增额净现值或差额净现值，用符号 △NPV 来表示。使用差额净现值法的判别标准：如果投资增额净现值大于零，就表明由投资增额所引起的收益按基准折现率计算的现值大于所增加的投资的现值，说明投资的增加是合算的，差额现金流量所形成的方案在经济上是可行的，这时，应选择投资大的方案；如果投资增额净现值小于零，就应选择投资小的方案；如果投资增额净现值等于零，那么原则上可以选择任一方案，因为在经济上两个方案等值。但考虑到投资大的方案比投资小的方案多投入的资金所取得的收益达到了基准收益率，不考虑其他因素，则应考虑选择投资大的方案。

如果是对三个或三个以上的方案进行比较和选择，那么也可以用投资增额净现值进行评选，方法是先进行各方案的绝对性检验后，将通过绝对性检验的各参选方案按投资额由小到大排列，并增设一个基础方案。当基础方案可靠时，比较基础方案和投资额最小的方案，计算投资增额净现值。若投资增额净现值大于零，则选择投资大的方案作为下一步比较的基础方案。若投资增额净现值小于零，则选择投资小的方案作为下一步比较的基础方案，以此类推，直到比较和选择完所有的方案，最后保留的方案即为最优方案。这种按投资增额净现值进行方案比较的方法称为环比法。

设 A、B 是有共同寿命期 n 年的两个互斥的投资方案，B 方案比 A 方案投资大，$NPV_A > 0$，$NPV_B > 0$，则两个方案的差额净现值的计算公式为

$$
\begin{aligned}
\Delta NPV_{B-A} &= \sum_{t=0}^{n} \left[(CI_B - CO_B)_t - (CI_A - CO_A)_t \right] (1 + i_c)^{-t} \\
&= \sum_{t=0}^{n} (\Delta CI - \Delta CO)_t (1 + i_c)^{-t} \\
&= \sum_{t=0}^{n} (CI_B - CO_B)_t (1 + i_c)^{-t} - \sum_{t=0}^{n} (CI_A - CO_A)_t (1 + i_c)^{-t} \\
&= NPV_B - NPV_A
\end{aligned}
\tag{6-1}
$$

例 6-5 某企业投资项目有两个互斥的备选方案，其现金流量如表 6-3 所示，使用差额净现值法进行方案选优($i_c = 15\%$)。

$NPV_A = -400 + [70 + 80 \times (P/A, 15\%, 10)] \times (P/F, 15\%, 1) = 10.02$ 万元 > 0

$NPV_B = -300 + [50 + 60 \times (P/A, 15\%, 10)] \times (P/F, 15\%, 1) = 5.34$ 万元 > 0

A、B 方案均通过绝对性检验。

$\Delta NPV_{A-B} = -100 + [20 + 20 \times (P/A, 15\%, 10)] \times (P/F, 15\%, 1) = 4.68$ 万元 > 0

由于 $\Delta NPV_{A-B}>0$，说明 A 方案相对于 B 方案而言，其增量投资是正效益，所以 A 方案优于 B 方案，应选 A 方案。

表 6-3 互斥方案 A、B 的净现金流量   单位：万元

年数	0	1	2～11
方案 A 的净现金流量	−400	70	80
方案 B 的净现金流量	−300	50	60
方案 A、B 差额净现金流量(A−B)	−100	20	20

例 6-6 某项目有三个互斥的备选方案，A 方案初始投资为 2200 万元，年净收益为 340 万元；B 方案初始投资为 1750 万元，年净收益为 280 万元；C 方案初始投资为 1400 万元，年净收益为 220 万元。三个方案的寿命期均为 60 年，基准折现率为 15%，使用差额净现值法进行方案选优。

$$NPV_A = -2200 + 340 \times (P/A,15\%,60) = -2200 + 2266.134 = 66.13(万元)>0$$
$$NPV_B = -1750 + 280 \times (P/A,15\%,60) = -1750 + 1866.228 = 116.23(万元)>0$$
$$NPV_C = -1400 + 220 \times (P/A,15\%,60) = -1400 + 1466.322 = 66.32(万元)>0$$

A、B、C 方案均通过绝对性检验。

增设 0 方案，其投资为 0，年净收益为 0，按投资额从小到大的顺序排列如表 6-4 所示。

表 6-4 某项目四个方案的投资收益   单位：万元

方 案	初始投资	年净收益
0	0	0
C	1400	220
B	1750	280
A	2200	340

将 C 方案与 0 方案以差额净现值法进行比较。

$$\Delta NPV_{C-0} = NPV_C = -1400 + 220 \times (P/A,15\%,60) = -1400 + 220 \times 6.6651 = 66.32(万元)$$

因为 $\Delta NPV_{C-0}>0$，所以 C 方案为当前最优方案。

将 C 方案与 B 方案以差额净现值法进行比较。

$$\Delta NPV_{B-C} = -350 + 60 \times (P/A,15\%,60) = -350 + 60 \times 6.6651 = 49.91(万元)$$

因为 $\Delta NPV_{B-C}>0$，所以 B 方案为当前最优方案。

将 B 方案与 A 方案以差额净现值法进行比较。

$$\Delta NPV_{A-B} = -450 + 60 \times (P/A,15\%,60) = -450 + 60 \times 6.6651 = -50.09(万元)$$

因为 $\Delta NPV_{A-B}<0$，所以 B 方案为当前最优方案。

综上所述，A、B、C 三个方案进行分析比较可知 B 方案为最优方案。

5. 差额内部收益率法(ΔIRR)

内部收益率是一个重要且常用的动态评价指标，但使用内部收益率指标进行方案比较，有时会出现与净现值指标不同的评价结论。在对互斥方案进行比较和选择时，净现值最大准则是正确的判别标准。因此，一般不使用内部收益率指标，而采用差额内部收益率指标。

差额内部收益率又称为差额投资内含报酬率法，是指在计算出两个原始投资额不相等的投资项目的差量现金净流量的基础上，计算出差额内含报酬率，并据以判断这两个投资项目孰优孰劣的方法。差额内部收益率是两个方案各年净现金流量差额的现值之和等于零时的折现率。其表达式为

$$\sum_{t=0}^{n}\left[(CI_B - CO_B)_t - (CI_A - CO_A)_t\right](1 + \Delta IRR)^{-t} = 0 \tag{6-2}$$

采用此法时，当差额内部收益率指标大于或等于基准收益率或设定折现率时，原始投资额大的项目较优。反之，则投资少的项目为优。差额内部收益率与内部收益率的计算过程一样，只是所依据的是差量现金净流量。该方法适用于原始投资不相同，但项目计算期相同的多个互斥方案的比较决策，不能用于项目计算期不同的方案的比较决策。

例 6-7 某投资项目有两个互斥的备选方案，其现金流量如表 6-5 所示，使用差额内部收益率指标进行方案选优($i_c = 10\%$)。

表 6-5　互斥方案 A、B 的净现金流量　　　　　　　　　　　　单位：万元

年数	0	1～10
方案 A 的净现金流量	−200	38
方案 B 的净现金流量	−240	46
方案 A、B 差额净现金流量(B−A)	−40	8

计算 A、B 方案的净现值：

$NPV_A = -200 + 38 \times (P/A, 10\%, 10) = -200 + 38 \times 6.1446 = 33.49(万元)$

$NPV_B = -240 + 46 \times (P/A, 10\%, 10) = -240 + 46 \times 6.1446 = 42.65(万元)$

A、B 方案的净现值判断都大于 0，即两个方案的绝对指标判断都可行。

将 A、B 方案以差额内部收益率法进行比较。

$-40 + 8 \times (P/A, \Delta IRR, 10) = 0$

利用线性内插法可得：

$\Delta IRR = 15.11\% > i_c = 10\%$

因为 $\Delta IRR > i_c$，所以以投资额大的方案为优，即 B 方案为最优方案。

6. 差额投资回收期法

差额投资回收期(ΔT)就是用互斥方案经营成本的节约或增量净收益来补偿增量投资的年限。

假设有两个互斥方案，方案一和方案二。方案一：投资额 I_1，年经营成本 C_1，年净收益 A_1；方案二：投资额 I_2，年经营成本 C_2，年净收益 A_2。

当两个方案每年的经营成本的节约 $(C_2 - C_1)$ 或增量净收益 $(A_2 - A_1)$ 基本相同时，计算公式为

$$\Delta T = \frac{I_2 - I_1}{C_2 - C_1} = \frac{I_2 - I_1}{A_2 - A_1} \tag{6-3}$$

当两个方案每年的经营成本的节约 $(C_2 - C_1)$ 或增量净收益 $(A_2 - A_1)$ 差异较大时，计算公式为

$$I_2 - I_1 = \sum_{t=1}^{\Delta T_{2}-1} (C_2 - C_1) \text{ 或 } I_2 - I_1 = \sum_{t=1}^{\Delta T_{2}-1} (A_2 - A_1) \tag{6-4}$$

计算出来的差额投资回收期 ΔT 与基准投资回收期相比较。如果差额投资回收期小于基准回收期，就应选择投资额大的方案。如果差额投资回收期大于基准回收期，就应选择投资额小的方案。

例 6-8　某公司拟进行一项投资。目前有 A、B 方案可供选择。如果投资于 A 方案那么其原始投资额比 B 方案高 6 万元，但每年可以获得的收益比 B 方案多 1 万元。假设该公司要求的最低报酬率为 12%，方案的持续年限为 n 年，分析处于不同取值范围时应当选择哪种方案。

根据题意可知 A 方案每年多获得 1 万元的现值等于 6 万元时，A、B 方案是等价的。

即 $1 \times (P/A, 12\%, n) = 6$，利用线性内插法可得 $n = 11.24$ 年。

所以当投资年份小于 11.24 年时，应选择方案 B。当投资年份等于 11.24 年时，两个方案都可行。当投资年份大于 11.24 年时，应选择方案 A。

6.2.2　寿命期不相等的互斥型方案

对于互斥型方案来讲，如果其寿命期不同，就不能直接采用净现值法等评价方法来对方案进行比较和选择，因为此时寿命期长的方案的净现值与寿命期短的方案的净现值不具有可比性。因此为了满足时间可比的要求，就需要对各备选方案的计算期和计算公式进行适当的处理，使各个方案在相同的条件下进行比较，才能得出合理的结论。常用的有最小公倍数法、研究期法、净年值法、年费用法等。

1. 最小公倍数法

最小公倍数法又称为方案重复法，以各备选方案计算期的最小公倍数作为方案比较和选择的共同计算期，并假设各个方案均在这样一个共同的计算期内重复进行，即各备选方案在其计算期结束后，均可按与其原方案计算期内完全相同的现金流量系列周而复始地循环下去，一直计算到共同的计算期。在此基础上计算出各个方案的净现值，以净现值最大的方案为最优方案。

最小公倍数法是基于重复型更新假设理论，包含两个假设。

(1) 在较长的时间内，方案可以连续地以同种方案进行重复更新，直到多个方案的最小公倍数寿命期或无限寿命期。

(2) 替代更新方案与原方案现金流量完全相同，延长寿命后的方案现金流量以原方案寿命为周期重复变化。

对于某些不可再生资源开发型项目，在进行计算期不等的互斥型方案比较和选择时，方案可重复实施的假设不再成立，在这种情况下就不能用最小公倍数法确定计算期。有的时候最小公倍数法求得的计算期过长，甚至远远超过所需的项目寿命期或计算期的上限，这就降低了所计算方案经济效果指标的可靠性和真实性，故这种情况也不适合用最小公倍数法。

例 6-9　互斥型方案 A、B 的现金流量如表 6-6 所示，基准折现率为 10%，用净现值法选择最优方案。

表 6-6　互斥型方案 A、B 的现金流量

方案	投资额/万元	年净收益/万元	寿命期/年
A	180	60	6
B	220	80	8

各方案寿命期的最小公倍数为 24 年，方案 A 重复 4 次，方案 B 重复 3 次。方案重复后的现金流量如图 6-1 所示。

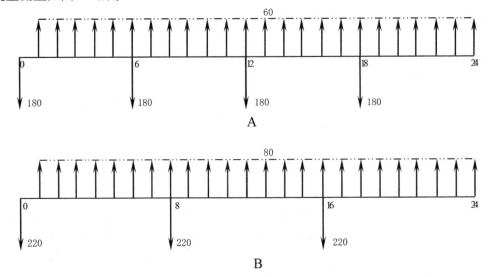

图 6-1　现金流量

$$\text{NPV}_A = -180 - 180 \times (P/F,10\%,6) - 180 \times (P/F,10\%,12) - 180 \times (P/F,10\%,18) + 60 \times (P/A,10\%,24)$$

$$= -180 - 180 \times 0.5645 - 180 \times 0.3186 - 180 \times 0.1799 + 60 \times 8.9847$$

$$= 167.74(万元)$$

$$\text{NPV}_B = -220 - 220 \times (P/F,10\%,8) - 220 \times (P/F,10\%,16) + 80 \times (P/A,10\%,24)$$

$$= -220 - 220 \times 0.4665 - 220 \times 0.2176 + 80 \times 8.9847$$

$$= 348.27(万元)$$

由于 $\text{NPV}_A < \text{NPV}_B$，所以方案 B 为最优方案。

2. 研究期法

研究期法是指针对寿命期不相等的互斥型方案，直接选取一个适当的分析期作为各个方案共同的计算期，通过比较各个方案在该计算期内的净现值来对方案进行比较和选择，以净现值大的为最优方案。在实际应用中，为了方便起见，往往直接选取诸方案中最短的计算期作为各方案的共同计算期，所以研究期法也可以称为最小计算期法。

研究期法常用的处理方法有三种。

(1) 完全承认未使用的价值，即将方案的未使用价值全部折算到研究期末。

(2) 完全不承认未使用价值，即研究期后的方案未使用价值均忽略不计。

(3) 对研究期末的方案未使用价值进行客观的估计，以估计值计入研究期末。

前两种方法都存在较大缺陷，一般以第三种应用较多。

例 6-10　互斥型方案 A、B 的净现金流量如表 6-7 所示，基准折现率为 15%，使用研究期法比较和选择方案。

表 6-7　互斥型方案 A、B 的现金流量　　　　　　　　　　　　　　单位：万元

方案＼年数	0	1	2	3	4
A	−150	50	80	100	
B	−200	80	80	80	80

根据题意可知，方案 A、B 的寿命期为 3 年和 4 年，选择最小的寿命期为研究期，即 3 年，则

$$NPV_A = -150 + 50 \times (P/F,15\%,1) + 80 \times (P/F,15\%,2) + 100 \times (P/F,15\%,3)$$
$$= -150 + 50 \times 0.8696 + 80 \times 0.7561 + 100 \times 0.6535$$
$$= 19.32(万元)$$
$$NPV_B = [-200 \times (A/P,15\%,4) + 80] \times (P/A,15\%,3)$$
$$= (-200 \times 0.3503 + 80) \times 2.2832$$
$$= 22.70(万元)$$

由于 $NPV_A < NPV_B$，所以方案 B 为最优方案。

3. 净年值法

例 6-11　某项目有 A、B 两个互斥型方案，寿命周期分别为 5 年和 3 年，各自寿命周期内的净现金流量如表 6-8 所示，用净年值法进行方案选择（$i_c = 10\%$）。

表 6-8　某项目净现金流量　　　　　　　　　　　　　　单位：万元

方案＼年数	0	1	2	3	4	5
A	−800	220	220	220	220	220
B	−500	210	210	210		

1) 求两个方案的净现值

$$NPV_A = -800 + 220 \times (P/A,10\%,5) = -800 + 220 \times 3.7908 = 33.98(万元)$$
$$NPV_B = -500 + 210 \times (P/A,10\%,3) = -500 + 210 \times 2.4869 = 22.25(万元)$$

2) 求两个方案的净年值

$$NAV_A = 33.98 \times (A/P,10\%,5) = 33.98 \times 0.2638 = 8.96(万元)$$
$$NAV_B = 22.25 \times (A/P,10\%,3) = 22.25 \times 0.4021 = 8.95(万元)$$

3) 评价结果

$NAV_A > 0$，$NAV_B > 0$，$NAV_A > NAV_B$，所以方案 A 为最佳方案。

4. 年费用法

例 6-12　某项目有 A、B 两个互斥型方案，寿命周期分别为 25 年和 50 年，各自寿命

周期内的现金流量如表 6-9 所示,用年费用法进行方案选择($i_c = 6\%$)。

表 6-9　方案 A、B 的现金流量　　　　　　　　　　单位:万元

项　目 　 　 　 　 　 方案	方案 A	方案 B
初始投资	5	7.5
年经营费用	0.3	0.25

$AC_A = 5 \times (A/P,6\%,25) + 0.3 = 5 \times 0.0782 + 0.3 = 0.69(万元)$

$AC_B = 7.5 \times (A/P,6\%,50) + 0.25 = 7.5 \times 0.0634 + 0.25 = 0.73(万元)$

因为 $AC_A < AC_B$,所以应该选择 A 方案。

寿命期不同的互斥型方案的比较和选择常用的有净年值法、年费用法、最小公倍数法和研究期法,其中净年值法、年费用法的计算最为简单,但要求重复性假设和事先确定精确的基准折现率,研究期法可以避免重复性假设。因此,为了正确掌握这些方法,需要弄清各自的使用范围。

6.2.3　无限寿命期的互斥型方案

在通常情况下,项目各备选方案的计算期都是有限的。但是有些项目建成后只要给予适当的维修保养,项目就可以无限期地运行。为了计算方便,我们认为这样的项目的寿命期是无限的。例如水坝、运河、桥梁、隧道等项目。由于这种项目的经济分析对未来遥远的现金流反应并不敏感,所以对于永久项目的等额年费用可以通过资本化成本来计算。所谓资本化成本是指在无限长计算期内等额年费用的折现值,用 CW 表示,即

$$CW = A \lim_{n \to \infty} \frac{(1+i_c)^n - 1}{i_c(1+i_c)^n} = \frac{A}{i_c} \tag{6-5}$$

例 6-13　某永久工程有两个方案可供选择,方案 A 期初投资为 300 万元,每年可以获得收益 3 万元,但每 10 年需要大修费用 15 万元;方案 B 期初投资为 250 万元,每年可以获得收益 1.7 万元,每 5 年需要小修费用 8 万元,折现率为 8%,进行方案选择。

$AC_A = 300 \times 8\% - 3 + 15 \times (A/F,8\%,10) = 24 - 3 + 15 \times 0.0690 = 22.04(万元)$

$AC_B = 250 \times 8\% - 1.7 + 8 \times (A/F,8\%,5) = 20 - 1.7 + 8 \times 0.1705 = 19.66(万元)$

因为 $AC_A > AC_B$,所以应该选择方案 B。

6.3　独立方案的经济评价方法

独立型方案是指方案之间互不干扰、在经济上互不相关的方案,即这些方案是彼此独立无关的,选择或放弃其中一个方案,并不影响对其他方案的选择。单一方案是独立方案的特例。

独立方案的选择不需要进行相互比较,只需要考虑方案自身的经济性,也就是检验自身的绝对效果是否能够通过评价标准。如果方案通过评价标准,就认为它在经济效果上是可以接受的,否则应予以拒绝。

一般独立方案有两种情况。

1. 无资源限制

企业可以利用的资金足够多，这时独立方案的采用与否，只取决于方案自身的绝对经济效果，方案的净现值大于零，或内部收益率大于基准折现率，方案可行，否则不可行。在无约束条件下，多个独立方案的比较和选择与单一方案的评价方法是相同的。主要考察诸方案的经济效果评价指标例如净现值、净年值、内部收益率、投资回收期等是否达到了基准要求，直接判别该方案是否可行。如果可行，就可以做出投资决策。

2. 有资源限制

企业可以利用的资金有限制的情况，在不超过资金限额的条件下，选出最佳方案组合。具体有互斥组合法、净现值率排序法等方法选择最佳组合方案。

1) 互斥组合法

互斥组合法首先把不超过资金限额的所有可行组合方案排列出来，使各组合方案之间是互斥的，然后按照互斥型方案的选择方法选出最佳方案组合。

例 6-14　三个独立方案 A、B、C，寿命均为 8 年，现金流量如表 6-10 所示，基准折现率为 10%，投资资金限额为 15 000 万元，试选择最佳投资决策。

表 6-10　独立方案 A、B、C 的现金流量

方　案	初始投资	年净收益	寿　命
A	4500 万元	1000 万元	8 年
B	5500 万元	1200 万元	8 年
C	7000 万元	1500 万元	8 年

第一步，求三个独立方案的净现值。

$\text{NPV}_A = -4500 + 1000 \times (P/A, 10\%, 8) = -4500 + 1000 \times 5.3349 = 834.90(\text{万元})$

$\text{NPV}_B = -5500 + 1200 \times (P/A, 10\%, 8) = -5500 + 1200 \times 5.3349 = 901.88(\text{万元})$

$\text{NPV}_C = -7000 + 1500 \times (P/A, 10\%, 8) = -7000 + 1500 \times 5.3349 = 1002.35(\text{万元})$

三个方案的净现值都大于零，从单一方案绝对检验的角度而言都是可行的，但是由于投资总额是有限的，所以三个方案不能同时实施，只能选择其中的一个或两个方案。

第二步，列出不超过投资限额的所有组合方案，并计算净现值，如表 6-11 所示。

表 6-11　组合方案的现金流量及净现值

序　号	组合方案	初始投资/万元	年净收益/万元	寿命/年	净现值/万元
1	A	4500	1000	8	834.90
2	B	5500	1200	8	901.88
3	C	7000	1500	8	1002.35
4	A + B	10 000	2200	8	1736.78
5	B + C	12 500	2700	8	1904.23
6	A + C	11 500	2500	8	1837.25

第三步，选择最佳组合方案，以净现值最大者为优，即序号 5 的组合方案——B+C 组

合方案为最佳方案。

当参选项目个数较少时，这种方法简便实用。但当项目个数增加时，其组合方案数将成倍增加，用这种方法就相当麻烦。但是，这种方法可以保证得到已知条件下最优的项目。

2) 净现值率排序法

净现值率排序法是在一定的资金限制下，根据各方案的净现值率的大小确定各方案的优先次序并分配资金，直到资金限额分配完为止的一种方案选择方法。

例 6-15　5 个独立方案 A、B、C、D、E，寿命均为 6 年，现金流量如表 6-12 所示，基准折现率为 10%，投资资金限额为 2200 万元，试采用净现值率排序法选择最佳投资决策。

表 6-12　独立方案 A、B、C、D、E 的现金流量

方　案	初始投资/万元	年净收益/万元	寿命/年
A	360	145	6
B	440	174	6
C	480	187	6
D	560	209	6
E	600	225	6

第一步，求五个独立方案的净现值。

$\text{NPV}_A = -360 + 145 \times (P/A,10\%,6) = -360 + 145 \times 4.3553 = 271.52(万元)$

$\text{NPV}_B = -440 + 174 \times (P/A,10\%,6) = -440 + 174 \times 4.3553 = 317.82(万元)$

$\text{NPV}_C = -480 + 187 \times (P/A,10\%,6) = -480 + 187 \times 4.3553 = 334.44(万元)$

$\text{NPV}_D = -560 + 209 \times (P/A,10\%,6) = -560 + 209 \times 4.3553 = 350.26(万元)$

$\text{NPV}_E = -600 + 225 \times (P/A,10\%,6) = -600 + 225 \times 4.3553 = 379.94(万元)$

第二步，求五个独立方案的净现值率。

$\text{NPVR}_A = 271.52 \div 360 = 0.7542$

$\text{NPVR}_B = 317.82 \div 440 = 0.7223$

$\text{NPVR}_C = 334.44 \div 480 = 0.6968$

$\text{NPVR}_D = 350.26 \div 560 = 0.6255$

$\text{NPVR}_E = 379.94 \div 600 = 0.6332$

第三步，按净现值率由大到小排序，如表 6-13 所示。

表 6-13　独立方案 A、B、C、D、E 的 NPVR 排序

序　号	方　案	初始投资/万元	年净收益/万元	净现值/万元	净现值率/万元	累计投资额/万元
1	A	360	145	271.52	0.7542	360
2	B	440	174	317.82	0.7223	800
3	C	480	187	334.44	0.6968	1280
4	E	600	225	379.94	0.6332	1880
5	D	560	209	350.26	0.6255	2440

第四步，按净现值率排序选择项目至资金约束条件为止。

根据排序和资金约束条件，方案的选择顺序为 A→B→C→E，由于资金限额为 2200 万元，所以最佳投资决策为方案 ABCE 的组合。

净现值率排序法的优点是计算简便，选择方法简明扼要。其缺点是由于投资方案的不可分性，经常会出现资金没有被充分利用的情况。用这种方法评选独立方案，一般能得到投资效率较高的方案组合，但不一定是最优的方案组合(例 6-15 若采用互斥组合法，则最优方案为 BCDE 组合)。

6.4　混合方案的经济评价方法

当一个企业的投资方案不止一个时，不同的投资方向之间的业务是相互独立的，而对每个投资方向而言，却可能有不止一个可供选择的方案，即方案组合中既有独立方案，又有互斥方案时，就构成了混合型方案。与独立型方案一样，混合型方案群也可以分为无资源限制和有资源限制两种情况。当不存在资金约束时，只要从各独立方案中选择互斥型方案中净现值或净年值最大的方案加以组合。存在资金约束时，选择方法就比较复杂。混合型方案的解法包括两种情况：一种是先按独立方案后按互斥混合方案进行比较和选择；另一种是先按互斥方案后按独立混合方案进行比较和选择。

例 6-16　某公司有充足的资金在 A 和 B 两地各建一个项目，在 A 地有 3 个可行方案 A_1、A_2、A_3 供选择；在 B 地有 2 个可行方案 B_1、B_2 供选择，根据各方案的现金流量情况(见表 6-14)，假设基准折现率为 10%，试选择最优的投资方案。

表 6-14　各方案的现金流量情况

方　案	初始投资/万元	年净收益/万元	寿命期/年
A_1	800	350	8
A_2	850	420	7
A_3	750	370	8
B_1	1500	450	9
B_2	1900	500	8

根据已知条件可知，A 和 B 是独立关系，A_1、A_2、A_3 是互斥方案，B_1、B_2 是互斥方案。因此可以先根据互斥方案的比较和选择方法分别在 A_1、A_2、A_3 中选出最优方案，在 B_1、B_2 中选出最优方案，然后对选出的最优方案再根据独立方案的比较和选择原则进行比较和选择。

$$NAV_{A_1} = -800 \times (A/P,10\%,8) + 350 = -800 \times 0.1874 + 350 = 200.08(万元)$$

$$NAV_{A_2} = -850 \times (A/P,10\%,7) + 420 = -850 \times 0.2054 + 420 = 245.41(万元)$$

$$NAV_{A_3} = -750 \times (A/P,10\%,8) + 370 = -750 \times 0.1874 + 370 = 229.45(万元)$$

$$NAV_{B_1} = -1500 \times (A/P,10\%,9) + 450 = -1500 \times 0.1736 + 450 = 189.60(万元)$$

$$NAV_{B_2} = -1900 \times (A/P,10\%,8) + 500 = -1900 \times 0.1874 + 500 = 143.94(万元)$$

因为 $NAV_{A_2} > NAV_{A_3} > NAV_{A_1}$，所以应选择 A_2 方案。

因为 $NAV_{B_1} > NAV_{B_2}$，所以应选择 B_1 方案。

由于该公司资金充足，可以在 A、B 两地同时开工项目，因此按独立方案的选择原则，

该公司应选择 A_2 和 B_1 方案。

例 6-17 某公司由于受到资金的限制,欲在两个行业中挑选一个集中进入,行业一有 3 个独立方案 A_1、A_2、A_3,行业二有 2 个独立方案 B_1、B_2,各方案的现金流量如表 6-15 所示,公司能够筹集到的资金为 6000 万元,试进行比较和选择。

表 6-15   各方案的现金流量情况

方案	初始投资/万元	年净收益/万元	寿命期/年
A_1	1600	310	8
A_2	3200	620	8
A_3	3000	570	8
B_1	1500	300	8
B_2	3100	600	8

$$NPV_{A_1} = -1600 + 310 \times (P/A, 10\%, 8) = -1600 + 310 \times 5.3349 = 53.82(万元)$$

$$NPV_{A_2} = -3200 + 620 \times (P/A, 10\%, 8) = -3200 + 620 \times 5.3349 = 107.64(万元)$$

$$NPV_{A_3} = -3000 + 570 \times (P/A, 10\%, 8) = -3000 + 570 \times 5.3349 = 40.89(万元)$$

$$NPV_{B_1} = -1500 + 300 \times (P/A, 10\%, 8) = -1500 + 300 \times 5.3349 = 100.47(万元)$$

$$NPV_{B_2} = -3100 + 600 \times (P/A, 10\%, 8) = -3100 + 600 \times 5.3349 = 100.94(万元)$$

所有的方案的净现值都大于零,在行业一和行业二中比较和选择结果如表 6-16、表 6-17 所示。

表 6-16   独立方案 A_1、A_2、A_3 的 NPV 排序   单位:万元

序 号	方 案	初始投资	年净收益	净现值	累计投资额
1	A_2	3200	620	107.64	3200
2	A_1	1600	310	53.82	4800
3	A_3	3000	570	40.89	7800

表 6-17   独立方案 B_1、B_2 的 NPV 排序   单位:万元

序 号	方 案	初始投资	年净收益	净现值	累计投资额
1	B_2	3100	600	100.94	3100
2	B_1	1500	300	100.47	4600

在行业一的 A_1、A_2、A_3 三个独立方案中,在资金限额下应该选择 A_2 和 A_1 方案,两者的净现值为

$$NPV_{A_2 + A_1} = 100.64 + 53.82 = 161.46(万元)$$

在行业二的 B_1、B_2 两个独立方案中,在资金限额下应该选择 $B_1 + B_2$ 方案,该方案的净现值为

$$NPV_{B_2 + B_1} = 201.41(万元)$$

由于该公司应在两个行业中挑选一个集中进入,所以应根据互斥型方案的选择原则,即净现值最大原则。由于 $NPV_{B_2 + B_1} > NPV_{A_2 + A_1}$,所以应该选择进入行业二,具体选择 B_1 和 B_2 方案。

案 例 分 析

某企业工业厂房的招标人经过调查了解，邀请了甲、乙、丙三家技术实力和资信较好的潜在投标人参加了该项目的投标。

招标文件中规定：评标时采用最低评标价中标的原则，但最低投标价较次低投标报价降幅超过 10% 的，该最低投标报价将不予考虑。工期不得长于 18 个月，如果投标人自报的工期少于 18 个月，那么在评标时将会考虑给招标人带来的收益，折算成综合报价后进行评标。

甲乙丙三家潜在投标人投标书中与报价和工期有关的数据汇总如表 6-18 所示。

表 6-18　投标基本情况汇总

投标人	基础工程		结构工程		安装工程		安装工程与上部搭接时间/月
	报价/万元	工期/月	报价/万元	工期/月	报价/万元	工期/月	
甲	400	4	1000	10	1020	6	2
乙	420	3	1080	9	960	6	2
丙	420	3	1100	10	1000	5	3

假设本工程建设资金全部来自银行贷款，贷款月利率为 1%，各部分工程每月完成的工作量相同，在评标时考虑工期提前给招标人带来的收益为 40 万元/月。试分析在不考虑资金的时间价值和考虑资金的时间价值时，应分别推荐哪家投标人作为排名第一的中标候选人？

投标人建设资金汇总如表 6-19 所示。

表 6-19　投标人建设资金汇总　　　　　　　　　　　　　　单位：万元

投标人	第1个月	第2个月	第3个月	第4个月	第5个月	第6个月	第7个月	第8个月	第9个月
甲	100	100	100	100	100	100	100	100	100
乙	140	140	140	120	120	120	120	120	120
丙	140	140	140	110	110	110	110	110	110

投标人	第10个月	第11个月	第12个月	第13个月	第14个月	第15个月	第16个月	第17个月	第18个月
甲	100	100	100	270	270	170	170	170	170
乙	120	280	280	160	160	160	160		
丙	110	310	310	310	200	200			

甲的工期 = 4 + 10 + 6 - 2 = 18 个月

乙的工期 = 3 + 9 + 6 - 2 = 16 个月

丙的工期 = 3 + 10 + 5 - 3 = 15 个月

三家投标人的工期均不大于 18 个月，所以三家投标人的工期都满足要求。

1) 不考虑资金的时间价值

甲的报价 = 400 + 1000 + 1020 = 2420(万元)

乙的报价 = 420 + 1080 + 960 = 2460(万元)

丙的报价 = 420 + 1100 + 1000 = 2520(万元)

由于工期提前给招标人带来 40 万元/月的收益，所以三家投标人的报价经过调整为

甲的报价 = 400 + 1000 + 1020 = 2420(万元)

乙的报价 = 420 + 1080 + 960 - 2 × 40 = 2380(万元)

丙的报价 = 420 + 1100 + 1000 - 3 × 40 = 2400(万元)

乙的报价为最低报价，同时较次低投标报价丙的报价降幅没有超过 10%，所以乙应为排名第一的投标人。

(2) 考虑资金的时间价值

$$甲的报价 = 100 + 100 \times (P/F,1\%,1) + 100 \times (P/F,1\%,2) + 100 \times (P/F,1\%,3) + 100 \times (P/F,1\%,4)$$
$$+ 100 \times (P/F,1\%,5) + 100 \times (P/F,1\%,6) + 100 \times (P/F,1\%,7) + 100 \times (P/F,1\%,8)$$
$$+ 100 \times (P/F,1\%,9) + 100 \times (P/F,1\%,10) + 100 \times (P/F,1\%,11) + 270 \times (P/F,1\%,12)$$
$$+ 270 \times (P/F,1\%,13) + 170 \times (P/F,1\%,14) + 170 \times (P/F,1\%,15) + 170 \times (P/F,1\%,16)$$
$$+ 170 \times (P/F,1\%,17)$$
$$= 2196.45(万元)$$

$$乙的报价 = 140 + 140 \times (P/F,1\%,1) + 140 \times (P/F,1\%,2) + 120 \times (P/F,1\%,3) + 120 \times (P/F,1\%,4)$$
$$+ 120 \times (P/F,1\%,5) + 120 \times (P/F,1\%,6) + 120 \times (P/F,1\%,7) + 120 \times (P/F,1\%,8)$$
$$+ 120 \times (P/F,1\%,9) + 280 \times (P/F,1\%,10) + 280 \times (P/F,1\%,11) + 160 \times (P/F,1\%,12)$$
$$+ 160 \times (P/F,1\%,13) + 160 \times (P/F,1\%,14) + 160 \times (P/F,1\%,15) - 40 \times 2$$
$$= 2191.36(万元)$$

$$丙的报价 = 140 + 140 \times (P/F,1\%,1) + 140 \times (P/F,1\%,2) + 110 \times (P/F,1\%,3) + 110 \times (P/F,1\%,4)$$
$$+ 110 \times (P/F,1\%,5) + 110 \times (P/F,1\%,6) + 110 \times (P/F,1\%,7) + 110 \times (P/F,1\%,8)$$
$$+ 110 \times (P/F,1\%,9) + 310 \times (P/F,1\%,10) + 310 \times (P/F,1\%,11) + 310 \times (P/F,1\%,12)$$
$$+ 200 \times (P/F,1\%,13) + 200 \times (P/F,1\%,14) - 3 \times 40$$
$$= 2204.70(万元)$$

乙的报价为最低报价，同时较次低投标报价甲的报价降幅没有超过 10%，所以乙应为排名第一的投标人。

本 章 小 结

多方案的比较和选择是经济评价的重要内容。多方案比较和选择的首要条件是具有可比性，然后根据诸方案的关系类型选择合适的方法进行比较和选择。多方案常见的经济关系有互斥型、独立型及混合型。

互斥型的经济方案的比较和选择是最常见的关系类型。如果寿命期相同的各备选方案各年的净现金流量可以估算，那么评价指标可以采用净现值、净年值、费用现值以及费用年值等指标。如果备选方案各年的净现金流量无法估量，但可以估算出两个对比方案之间

的差额指标值，那么此时用差额净现值、差额内部收益率以及差额投资回收期法。寿命期不等的互斥型方案的比较和选择通常选用净年值法、年费用法、最小公倍数法和研究期法等。

独立型经济方案分为无资源限制和有资源限制。无资源限制多个独立方案的比较和选择与单一方案的评价方法是相同的。主要的经济效果评价指标有净现值、净年值、内部收益率、投资回收期等。有资源限制多个独立方案选择常用互斥组合法、净现值率排序法等方法。

其他方案比较和选择的原则是通过方案组合使其互斥化，转化为互斥型方案进行比较和选择。

习　　题

一、单选题

1. 增量投资回收期若小于标准投资期，则(　　)。

　　A. 投资大的方案为优　　　　　　　　B. 投资小的方案为优

　　C. 方案均不可行　　　　　　　　　　D. 无法判断

2. 下列说法中正确的是(　　)。

　　A. 对于寿命周期不相同的两个投资项目，也可以直接计算两个项目的净现值，并选择净现值大的项目作为可行项目

　　B. 内部收益率反映投资项目的真实报酬率

　　C. 动态投资回收期由于考虑了时间价值，因此不客观地降低了投资回收速度

　　D. 在计算净现值时，折现率 i 定得越低，方案接受的可能性就越小

3. 在对多个寿命期不等的互斥型方案进行比较和选择时，(　　)是最为简便的方法。

　　A. 净现值法　　　　　　　　　　　　B. 最小公倍数法

　　C. 研究期法　　　　　　　　　　　　D. 净年值法

4. (　　)是指各方案之间具有排他性，(　　)是指各方案之间不具有排他性。

　　A. 相关关系，独立关系　　　　　　　B. 互斥关系，相关关系

　　C. 互斥关系，独立关系　　　　　　　D. 独立关系，相关关系

5. (　　)是指在各个投资方案之间，其中某个方案的采用与否会给其他方案的现金流量带来一定的影响，进而影响其他方案的采用或拒绝。

　　A. 互斥关系　　　　B. 独立关系　　　　C. 相关关系　　　　D. 混合关系

6. 在多方案决策中，如果各个投资方案的现金流量是独立的，其中任一方案的采用与否均不影响其他方案是否采用，那么方案之间存在的关系为(　　)。

　　A. 正相关　　　　　B. 负相关　　　　　C. 独立　　　　　　D. 互斥

二、计算题

1. 一企业的生产有两种方案，自动化设备需要投资 15 万元，年运营成本为 2 万元，计算期为 10 年；半自动化设备需要投资 6 万元，年运营成本为 3 万元，计算期为 5 年。基准

收益率为 10%。试选择最优方案。

2. 某种设备有两种型号(见表 6-20)，生产能力相同，且寿命期均为 5 年，基准收益率为 10%。试选择设备的型号。

表 6-20　设备型号汇总　　　　　　　　　　　　　　　　　单位：元

型　号	购买价	年运营成本	残　值
甲	30 000	5000	2000
乙	35 000	3000	4000

3. 有甲、乙和丙三个独立方案，寿命期都为 10 年，现金流量如表 6-21 所示。基准收益率为 10%，投资资金限制为 7000 万元，要求选择最佳组合。

表 6-21　独立方案现金流量　　　　　　　　　　　　　　　单位：万元

方　案	初始投资	年净收益
甲	2600	500
乙	3300	620
丙	3600	780

4. 渡江方案一是建一座大桥，成本为 500 万元，在 30 年的使用期内每年收益为 100 万元残值；方案二是建一个渡口，初始成本为 25 万元，年收益为 10 万元，寿命期 10 年年末的残值为 2 万元。若基准收益率为 15%，请比较应选择哪个方案？

5. 某项目有两个互斥型方案，年净现金流量如表 6-22 所示，基准折现率为 10%，分别使用最小公倍数法和年值法选择最优方案。

表 6-22　寿命期不等的互斥方案的现金流　　　　　　　　　单位：万元

年　数　方案	0	1	2	3	4	5	6
A	0	−300	100	100	100	100	100
B	0	−100	45	45	45	45	45

6. 某项目有三个投资方案，在 5 年计划期中，这三个投资方案的现金流如表 6-23 所示。如果最低希望收益率为 10%，那么根据下面的条件选择方案。

表 6-23　各方案投资及年净收入情况　　　　　　　　　　　单位：万元

方　案	投　资	年净现金流	残　值
A	−6.5	1.8	1.2
B	−5.8	1.5	1
C	−9.3	2.3	1.5

问题：(1) 若三个方案是独立型方案，且资金没有限制。

　　　(2) 若三个方案是独立型方案，资金限制为 16 万元。

　　　(3) 若三个方案是互斥型方案，用差额内部收益率法选择最合适的方案。

7. 三个独立投资方案 A、B、C，各方案的现金流量如表 6-24 所示。当资金无限制时，选择哪些项目有利? 当资金限额为 5000 元时, 应选择哪些项目?

表 6-24　各方案投资及年净收入情况　　　　　　　　　　　单位: 万元

年数 方案	0	1	2	3
A	−1000	580	580	580
B	−3000	1450	1450	1450
C	−5000	2000	2000	2000

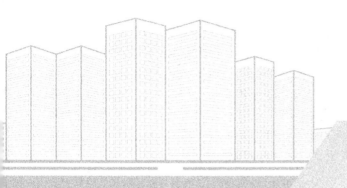

第 7 章　不确定性分析

※ 【学习要点及目标】

- 了解不确定性分析的目的和意义。
- 掌握盈亏平衡分析方法。
- 掌握敏感性分析方法和步骤。
- 熟悉风险分析方法。

※ 【核心概念】

线性盈亏平衡分析、非线性盈亏平衡分析、盈亏平衡点、单因素敏感性分析、多因素敏感性分析、概率分析

【引导案例】

在项目的实施过程中存在着一些影响方案经济性评价结论的不确定性因素，会对项目的决策产生不利影响，使投资存在一定程度的风险，所以在进行项目经济分析时进行不确定性分析十分必要。分析项目的不确定性是本章的重点。

例如某新建生产线项目建设投资为1500万元，年销售收入为600万元，年经营成本为250万元，预计期末残值为200万元，寿命期为6年；经过计算内部收益率为8.79%，大于8%的基准收益率，项目可行。由于各因素都是预测的，存在不确定性，所以项目具有一定的风险。为了降低风险，试确定最敏感因素，以便加强对敏感因素的管理。

7.1 不确定性分析概述

投资项目的经济效果与其投资、成本、产量、售价等经济要素之间成一种函数关系，这些经济要素的变化会引起经济效果数值的变化。在以上各章所介绍的经济分析和经济评价中，投资、成本、产量、售价等经济要素的取值均为确定值，由此计算出的经济效果数值亦为确定值，这种经济分析和经济评价属于确定性分析。然而，在现实的经济评价中，除了对已经建成的项目的事后评价以外，绝大多数是对新建、扩建、改建项目的评价。这些新建、扩建、改建项目经济评价所用的基础数据，例如投资、成本、产量、售价等经济要素的取值，都来自预测或估算。尽管可以使用各种方法对诸经济要素进行有效的预测或估算，但是其预测值或估算值都不可能与将来的实际情况完全相符。也就是说，这些经济要素是变化的，是不确定的。

这里所讲的不确定性，一是指影响方案经济效果的各种要素(比如各种价格、销售量)的未来变化带有不确定性，科学技术的进步和经济、政治形势的变化都会使生产成本、销售价格、销售量等发生变化；二是指测算方案各种经济要素的取值(比如投资额、产量)由于缺乏足够的准确信息和测算方法上的误差，使方案经济效果评价指标值带来不确定性。

不确定性的直接后果是方案经济效果的实际值与评价值相偏离，从而使按评价值做出的决策带有不确定性，甚至造成决策失误。为了提高经济效果评价的可靠性和经济决策的科学性，就需要在确定性评价的基础上，进一步分析各种外部条件的变化或预测数据的误差对方案经济效果的影响程度以及方案本身对这种变化和误差的承受能力，这就是不确定性分析，它也是财务评价的内容之一。

7.2 盈亏平衡分析

7.2.1 盈亏平衡分析的有关概念

盈亏平衡是指当年的销售收入扣除销售税金及附加后等于其总成本费用，在这种情况下，项目的经营成果既无盈利又无亏损。盈亏平衡分析又叫损益平衡分析，也称为量本利分析，是通过研究产品产量、成本、利润三者之间的内在联系，测算项目投产后的盈亏平衡点，分析和判断拟建项目适应市场变化的能力及风险的大小，为决策者提供决策依据的一种不确定分析方法。

对于一个项目而言，盈利与亏损之间一般至少有一个转折点，这个转折点称为盈亏平衡点。在这个点上，销售收入与生产支出相等，利润为零，它标志着项目不盈不亏的生产经营状态。一般来说，盈亏平衡点越低(即盈亏平衡点所代表的经济因素数量越小)，项目实施所评价方案盈利的可能性越大，造成亏损的可能性就越小，对某些不确定因素变化带来的风险的承受能力就越强。

盈亏平衡点的表达形式有多种，它既可以用实物产量、单位产品售价、单位产品可变成本以及年固定成本总量表示，也可以用生产能力利用率等相对量表示。其中产量与生产能力利用率，在进行项目不确定性分析中应用最为广泛。

盈亏平衡分析的基本方法和内容，首先是建立销售收入与产量、成本与产量之间的函数关系，通过对这两个函数及图形的分析，找出用产量、生产能力利用率等表示的盈亏平衡点(盈亏平衡点在图形上是两个函数的交点)。其次是进一步确定项目对减产、降低售价、单位产品可变成本上升等诸因素变化所引起的风险的承受能力。

如果按照投资项目的成本、销售收入与产量之间是否呈线性关系划分，盈亏平衡分析可以分为线性盈亏平衡分析和非线性盈亏平衡分析。线性盈亏平衡分析的成本、销售收入与产量之间呈线性关系，盈亏平衡点是唯一的。而非线性盈亏平衡分析成本、销售收入与产量之间呈非线性关系，盈亏平衡点可能有多个。

7.2.2　线性盈亏平衡分析

产品的产量、成本、利润呈线性关系意味着投资项目的生产销售活动不会明显影响市场的供求状况，即在市场其他条件不变的情况下，产品价格不随其销售量的变动而变动，可以看作一个常数，销售收入与销售量呈线性关系。线性盈亏平衡问题的讨论是盈亏平衡分析中最为理想而又最为简单的情况。在实际经济活动中，同时达到这样的"理想状态"几乎是不可能的，但"理想状态"下的讨论结果常常带来理论的指导，并奠定了分析复杂问题的基础。线性盈亏平衡分析具体的基本假设包括：①产品的产量等于销售量； ②产品的单位可变成本不变；③产品的销售单价不变；④生产的产品可以换算为单一产品的计算；⑤项目在分析期内，生产工艺、技术装备、生产方法、管理水平等均无变化。

1. 销售收入函数及图形

在销售价格不变的情况下，销售收入与产品产量成正比。用数学模型表达为

$$S = (1 - r_1)PQ \qquad (7\text{-}1)$$

式中：S——销售收入；

　　　r_1——销售税率；

　　　P——产品价格；

　　　Q——产量。

销售收入函数的图形为直线，如图 7-1 所示，该线称为销售收入线，产品的销售单价为直线的斜率，产品价格的大小及销售税率确定了直线的位置。

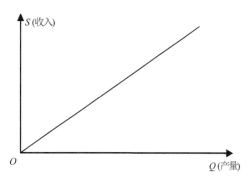

图 7-1　销售收入函数

2. 产品成本函数及图形

生产成本按其特性可以划分成固定成本与变动成本，总成本为固定成本与变动成本之和。

固定成本是在一定的相关范围内不随着产量变动而变动的成本总额(即生产费用为常数)。固定成本在图形中是一条水平线。

变动成本是随产量的变动而变动的生产费用。变动成本总额中的大部分与产品产量成正比例关系。也有一部分变动成本与产品产量不成正比例关系，例如与生产批量有关的某些消耗性材料费用、模具费及运输费等，这部分变动成本随产量变动的规律一般是呈阶梯形曲线，通常称这部分变动成本为半变动成本。由于半变动成本通常在总成本中所占比例很小，所以在经济分析中一般可以近似地认为它也随产量成正比例变动。

总成本为固定成本与变动成本之和，其数学模型为

$$C = C_F + C_q Q \tag{7-2}$$

式中：C——总成本；

　　　C_F——固定成本总额；

　　　C_q——单位变动成本；

　　　Q——产量。

总成本线的图形如图 7-2 所示。

3. 盈亏平衡

当把图 7-1 所示销售收入与图 7-2 所示总成本置于同一个坐标系中时，可以得到如图 7-3 所示的盈亏平衡图。图中纵坐标表示销售收入与产品成本，横坐标表示产品产量。图中销售收入线与总成本线的

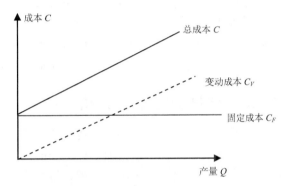

图 7-2　总成本函数

交点就是盈亏平衡点。其坐标为(Q_0, S_0)。在盈亏平衡点的左边，总成本大于销售收入，项目亏损。在盈亏平衡点的右边，销售收入大于总成本，项目盈利。在盈亏平衡点上，项目正处于既不亏损也不盈利的平衡状态，此时的成本与销售收入相等。

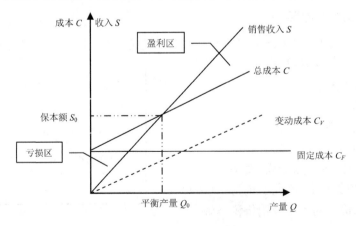

图 7-3　盈亏平衡图

根据式(7-1)、式(7-2)，可以很方便地用解析方法求出以产品产量、生产能力利用率、产品销售价格、单位产品变动成本等表示的盈亏平衡点。由于在盈亏平衡点，销售收入等于总成本，所以有

$$(1-r_1)PQ = C_F + C_V Q \tag{7-3}$$

(1) 以产量表示的盈亏平衡点 BEP_Q。

由式(7-3)得

$$\mathrm{BEP}_Q = \frac{C_F}{P - C_q - r} \tag{7-4}$$

式中：r——单位产品销售税金($r = P \times r_1$)。

用产量表示的盈亏平衡点 BEP_Q 说明当其他条件保持不变时，产量可以允许从设计生产能力 Q_C 降低到 BEP_Q，项目仍然不会发生亏损，即项目具有能承受减产($Q_C-\mathrm{BEP}_Q$)的风险能力。

(2) 以生产能力利用率表示的盈亏平衡点 BEP_L。

若项目设计的生产能力为 Q_C，则盈亏平衡时生产能力利用率为

$$\mathrm{BEP}_L = \frac{Q_0}{Q_C} = \frac{C_F}{Q_C(P - C_q - r)} = \frac{C_F}{S - C_V - R} \tag{7-5}$$

式中：R——年销售税金，$R = Q_C r$。

(3) 以销售收入表示的盈亏平衡点 BEP_S。

$$\mathrm{BEP}_S = (1-r_1)PQ_0 = \frac{(P-r)C_F}{P - C_q - r} \tag{7-6}$$

(4) 以销售单价表示的盈亏平衡点 BEP_F。

由式(7-3)得

$$BEP_P = \frac{C_F + C_q Q}{(1+r_1)Q} \tag{7-7}$$

当达到设计生产能力 Q_C 时，以销售单价表示的盈亏平衡点 BEP_P 为(单位产品销售税金与单价不相关)

$$\mathrm{BEP}_P = \frac{C_F}{Q_C} + C_q + r \tag{7-8}$$

对投资项目来说，盈亏平衡点越低，盈亏平衡时生产能力利用率越低，对投资项目越有利，面临的风险越小，表明项目盈利的机会越多，适应市场变化的能力越大，抗风险能力越强。反之，对投资项目越不利，风险也就越大。

例 7-1　某企业生产单一产品，市场售价为 6 元/件，单位变动成本为 3 元/件，固定成本为 333 万元，试计算盈亏平衡点。当生产能力为 200 万件时，盈亏平衡时生产能力的利用率是多少？

$$\mathrm{BEP}_Q = \frac{C_F}{P - C_q - r} = \frac{333}{6-3} = 111(万件)$$

$$\mathrm{BEP}_S = \mathrm{BEP}_Q P = 111 \times 6 = 666(万元)$$

$$\mathrm{BEP}_L = \frac{\mathrm{BEP}_Q}{Q_C} = \frac{111}{200} \times 100\% = 55.5\%$$

计算表明，该企业销售量高于 111 万件或销售额高于 666 万元企业则盈利，此时生产能力的利用率为 55.5%。

7.2.3 非线性盈亏平衡分析

在垄断竞争条件下，随着项目产品销量的增加，市场上该产品的售价就要下降，因此营业收入与产销量之间是非线性关系。当企业增加产量时原材料价格可能上涨，同时要多支付一些加班费、奖金以及设备维修费用，使产品的单位可变成本增加，从而总成本与产销量之间也呈非线性关系。在这种情况下盈亏平衡点可能出现一个以上，如图 7-4 所示。BEP_1 和 BEP_2 所对应的盈亏平衡产量分别为 Q_1 和 Q_2，当产量低于 Q_1 或高于 Q_2 时，均会因为生产成本高于销售收入而使方案亏损。只有在 Q_1 和 Q_2 之间，方案才能盈利。因此，方案必须在 Q_1 和 Q_2 之间安排生产与销售。

确定非线性平衡点的基本原理与线性平衡点相同，即运用销售收入等于总成本的方程求解，只是解(盈亏平衡点)有多个，需要判断各区间的盈亏情况。

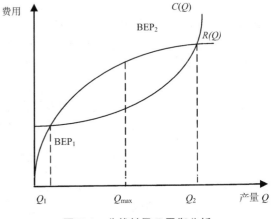

图 7-4　非线性盈亏平衡分析

例 7-2　某企业年固定成本为 66 000 元，单位变动成本为 28 元，销售价格为 55 元，每多生产一件产品，单位变动成本下降 0.001 元，售价下降 0.0035 元，求盈亏平衡点及最大利润时的销售量。

单位产品变动成本为 $28 - 0.001Q$，单位产品售价为 $55 - 0.0035Q$，则成本和收入分别为

$$C = 66\ 000 + (28 - 0.001Q)Q = 66\ 000 + 28Q - 0.001Q^2$$
$$S = (55 - 0.0035Q)Q = 55Q - 0.0035Q^2$$

当 $C = S$ 时，达到盈亏平衡：

$$66\ 000 + 28Q - 0.001Q^2 = 55Q - 0.0035Q^2$$
$$0.0025Q^2 - 27Q + 66\ 000 = 0$$

求解得 $Q_1 = 3740$，$Q_2 = 7060$，即盈亏平衡产量是 3740 件或 7060 件。

由利润 = 收入 − 成本得

$$利润 = 55Q - 0.0035Q^2 - (66\ 000 + 28Q - 0.001Q^2) = -0.0025Q^2 + 27Q - 66\ 000$$

函数 $f(Q) = -0.0025Q^2 + 27Q - 66\ 000$ 的最大值可以通过求导得出：

$$-0.005Q + 27 = 0，即 Q = 5400$$

即产量为 5400 件时利润达到最大。

如果一个企业生产多种产品，那么可以换算成单一产品，或者选择其中一种不确定性最大的产品进行分析。

运用盈亏平衡分析，在选择方案时应优先选择平衡点较低者，盈亏平衡点越低意味着项目抗风险能力越强，越能承受意外的风吹草动。

7.2.4　互斥方案的盈亏平衡分析

以上是对单一方案所做的盈亏平衡分析，通过求得盈亏平衡点，分析方案盈利及亏损的可能性。在需要对若干个互斥方案进行比较和选择的情况下，如果是某一个共有的不确定因素影响这些方案的取舍，那么可以采用下面介绍的盈亏平衡分析方法帮助决策。这种方法也称为优劣平衡分析。

设有两个互斥方案的经济效果都受某不确定因素 x 的影响，若我们将不确定因素 x 看作一个变量，则两个方案的经济效果指标即为 x 的函数：

$$E_1 = f_1(x), E_2 = f_2(x)$$

式中，E_1 和 E_2 各为方案 1 与方案 2 的经济效果指标，若令 $f_1(x) = f_2(x)$，则满足这个方程的解 x 值，即为方案 1 与方案 2 的优劣平衡点(盈亏平衡点)，也是决定这两个方案孰优孰劣的临界点。结合对不确定因素 x 未来取值的预测，则可以做出相应的决策。

例 7-3　某产品有两种生产方案，方案 A 初始投资为 70 万元，预期年净收益为 15 万元；方案 B 初始投资为 170 万元，预期年收益为 35 万元。该项目产品的市场寿命具有较大的不确定性，如果给定基准折现率为 15%，不考虑期末资产残值，试就项目寿命期分析两种生产方案的临界点。

本案例中两种生产方案的寿命期为共同的不确定性因素，设项目寿命期为 n，则

$$\text{NPV}_A = -70 + 15(P/A, 15\%, n)$$
$$\text{NPV}_B = -170 + 35(P/A, 15\%, n)$$

当 $\text{NPV}_A = \text{NPV}_B$ 时，有：

$$-70 + 15(P/A, 15\%, n) = -170 + 35(P/A, 15\%, n)$$

经过计算确定，$n \approx 10$。

这就是以项目寿命期为共有变量时方案 A 与方案 B 的盈亏平衡点。由于方案 B 年净收益比较高，所以项目寿命期延长对方案 B 有利。

故可知，如果根据市场预测项目寿命期小于 10 年，那么应采用方案 A。如果寿命期在 10 年以上，那么应采用方案 B。当项目实际寿命为 10 年时，A 方案与 B 方案无差异。

盈亏平衡分析在实际运用中具有一定的局限性。一方面，使用它的前提条件之一是产量等于销售量，即产品全部销售没有积压；另一方面，它所使用的一些数据是以正常生产年份的历史数据修正后得出的，精确程度有待提高。因此，盈亏平衡分析法适合对现有项目的短期分析。由于项目经常考察的是一个长期的过程，所以用盈亏平衡分析法无法得到一个全面的结论。同时，盈亏平衡分析虽然能够度量项目风险的大小，但是并不能揭示项目风险的根源。比如说虽然我们知道降低盈亏平衡点就可以降低项目的风险，提高项目的安全性，但是采取哪些可行的方法或通过哪些有利的途径来达到这个目的，盈亏平衡分析并没有给出答案，还需要采用其他一些方法来帮助达到这个目标。

7.3　敏感性分析

7.3.1　敏感性分析与敏感因素的关系

敏感性分析又称为敏感度分析，它是项目经济决策中一种常用的不确定性分析方法。

敏感性分析是通过测定一个或多个不确定性因素的变化所引起的项目经济效果评价指标的变化幅度，计算项目预期目标受各个不确定性因素变化的影响程度，分析不确定性因素对于项目预期目标的敏感程度，并根据因素的敏感程度大小制定相应的对策，使项目达到预期目标。

可能对方案经济效果产生影响的不确定性因素很多，一般有产品销售量、产品售价、主要原材料和动力价格、固定资产投资、经营成本、建设工期和生产期等。其中有的不确定性因素的微小变化就会引起方案经济效果发生很大的变化，对项目经济评价的可靠性产生很大的影响，则这些不确定性因素称为敏感因素。反之，称为不敏感因素。与不敏感因素相比，敏感因素的变化给项目带来的风险更大一些。所以，敏感性分析的核心问题，是从众多的不确定性因素中找出影响投资项目经济效果的敏感因素，并提出有针对性的控制措施，为项目决策服务。

7.3.2 敏感性分析的目的和步骤

1. 敏感性分析的目的

(1) 把握不确定性因素在什么范围内变化时，方案的经济效果最好，在什么范围内变化效果最差，以便对不确定性因素实施控制。

(2) 区分敏感性大的方案和敏感性小的方案，以便选出敏感性小的，即风险小的方案。

(3) 找出敏感性强的因素，向决策者提出是否需要进一步搜集资料，进行研究，以便提高经济分析的可靠性。

2. 敏感性分析的步骤

1) 确定分析指标

这里所述的分析指标，就是敏感性分析的具体分析对象。评价一个项目经济效果的指标有多个，例如净现值、净年值、内部收益率、投资回收期等，它们都可以作为敏感性分析指标。但是，对于某一个具体的项目而言，没有必要对所有的指标都做敏感性分析，因为不同的项目有不同的特点和要求，各个经济效果指标都有其各自特定的含义，分析、评价所反映的问题也有所不同。因此，应根据经济评价的深度和具体情况来选择敏感性分析指标。选择原则有两点：①敏感性分析的指标应与确定性分析的指标相一致，不应超出确定性分析所用指标的范围另立指标；②确定性经济分析中所用指标比较多时，应选择最能够反映该项目经济效益、最能够反映该项目经济合理与否的一个或几个最重要的指标作为敏感性分析的对象。一般在项目的机会研究阶段，各种经济数据较为粗略，通常使用简单的投资收益率和投资回收期指标。而在详细可行性研究阶段，经济指标主要采用内部收益率和净现值等动态指标，并通常附以投资回收期指标。

2) 选择不确定性因素，设定其变化幅度

影响方案经济效果的不确定性因素很多，如前所述，这些因素中的任何一个发生变化，都会引起方案经济效果的变动。但在实际工作中，不可能也没有必要对影响经济效果的所有因素都进行不确定性分析，而应该根据经济评价的要求和项目的特点，将发生变化的可能性比较大、对项目方案经济效果影响比较大的几个主要因素设定为不确定性因素。对于一般的项目而言，常用作敏感性分析的因素有投资额、建设期、产量或销售量、价格、经营成本、折现率等。对于具体的项目来说，还要做具体的选择和考虑。在选定了需要分析的不确定性因素后，还要结合实际情况，根据各不确定性因素可能波动的范围，设定不确定性因素的变化幅度，通常取±5%、±10%、±15%等。

3) 计算不确定性因素的变动所引起的评价指标的变动值

对于各个不确定性因素的各种可能变化幅度，分别计算相应的经济指标评价值，建立一一对应的数量关系，并用敏感性分析图或者敏感性分析表的形式表示。

4) 确定敏感因素

敏感因素是指其数值变化能显著影响分析指标的不确定性因素。判别敏感因素的方法有相对测定法和绝对测定法两种。

(1) 相对测定法。给各个不确定性因素设定一个相同的变化幅度，比较在同一个变化幅度下各个因素的变动对分析指标的影响程度，影响程度大者为敏感因素。这种影响程度可以用敏感度系数表示。敏感度系数的计算公式为

$$\beta = \frac{\Delta A}{\Delta F} \tag{7-9}$$

式中：β——评价指标 A 对于不确定性因素 F 的敏感度系数；

　　　ΔF——不确定性因素 F 的变化率；

　　　ΔA——不确定性因素 F 发生 ΔF 变化率时，评价指标 A 的相应变化率。

相对测定法仅仅从评价指标对不确定性因素变化的敏感程度来鉴别敏感因素，而没有考虑各个不确定性因素本身可能变化的情况。事实上，鉴别某个因素是否为敏感因素，不仅要考虑评价指标对该因素变化的敏感程度，还要考虑该因素可能出现的最大变化幅度。

(2) 绝对测定法。设各个不确定性因素均向对方案不利的方向变化，并取其可能出现的对方案最不利的数值，据此计算方案的经济效果指标，视其是否达到使方案无法被接受的程度，例如 NPV<0 或 IRR<i_c。如果某个因素可能出现的最不利数值使方案变得不可接受，就表明该因素为方案的敏感因素。

绝对测定法的一个变通方法是先设定分析指标将从可行转变为不可行，即 NPV = 0，或 IRR = i_c 等，然后分别求解各个不确定性因素所对应的变化幅度——临界点，并与其可能出现的最大变化幅度比较。如果某个因素可能出现的变化幅度超过其临界点，就表明该因素是方案的敏感因素。临界点可用临界点百分比或者临界值表示，临界点百分比表示不确定性因素变化幅度的相对值，临界值表示不确定性因素变化达到的绝对数值。

临界点的高低与设定的基准收益率有关，对于同一个投资项目，随着设定基准收益率的不断提高，临界点就会相应变低(即临界点表示的不确定性因素的极限变化变小)。在一定的基准收益率下，临界点越低，说明该因素对项目经济评价指标影响越大，项目对该因素就越敏感。

5) 结合确定性分析进行综合评价，并对项目的风险情况做出判断

根据敏感因素对方案评价指标的影响程度及敏感因素的多少，判断项目风险的大小，结合确定性分析的结果做进一步的综合判断，寻求对主要不确定性因素变化不敏感的项目，为项目决策进一步提供可靠的依据。

根据每次计算时考虑的变动不确定性因素数目多少的不同，敏感性分析可以分为单因素敏感性分析和多因素敏感性分析。

7.3.3 单因素敏感性分析

假设其他因素不变,每次只考虑一个不确定性因素的变化对项目经济效果的影响,称为单因素敏感性分析。单因素敏感性分析还应求出导致项目由可行变为不可行的不确定性因素变化的临界值。临界值可以通过敏感性分析图求得。具体做法是:将不确定性因素变化率作为横坐标,以某个评价指标(例如内部收益率)为纵坐标,由每种不确定性因素的变化可以得到内部收益率随之变化的曲线。每条曲线与基准收益率的交点称为该不确定性因素的临界点,该点对应的横坐标即为不确定性因素变化的临界点。

例 7-4 设某项目基本方案的基本数据估算值如表 7-1 所示,试就年销售收入 B、年经营成本 C 和建设投资 I 对内部收益率进行单因素敏感性分析(基准收益率 $i_c = 10\%$)。

表 7-1 基本方案的基本数据估算值

因　素	建设投资 I/万元	年销售收入 B/万元	年经营成本 C/万元	期末残值 L/万元	寿命 n/年
估算值	1500	600	250	200	6

(1) 以销售收入、经营成本和投资为拟分析的不确定性因素。

(2) 选择项目的内部收益率为评价指标。

(3) 计算基本方案的内部益率 IRR:

$$-1500 + (600 - 250)(P/A, \text{IRR}, 6) + 200(P/F, \text{IRR}, 6) = 0$$

计算求得 IRR = 12.89%。

(4) 计算销售收入、经营成本和建设投资变化对内部收益率的影响,结果如表 7-2 所示。

表 7-2 因素变化对内部收益率的影响

内部收益率＼变化率＼不确定性因素	-10%	-5%	基本方案	+5%	+10%
销售收入	7.31%	10.14%	12.89%	15.58%	18.20%
经营成本	15.13%	14.02%	12.89%	11.75%	10.60%
建设投资	16.57%	14.66%	12.89%	11.26%	9.75%

(5) 计算方案对各个因素的敏感度。

$$\text{年销售收入平均敏感度} = \frac{(18.20\% - 7.31\%) \div 7.31\%}{20} = 7.45\%$$

$$\text{年经营成本平均敏感度} = \frac{|10.60\% - 15.13\%| \div 15.13\%}{20} = 1.50\%$$

$$\text{建设投资平均敏感度} = \frac{|9.75\% - 16.57\%| \div 16.57\%}{20} = 2.06\%$$

显然,内部收益率对年销售收入变化的反应最为敏感。

单因素敏感性分析如图 7-5 所示。

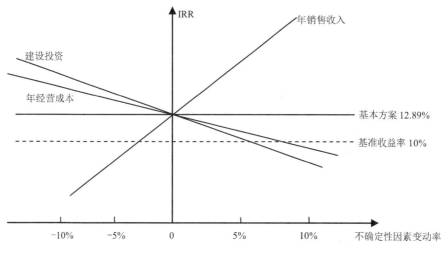

图 7-5　单因素敏感性分析

7.3.4　多因素敏感性分析

单因素敏感性分析计算简单，结果明了，但实际上它是一种理想化了的敏感性分析方法，它忽略了各不确定性因素之间相互作用的可能性。实际上，许多因素的变动都是具有相关性的，一个因素的变动往往会伴随着其他因素的变动。因此，在对一些有特殊要求的项目进行敏感性分析时，除了进行单因素敏感性分析以外，还应进行多因素敏感性分析。多因素敏感性分析考察多个因素同时变化对项目经济效果的影响程度，弥补了单因素分析的局限性，更全面地揭示了事物的本质。但是多因素敏感性分析需要考虑多种不确定性因素可能发生的不同变动幅度的多种组合，计算起来比单因素敏感性分析要复杂得多，可以编制相应的程序，应用电子计算机进行计算。

例 7-5　假设某项目初始投资为 1000 万元，当年建成并投产，预计可以使用 10 年，每年销售收入为 700 万元，年经营费用为 400 万元，设基准折现率为 10%。如果可变因素为初始投资与销售收入，并考虑它们同时发生变化，试通过净现值指标对该项目进行敏感性分析。

设初始投资额为 K，年销售收入为 R，年经营成本为 C，假设初始投资变动比例为 X，销售收入变动比例为 Y，则

$$\text{NPV} = -K(1+x) + [B(1+y) - C](P/A, 10\%, 10)$$

将题目中相关的数据代入上式计算得

$$\text{NPV} = 843.2 - 1000x + 4300.8y$$

取 NPV 的临界值，即令 NPV = 0，则有

$$y = 0.233x - 0.196$$

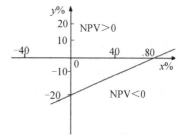

图 7-6　双因素敏感性分析

这是一个直线方程。将其在坐标图上表示出来，如图 7-6 所示。此直线为 NPV = 0 的临界线，在临界线上，NPV = 0。在临界线左上方区域 NPV>0，在临界线右下方区域 NPV<0，也就是说，如果投资额与销售收入同时变动，只要不超过左上方区域(包括临界线上的点)，方案都可以接受。

在这个例子中，如果分析初始投资额、年销售收入、年经营成本三个因素同时变动对净现值的影响，例如假设初始投资变动比例为 x，销售收入变动比例为 y，年经营成本变动比例为 z，那么有

$$NPV = -K(1+x) + [B(1+y) - C(1+z)](P/A, 10\%, 10)$$

代入有关数据：

$$NPV = 843.2 - 1000x + 4300.8y - 2457.6z$$

由于很难处理三维以上敏感性的表达式，所以为了简化起见，我们可以按年经营成本变动的不同比例研究三个参数同时发生变化净现值的相应变化。令 NPV_z 表示年经营费用变动比例为 z 的净现值，则

当 $z = +20\%$ 时，$y = 0.233x - 0.082$
当 $z = -20\%$ 时，$y = 0.233x - 0.310$
当 $z = +10\%$ 时，$y = 0.233x - 0.139$
当 $z = -10\%$ 时，$y = 0.233x - 0.253$

根据上面的等式，可以绘出一组平行线，如图 7-7 所示。

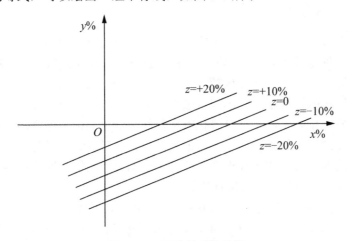

图 7-7 三因素敏感性分析

这一组平行线描述了初始投资额、年经营成本和年销售收入三个因素同时变动对净现值的影响程度，从图上可以看出，经营成本增大，临界线向左上方移动，可行区域变小。而若经营成本减少，则临界线向右下方移动，可行区域增大。

7.3.5 三项预测值敏感性分析

多因素敏感性分析要考虑可能发生的多种因素不同变动幅度的多种组合，计算起来要比单因素敏感性分析复杂得多。当分析的不确定性因素不超过三个，且指标计算比较简单时，可以采用三项预测值敏感性分析。

三项预测值敏感性分析的基本思路是：对技术方案的各种参数分别给出三个预测值，即悲观的预测值 P、最可能的预测值 M 和乐观的预测值 O。根据这三种预测值即可对技术方案进行敏感性分析并做出评价。

例 7-6 某企业准备购置新设备，投资、寿命等数据如表 7-3 所示，试就使用寿命、年

支出和年销售收入三项因素按最有利、很可能和很不利三种情况,进行净现值敏感性分析。

计算结果如表 7-4 所示。在表中最大的 NPV 是 69.35 万元。即寿命、销售收入、年支出均处于最有利状态时:

$$NPV = (11 - 2)(P / A, 8\%, 18) - 15 = 69.35(万元)$$

表 7-3　例 7-6 数据　　　　　　　　　　　　　　　　　　　　　单位:万元

因素变化＼因素	总 投 资	使用寿命	年销售收入	年 支 出
最有利(O)	15	18	11	2
很可能(M)	15	10	7	4.3
最不利(P)	15	8	5	5.7

在表 7-4 中最小的 NPV 是-21.56 万元。即寿命在最有利状态 O、销售收入和年支出均处于最不利状态 P 时:

$$NPV = (5 - 5.7)(P / A, 8\%, 18) - 15 = -21.56(万元)$$

表 7-4　三项预测值敏感性分析　　　　　　　　　　　　　　　　　单位:万元

销售收入	年 支 出								
	O			M			P		
	寿　命			寿　命			寿　命		
	O	M	P	O	M	P	O	M	P
O	69.35	45.39	36.72	47.79	29.89	23.50	34.67	20.56	15.46
M	31.86	18.55	13.74	10.30	3.12	0.52	-2.82	-6.28	-7.53
P	13.12	5.13	2.24	8.44	-10.30	-10.98	-21.56	-19.70	-19.00

7.3.6　敏感性分析的局限性

敏感性分析在一定的程度上就各种不确定因素的变动对方案经济效果的影响做了定量描述,这有助于决策者了解方案的不确定程度,有助于确定在决策、实施过程中需要重点研究与控制的因素,对提高方案经济评价的可靠性具有重要意义。但是,敏感性分析只考虑了各个不确定性因素对方案经济效果的影响程度,而没有考虑各不确定性因素在未来发生变动的概率,这可能会影响分析结论的准确性。实际上,各个不确定性因素在未来发生变动的概率一般是不同的,有些因素非常敏感,一旦发生变动对方案的经济效果影响就很大,但它发生变动的可能性很小,以至于可以忽略不计。而另一些因素可能不是很敏感,但它发生变动的可能性很大,实际所带来的不确定性比那些敏感因素更大。这个问题是敏感性分析所无法解决的,必须借助于风险概率分析方法。

7.4　概　率　分　析

概率分析又称为风险分析,是运用概率理论研究不确定性因素和风险因素按一定的概率变动时，对项目方案经济评价指标影响的一种定量分析方法。其目的是在不确定情况下为投资项目或方案提供科学依据。

概率分析的关键是确定各种不确定性因素变动的概率。确定事件概率的方法有客观概率和主观概率两种方法。通常把以客观统计数据为基础确定的概率称为客观概率，把以人为预测和估计为基础确定的概率称为主观概率。由于投资项目很少重复过去的同样模式，所以，对于大多数技术项目而言，不太可能单纯用客观概率就能完成，尚需要结合主观概率进行分析。但是，确定主观概率时应十分慎重，否则会对分析结果产生不利影响。无论采用何种方法确定不确定性因素变动的概率，都需要做大量的调查研究和数据处理工作。只有掌握的信息量足够时，概率分析的结论才科学可靠。因此，信息、情报的收集和整理工作是概率分析的基础工作。

当不确定性因素的概率分布确定之后，就可以用概率分析方法寻求经济效益这个随机变量的取值范围和取这些值的概率，从而得到了对经济效益的全面认识。但在实际问题中，求经济效益这个随机变量的分布函数不是一件容易的事，在一些情况下也不需要全面地考虑经济效益的所有变化情况，因此并不需要求出它的函数，而只需要知道经济效益随机变量的某些特征，这些特征就是随机变量的期望值和方差。这是概率分析采用的最基本的指标，也就是说，概率分析的核心问题是求出经济效益指标值的期望值和方差，然后利用这两个指标进行各种风险分析。

7.4.1　随机参数的概率分布

1. 离散概率分布

1) 期望值

当变量的可能值为有限个数时这种随机变量称为离散随机变量，其概率密度为间断函数。在此分布下指标期望值为

$$E(x) = \bar{x} = \sum_{t=1}^{n} p_i x_i \tag{7-10}$$

式中：$\bar{x}$——指标的期望值；

　　　p_i——第 i 种状态发生的概率；

　　　x_i——第 i 种状态下的指标值；

　　　n——可能的状态数。

例 7-7　已知某方案的净现值及概率如表 7-5 所示，试计算该方案净现值的期望值。

表 7-5　方案的净现值及其概率

净现值/万元	23.5	26.2	32.4	38.7	42	46.8
概率	0.1	0.2	0.3	0.2	0.1	0.1

根据期望值计算公式，可得

$E(\text{NPV}) = 23.5 \times 0.1 + 26.2 \times 0.2 + 32.4 \times 0.3 + 38.7 \times 0.2 + 42 \times 0.1 + 46.8 \times 0.1 = 33.93(\text{万元})$

即这个方案净现值的概率平均值为 33.93 万元。

2) 标准差

标准差反映了一个随机变量实际值与其期望值偏离的程度。这种偏离程度在一定的程度上反映了投资方案风险的大小。标准差的一般计算公式为

$$\sigma = \sqrt{\sum_{i=1}^{n} p_i (x_i - \overline{x})^2} \tag{7-11}$$

式中：σ ——指标 x 的标准差。

例 7-8　某工程项目的净现值为随机变量，其概率分布如表 7-6 所示，试计算投资方案净现值的标准差。

表 7-6　方案的净现值及其概率

净现值/万元	1000	1500	2000	2500
概率	0.1	0.5	0.25	0.15

根据期望值计算公式，可得

$$E(\text{NPV}) = 1000 \times 0.1 + 1500 \times 0.5 + 2000 \times 0.25 + 2500 \times 0.15 = 1725(万元)$$

$$\sigma = \sqrt{0.1 \times (-725)^2 + 0.5 \times (-225)^2 + 0.25 \times 275^2 + 0.15 \times 775^2} = 432.29(万元)$$

3）变异系数

标准差虽然可以反映随机变量的离散程度，但它是一个绝对值，其大小与变量的数值及期望值大小有关。一般而言，变量的期望值越大，其标准差也越大。特别是需要对不同方案的风险程度进行比较时，标准差往往不能够准确反映风险程度的差异。为此引入另一个指标，称为变异系数。它是标准差与期望值之比，即

$$\gamma = \frac{\sigma(x)}{E(x)} \tag{7-12}$$

由于变异系数是一个相对数，不会受变量和期望值绝对值大小的影响，所以能更好地反映投资方案的风险程度。

当对多个投资方案进行比较时，如果是效益指标，就认为期望值较大的方案较优；如果是费用指标，就认为期望值较小的方案较优。如果期望值相同，那么标准差较小的方案风险更低。如果多个方案的期望值与标准差均不相同，那么变异系数较小的方案风险更低。

例 7-9　某公司要从三个互斥型方案中选择一个方案，各方案的净现值及其概率如表 7-7 所示，从中选择最优方案。

表 7-7　各方案净现值、自然状态及概率

市场销路	概　率	方案净现值/万元		
		A	B	C
销路差	0.25	2000	0	1000
销路一般	0.50	2500	2500	2800
销路好	0.25	3000	5000	3700

(1) 计算各方案净现值的期望值和标准差。

$$E_A(x) = 0.25 \times 2000 + 0.5 \times 2500 + 0.25 \times 3000 = 2500(万元)$$

同理可得：$E_B(x) = 2500(万元)$，$E_C(x) = 2576(万元)$

$$\sigma_A = \sqrt{0.25 \times (2000 - 2500)^2 + 0.5 \times (2500 - 2500)^2 + 0.25 \times (3000 - 2500)^2} = 353.55 \text{(万元)}$$

同理可得：$\sigma_B = 1767.77$(万元)，$\sigma_C = 980.75$(万元)。

(2) 根据方案净现值的期望值和标准差评价方案。

因为方案 A 与方案 B 的期望值相等，均为 2500 万元，所以需要通过比较它们的标准差来决定方案的优劣取舍。

由前面的计算可知，因为 $\sigma_A < \sigma_B$，方案 A 风险较小，其经济效益优于方案 B，所以，舍去方案 B，保留方案 A。

对方案 A 与方案 C 进行比较选择。由于它们净现值的期望值不相等，方案 C 净现值的期望值大于方案 A 的净现值的期望值，但是方案 A 净现值的标准差小于方案 C，究竟哪个方案较为经济合理不是那么明显，所以必须通过计算它们各自的变异系数，才能进一步确定这两个方案风险的大小和优劣取舍。

(3) 计算变异系数。

$$\gamma_A = \frac{353.55}{2500} = 0.141$$

$$\gamma_C = \frac{980.75}{2576} = 0.381$$

因为 $\gamma_A < \gamma_C$，所以方案 A 的风险比方案 C 的风险小，而两方案的净现值差别不是太大，因此，最后应选择方案 A 为最优投资方案。

2．连续概率分布

当一个变量的取值范围为一个区间时，这种变量称为连续变量，其概率分布为连续函数。常用的连续概率分布如下。

1) 正态分布

正态分布是一种最常用的概率分布，特点是密度函数以均值为中心对称分布。正态分布的概率密度如图 7-8 所示。正态分布适用于描述一般经济变量的概率分布，例如销售量、售价、产品成本等。

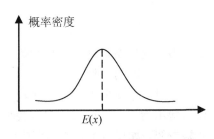

图 7-8　正态分布的概率密度

设变量为 x，x 的正态分布概率密度函数为 $p(x)$，x 的期望值 $E(x)$ 和方差 D 计算公式如下：

$$E(x) = \int xp(x)\mathrm{d}x \tag{7-13}$$

$$D = \int_{-\infty}^{+\infty}[x - E(x)]^2 p(x)\mathrm{d}x \tag{7-14}$$

当 $E(x) = 0$、$\sigma = \sqrt{D} = 1$ 时，这种分布称为标准正态分布，用 $x \sim N(0,1)$ 表示。

2) 三角分布

三角分布的特点是密度函数由悲观值、最可能值和乐观值构成的对称或不对称的三角形。它适用于描述工期、投资等不对称分布的输入变量，也可以用于描述产量、成本等对称分布的输入变量，如图 7-9 所示。

3) 梯形分布

梯形分布是三角形分布的特例，在确定变量的乐观值和悲观值后，对最可能值却难以判定，只能确定一个最可能值的范围，这时可以用梯形分布描述，如图 7-10 所示。

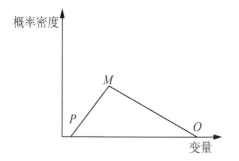

图 7-9　三角分布的概率密度

图 7-10　梯形分布的概率密度

4) β 分布

如果某变量服从 β 分布，那么其概率密度在均值两边呈不对称分布，如图 7-11 所示。β 分布适用于描述工期等不对称分布的变量。通常可以对变量做出三种估计值，即悲观值 P、乐观值 O、最可能值 M。其期望值即方差近似等于

$$E(x) = \frac{P + 4M + O}{4} \tag{7-15}$$

$$D = \left(\frac{O - P}{6} \right)^2 \tag{7-16}$$

5) 均匀分布

均匀分布的概率密度函数如图 7-12 所示。如果指标服从均匀分布，那么期望值和方差如下：

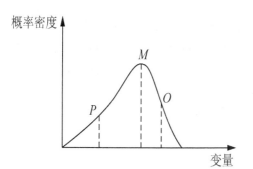

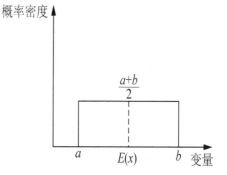

图 7-11　β 分布的概率密度

图 7-12　均匀分布的概率密度

$$E(x) = \frac{a + b}{2} \tag{7-17}$$

$$D = \frac{(b - a)^2}{12} \tag{7-18}$$

式中：a、b 分别为指标取值的最小值和最大值。

7.4.2　概率分析

概率法是在假设投资项目净现值的概率分布为正态的基础上，通过正态分布图像面积计算净现值不小于零的概率，来判断项目风险程度的决策分析方法。

1. 项目净现值的概率描述

由于各周期的净现金流量都是随机变量，所以把各个周期的净现金流量现值加总得到的方案净现值必然也是一个随机变量，我们称为随机净现值。大多数情况下，可以认为随机净现值近似地服从正态分布。设各周期的净现金流量为独立同分布随机变量 $Y_t(t = 0,1,2,\cdots,n)$，基准收益率为 i_c，则

$$\text{NPV} = \sum_{t=0}^{n} Y_t(1 + i_c)^{-t} \tag{7-19}$$

当方案的寿命周期数 n 为一个常数时，根据各周期随机净现金流量的期望值 $E(Y_t)$，可以求出方案净现值的期望值。

$$E(\text{NPV}) = \sum_{t=0}^{n} E(Y_t)(1 + i_c)^{-t} \tag{7-20}$$

方案净现值的方差的计算公式为

$$D(\text{NPV}) = \sum_{t=0}^{n} D(Y_t)(1 + i_c)^{-2t} \tag{7-21}$$

净现值的方差与净现值具有不同的量纲，为了便于分析，通常使用与净现值具有相同量纲的参数标准差反映随机净现值取值的离散程度，也表示与真值的偏差程度，故它可以反映各对比方案所得到的期望值的可靠程度，即所承担风险的大小。标准差表达式为

$$\sigma = \sqrt{D(\text{NPV})} = \sqrt{\sum_{t=0}^{n} D(Y_t)(1 + i_c)^{-2t}} \tag{7-22}$$

期望值表明在各种风险条件下期望可能得到的经济效益。而标准差则反映了经济效益各种可能值与期望值之间的差距。它们之间的差距越大，说明随机变量的可变性越大，意味着各种可能情况与期望值的差别越大，风险就越大。如果它们之间的差距越小，就说明经济效益指标可能取的值就越接近于期望值，这就意味着风险越小。所以标准差的大小可以看作其所含风险大小的具体标志。因此，利用期望值和标准差可以对项目的经济效益风险情况进行分析和比较。一般说来，简单的概率分析也可以只计算项目方案净现值的期望值以及净现值大于或等于零时的累计概率。

2. 概率分析

概率分析的一般步骤有以下几个方面。

(1) 列出要考虑的各种风险因素，例如投资、经营成本、销售价格等(需要注意的是，所选取的几个不确定性因素应是互相独立的)。

(2) 设想各种风险因素可能发生的状态，即确定其数值发生变化的个数。

(3) 分别确定各种情况产生的可能性，即概率。不确定因素的各种可能情况出现的概率之和必须等于 1。

(4) 分别求出各种风险因素发生变化时，方案净现金流量各状态发生的概率和相应状态下的净现值 NPV(j)。

(5) 求方案净现值的期望值(均值)$E(\text{NPV})$。

$$E(\text{NPV}) = \sum_{t=1}^{k} \text{NPV}_j \times P_j \tag{7-23}$$

式中：P_j——第 j 种状态出现的概率；

k——可能出现的状态数。

(6) 求出方案净现值非负的累计概率。

(7) 对概率分析结果做说明。

例 7-10 影响某新产品生产项目未来现金流量的主要不确定性因素是产品市场前景和原材料价格水平。据分析，项目面临三种可能的产品市场状态(畅销、一般、滞销，分别记作 θ_{m1}、θ_{m2}、θ_{m3})和三种可能的原材料价格水平状态(高价、中价、低价，分别记作 θ_{r1}、θ_{r2}、θ_{r3})。产品市场状态与原材料价格水平之间是相互独立的，基准收益率为 12%。各种市场状态和原材料价格水平的发生概率如表 7-8 所示，可能的状态组合如表 7-9 所示。计算方案净现值的期望值与方差以及方案净现值大于等于零的概率。

表 7-8 不确定性因素状态及发生概率

产品市场状态	θ_{m1}	θ_{m2}	θ_{m3}
发生概率	$P_{m1} = 0.2$	$P_{m2} = 0.6$	$P_{m3} = 0.2$
原材料价格水平	θ_{r1}	θ_{r2}	θ_{r3}
发生概率	$P_{r1} = 0.4$	$P_{r2} = 0.4$	$P_{r3} = 0.2$

对于不同的状态计算净现值，结果如表 7-9 所示。

方案的期望值为 $E(\text{NPV}) = \sum \text{NPV}_j \times P_j = 232.83$(万元)

净现值的方差为 $D(\text{NPV}) = \sum (\text{NPV}_j - 232.83)^2 = 60\,710.07$(万元)

标准差为 $\sigma = \sqrt{D(\text{NPV})} = 246.39$(万元)

表 7-9 各种状态组合的净现金流量及发生概率

序 号	状态组合	发生概率	现金流量 0 年	现金流量 1~5 年	净现值 NPV $i = 12\%$
1	$\theta_{m1} \cap \theta_{r1}$	0.08	−1000	390	405.86
2	$\theta_{m1} \cap \theta_{r2}$	0.08	−1000	450	622.15
3	$\theta_{m1} \cap \theta_{r3}$	0.04	−1000	510	838.44
4	$\theta_{m2} \cap \theta_{r1}$	0.24	−1000	310	117.48
5	$\theta_{m2} \cap \theta_{r2}$	0.24	−1000	350	261.67
6	$\theta_{m2} \cap \theta_{r3}$	0.12	−1000	390	405.86
7	$\theta_{m3} \cap \theta_{r1}$	0.08	−1000	230	−170.90
8	$\theta_{m3} \cap \theta_{r2}$	0.08	−1000	250	−98.81
9	$\theta_{m3} \cap \theta_{r3}$	0.04	−1000	270	−26.71

从表 7-9 中可知，方案净现值大于等于零的概率为

$$P(\text{NPV} \geq 0) = 0.08 + 0.08 + 0.04 + 0.24 + 0.24 + 0.12 = 0.8$$

例 7-11 假设例 7-10 中方案净现值服从均值为 232.83 万元、均方差为 246.39 万元的正态分布，试求方案净现值大于等于 0 的概率和方案净现值大于 405.86 万元的概率。

根据概率论的有关知识，若连续型随机变量 x 服从均值为 μ、均方差为 σ 的正态分布，则 x 小于 x_0 的概率为

$$P(x < x_0) = \Phi\left(\frac{x_0 - \mu}{\sigma}\right)$$

在本例中，已知 $\mu = E(\text{NPV}) = 232.83(万元)$，$\sigma = 246.39(万元)$，则方案净现值大于或等于零的概率为

$$P(\text{NPV} \geqslant 0) = 1 - (\text{NPV} < 0) = 1 - \Phi\left(\frac{0 - 232.83}{246.39}\right) = 0.8264$$

方案净现值大于或等于 405.86 万元的概率为

$$P(\text{NPV} \geqslant 405.86) = 1 - (\text{NPV} < 405.86) = 1 - \Phi\left(\frac{405.86 - 232.83}{246.39}\right) = 0.242$$

例 7-12 某商品住宅小区开发项目现金流量的估计值如表 7-10 所示，根据经验推断，销售收入和开发成本为离散型随机变量，其值在估计值的基础上可能发生的变化及其概率如表 7-11 所示。试确定该项目净现值大于等于零的概率。基准收益率 $i_c = 12\%$。

表 7-10 基本方案的参数估计 单位：万元

年份	1	2	3
销售收入	857	7143	15 760
开发成本	5888	4873	6900
其他税费	56	464	1100
净现金流量	-5087	1806	7760

表 7-11 不确定性因素的变化范围

变幅 概率 因素	-20%	0	+20%
销售收入	0.2	0.6	0.2
开发成本	0.1	0.3	0.6

项目净现金流量未来可能发生的 9 种状态如表 7-12 所示。

计算项目净现金流量各种状态的概率 $P_j(j = 0,1,2,\cdots,9)$：$P_1 = 0.12$；$P_2 = 0.06$；$P_3 = 0.02$，其余类推。结果如图 7-13 所示。

计算项目各状态下的净现值 $\text{NPV}_j(j = 0,1,2,\cdots,9)$，结果如表 7-12 所示。

计算项目净现值的期望值，结果如表 7-12 所示。

计算项目净现值大于等于零的概率：$P(\text{NPV} \geqslant 0) = 1 - 0.12 - 0.06 - 0.36 = 0.46$

结论：该项目净现值的期望值大于零，是可行的。但净现值大于零的概率不够大，说明项目存在一定的风险。

表 7-12 项目净现金流量各种状态下的概率、净现值、净现值的期望值

可能状态(j)	状态概率(P_j)	NPV_j	$P_j \cdot \text{NPV}_j$
1	0.12	-3925.1	-471
2	0.06	-1114.4	-66.9
3	0.02	1696.3	33.9

续表

可能状态(j)	状态概率(P_j)	NPV$_j$	$P_j \cdot$NPV$_j$
4	0.36	−389.6	−140.3
5	0.18	2421.1	435.8
6	0.06	5231.8	313.9
7	0.12	3145.9	377.5
8	0.06	5956.6	357.4
9	0.02	8767.4	175.3
合计	1		1015.6

例 7-13　某风险投资项目，其产品年产量为 150 万件，设产品销售价格、销售量与经营成本相互独立。投资、产品售价和年经营成本可能发生的数值及概率如表 7-13、表 7-14、表 7-15 所示，设本项目的期望收益率为 15%，标准收益率为 10%。试确定项目的风险程度。

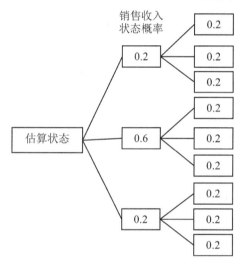

图 7-13　概率树

表 7-13　投资状况

年份	1		2	
可能情况	I	II	I	II
数值/万元	1000	1200	2000	2400
概率	0.8	0.2	0.7	0.3

表 7-14　产品售价状况

年份	3～12		
可能情况	I	II	III
数值/(元/件)	5	6	7
概率	0.4	0.4	0.2

表 7-15　年经营成本状况

年份	3～12		
可能情况	I	II	III
数值/万元	150	200	250
概率	0.4	0.4	0.2

净现金流量的期望值与标准差计算如表 7-16 所示。

表 7-16　各年净现金流量期望值与标准差　　　　　　　　单位：万元

年份	1 年	2 年	3～12 年
期望值	−1040	−2120	670
标准差	66.78	183.30	107.70

投资项目 12 年内净现金流量净现值的标准差为

$$\sigma = \sqrt{\frac{66.78^2}{(1+10\%)^2} + \frac{183.30^2}{(1+10\%)^4} + \frac{107.70^2}{(1+10\%)^6} + \cdots + \frac{107.70^2}{(1+10\%)^{24}}} = 245.31$$

净现金流量净现值的期望值为

$$E(\text{NPV}) = -1040 \times (P/F, 10\%, 1) + [-2120 + 670 \times (P/A, 10\%, 10)] \times (P/F, 10\%, 2) = 714.02$$

$$变异系数 \gamma = \frac{\sigma}{E(\text{NPV})} = \frac{245.31}{714.02} = 0.34$$

　　从以上的分析可以看出，本项目的投资风险较低，变异系数仅为 0.34，说明就目前的分析看，该项目是可行的。

　　任何项目都会有风险。在综合评价时，应将风险与项目经济评价指标结合起来考虑。风险大的项目应当有较大的潜在获利能力。风险越大，所要求的项目内部收益率也越大。在国外，对于老厂改造项目，由于风险较小，内部收益率为 15%左右即可接受。但对于采用新工艺、新技术的新建项目，由于风险较大，所以要求内部收益率达到 30%。而对于要重新开辟销售市场的新产品项目，则要求内部收益率在 50%以上。这些要求可供我们在项目决策时借鉴参考。

3. 蒙特·卡罗(模拟)法

　　概率树(见图 7-13)法多用于解决比较简单的问题，比如只有一个或两个参数是随机变量，且随机变量的概率分布是离散型的。但若遇到随机变量较多且概率分布是连续型的，则采用概率树法将变得十分复杂，而蒙特·卡罗法却能较方便地解决此类问题。

　　蒙特·卡罗模拟法，是用随机抽样的方法抽取一组输入变量的概率分布特征的数值，输入这组变量计算项目评价指标，通过多次抽样计算可以获得评价指标的概率分布及累计概率分布、期望值、方差、标准差，计算项目可行或不可行的概率，从而估计项目投资所承担的风险。

　　蒙特·卡罗模拟法实施的步骤一般如下。

　　(1) 确定风险分析所采用的评价指标，例如净现值、内部收益率等。

　　(2) 确定影响项目评价指标的主要风险因素，例如建设投资、销售价格、经营成本等。

(3) 估计主要风险因素的概率分布，并用数学模型表示。

(4) 通过随机数表或计算机为各风险因素抽取随机数。

(5) 将抽得的各随机数转化为各风险因素的抽样值。

(6) 将抽样值组成一组项目评价基础数据，并根据基础数据计算评价指标值。

(7) 重复步骤(1)～(6)，直至达到预定的模拟次数。

(8) 整理模拟结果，计算评价指标的期望值、方差、标准差和它的概率分布及累计概率等，并可绘制累计概率图，计算项目可行或不可行的概率。

例 7-14 某项目的建设投资为 1800 万元，投资当年即可获得正常收益。项目年净收益呈正态分布，其期望值为 300 万元，标准差为 50 万元，寿命期估计为 12～16 年，呈均匀分布。该项目基准收益率为 12%，期末残值为零。试用蒙特·卡罗模拟法分析该项目净现值小于零的概率。

(1) 确定评价指标。根据题意，本例中评价指标选取项目的净现值。

(2) 确定主要风险因素。根据题意，本例中需要模拟的随机变量有项目寿命期和年净收益。

(3) 生成年净收益和寿命期的抽样值。

在蒙特·卡罗模拟法中，随机变量的变化是通过随机数来模拟的，即由随机数发生器产生随机数或者从随机数表查取随机数，然后根据随机变量的概率分布将随机数转换成相应的随机变量取值。

本例中年净收益服从 $N(300,50)$ 分布。可以先从计算器中或者随机数表中读出一个随机数 0.524，将其作为年净收益取值所对应的累计概率的一个随机值，由标准正态分布表可以查得累计概率为 0.524 所对应的 Z 值 0.06，由 $Z = \dfrac{x-\mu}{\sigma}$ 可以求得

$$x = \mu + \sigma Z = 300 + 0.06 \times 50 = 303(万元)$$

即抽取的年净收益的第一个随机样本数据为 303 万元。

本例中的寿命期为均匀分布，即发生在第 12 年、13 年、14 年、15 年、16 年的概率均相等，为 $1/5 = 0.20$，其累计概率分布如表 7-17 所示。

表 7-17 累计概率分布

寿命期/年	12	13	14	15	16
累计概率	[0.00,0.20)	[0.20,0.40)	[0.40,0.60)	[0.60,0.80)	[0.80,1.00]

再从计算器中或者随机数表中读出一个随机数 0.291，作为寿命期取值所对应的累计概率的一个随机值。由表 7-17 可知，随机数 0.291 对应的寿命期为 13 年。这是抽取的第一个寿命期随机样本数据。

(4) 计算净现值。根据上述第一组随机样本数据(年净收益 303 万元，寿命期为 13 年)，可以计算得到相应的净现值：

$$NPV_1 = -1800 + 303 \times (P/A,12\%,13) = -1800 + 303 \times 6.424 = 146.47(万元)$$

重复上述过程，可以得到方案净收益和寿命期的其他随机样本数据即相应的净现值计算结果。一般来说，模拟分析的随机样本数据应达到 200～500 组。这里，我们取 25 组作为示例，如表 7-18 所示。

表 7-18　净现值的计算

模拟顺序	随机数 1	Z 值	年净收益	随机数 2	寿命期/年	净现值
1	0.524	0.060	303.00	0.291	13	146.47
2	0.936	1.522	376.10	0.019	12	529.56
3	0.076	−1.433	228.35	0.793	15	−244.71
4	0.434	−0.166	291.70	0.907	16	234.32
5	0.931	1.483	374.15	0.340	13	603.54
6	0.919	1.399	369.95	0.654	15	719.73
7	0.498	−0.005	299.75	0.341	13	125.59
8	0.956	1.706	385.30	0.702	15	824.28
9	0.205	−0.824	258.80	0.500	14	−84.67
10	0.363	−0.351	282.45	0.991	16	169.81
11	0.575	0.189	309.45	0.795	15	307.66
12	0.923	1.426	371.30	0.852	16	789.45
13	0.631	0.334	316.70	0.268	13	234.48
14	0.074	−1.446	227.70	0.193	12	−389.63
15	0.340	−0.412	279.40	0.397	13	−5.13
16	0.081	−1.399	230.05	0.849	16	−195.63
17	0.234	−0.726	263.70	0.522	14	−52.20
18	0.256	−0.656	267.20	0.883	16	63.45
19	0.896	1.259	362.95	0.380	13	531.59
20	0.037	−1.786	210.70	0.707	15	−364.92
21	0.213	−0.796	260.20	0.555	14	−75.39
22	0.130	−1.126	243.70	0.056	12	−290.52
23	0.399	−0.256	287.20	0.438	14	103.56
24	0.091	−1.335	233.25	0.664	15	−211.33
25	0.621	0.308	315.40	0.031	12	153.59

(5) 计算净现值的期望值以及小于零的概率。将表 7-18 中的净现值按从大到小的顺序排列，并求和，如表 7-19 所示。由于每组净现值的概率均为 1/抽取组数 = 0.04，所以净现值的期望值 = 3622.95 万元×0.04 = 144.92 万元。

表 7-19 中还可以计算净现值的累计概率。由计算结果可知，项目净现值小于零的概率为 40%，即项目不可行的概率为 40.30%。

(6) 计算净现值的方差、标准差和离散系数。项目净现值的方差 $D = 122\ 386.94$，标准差 $\sigma = 349.84$，变异系数 $\gamma = \sigma / E(x) = 2.41$。

从项目净现值小于零的概率和变异系数看，该项目的风险很大。当然，由于抽样的样本数不是足够大，样本的代表性较差，所以上述结论可能受样本的影响较大。

表 7-19　累计概率及方差的计算

模拟顺序	模拟结果 (净现值/万元)	概率 (= 1/模拟次数)	累计概率	方　差
14	−389.63	0.04	0.04	11 429.66
20	−364.92	0.04	0.08	10 397.39
22	−290.52	0.04	0.12	7 584.25

模拟顺序	模拟结果 (净现值/万元)	概率 (= 1/模拟次数)	累计概率	方　差
3	−244.71	0.04	0.16	6 072.40
24	−211.33	0.04	0.20	5 076.51
16	−195.63	0.04	0.24	4 638.92
9	−84.67	0.04	0.28	2 108.43
21	−75.39	0.04	0.32	1 941.42
17	−52.20	0.04	0.36	1 554.22
15	−5.13	0.04	0.40	900.58
18	63.45	0.04	0.44	265.48
23	103.56	0.04	0.48	68.42
7	125.59	0.04	0.52	14.94
1	146.47	0.04	0.56	0.10
25	153.59	0.04	0.60	3.01
10	169.81	0.04	0.64	24.78
4	234.32	0.04	0.68	319.71
13	234.48	0.04	0.72	320.85
11	307.66	0.04	0.76	1 059.40
2	529.56	0.04	0.80	5 917.98
19	531.59	0.04	0.84	5980.61
5	603.54	0.04	0.88	8 413.37
6	719.73	0.04	0.92	13 216.35
12	789.45	0.04	0.96	16 616.86
8	824.28	0.04	1.00	18 461.31
合计	3622.95	1.00		122 386.95

7.4.3　概率分析基础上的风险决策

概率分析可以给出方案经济效果指标的期望值、标准差和变异系数以及经济效果指标的实际值发生在某个区间的概率，这为人们在风险条件下决定方案取舍提供了依据和原则，下面依据这些原则，介绍风险决策问题的决策方法。

1. 风险决策的条件

构成一个决策问题，必须具备一定的条件，这样才能运用科学的决策方案。现在通过一个决策事例，来具体分析说明决策问题的构成。

例 7-15　假设有一项高空作业的施工任务，计划下月初开始施工，要求 10 天内完成。某工程队领导决定是否接受这项任务。如果下月上旬 10 天内，6 级以上大风天气不超过 3 天，工程队就能如期完成任务，可以收入 20 000 元。如果大风天气超过 3 天，工程队就不能如期完成任务，要亏损 3200 元。根据气象统计资料，下月上旬 6 级以上大风不超过 3 天的概率为 0.3，超过 3 天的概率为 0.7。若不接受这项任务，则工程队因为窝工及设备闲置也将亏损 2000 元。面对这种情况，为了使工程队多收入、少亏损，应如何做出决策？

在这个例子中，大风天气超过了 3 天或不超过 3 天，事先不能肯定，叫作自然状态。

工程队领导可能采取的行动有两种，即接受任务或不接受任务，叫作行动方案。对应不同的自然状态，如果采取的行动方案得当，就会得到收益，如果采取的行动不得当，就会遭到损失。在决策问题中，每个方案在各种自然状态下的收益或损失可以定量地表示出来。

从上面的分析可以看出，构成一个决策问题通常必须具备下列五个条件。

(1) 存在着决策者希望达到的明确目标(例如收益最大或损失最小)。

(2) 存在着两个或两个以上可供决策者选择的行动方案。

(3) 存在着两个或两个以上不以决策者的主观意志为转移的自然状态(例如不同的市场条件和经营条件)。

(4) 可以计算出不同方案在不同自然状态下的损益值(在经济决策中即为经济效果)。

(5) 各种自然状态出现的概率可以预测或估计。

2. 风险决策方法

1) 风险决策的矩阵法

假设对于风险决策问题，有 m 个方案 $A_1, A_2, \cdots, A_m$；有 n 个自然状态 $\theta_1, \theta_2, \cdots, \theta_n$；每个自然状态 $\theta_j(j = 1, 2, \cdots, n)$ 出现的概率为 P_j；在自然状态 θ_j，发生概率 P_j 下某方案 A_i 发生的损益值为 V_{ij}，当为收益时 V_{ij} 为正值，当为损失时 V_{ij} 为负值。各方案 $A_i(i = 1, 2, \cdots, m)$ 在状态 $\theta_j(j = 1, 2, \cdots, n)$ 下的损益矩阵为 $V_{m \times n}$，如下所示：

$$V = \begin{pmatrix} V_{11} & \cdots & V_{1n} \\ \vdots & & \vdots \\ V_{m1} & \cdots & V_{mn} \end{pmatrix} \tag{7-24}$$

若以 $P = (P_1, P_2, \cdots, P_n)^T$ 表示概率向量；$E = (E_1, E_2, \cdots, E_n)^T$ 表示期望损益值向量，各元素 $E_k(k = 1, 2, \cdots, n)^T$ 为方案 A_k 的期望损益值，则有 $E = VP$。

表 7-20 列出了风险决策的矩阵模型。

表 7-20　风险决策的矩阵模型

自然状态 概率值 损益 方案	θ_1	θ_2	$\cdots$	θ_n	E
	P_1	P_2	$\cdots$	P_n	
A_1	V_{11}	V_{12}	$\cdots$	V_{1n}	E_1
A_2	V_{21}	V_{22}	$\cdots$	V_{2n}	E_2
$\vdots$	$\vdots$	$\vdots$		$\vdots$	$\vdots$
A_m	V_{m1}	V_{m2}	$\cdots$	V_{mn}	E_m

根据期望值原则进行决策：当损益值为费用时，$\min\{E_i \mid i = 1, 2, \cdots, m\}$ 对应的方案为最优方案；当损益值为收益时，则 $\min\{E_i \mid i = 1, 2, \cdots, m\}$ 对应的方案为最优方案。

当出现不止一个最优方案时，这时需要考虑用方差来比较，并取方差值小的方案为最优方案。

例 7-16　某企业为了增产，拟对原生产过程进行技术改造，为此可供选择的方案有三个：A_1——保持原状，A_2——部分填平补齐，A_3——彻底改造。根据预测和估计，未来市场销售情况面临三种前景：变差的概率为 $P(\theta_1) = 0.2$，保持不变的概率为 $P(\theta_2) = 0.4$，改善的概率为 $P(\theta_3) = 0.4$，已知三种方案在各状态下的净现值如表 7-21 所示。试进行分析决策。

表 7-21　各方案在各状态下的净现值　　　　　　　　　　　　　　单位：万元

状态		θ_1	θ_2	θ_3
概率		$P(\theta_1) = 0.2$	$P(\theta_2) = 0.4$	$P(\theta_3) = 0.4$
方案	A_1	−1	0	2
	A_2	−2	1	4
	A_3	−5	1.5	5

由 $E = VP$ 得

$$E(A) = \begin{bmatrix} E_1 \\ E_2 \\ E_3 \end{bmatrix} = \begin{bmatrix} -1 & 0 & 2 \\ -2 & 1 & 4 \\ -5 & 1.5 & 5 \end{bmatrix} \begin{bmatrix} 0.2 \\ 0.4 \\ 0.4 \end{bmatrix} = \begin{bmatrix} 0.6 \\ 1.6 \\ 1.6 \end{bmatrix}$$

因此，　$\max\{E_i \mid i = 1,2,3\} = E_2$ 或 E_3，这时需要计算方差。

$$D(E_2) = \sum_{j=1}^{3} (V_{2j} - E_2)^2 P_j = 5.04$$

$$D(E_3) = \sum_{j=1}^{3} (V_{3j} - E_3)^2 P_j = 10.897$$

$D(E_2) < D(E_3)$ 表示方案 A_2 风险小，因此应考虑选择方案 A_2。

2) 决策树方法

决策树方法是把方案的一系列因素按它们的相互关系用树状结构表示出来，再按一定的程序进行优选和决策的技术方法。

决策树方法是把各种可供选择的方案和可能出现的自然状态、可能性的大小以及产生的后果简明地绘制在一张图上，便于研究分析。

如图 7-14 所示，符号"□"表示的节点称为决策节点，由决策节点引出的每个分枝表示一个可供选择的方案，叫作方案枝。符号"○"表示的节点称为方案节点，从方案节点引出的每个分枝表示一种可能发生的状态，叫作概率枝。每个状态分枝的末端为结果节点，用符号"△"表示。画决策树的顺序是从左至右，决策树画完后，应对每个节点进行编号，以便分析。根据各种状态发生的概率与相应的损益值分别计算每个方案的损益期望值，计算的顺序是从右至左，并将计算的结果标在相应的节点上，就可以直观地判断出应选择哪个方案，将余下的方案剪掉。

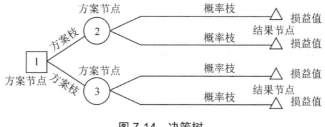

图 7-14　决策树

例 7-17　为了适应市场的需要，某公司提出扩大预制构件生产的两个方案。一个方案是建设大预制厂，另一个方案是建设小预制厂，两者的使用期都是 10 年。建设大预制厂需要投资 600 万元，建设小预制厂需要投资 280 万元。两个方案的每年损益情况及自然状态的概率如表 7-22 所示，试用决策树方法选择最优方案。

表 7-22 建预制厂方案损益情况

自然状态	概 率	建大预制厂	建小预制厂
需要量较高	0.7	200 万元/年	80 万元/年
需要量较低	0.3	-40 万元/年	60 万元/年

根据已知资料画出决策树，如图 7-15 所示。

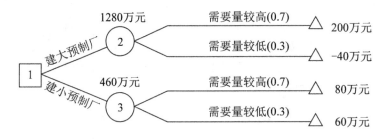

图 7-15 建预制厂方案决策树(1)

计算损益期望值：

节点 2：$0.7 \times 200 \times 10 + 0.3 \times (-40) \times 10 = 1280(万元)$

节点 3：$0.7 \times 80 \times 10 + 0.3 \times 60 \times 10 - 280 = 460(万元)$

比较建大厂、建小厂的损益期望值，可知最优方案是建大预制厂。

例 7-18 假设对例 7-17 中的问题分前 3 年和后 7 年两期考虑。根据对市场的预测，前 3 年预制构件需要量较高的概率为 0.7，如果前 3 年需要量较高，那么后 7 年需要量较高的概率为 0.9。如果前 3 年需要量较低，那么后 7 年的需要量肯定较低，即概率为 1.0。在这种情况下，建大预制厂和建小预制厂两个方案哪个较好？

根据已知资料画出决策树，如图 7-16 所示。

计算损益期望值：

节点 4：$0.9 \times 200 \times 7 + 0.1 \times (-40) \times 7 = 1232(万元)$

节点 5：$1 \times (-40) \times 7 = -280(万元)$

节点 2：$0.7 \times 200 \times 3 + 0.7 \times 1232 + 0.3 \times (-40) \times 3 + 0.3 \times (-280) - 600 = 562.4(万元)$

建大预制厂方案的期望值是 562.4 万元。

节点 6：$0.9 \times 80 \times 7 + 0.1 \times 60 \times 7 = 546(万元)$

节点 7：$1 \times 60 \times 7 = 420(万元)$

节点 3：$0.7 \times 80 \times 3 + 0.7 \times 546 + 0.3 \times 60 \times 3 + 0.3 \times 420 - 280 = 450.2(万元)$

建小预制厂方案的期望值为 450.2 万元。

由此可见，建大预制厂的方案是最优方案。

如果说某个方案不是一次性地从若干方案中选出最优方案，而是要先对与某个方案的形成有关联的几个方案做出择优决策，然后再进行若干方案的最终决策，则称之为多级决策。多级决策的决策点多于一个。运用决策树方法解多级决策问题，也是首先画出决策树，然后由右向左一步一步地计算出期望值，比较期望值的大小，依次进行择优，最终选出最优方案。

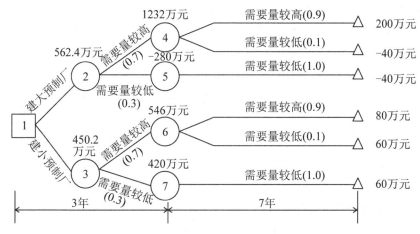

图 7-16　建预制厂方案决策树(2)

例 7-19　如果在例 7-18 的基础上，再增加一个考虑方案，这个方案是先建设小预制厂。若前 3 年对预制构件的需要量较高(其概率与例 7-18 同)，则 3 年后扩建小预制厂。根据计算，扩建需要投资 400 万元，可以使用 7 年，每年的损益值与建大预制厂相同。第三个方案与前两个方案比较，哪个更好？

根据已知资料画出决策树，如图 7-17 所示。

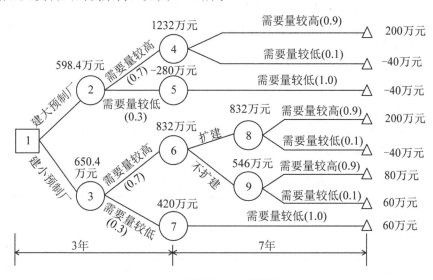

图 7-17　建预制厂方案决策树(3)

计算损益期望值：

节点 2：计算同例 7-18，即建大预制厂方案的期望值是 562.4 万元。

节点 8：$0.9 \times 200 \times 7 + 0.1 \times (-40) \times 7 - 400 = 832$(万元)

节点 9：$0.9 \times 80 \times 7 + 0.1 \times 60 \times 7 = 546$(万元)

通过节点 8 与节点 9 的计算，可以看出扩建的方案期望值大。决策点 6 应选择扩建的方案，舍弃不扩建的方案。所以，决策点 6 的期望值即为 832 万元。

节点 7: $1.0 \times 60 \times 7 = 420$(万元)

节点 3: $0.7 \times 80 \times 3 + 0.7 \times 832 + 0.3 \times 60 \times 3 + 0.3 \times 420 - 280 = 650.4$(万元)

节点 3 与节点 2 比较，节点 3 的期望值较大。因此，最优方案是先建小预制厂，如果需要量较高，那么 3 年后扩建。

案 例 分 析

某企业拟引进新的生产线来提高现有的产品的附加值，并扩大产量。各年现金流量如表 7-23 所示。基准收益率 $i_c = 12\%$。

表 7-23 现金流量　　　　　　　　　　　　　　　　　　　　　单位: 万元

时期/年 项目	建设期			投产期			达产期
	0	1	2	3	4	5	6～10
固定资产投资	900	300					
流动资金投资			30	120	50	200	
销售收入				700	1600	2400	3500
经营成本				550	1400	1850	2800
净现金流量	−900	−300	−30	30	150	350	700

根据表 7-23 中的数据，计算得该项目的净现值 NPV(12%) = 555.26 万元，内部收益率 IRR = 18.44%。由于 NPV = 555.26＞0，IRR = 18.44%＞i_c = 12%，所以初步评价该项目在经济效果上是可以接受的。

本项目处于可行性研究阶段，主要分析不确定性因素对投资回收能力的影响，故选择内部收益率作为敏感性分析的评价指标。经过分析得知，项目中影响内部收益率的不确定性因素主要是销售收入、固定资产投资和经营成本。对销售收入、固定资产投资和经营成本三个因素分别变化±10%，做出单因素敏感性分析。即固定其他因素，变动其中一个不确定性因素，计算每次变动的现金流量，从而计算相应的 IRR，计算结果如表 7-24 所示。

表 7-24 不确定性因素变动对 IRR 的影响

不确定性因素 \ 变化幅度	+10%	0	−10%
销售收入	27.22%	18.44%	5.20%
建设投资	16.81%	18.44%	20.27%
经营成本	8.45%	18.44%	25.69%

从表 7-24 可以看出，当 3 个因素以同等幅度变化时，IRR 的变化程度是不一样的。显然，销售收入变化对 IRR 的影响程度最大，该因素最为敏感，经营成本次之，固定资产投资变化对 IRR 的影响最小。当变化幅度使内部收益率正好等于基准收益率时，则称该变化幅度为不确定性因素变化的临界点。这个临界点表明方案经济效果评价指标达到最低要求所允许的最大变化幅度。如果不确定性因素的变化超过了这个临界点，那么方案就会由可

行变为不可行。把临界点与未来实际可能发生的变化幅度相比较，就可以大致分析项目的风险情况。本例中，当销售收入降低约 5.53% 时，即达到临界点，此时，IRR = i_c。若未来销售收入降低的幅度超过 5.53%，则项目就可能由可行变为不可行，项目面临较大的风险。同理，经营成本的临界点是 + 6.9%，固定资产投资的临界点是 + 47.5%。

除了项目单因素敏感性分析以外，还进行了多因素敏感性分析。将多个不确定性因素同时变化一定的幅度，分析评价指标所受到的影响。项目选择销售收入和经营成本两个不确定性因素同时变化，分析 NPV 所受到的影响。分别取 ±10% 两个不同组合，计算结果如表 7-25 所示。由表 7-25 可以看出，当销售收入减少 10%，经营成本增加 10% 时，NPV 小于 0，项目变为不可行。

表 7-25　两个因素变化对 NPV 的影响

组合 序号	销售收入变化	经营成本变化	净现值 NPV/万元
1	0	0	555.26
2	+10%	−10%	2364.64
3	+10%	+10%	753.04
4	−10%	+10%	−1254.11
5	−10%	−10%	357.49

本 章 小 结

本章通过项目的不确定性分析，可以加深对项目不确定性因素的了解，在项目实施过程中减少不确定性因素对项目经济效果的影响，提高项目的抗风险能力，达到科学决策的目标。

盈亏平衡分析通过计算项目盈亏平衡点，分析项目的抗风险能力。

敏感性分析通过计算不确定性因素的敏感度，找出对项目影响大的因素加以重点控制，保证项目正常实施。

概率分析又称为风险分析，通过研究不确定性因素发生变动的概率分布，计算项目评价指标，确定项目风险大小。

习　　题

一、单选题

1. 盈亏平衡分析适应(　　)。

　　A. 财务评价　　　　B. 国民经济评价　　　C. 一般经济评价　　　D. 风险评价

2. 不确定性分析的作用是(　　)。

　　A. 提高项目的抗风险能力　　　　　　　B. 减少损失

　　C. 投资决策正确　　　　　　　　　　　D. 评价正确

3. 盈亏平衡分析是基于( )。
   A. 收入等于成本
   B. 产量等于收入
   C. 收入等于可变成本
   D. 产量等于成本

4. 单因素敏感性分析是指( )。
   A. 一个因素变化, 其他因素不变
   B. 一个因素变化, 其他因素同时变化
   C. 所有因素不变
   D. 评价指标变化

5. 在基本的盈亏平衡分析图中, 销售收入线与( )线的交点是盈亏平衡点。
   A. 变动成本
   B. 总利润
   C. 固定成本
   D.总成本

二、多选题

1. 项目经济评价的不确定性是( )。
   A. 数据统计偏差
   B. 通货膨胀
   C. 技术进步
   D. 市场变化
   E. 国家政策

2. 下列关于盈亏平衡分析的表述, 正确的有( )。
   A. 项目评价中常用的是非线性盈亏平衡分析
   B. 进行盈亏平衡分析可以考察项目的抗风险能力
   C. 以生产能力利用率和产量表示的盈亏平衡点高, 表明项目对市场变化的适应能力大
   D. 盈亏平衡点可以采用图解法求取

3. 项目可行的条件是( )。
   A. 净现值大于零的概率较大
   B. 净现值大于零的概率较小
   C. 净现值小于零的概率较大
   D. 净现值小于零的概率较小
   E. 净现值的期望值较大

4. 最敏感因素是( )。
   A. 敏感度系数大
   B. 敏感度系数小
   C. 临界值大
   D. 可变因素变化幅度大
   E. 可变因素变化幅度小

5. 盈亏平衡点除了用产量表示以外, 还有( )。
   A. 生产能力利用率
   B. 销售收入
   C. 销售价格
   D. 变动成本
   E.营业费用

三、复习思考题

1. 什么是不确定性分析? 工程经济分析中的不确定性因素主要有哪些? 不确定性分析方法主要有哪些?

2. 什么是盈亏平衡分析? 其目的是什么?

3. 什么是敏感性分析? 其目的是什么?

4. 简述敏感性分析的步骤、作用及局限性。

四、计算题

1. 某项目的销售收入与产销量之间的关系为 $B = -2Q^2 + 7020Q$, 总成本与产销量之间的关系为 $C = 3Q^2 - 4080Q + 260\,000$, 求以产销量表示的盈亏平衡点并做出生产安排。

2. 某厂设计能力为生产钢材 30 万吨/年，每吨钢材价格为 650 元，单位产品可变成本为 400 元，总固定成本为 3000 万元，其中折旧费为 250 万元。试做出以下分析。

(1) 以生产能力利用率表示的盈亏平衡点。

(2) 当价格、固定成本和可变成本变动 10%时，对生产能力利用率盈亏平衡点的影响，并指出敏感因素。

3. 加工某种产品有两种备选工艺，若选用工艺 A 则需要初始投资 40 万元，加工每件产品的费用为 16 元。若选用工艺 B 则需要初始投资 60 万元，加工每件产品的费用为 12 元。假设任何一年的残值均为零。试回答下列问题。

(1) 若生产年限为 8 年，基准折现率为 12%，则年产量为多少时选用工艺 B 比较有利？

(2) 若生产年限为 8 年，年产量为 13 000 件，则基准折现率在什么范围内选用工艺 A 比较有利？

(3) 若年产量为 15 000 件，基准折现率为 12%，则生产年限多长时选用工艺 B 比较有利？

4. 某投资项目的主要经济参数的估计值为：初始投资 15 000 元，寿命为 10 年，残值为 0，年收入为 3500 元，年支出为 1000 元，投资收益为 15%。①当年收入变化时，试对内部收益率的影响进行敏感性分析；②试分析初始投资、年收入与寿命三个参数同时变化时对净现值的敏感性。

5. 某项投资活动，其主要经济参数如下表所示，其中年收入与贴现率为不确定性因素，试进行净现值敏感性分析。

参 数	最不利(P)	很可能(M)	最有利(O)
初始投资/万元	−10 000	−10 000	−10 000
年收入/万元	2500	3000	4000
贴现率	20%	15%	12%
寿命/年	6	6	6

6. 某地区为了满足水泥产品的市场需求拟扩大生产能力规划建水泥厂，提出了三个可行方案：①新建大厂，投资 900 万元，据估计销路好时每年获利 350 万元，销路差时亏损 100 万元，经营期限 10 年；②新建小厂，投资 350 万元，销路好时每年获利 110 万元，销路差时仍然可以获利 30 万元，经营期限 10 年；③先建小厂，3 年后销路好时再扩建，追加投资 550 万元，经营期限 7 年，销路好时每年获利 400 万元，销路差时仍然可以获利 30 万元。

据市场销售形势预测，10 年内产品销路好的概率为 0.7，销路差的概率为 0.3。试根据以上情况，用决策树法进行分析，选择最优方案。

7. 某建设项目年初投资 140 万元，建设期 1 年，生产经营期 9 年，i_c 为 10%。经过科学预测，在生产经营期每年销售收入为 80 万元的概率为 0.5，在此基础上年销售收入增加或减少 20%的概率分别为 0.3 和 0.2。每年经营成本为 50 万元的概率为 0.5，增加或减少 20%的概率分别为 0.3 和 0.2。假设此项目的投资额不变，其他因素的影响忽略不计。试计算该投资项目净现值的期望值以及净现值大于或等于零的累计概率，判断项目风险程度。

8. 某企业拟在生产线上安装一台电子秤，以便提高产品包装质量。安装后，预计可以减少包装损失 2500 元。电子秤的初期费用(含购买、安装等)呈正态分布，均值 15 000 元，标准差 1500 元；寿命期 12～16 年，服从均匀分布。试用蒙特·卡罗模拟法分析该方案净现值的概率分布，并进行风险评估(随机样本数据不少于 25 组)。

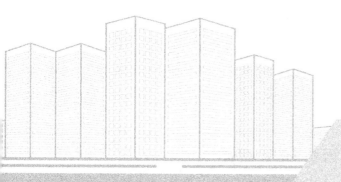

第8章 建设项目可行性研究与经济评价

※ 【学习要点及目标】

● 了解建设项目的概念。

● 了解建设项目的程序。

● 掌握可行性研究报告的编制方法。

● 掌握项目规模的选择。

● 了解厂址的选择。

● 掌握建设项目财务评价方法。

● 了解国民经济评价。

● 了解环境影响评价。

※ 【核心概念】

可行性研究、财务分析、费用效益分析、环境评价、影子价格、经济费用效益分析、国民经济评价

【引导案例】

某企业准备投资建设一个水泥厂项目，为此该企业进行了该地区的水泥市场需求预测和生产规模预测，对工艺技术方案、原材料、燃料、动力的供应、建厂选址方案、环境保护、工厂组织及劳动定员进行了研究，进行了财务分析及该厂建成后对周围环境的影响的评价，并从国民经济全局的角度出发，考察该厂的建设是否经济合理。从以上这些方面来论证这个项目是否应该建设。

8.1 可行性研究概述

8.1.1 建设项目的概念

项目是指在一定的约束条件下具有明确目标的一次性任务(或活动)。

广义的项目含义非常广泛，泛指一切符合项目定义、具备项目特点的一次性任务(或活动)。最常见的项目有开发项目(例如某种资源的开发、一个小区的开发、某种新产品的开发等)、建设项目(例如一座大楼的建造、一个机场的兴建、一条高速公路的修建等)、科研项目(例如基础科学研究项目、应用科学研究项目、科技攻关项目等)以及工业生产项目、软件开发项目等。在这里，狭义的项目专指建设项目。

为了计划管理和统计分析研究的需要，建设项目可以从不同的角度进行分类。按建设项目的用途可以分为生产性项目和非生产性项目；按建设性质可以分为新建项目、扩建项目、改建项目、迁建项目、恢复项目等；按建设阶段可以分为预备项目、筹建项目、实施项目、建成投产项目等；按建设规模可以分为大型项目、中型项目、小型项目；按土建工程性质可以分为房屋建筑工程项目、土木建筑工程项目、工业建筑工程项目；按使用性质可以分为公共工程项目、生产性产业建设项目、服务性产业建设项目、生活设施建设项目；按建设内容与管理关系可以分为建设项目、设计项目、施工项目、采购项目等。

8.1.2 项目的建设程序

建设项目周期是指建设项目从投资意向开始到投资终结的全过程，一般包括三个方面的内容：一是投资全过程客观上包括的工作内容、工作次序和工作类型；二是投资全过程中性质不同的各阶段划分；三是各阶段、各项工作之间的联系，建设项目周期的阶段划分及其工作内容。

1. 建设项目决策阶段

建设项目决策阶段通常也称为项目建设前期工作阶段，它的主要任务是进行一系列调查与研究，为投资行为做出正确的决策。建设项目的决策工作并不是一次完成的，而是由粗到细、由浅到深地进行。它一般又分为以下几点。

1) 投资意向

产生投资意向的主体有政府部门、企业、事业单位和家庭(个人)等。产生投资意向的原因主要有两个方面：一方面是产生意向的主体有闲置资金，需要寻找投资机会，这是建立在可能基础上的投资意向；另一方面是社会上有较好的投资机会，被某个主体所发现，这是建立在需要基础上的投资意向。

2) 市场研究与投资机会分析

市场研究与投资机会分析研究投资机会与投资主体自身的条件是否相适应，以及具体投资机会如何落实。一般可以从三个方面入手：一是投资环境的客观分析，预测客观环境可能发生的变化，特别是对市场供需态势进行分析；二是企业经营目标和战略分析，不同的企业战略，投资机会的选择也有所不同；三是对企业内外部资源条件分析。市场研究与投资机会分析着重点是投资环境分析，目的和作用是鉴别投资方向，选择建设项目，为下一步的研究打基础。

3) 项目建议书

项目建议书是用书面的形式把投资机会的分析结果表达出来，呈报给决策人。

4) 初步可行性研究

初步可行性研究是对决策者接受的项目建议书所提出的投资构想进行初步的论证分析，并将项目投资方案进一步具体化。

初步可行性研究并不是必不可少的，如果项目的机会研究有足够的数据，那么也可以越过初步可行性研究，直接进入可行性研究。初步可行性研究作为机会研究和可行性研究之间的一个中间阶段，它与可行性研究的主要差别是它们所获得的资料的详尽程度不同。就内容来说，初步可行性研究与可行性研究基本是一致的，只不过前者较为粗略，后者较为详尽。初步可行性研究的主要目的是：分析机会研究的结论，并在占有较详细资料的基础上做出是否需要进行下一步的可行性研究；确定哪些关键问题需要进行辅助性的专题研究等。初步可行性研究的着重点是项目建设的必要性和项目建设的可能性。

5) 可行性研究

可行性研究又称为详细可行性研究，是对初步可行性研究提出的一个或几个项目的若干种可能方案进行分析论证，实质上是投资方案的具体确立和构造，它从拟建项目建设和生产经营的全过程考察分析项目在技术、经济、工程、社会、环境和外部协作条件等方面的可行性和合理性。可行性研究工作一般是由投资者委托工程咨询机构或工程设计机构来完成的。可行性研究是围绕项目的可行性进行可行性研究，必要时还需要进一步论证项目的必要性。

6) 建设项目决策

建设项目决策对建设项目的长远经济效益和战略方向起着决定性的作用。其工作的重点主要有两项。

一是对可行性研究的精确性、可靠性和全面性进行评估，决定项目可行性研究报告提出的方案是否可行。建设项目的评估工作一般是由公正性、权威性强的咨询机构独立完成的。可行性研究和项目评估应由不同的咨询机构来完成。

二是根据投资主体的目标、战略和内外条件做出最终选择。这是项目决策环节的最后工作，应由决策者亲自进行。

上述六项工作是一种分析论证性质的工作，主要解决的是项目选择问题。

2. 建设项目设计阶段

建设项目的工程设计是分阶段逐步深化的。我国对于一般项目进行两阶段设计，即工程的初步设计和施工图设计。对重大项目和技术上比较复杂而又缺乏设计经验的项目，在初步设计后还增加了一项技术设计。

1）初步设计

初步设计是根据批准的可行性研究报告和必要的设计基础资料，对设计对象进行通盘研究，具体地构造工程投资方案，并做出工程的初步设计概算。

各类建设项目初步设计的内容不尽相同。就工业项目而言，其主要内容一般包括设计依据和指导思想；建设规模，产品方案，原材料、能源的用量及来源；工艺流程、主要设备的选型和配置；建筑物、构筑物、公用辅助设施和生活区的建设；占用面积和土地使用情况；总图运输；外部协作、配合条件；综合利用、环境保护和抗震及人防措施；生产组织、劳动定员和各项技术经济指标；总概算。

2）投资准备

投资准备指项目在开工之前要切实做好的各项准备工作。初步设计完成后，投资方案的要点就确定了，就可以进行投资准备工作。

3）技术设计

技术设计是初步设计的深化，是针对重大项目或特殊项目，为解决具体的技术问题所进行的设计，同时编制出"修正总概算"，修正总概算的造价一般不得超过初步设计的控制数额。

4）施工图设计

施工图设计是初步设计和技术设计的具体化，是施工单位组织施工的基本依据。根据批准的初步设计进行施工图设计，施工图设计应绘制出正确、完整、详细的建筑、安装图纸并加以详细的施工说明，以能够满足和指导施工为准。在施工图设计阶段，一般要编制工程预算。

上述四项工作主要是确定项目具体方案，实际上是选择和设计项目投资构想的优化实施方案的过程。

3. 建设项目施工阶段

建设项目施工阶段主要指按合同要求完成项目的施工、竣工和投产，达到项目预期目标，实现投资效益。主要包括以下几方面的内容。

1）施工组织设计

施工组织设计是落实设计文件的规划手段，是连接设计阶段和施工活动的桥梁。

2）施工准备

施工准备是根据施工图设计和施工组织设计，由施工企业进行的第一项具体工作，它的部分工作要与施工组织设计同步进行。

3）组织施工

组织施工是具体地配置各种施工要素形成投资产品的过程，是投入劳动量大、耗费时期长的工作，这是施工企业管理的基本任务。

4）生产准备

生产准备是施工项目投产前所要进行的一项重要工作，是为项目及时投产使用所进行的生产组织、技术和物质准备工作。它是衔接建设和生产的桥梁，是建设阶段转入生产经营的必要条件。因此，应根据工程进度，做好生产准备。

5) 竣工验收

竣工验收是项目施工阶段的最后一项工作，它是对投资成果的第一次全面的检查和评定，也是为下一步的投产经营活动进行的准备。

上述五项工作是一种具体的资源组合性质工作，其主要任务是在确定性约束条件下优化实施过程。

4. 投资项目总结评价阶段

投资项目总结评价阶段是在项目投产或运营一段时间之后，对项目建设的全过程、项目目标的实现情况，特别是项目的经验和教训进行总结与评价，具体包括以下两项工作。

1) 投产运营和投资回收

这是投资的资金回收过程和投资效果的实践检验过程。

2) 投资项目后评价

投资项目后评价是在项目投入使用阶段，根据实际的结果和各种数据对投资项目进行的综合评价，它应与建设项目决策阶段的经济评价工作相对应进行。

上述两项工作是一种总结评价性质的工作，甚至可以说是依托于生产经营过程的一种分析研究工作。

8.1.3　可行性研究的概念及作用

1. 可行性研究的含义

可行性研究是在投资决策之前，对拟建项目进行全面技术经济分析论证的科学方法，也是投资前期工作的重要内容，是投资建设程序的重要环节。它是一门运用多种学科的知识，寻求使投资项目达到最好经济效益的综合研究方法。它的任务是以市场为前提，以技术为手段，以经济效益为最终目标，对拟建的投资项目，在投资前期全面、系统地论证该项目的必要性、可能性、有效性和合理性，做出对项目可行或不可行的评价。

对投资项目进行可行性研究的主要目的在于为投资决策从技术经济多方面提供科学依据，以便提高项目决策的成功率，提高投资效益。

2. 可行性研究的作用

可行性研究的作用主要体现在以下几个方面。

1) 作为经济主体投资决策的依据

可行性研究对与建设项目有关的各个方面都进行了调查研究和分析，并以大量数据论证了项目的必要性、可实现性及实现后的结果，是对投资项目未来进展情况的一种模拟，项目投资者正是根据项目可行性研究的结论决定是否进行投资及如何进行投资。

2) 政府主管部门宏观地控制投资方向、投资规模与投资结构

政府主管部门是宏观地掌握区域经济发展状况的管理部门，对某行业的发展状况有宏观的数据掌控。政府主管部门会根据可行性研究来调控该项投资的投资方向、投资规模与投资结构。

3) 客观综合地考虑经济效益、社会效益和环境效益

一个投资项目，尤其是大中型项目的实施，必然会对所在地区的经济、社会和生态环境等方面造成影响。这些影响既可能是积极的，也可能是消极的；既可能是相容的，也可能是对立的；既可能是即时的，也可能是潜在的，各种情况都有可能发生。仅仅考虑其中的一个或几个部分是不够的，否则，有可能不但达不到投资者预期的结果，反而会造成某种损失或灾难。而可行性研究正是要把决策的层面从狭隘的企业角度扩展到社会角度，从单纯的经济利益扩展到社会效益和环境效益，使决策更全面、更符合公众的根本利益。

4) 为向金融机构和社会筹集资金提供依据

世界银行等国际金融组织和我国的商业银行等金融机构，都明确要求建设项目在申请贷款时，必须先行提交该项目的可行性研究报告，银行将对该报告进行仔细审验，以便确认该项目是否具有偿还贷款能力，银行是否承受了过大风险。只有从可行性研究报告的评估中得出比较乐观的结论，银行才会提供信贷。

同样，建设项目在以发行债券、股票等方式向社会筹集资金时，也必须履行同样的手续，向有关证券监督管理部门提交项目可行性研究报告并获得审查通过。

5) 为编制设计文件和进行建设工作提供依据

我国基本建设程序规定，在项目可行性研究通过后，才能着手编制有关设计文件。而设计工作又应该在可行性研究报告提出的建设选址、建设规模、工艺流程、设备选型、总图布置、投资规模等各方面原则性框架基础上进行，即在可行性研究报告的指导下，编制初步设计和设计概算、技术设计和修正概算、施工图设计和施工图预算、施工进度计划和施工设计方案等一系列文件。

此外，环境保护是可行性研究的重要内容之一，环境保护管理部门通过审查可行性研究报告，据以分析拟建项目对环境的影响是否符合国家标准，并决定是否准许进行建设，而城市规划管理部门在核发建设用地规划许可证和建设工程规划许可证前，一般也要求建设单位提交可行性研究报告以供审验。

6) 为签订与项目有关的合同、协议等经济文件提供依据

可行性研究报告是进行工程招标投标，拟订招标文件和标书、标底，签订工程承包和发包合同，以及签订相关的设备订货合同、原材料供应合同、产品销售合同等经济文件的重要依据，上述文件的基本原则和主要内容(例如建设规模、投资数额、产品结构等)，都已经在可行性研究阶段得以研究和确定。

8.2　可行性研究的阶段、主要内容和工作程序

可行性研究是投资前的主要工作内容，它一般包括以下几项工作，并相应形成几个工作阶段，也称为可行性研究的几种类型。一般来说，可行性研究有三种类型，即投资机会研究(也称为投资机会鉴定)、初步可行性研究和可行性研究(也称为详细可行性研究或最终可行性研究)。但有时将投资评价报告从可行性研究中独立出来，或者必要时增加辅助研究。这时，可行性研究就成为四种类型，或者说，可行性研究工作就分为四个阶段。

8.2.1　可行性研究的阶段

1. 投资机会研究

这个阶段工作的主要目的，是通过调查研究，了解有哪些可能投资的机会，并提出建设项目最优投资方向的建议。在发展中国家和处于工业化发展初期的国家里，选定投资项目或寻找最有利的投资机会是一个比较复杂的问题。现在这种工作一般多由国有企业和私营企业或其主管部门来承担，但政府和公共机构在选定投资项目工作中也负有一定的责任。

在联合国工业发展组织为发展中国家所编写的《工业可行性研究报告编写手册》一书中，将投资机会研究分为两种，即一般机会研究和特定项目的机会研究。究竟进行一般机会研究，还是进行特定项目的机会研究，或者是两种研究同时开展，这要根据建设项目的特点和具体情况而确定。

1) 一般机会研究

进行一般机会研究的目的，是为投资者提出具体的投资建议。这类研究的方式有三种。

(1) 地区研究。

地区研究的目的是通过研究选定一个特定地区，例如某一个省、自治区、直辖市，或其中的某一个市县；某沿海发达地区或落后地区；某个铁路枢纽地区或一个港口的供应地区等，论证其投资机会的可能性。

(2) 分部门研究。

通过这项研究是要选定在一个特定部门(例如在食品加工部门、机械制造部门、建筑工程部门)中的投资机会。

(3) 以资源为基础的研究。

通过这项研究，根据各种自然资源、工业、农业产品的综合利用情况以及人力资源的使用情况等各方面资源因素，进行综合研究分析，从而寻找投资机会。

2) 特定项目的机会研究

特定项目的机会研究一般是在机会研究完成并得到通过之后才进行，这样可以避免不必要的损失和浪费。特定项目的机会研究应在已经选定投资机会的基础上，形成具体的投资项目建议，并提出若干项目设想的技术方案。为了刺激投资者进一步参与投资可行性论证的积极性，在特定项目机会研究中，必须包括一些基本资料和数据，以便于可能的投资者考虑该项投资的可能性是否有足够的吸引力。

在机会研究阶段，在分析研究项目的投资机会时，必须考虑、掌握以下情况。

(1) 自然资源的条件，例如用于木材加工工业的用材林的数量、质量和获得的可能性。又比如，作为农产品加工工业基础的现有农业的情况及供给能力。

(2) 项目的产品在国内外市场上需求量的情况及前景预测，包括对某些由于人口增加或购买力增长而有发展潜力的消费品以及某些新产品的需求量。

(3) 用项目产品代替进口产品的可能性，必须分析了解该项目产品的目前进口量，并确定可代替进口商品的范围。

(4) 该建设项目在国民经济发展中与现有地区工业布局的关系。

(5) 国内宏观经济形势和一般的投资趋势。

(6) 在发展水平、资本、劳动力、自然资源和经济背景等方面与我国相类似的其他国家里，项目获得成功的经验和实例。

(7) 项目建设的范围和内容，规模和未来发展的设想。

(8) 该建设项目与国内其他各工业部门之间的相互关系和影响。

(9) 对该项目生产的产品品种类型进行研究，并分析其综合利用的途径。

(10) 项目建设的资金条件，包括资金筹集方式、贷款利率等。

(11) 对该项目的经济和财务等方面的情况进行初步研究，包括各生产要素的成本及其来源情况。

(12) 政府对该类项目发展的有关政策法令。

在投资机会研究这个阶段的工作是比较粗略的，主要依靠对以往工作中所遇到的相类似的工程项目的数据，例如性质相同、规模类似的建设项目的投资、成本等扩大指标和数据进行笼统的估计，而不是详细计算。通过这个阶段的工作要确定有无必要进行下一步的初步可行性研究，并为其提出有投资可能性的明确论据。

在机会研究阶段，对建设项目的投资额和生产成本的估算精确度，一般误差要求控制在±30%。对这阶段的工作，要求时间短、费用低，一般来说，一项大中型工业项目的机会研究在 2～3 个月，所需费用为总投资额的 0.2%～1.0%。

2. 初步可行性研究

初步可行性研究在投资机会研究完成并被肯定之后才得以进行。由于进行详细可行性研究要耗费大量的费用和很长的时间，特别对于一些较为复杂的工程项目，更是如此，因此，为了节省时间和费用，在可行性研究之前先进行初步可行性研究，以便进一步落实投资机会的可能性。如果在初步可行性研究阶段发现投资机会不可行，那么可以及早放弃，以免耗费更多的时间和费用。通过初步可行性研究需要确定以下一些问题。

(1) 投资机会是否确实可行，是否像在机会研究中提出的确有前景，在初步可行性研究阶段所详尽阐述的资料基础上，能否直接做出投资决定。

(2) 在详细可行性研究阶段，重点应研究哪些问题？有无必要对某些问题进行专门研究或辅助研究，例如市场调查、实验室实验、中间试验等。

(3) 项目范围和未来效益是否值得通过可行性研究进行详尽分析。

(4) 已经掌握的资料是否足以证明这个项目不可行，或者对某个投资者或投资集团缺乏足够的吸引力。

初步可行性研究是机会研究和详细可行性研究的中间环节，它与详细可行性研究有着相同的结构。它们三者之间的主要差别，在于所掌握资料的详尽程度和论证结论的准确程度。

机会研究是要确定投资的可能性，而初步可行性研究则是要将一些效益不高的项目筛除，剩下更有把握的方案继续进行下一步的研究。当部门或资源机会研究具有足够的项目数据，可以决定直接进入可行性研究阶段或者中止研究时，初步可行性研究也可以省略。但对于一些大型项目或者比较复杂的工程项目，技术经济方面的结论不可能轻易得出，一般都需要经过初步可行性研究阶段。

3. 辅助研究

辅助研究也叫作功能性研究或专门研究。对于某些特殊或大规模投资的建设项目的某些重要而又复杂的关键方面，有时有必要进行一些辅助性的研究，或者是针对关键性问题进行专门的研究，其主要目的是减轻详细的可行性研究阶段的工作量。

辅助研究通常围绕以下几个方面进行。

(1) 通过市场研究，预测对拟造产品的需求情况以及产品对市场的渗透能力。对于涉外项目，还应对国际市场情况加以调查分析。

(2) 项目所需要的基本原材料以及燃料、动力等投入要素的来源情况、价格情况以及它们将来的变化趋势。

(3) 研究建厂地区，分析厂址选择是否合理，特别是对于运输量大的建设项目，例如钢铁、炼油、建材厂等，更需要考虑合适的厂址，尽可能节省运输费用。

(4) 通过实验室和中间试验，对所选定的原材料进行化验分析，检验其是否符合项目生产工艺的要求，并需要调查了解这些原材料是否有稳定的供应渠道。

(5) 设备选择研究。当所建项目的生产工艺复杂，需要的设备种类很多，项目构成和项目的经济性在很大的程度上又取决于设备的类型，甚至项目的生产效率也直接受到所选设备的影响时，就必须对各种不同的设备来源、设备的技术性能、设备价格、日常的操作费用等各方面有关问题进行研究。当所选设备涉及许多供应来源而且价格相差悬殊时，也必须认真进行设备选择研究工作，以便为下一步的可行性研究提供依据。

(6) 规模经济分析。规模经济分析应结合项目所选择的工艺技术路线进行，然而在分析时可以仅限于规模的经济性，而不必涉及复杂的生产工艺。规模经济分析的主要目的是考虑到可供选择的工艺、市场趋势、投资费用、生产成本和产品价格等因素，计算项目的不同生产能力并选择经济效益最好的、适当的生产规模，以便取得好的项目经济效益并为制订和选择技术方案打下基础。

一般来说，辅助研究在可行性研究之前进行，但当辅助研究过于复杂，不便于作为可行性研究的一部分而按顺序进行时，也可以和可行性研究同时进行。辅助研究的内容摘要构成可行性研究的一个组成部分，并可以减轻可行性研究的工作量。

由于辅助研究的目的是减少可行性研究阶段的工作，减少可行性研究的大量费用，节约开支，因此，辅助研究的费用应与可行性研究的费用结合起来考虑。

4. 可行性研究

可行性研究也称为详细可行性研究或者最终可行性研究。只有在项目通过初步可行性研究并有足够根据可以获得成功时，才能转入项目的详细可行性研究阶段，以便在初步可行性研究的基础上，进一步开展工作。详细可行性研究是一个关键步骤，在这个研究阶段要求对工程项目进行深入的技术经济论证。论证项目的生产规划、建厂地区、厂址选择、生产工艺、设备、电气、厂房、机械、车间划分、土建工程、投资总额、建设时间，进行多方案的分析比较，以便使生产组织合理，投资费用和生产成本降到最低限度。如果所取得的最终数据表明项目不可行，就应考虑调整生产规划和生产工艺，修改参数，重新考虑原材料等投入物，力求提出安排合理的可行项目，并将逐步改进过程在可行性研究中加以描述。总之，这是一个互相关联、互为因果、反复研究的过程。如果全部技术方案在审查之后项目仍然不可行，就应在文件中加以陈述并论证。

8.2.2　可行性研究的主要内容

可行性研究的内容十分广泛，概括起来一般包括以下主要内容，即项目的背景和历史、市场调查和工厂生产能力、原材料供应或矿山资源、建厂地区和厂址选择、工程项目设计、工厂组织机构和管理费用、劳动力来源及培训、建设进度、投资估算与筹措、生产成本估算、企业财务分析、国民经济评价、比较和结论等。以上内容对一般项目来说都应包括，对于不同项目，又各有侧重点。

下面对各项内容做简要介绍。

1. 项目背景和历史

在这一项里主要介绍该项目与其他经济部门的关系，对工业发展的影响，说明项目成立的必要性，具体有以下几点。

1) 项目背景

介绍该项目的设想打算；列出与项目有关的各项主要参数，作为编制可行性研究报告时的指导原则；概述经济、工业、财政、社会以及其他有关政策；说明该项目的地位；说明本项目对国家经济部门及有关经济方面的影响等。

2) 项目历史

在这一项里需要列出在本项目历史中发生过的重大事件，发生日期及当时情况；叙述已经进行过哪些调查研究，写明调查题目、作者和完成日期以及从调查研究中得出的并拟在可行性研究中采用的某些结论和决定。

3) 项目主办人或发起人

说明项目发起人的姓名、住址、是否有可能为项目提供资金以及他们在项目中所起的作用等。

2. 市场调查和工厂生产能力

市场实际需求状况和工厂生产能力是可行性研究中首先需要进行调查研究的问题。只有对当前市场进行详细的调查，掌握需求的大小和具体要求，才能估算出某种特定产品进入市场的可能性和占有程度。同时考虑本项目的生产能力、所采用的工艺、生产规划和摊销策略，并对销售收入做出规划。在这个阶段的主要内容如下。

1) 需求和市场情况调查与预测

这里的主要任务是了解产品在当前和今后市场上的需求情况，为确定拟建工厂的生产规模提供依据。通过调查，应该提出当前市场对该种产品的需求情况和结构；在该项目经济寿命期内市场需求变化的预测并说明该种产品在市场上的竞争能力。因为项目的生存能力在很大的程度上取决于市场需求和该产品对市场的渗透能力。

在大多数情况下，项目分析的第一步就是详细估算拟建项目的产品产量、结构特征、质量和对产品的有效需求。有效需求表示在一定的时期内、在一个特定的市场上、以一定的价格购买的某种产品的总量。

对于新产品的需求预测，其难度就更大，因为缺乏历史数据作为计算的依据。在这种情况下，在考虑到经济条件、国内收入水平和其他有关因素的条件下，可以参照其他国家在有关产品发展水平上的需求增长趋势，借以推测新产品的需求情况。

弄清市场需求是确定项目规模的重要依据。在一般情况下，市场需求量是逐渐增长的，而工厂的生产能力由于受到投资和设备规模的制约，是一个突变的过程。所以，如何确定合理的建厂规模，以便取得良好的经济效益，是一个需要仔细研究的问题。

市场需求预测应在对市场进行调查的基础上，从数量上和质量上提出应有的数据。市场需求大致包括以下几方面的内容。

(1) 在市场调查分析的基础上，对项目产品的需求进行预测。

(2) 对产品供应可能性的分析和估算。

(3) 对拟建项目的产品进入市场的可能性以及渗透市场的程度做出估算。

(4) 在未来一个时期内，市场需求可能出现的发展趋势和特点。

2) 产品的销售预测和推销规划

在分析市场需求的基础上，进行销售和销售收入的预测，是可行性研究中的又一个重要内容。

判断工程项目是否可行，在很大的程度上取决于产品的销售情况及其收入。对于销售额和销售收入的估算，仅仅对市场和需求的数据进行详细分析是不够的。除此以外，还需要考虑工厂生产能力、生产工艺、技术水平、生产计划和销售策略等一系列因素。

确定和预测产品销售价格，对产品的销售量和销售收入有极大影响，正确确定和预测价格的变化对于企业建成后的经营状况至关重要。对那些由企业自行定价的产品，任何定价政策都应以该产品的生产成本和市场结构为基础。从企业角度看，一种产品的适当价格就是按照一定的水平能带来最大收入的价格。对于处于不同状态下的企业，其产品价格的制定不会完全相同。

有了合理的产品价格之后，产品要进入市场，还必须注意产品的推销工作。推销措施包括各种形式的广告、用户咨询服务等。还有许多工业产品需要有销售后的服务和设施，根据用户需要及时提供简单的易耗品，以及进行保养修理等广泛的服务工作。还应在不同地区储备一定数量的备件，以供使用需要。此外，在产品推销工作中，设计和成立推销、分销系统，并考虑与此有关的必要费用，对于有效地进行产品推销工作十分重要，它将使推销工作得到保证，应该给予足够的重视。

3) 确定生产能力和制订生产规划

在对不同阶段的销售情况进行预测之后，就应着手制订详细的生产计划，也就是对在一定的时期内所要达到的产量水平加以确定。这种生产水平的高低主要取决于生产能力的大小及其发挥程度。在一般情况下，生产初期大多数项目都不可能达到设计能力，而是在项目投产后逐年增加，这与多方面的因素有关系。

生产能力的确定，要受到可行性研究中许多因素的影响。例如，工艺和设备、资源的利用率、投资和生产成本、销售的市场范围等，对这些因素必须加以考虑。另外，应在对该产品需求进行预测和短缺原材料的供应限制的前提下，对生产能力和工厂规模的不同方案进行评价和选择。这种评价，既要考虑在不同投资数额条件下的各级生产水平，还要考虑各种不同的销售额和盈利率。生产能力实际上是根据各种因素可能确定的最佳生产水平。具体地说，就是根据所采用的技术、设备、工艺、资金、生产成本、产品销售及其收益等各有关因素的相互影响，而最终综合确定的生产能力。

通过生产规划要确定每年产品的产量以及在正常生产能力条件下，副产品和生产废品的数量。

在项目生产能力确定之后，需要很好地研究产品方案，因为这对将来工厂生产的经济合理性具有很大意义。而且直接影响着工厂所要采取的生产方法、生产设备和所使用的原材料。

3. 原材料、燃料、动力等物资和投入

由于工业生产的过程是在原材料投入之后，经过加工，转变为产品、副产品和废料的过程。因此，在可行性研究中对各种需要投入的物料，包括各种原料，必须进行详细的调查研究。选择原材料和投入的根据，是需求分析以及与需求分析有关的生产规划和工厂生产能力。分析调查的工作内容包括以下几个方面。

1) 确定投入物资的特点

对于原材料和投入特点的分析取决于投入的性质及其在特定项目中的用途。在可行性研究中对这个问题的研究大致包括以下几点。

(1) 原材料和投入的分类。原材料和投入应分为这样几类：未加工或半加工的原料(包括农产品、林业产品和畜产品，金属和非金属在内的各种矿产以及海产等)、经过加工的工业材料和部件(中间产品)、制成品(组装部件)、辅助材料(例如化学制品、添加剂、包装材料、涂料和清漆等)、工厂用品(例如保养器材、机油、润滑脂和清洗材料等)和公用设施(例如水、电、燃料、蒸汽、压缩空气、废水和废气的处理)。

(2) 数据和选择方案。在这里需要说明可供选择的原材料和投入所用的数据，列出将要使用的全部原材料和投入并介绍可供选择的各种不同方案。

(3) 原材料和投入的选择与说明。在这里需要详细说明所选出的原材料和投入，并阐明选择的理由。对原材料和投入还需要说明：①质量性能包括物理性能、机械性能、化学性能、电气和磁力性能等。对于特定材料投入物，由于没有或缺乏使用经验，最好经过中间试验或其他试验。②对于基本原材料和投入的单位成本也必须进行详细的分析，因为它是决定项目经济性的一个关键因素。

2) 确定投入物资的来源及其可得数量

原材料的来源及其取得的可靠性，对于确定工业建设项目技术经济的可行性及项目建设规模起着极其重要的作用。所采用的基本原材料的性能、规格等因素，在很大的程度上往往决定了建设项目的工艺流程、设备选型、产品组合等许多重要问题。在某些情况下，原材料的可得数量决定着项目的规模。因此，对于原材料的来源及其获得的可能性进行详细分析是十分必要的。由于原材料费在生产成本中占有绝对的比重，这些原材料售价的高低成为大部分工业项目在商业上和财务上是否可行的一个决定因素，所以，在选择原材料时对于基本材料和投入物的单价应该进行分析与比较。

在初期研究阶段，主要研究内容是估算所需要的基本材料的数量和价格，在确定了工厂正常生产能力及所采用的技术与设备之后，则应再做进一步的精确计算。对于原材料的获得主要应立足于国内资源。这时，需要对资源的位置和供应条件加以了解分析。对于大宗物资，必须考虑运输问题，包括运输距离、方式和条件以及运输费用，对运输过程中可

能出现的问题也应加以叙述。

3) 制订供应规划

在编制供应计划时，应将以上所收集到的原材料和投入的需要量的可得性和基本材料的单位成本等资料与可行性研究的其他内容结合起来。从而使生产计划成为计算投入物的数量、类别以及交货要求的基础。任何供应规划都会受到所选工艺和设备的影响，因为两者都决定了所需投入物的技术规格。

在编制供应规划时，一般应该包括以下几项内容。

(1) 列出基本数据并进行方案选择。包括列出编制供应规划所用的基本数据，编制供应规划并说明各种可供选择的方案。在选择供应规划时应考虑以下因素：生产计划、供应品的特性和可得性、技术与设备、在运输和储存过程中所造成的原材料损失、在加工和分销过程中所造成的半成品及成品的损失、保修工作所需的更换品等。

(2) 选择供应计划。包括选择供应计划并说明选择的原则和理由，对选出的供应计划做详细说明，对每种投入物必须说明以下内容：供应数量和供应来源、交货时间，如果有必要时还应说明物资的储存措施和容量。

(3) 成本估计。在这里需要对原材料和投入的年成本做出估计，包括原料、经过加工的工业材料、辅助材料、制成品、工厂用品以及公用设施。

4. 建厂地区和厂址选择

在对市场需求、项目的生产能力、生产规划和投入需要等做出估算以后，必须确定适合该项目建设的厂址。也就是通过对该项目建设经营与厂址周围环境的相互影响的研究，进行厂址选择。厂址选择包括选择项目的坐落地点和确定具体厂址两项内容。选择地点是指在相当广阔的地理区域内进行考察选定，例如在全国范围内、在一个地区或省或某段河岸等范围内选择适宜的区域，然后在已经选定的区域内考虑几个可供选择的厂址。

在确定工业项目地点时，应该考虑以下几方面的因素。

1) 国家的方针政策

我国在选择建厂地区时，应考虑到力求合理地配置工业、减少在大工业城市建设大型工业企业的必要性，考虑到国防要求，考虑到禁止在风景区建设工厂的政策要求，还应考虑到鼓励和帮助少数民族地区及边远落后地区发展工业等政策。

2) 与产、供、销的关系

在生产规模、产品方案和工艺流程选定之后，应该选择产、供、销最佳结合的地区作为建设地点。或者说，建厂地区应选择在那些靠近原料、燃料产地，靠近产品消费地区，又有水源、电源方便条件，并便于运输的地区。当然，对于不同产品、不同自然经济特点的原料项目，应结合项目的具体情况选择项目地点。

3) 当地的社会、经济条件

建厂地区的选择必须考虑地区的基础设施和社会经济环境。基础设施主要是指该地区的能源、运输、水源、通信、工业结构的状况，因为它们对项目选址的关系很大。如果某个地区供电不足或单位电费很高，那么，对那些在生产过程中需要大量耗电的建设项目，就无法将该地区作为建厂地区加以考虑。

(1) 在项目地点研究中，社会经济环境也起着重要的作用。它包括以下主要内容。

① 废物处理。大多数工厂都会产生废料或排放物，例如废水、废气、废渣等。地点研究需要确定各种废物量以及处理地点和处理方式。

② 在当地可以获得劳动力的情况。在选择地点时应考虑是否可以从当地得到数量足够的熟练工人和半熟练工人以及技能的种类。

③ 施工和维修设备对项目地点的要求。需要了解当地的土木建筑、机器安装和工厂设备维修方面的设施，以免影响项目费用。

④ 气候条件。应收集分析以下资料，例如气温、降雨量、烟气、灰尘、洪水、地震发生次数以及其他有关因素。

(2) 在决定了建设项目的地理区域之后，可行性研究就应在已经选定的建厂地区内进一步选择具体的建厂地址。一般需要提出几个可供选择的方案，经过分析研究以后，从中选出最优方案。进行分析比较的主要因素有以下几个。

① 土地费用。土地费用是决定厂址的一个重要因素，需要分析土地的购置价格、征地的附加条件以及与土地费有关的其他问题。结合我国情况，还要注意避免占用良田。

② 场地整理和开拓。必须说明该场地的地形、地势、场地整理开拓的工作量和费用等情况。

③ 当地条件。主要指当地的基础结构和社会经济环境，不过其分析应比选择地区时更具体详细。例如，在论证不同厂址方案时，由于工厂的生产能力已经确定，投入量和产出量也已知道，所以就应对不同厂址的不同运输方案和费用进行分析比较。初步估算连接最近的铁路车站的专用线和与主要公路相连的支线的建设费用，油、煤、汽等材料的集散点等。

5. 工程项目设计

在项目设计阶段，首先应确定项目范围。项目范围所包含的不仅限于厂区，而且包括为原材料供应、产品销售和提供辅助基础设施所需的全部其他活动。在项目范围内，在已经确定的生产能力的基础上，完成项目设计的所有内容，包括选定项目的生产工艺，选定机械设备类型，确定厂房、辅助构筑物和厂房基础的结构以及土建工程方案等，并计算所需要的费用。

1) 规定项目范围

在这里需要提出可供选择的方案和为确定项目范围所必需的数据。

2) 选定生产技术

选定项目的最佳技术，是可行性研究的重要内容。在大多数情况下，生产某种产品可供采用的技术往往有多种。因此必须对所提供的技术方案进行评价，从而选出对该厂来说，是既先进又经济合理的技术。在对技术进行评价时，应考虑到项目的生产能力及其发挥情况，考虑到所选技术对建设项目的投资和生产成本的影响，还要联系该项目可能获得的主要原料和燃料的性能、质量以及这些技术的来源和获得方式等。

在选择技术时的基本原则是：所选技术必须是最新发展的，而且是经过全面检验有成功把握的。在引进国外技术时，必须考虑可能的消化能力和相应的管理措施以及对新技术的掌握情况。

3) 设备选型

设备应区分为生产设备、辅助设备、服务设备、备件和工具。设备选择和技术选择是不可分的。在许多情况下，它们常常是同时进行的。一般来说，设备选择应服从于技术要求。

4）土建工程

土建工程一般分为现场准备和开拓、建筑物和特种土建工程以及辅助设施和服务设施等户外工程。在这个部分需要分别列出土建工程可能采用的方案以及所采用方案的各种有关数据，工厂实体布置；所需建筑材料的质量和对工艺的要求；施工设备和施工力量的数量、供应、种类和质量要求；设备运转的技术要求以及对土建工程的费用估算，包括投资费用、场地整理和开拓的费用、建筑物和特种土建工程的费用、户外工程费用等。

6. 工厂组织机构和管理费用

工厂组织规划是与上面所谈到的项目设计密切相关的，因此，应该在一系列分析计算工作中同时反复进行。车间是工厂组织机构的主要内容，其规模大小，为适应生产需要进行的分类，车间的附设机构以及管理、服务和销售单位的数目，大小、规模和机构体制，都取决于项目的生产能力和工程技术。

在工厂组织机构确定以后，可以进行企业管理费用的计算工作。对于某些项目，企业管理费在很大的程度上决定了企业的盈利率。因此，对于新建设项目，其组织机构的规划，必须考虑到有关工厂生产、行政和销售以及分销服务业务的企业管理费用。为了便于计算分析，可将生产过程按有关职能进行分类。这种做法也适用于服务、行政和销售等方面的管理费用情况。

企业管理费用主要包括工厂管理费用、行政管理费用、折旧费和财务费用。

7. 人力的来源及培训

在确定了工厂的生产能力和所采用的生产工艺之后，就需要对该项目所需的各种管理人员和工人做出规划，确定他们的级别和数量，并列出培训方案。

在确定工人投入的数量和技能等级时，应以项目的生产能力和工艺流程作为考虑基础。在确定职员的数量和水平时，则要以企业机构设置的具体情况作为依据。在人员规划时，还必须考虑到以下因素。

(1) 对人力的需求情况进行全面估计，特别是项目所在地区的人力需求情况。

(2) 根据该项目所选择的技术和工艺特点的要求，对在国内或本地区可以得到的人力和专业技术人员的可能性做出估计。

(3) 对于所需人力的估计，在投产前时期和生产时期是有区别的。在投产前时期，需要先招聘经理人员、工程技术负责人和机器操作人员。因为对于这些人员要进行培训，而且他们可以进行工程施工和设备安装的管理工作。在生产时期，则应按职别和技术水平的需要按部门来规划人力需求。

8. 建设进度

项目建设时期，包括从决定投资到开始正常生产这段时期。在这段时期中，需要经历与各方面进行谈判、签订合同、工程项目设计、建筑施工、试运转和投入生产等几个阶段。

建设期的长短对建设项目的盈利高低有着至关重要的影响。因此，应该合理地安排建设进度，进行科学的项目建设计划的编制工作，以便在项目投产前后都筹措有足够的资金，以便保证项目的顺利实施。

在可行性研究中，最佳建设计划和进度安排应包括以下内容。

(1) 详细编制项目建设计划和时间表，并就下面各项问题提出可供选择的方案。

确定项目建设管理部门；选定技术供应来源及时间；编制详细的土建工程设计方案和设备设计方案，进行招标并对投标进行评价、签订合同等；筹措资金。

(2) 制订施工阶段的计划，包括以下内容。

征购土地，同时注意解决好进出厂区的通道问题；对机械设备和土建工程的监督、检验、协调、供应、试运转和验收等工作。

(3) 建立行政管理机构，并相应地招收和培训职员及工人。

(4) 安排供货和推销。

(5) 估计项目建设时期的费用，一般应包括设备和工程设计费用、招标和对投标进行评估的费用、对施工过程的监督协调费用、各种管理费用、招工培训费用、推销费用以及其他有关的各项费用等。

9. 生产成本估算

在考虑项目是否值得兴建时，除了投资大小等因素以外，还必须对该项目建设方案的生产成本进行预测。以前许多建设项目的计划任务书或扩充设计里常常忽视这部分内容，因此，常常导致项目建成后难以维持生产，甚至长期亏损。

8.2.3　可行性研究的工作程序

根据我国现行的基本建设程序，我国开展可行性研究一般应经历以下工作程序。

1) 投资建设单位提出项目建议书

即投资者根据国家经济发展的长远规划和行业、地区规划、经济建设的方针、技术经济政策和建设任务，结合资源条件、市场情况，在调查研究、收集资料、踏勘建设地点、初步分析投资效果的基础上，提出需要进行可行性研究的项目建议书。

2) 下达或委托进行可行性研究工作

各级主管部门及计划部门对有关项目建议书进行汇总、平衡，当项目建议书被审定批准后，即可下达或委托有相应资质条件和研究能力的设计、咨询单位进行可行性研究工作。

3) 承接单位开展可行性研究工作

4) 组织对可行性研究报告进行评审

重点是对报告的编制依据、主要技术与经济参数、方案思路及其与现行政策、法规、规划有无违背冲突之处等方面进行审核。评审委员会应有各方面的专家参加，以便保证评审的客观公正性和科学性。

8.3　可行性研究报告

8.3.1　报告的编制

可行性研究从资料调查、理论推导到得出结论有一个程序问题。一般来说，可行性研究报告的编制要经过以下几个阶段。

1. 准备阶段

报告编制人员要熟悉全部所调查的内容，熟悉写可行性研究报告的要领、应采用的分析方法、替代方案、各项技术经济指标的内容等，要把已经调查的数据资料协调、充实起来，在脑海里形成一个总体，把各方面情况有机地联系起来。可行性研究的项目负责人应全面负责，而每个成员要充分协调要调查的内容。同时，要掌握结构方面的设计要做到怎样的深度，成本预测如何进行，要调查什么内容以及如何调查等。各小组的负责人要写出小组的调查研究报告，小组报告要有整体性，搜集的资料、数据要有准确性、有效性。

2. 调查作业阶段

调查工作要着重于现场调查，要把重点放在野外调查上，对凡是涉及该工程项目的影响因素要尽可能做全面的调查。各小组在调查后，要在较短时间内写出分项调查报告，报告要简洁明了。

3. 资料分析阶段

要根据调查报告中的资料、数据进行具体的分析计算，用具体数字引出结论意见，数字、文章一定要与分析有关，不必要的数据资料一律舍弃。对项目有关的内容都要涉及，不明确的数据、资料绝不能马虎草率，应完全弄清楚。项目评价部分要认真、详细地分析，结论应当有理有据并经得起评论。资料的收集、分析不够充分的地方，应当指明，不要含混。在没有资料的情况下，要尽量避免引用其他地区或项目的资料，要尽可能获得与本地区或本项目有关的实际调查资料。

4. 执笔阶段

要将各部分资料用文字简洁地表述出来。报告应力求简洁，使读者只看正文部分便明了其中的内容。不要让人看完全部资料才能理解。在编写报告时，每小节内容要统一，不同的内容不要放在同一小节内，每一节的篇幅不要太长。引用外部资料时，要注明资料来源。在表现手法上要简明扼要。报告中不要只记述计算结果，而要给出结论并使人明白得出该结论的全过程及其依据。一旦做了评论，就必须明确说明是正确还是错误，不能含混。

5. 编辑阶段

大的工程项目涉及的因素多，内容复杂，其报告的内容也多，不可能由一人执笔，而是分部分由各专题组完成。在这种情况下，要使研究报告带有整体性、条理性，就要将各部分报告进行编辑，使之成为一篇整体的文章。

6. 完成阶段

报告经过编辑后，形成了一篇整体，经过最后的检查校对，该报告就算基本完成。对于有争议的问题，应尽量达到协商一致。对需要重新调查的问题，要写明调查的内容、方法等。

对需要补充调查的资料，亦应提出，以便尽快把缺项内容补充完整。报告完成后，应征求参加可行性研究的人员的意见，以便对不尽完善的地方做出修改。

8.3.2　报告的格式

可行性研究报告的格式大体上分为以下几种。

1．可行性研究报告的正文

1) 总论

总论即对项目情况、可行性研究情况以及研究结论等最主要内容进行简明扼要地介绍，实际上是整个可行性研究报告的浓缩与综述。这部分内容包括项目名称、建设地点、建设单位，项目来源及提出的背景，建设的必要性，研究单位、研究依据及工作过程，项目概貌及主要研究结论。

2) 市场需求预测与建设规模

市场需求预测与建设规模即在对与项目相关的国内及国外、现实和潜在的市场进行广泛深入调查研究的基础上，对项目产出物的市场前景进行量化预测，并由此确定项目的合适建设规模。这部分内容包括相关的市场调查与分析、市场前景预测、建设规模。

3) 建设条件与选址

建设条件与选址即对目前具备的或可能获得各种内外部建设条件和环境进行分析，并对可能的几个建设地点进行综合考察和比较，确定最终选址。这部分内容包括资源、原材料、辅助材料及能源的供应，外部协作条件，相关地区社会经济发展与投资环境，备选地址综合分析及选址说明。

4) 工程技术方案

工程技术方案即对项目的工艺技术流程、场区规划与建筑设计、设备选型等技术方案提出建设意见，以便作为指导投资估算、效益评估等的依据。这部分内容包括项目组成及建设范围，工艺技术流程设计方案，主要设备选型，场区规划、总平面布置、建设运输方案，土建工程和辅助、附属设施工程方案，主要建筑设计方案要点，抗震及人民防空。

5) 环境保护与劳动安全

环境保护与劳动安全即对项目的环境影响、污染源及其危害进行分析，提出污染防止和治理的设计方案，并论证项目运行过程中的劳动卫生与安全条件和必要防护措施。这部分内容包括主要污染源与污染物、污染综合治理与废物利用、环境影响评价、劳动卫生与劳动安全、消防。

6) 企业组织与人员培训

企业组织与人员培训即对项目建成运营后的企业组织机构方案，以及管理人员、生产技术人员等的配备和培训提出意见。这部分内容包括企业组织机构、劳动定员和来源、岗位要求与人员培训。

7) 实施计划与建设进度

实施计划与建设进度即对项目实施过程中的各项工作和工程建设的周期、内容与进度做出安排。这部分内容包括项目实施计划、建设进度安排。

8) 投资估算与资金规划

投资估算与资金规划即对项目的固定资产投资额和流动资金需求量进行测算，并提出资金规划，包括资金来源及其比例、使用计划、还款时间及其方式等。这部分内容包括固定资产投资估算、流动资金估算、资金规划方案。

9) 经济效益与社会效益评价

经济效益与社会效益评价即在对项目投产后计算期内各年的经营成本、销售收入等现金流量预测的基础上，进行财务评价、国民经济评价和社会评价。这是可行性研究报告的重点，决定着项目的取舍与否。这部分内容包括销售收入与销售税金、经营成本与固定资产折旧、利润分配与借款还本付息、财务评价、国民经济评价、不确定性分析、社会评价。

10) 结论与建议

结论与建议即对上述各部分内容进行总结，得出研究结论，并就项目存在的问题、改进的办法和建设运营过程中的重大问题提出意见及建议。这部分内容包括研究结论、项目存在的问题及建议。

2．可行性研究报告的附件

1) 研究工作的依据性文件

这些文件是开展研究、提出主要观点的依据，包括项目建议书、初步可行性研究报告、各类批文及协议、市场调查报告和技术资料汇编、其他有关文件。

2) 项目建设的基础性文件

这些文件是项目成立和实施建设的基础，包括建设地址选择报告书、资源勘探报告书、贷款意向书、环境影响报告书。

3) 可行性研究报告附图

这些图纸有助于直观地表达报告的内容，是报告的有机组成部分，主要包括区域位置图、现状地形图、总平面布置图、工艺流程简图、其他有关图纸。

4) 可行性研究报告基本报表

这些报表是项目经济评价的工具和手段，能清晰明确地反映其经济效果，主要包括现金流量表、损益表、资金来源及运用表、资产负债表、外汇平衡表、国民经济效益费用流量表。

5) 可行性研究报告辅助报表

这些报表是基本报表的扩展和说明，同样是报告的有机组成部分，主要包括固定资产投资估算表、流动资金估算表、投资计划及资金筹措表、借款还本付息估算表、产品销售收入和销售税金估算表、总成本费用估算表、固定资产折旧费估算表、无形资产及递延资产摊销估算表、主要产出物和投入物使用价格依据表、单位产品生产成本估算表、经济外汇流量表、国民经济评价投资调整计算表、国民经济评价销售收入调整计算表、国民经济评价经营费用调整计算表；出口(替代进口)产品国内资源流量表。

8.4 财 务 分 析

8.4.1 概述

1.财务分析的概念

财务分析是根据国家现行财税制度和价格体系，在财务效益与费用的估算以及编制财务辅助报表的基础上，分析、计算项目直接发生的财务效益和费用，编制财务报表，计算财务分析指标，考察项目盈利能力、清偿能力以及外汇平衡等财务状况，据以判别项目的财务可行性。财务分析是建设项目经济评价中的微观层次，它主要从微观投资主体的角度分析项目可以给投资主体带来的效益以及投资风险。作为市场经济微观主体的企业进行投资时，一般都进行项目财务分析。

2. 财务评价的作用

(1) 考察项目的财务盈利能力。

(2) 用于制订适宜的资金规划。

(3) 为协调企业利益与国家利益提供依据。

(4) 为中外合资项目提供双方合作的基础。

3. 财务分析的程序

财务分析是在项目市场研究、生产条件及技术研究的基础上进行的，它主要通过有关的基础数据，编制财务报表，计算分析相关的经济评价指标，做出评价结论。其程序大致包括如下步骤。

(1) 选取财务分析的基础数据与参数。

(2) 估算各期现金流量。

(3) 编制基本财务报表。

(4) 计算财务分析指标，进行盈利能力和偿债能力分析。

(5) 进行不确定性分析。

(6) 得出评价结论。

8.4.2　融资前财务分析

项目决策可以分为投资决策和融资决策两个层次。投资决策重在考察项目净现金流的价值是否大于其投资成本，融资决策重在考察资金筹措方案能否满足要求。从严格意义上说，投资决策在先，融资决策在后，根据不同决策的需要，财务分析可以分为融资前分析和融资后分析。

财务分析一般宜先进行融资前分析，融资前分析是指在考虑融资方案前就可以开始进行的财务分析，即不考虑债务融资条件下进行的财务分析。在融资前分析结论满足要求的情况下，初步设定融资方案，再进行融资后分析。融资前只进行盈利能力分析，并以投资现金流量分析为主要手段。

融资前项目投资现金流量分析，是从项目投资总获利能力角度，考察项目方案设计的合理性，以动态分析(折现现金流量分析)为主，静态分析(非折现现金流量分析)为辅。根据需要，可以从所得税前和(或)所得税后两个角度进行考察，选择计算所得税前(或)所得税后指标。

计算所得税前指标的融资前分析(所得税前分析)是从息前税前角度进行的分析。计算所得税后指标的融资前分析(所得税后分析)是从息前税后角度进行的分析。

1. 正确识别选用现金流量

进行现金流量分析应正确识别和选用现金流量，包括现金流入和现金流出。融资前财务分析的现金流量应与融资方案无关。从该原则出发，融资前项目投资现金流量分析的现金流量主要包括建设投资、营业收入、经营成本、流动资金、营业税金及附加和所得税。

为了体现与融资方案无关的要求，各项现金流量的估算中都需要剔除利息的影响。例如采用不含利息的经营成本作为现金流出，而不是总成本费用；在流动资金估算、经营成本中的修理费和其他费用估算过程中应注意避免利息的影响等。

所得税前和所得税后分析的现金流入完全相同，但现金流出略有不同，所得税前分析不将所得税作为现金流出，所得税后分析视所得税为现金流出。

2. 项目投资现金流量表的编制

融资前动态分析主要考虑整个计算期内现金流入和现金流出，编制项目投资现金流量表如表 8-1 所示。

表 8-1　项目投资现金流量表　　　　　　　　　　　　　　单位：万元

序 号	项 目	合 计	计 算 期					
			1	2	3	4	…	n
1	现金流入							
1.1	营业收入							
1.2	补贴收入							
1.3	回收固定资产余值							
1.4	回收流动资金							
2	现金流出							
2.1	建设投资							
2.2	流动资金							
2.3	经营成本							
2.4	营业税金及附加							
2.5	维持运营投资							
3	所得税前净现金流量(1-2)							
4	累计所得税前净现金流量							
5	调整所得税							
6	所得税后净现金流量(3-5)							
7	累计所得税后净现金流量							

计算指标：项目投资财务内部收益率(所得税前)：　　　　%
　　　　　项目投资财务内部收益率(所得税后)：　　　　%
　　　　　项目投资财务净现值(所得税前)(i_c = %)：　　万元
财务净现值(所得税后)(i_c = %)：　　　　万元
项目投资回收期(所得税前)：　　　　年
项目投资回收期(所得税后)：　　　　年

(1) 现金流入主要是营业收入，还可能包括补贴收入，在计算期最后一年，还包括回收固定资产余值及回收流动资金。营业收入的各年数据取自营业收入和营业税金及附加估算表。固定资产余值回收额为固定资产折旧费估算表中最后一年的固定资产期末净值，流动资金回收额为项目正常生产年份流动资金的占用额。

(2) 现金流出主要包括建设投资、流动资金、经营成本、营业税金及附加。固定资产投资和流动资金的数额取自项目总投资使用计划与资金筹措表，流动资金投资为各年流动资金增加额，经营成本取自总成本费用估算表，营业税金及附加包括营业税、消费税、资源税、城市维护建设税和教育费附加，它们取自营业收入、营业税金及附加和增值税估算表。尤其需要注意的是，项目投资现金流量表中的"所得税"应根据息税前利润(EBIT)乘以所得税率计算，称为调整所得税。原则上，息税前利润的计算应完全不受融资方案变动的影响，即不受利息多少的影响，包括建设期利息对折旧的影响(因为折旧的变化会对利润总额产生影响，进而影响息税前利润)。但如此将会出现两个折旧和两个息税前利润(用于计算融资前所得税的息税前利润和利润表中的息税前利润)。为了简化起见，当建设期利息占总投资比例不是很大时，也可以按利润表中的息税前利润计算调整所得税。

(3) 项目计算期各年的净现金流量为各年现金流入量减对应年份的现金流出量，各年累计净现金流量为本年及以前各年净现金流量之和。

(4) 按所得税前的净现金流量计算的相关指标，即所得税前指标，是投资盈利能力的完整体现，用以考察由项目方案设计本身所决定的财务盈利能力，它不受融资方案和所得税政策变化的影响，仅仅体现项目方案本身的合理性。所得税前指标可以作为初步投资决策的主要指标，用于考察项目是否基本可行，并值得去为之融资。所谓"初步"是相对而言的，意指根据该指标投资者可以做出项目实施后能实现投资目标的判断，此后再通过融资方案的比较和选择分析，有了较为满意的融资方案后，投资者才能决定最终出资。所得税前指标应该受到项目有关各方(项目发起人、项目业主、项目投资人、银行和政府管理部门)广泛的关注。所得税前指标还特别适用于建设方案设计中的方案比较和选择。

8.4.3　融资后财务分析

在融资前财务分析结果可以接受的前提下，可以开始考虑融资方案，进行融资后分析。融资后分析包括项目的盈利能力分析、偿债能力分析以及财务生存能力分析，进而判断项目方案在融资条件下的合理性。在比较和选择融资方案、进行融资决策和投资者最终决定性研究报告完成之后，还需要进一步深化融资后财务分析，才能完成最终融资决策。

1. 融资后盈利能力分析

融资后的盈利能力分析包括动态分析(折现现金流量分析)和静态分析(非折现现金流量分析)。

1) 动态分析

动态分析是通过编制财务现金流量表，根据资金时间价值原理，计算财务内部收益率、财务净现值等指标，分析项目的获利能力。融资后的动态分析可以分为下列两个层次。

(1) 项目资本金现金流量分析。在市场经济条件下，对项目整体获利能力有所判断的基础上，项目资本金盈利能力指标是投资者最终决定是否投资的最重要的指标，也是比较和取舍融资方案的重要依据。

项目资本金现金流量分析，应在拟定的融资方案下，从项目资本金出资者整体的角度，确定其现金流入和现金流出，编制项目资本金现金流量表，如表 8-2 所示。

现金流入各项的数据来源与全部投资现金流量表相同。现金流出项目包括项目资本金、借款本金偿还、借款利息支付、经营成本、营业税金及附加。其中，项目资本金取自项目总投资计划与资金筹措表中资金筹措项下的自有资金分项。借款本金偿还由两部分组成，一部分为借款还本付息计划表中本年还本额，另一部分为流动资金借款本金偿还，一般发生在计算期最后一年。借款利息支付数额来自总成本费用估算表中的利息支出项。现金流出中其他各项与全部投资现金流量表中相同。项目计算期各年的净现金流量为各年现金流入量减对应年份的现金流出量。项目资本金现金流量表将各年投入项目的项目资本金作为现金流出，各年交付的所得税和还本付息也作为现金流出。因此，其净现金流量就包含了企业在缴税和还本付息之后所剩余的收益(含投资者应分得的利润)，即企业的净收益，又是投资者的权益性收益。那么根据这种净现金流量计算得到的资本金内部收益率指标应该能反映从投资者整体角度考察盈利能力的要求，也就是从企业角度对盈利能力进行判断的要求。因为企业只是一个经营实体，而所有权属于全部投资者。

(2) 投资各方现金流量分析。对于某些项目，为了考察投资各方的具体收益，还应从投资各方实际收入和支出的角度，确定其现金流入和现金流出，分别编制投资各方现金流量表(见表 8-3)，计算投资各方的内部收益率指标。

表 8-2　项目资本金现金流量表 单位：万元

序　号	项　　目	合　计	计　算　期					
			1	2	3	4	…	n
1	现金流入							
1.1	营业收入							
1.2	补贴收入							
1.3	回收固定资产余值							
1.4	回收流动资金							
2	现金流出							
2.1	项目资本金							
2.2	借款本金偿还							
2.3	借款利息支付							
2.4	经营成本							
2.5	营业税金及附加							
2.6	所得税							
2.7	维持运营投资							
3	净现金流量(1-2)							
计算指标：资本金内部收益率(%)								

表 8-3 投资各方现金流量表　　　　　　　　　　单位：万元

序 号	项 目	合 计	计 算 期					
			1	2	3	4	…	n
1	现金流入							
1.1	实分利润							
1.2	资产处置收益分配							
1.3	租赁费收入							
1.4	技术转让或使用收入							
1.5	其他现金流入							
2	现金流出							
2.1	实缴资本							
2.2	租赁资产支出							
2.3	其他现金流出							
3	净现金流量(1-2)							
计算指标：投资各方财务内部收益率(%)								

投资各方现金流量表中的现金流入是指出资方因为该项目的实施将实际获得的各种收入。现金流出是指出资方因为该项目的实施将实际投入的各种支出。表中各项应注意的问题包括实分利润是指投资者由项目获取的利润；资产处置收益分配是指对有明确的合营期限或合资期限的项目，在期满时对资产余值按股比或约定比例的分配；租赁费收入是指出资方将自己的资产租赁给项目使用所获得的收入，此时应将资产价值作为现金流出，列为租赁资产支出科目；技术转让或使用收入是指出资方将专利或专有技术转让或允许该项目使用所获得的收入。

2) 静态分析

除了进行现金流量分析以外，还可以根据项目具体情况进行静态分析，即非折现盈利能力分析，选择计算一些静态指标。静态分析编制的报表是利润和利润分配表。利润和利润分配表中的损益栏目反映项目计算期内各年的营业收入、总成本费用支出、利润总额情况，利润分配栏目反映所得税及税后利润的分配情况，如表 8-4 所示。

表 8-4 利润和利润分配表　　　　　　　　　　单位：万元

序 号	项 目	合计	计 算 期					
			1	2	3	4	…	n
1	营业收入							
2	营业税金及附加							
3	总成本费用							
4	补贴收入							
5	利润总额(1-2-3+4)							
6	弥补以前年度亏损							
7	应纳税所得额(5-6)							
8	所得税							
9	净利润(5-8)							
10	期初未分配利润							
11	可供分配的利润(9+10)							
12	提取法定盈余公积金							
13	可供投资者分配的利润(11-12)							
14	应付优先股股利							
15	提取任意盈余公积金							

序　号	项　　目	合计	计　算　期					
			1	2	3	4	…	n
16	应付普通股股利(13−14−15)							
17	各投资方利润分配							
	其中：××方							
	××方							
18	未分配利润(13−14−15−17)							
19	息税前利润(利润总额＋利息支出)							
20	息税折旧摊销前利润(息税前利润＋折旧＋摊销)							

可供投资者分配的利润根据投资方或股东的意见在任意盈余公积金、应付利润和未分配利润之间进行分配。应付利润为向投资者分配的利润或向股东支付的股利，未分配利润主要指用于偿还固定资产投资借款及弥补以前年度亏损的可供分配利润。

2. 融资后偿债能力分析

1) 借款偿还期

对筹措了债务资金的项目，偿债能力考察项目按期偿还借款的能力。根据借款还本付息计划表、利润和利润分配表与总成本费用表的有关数据，通过计算利息备付率、偿债备付率指标，判断项目的偿债能力。如果能够得知或根据经验设定所要求的借款偿还期，就可以直接计算利息备付率、偿债备付率指标。如果难以设定借款偿还期，那么可以先大致估算出借款偿还期，再采用适宜的方法计算出每年需要还本和付息的金额，代入公式计算利息备付率、偿债备付率指标。需要估算借款偿还期时，可以按下式估算：

$$
借款偿还期 = \frac{借款偿还后}{开始出现盈余的年份} - \frac{开始借款}{年份} + \frac{当年借款}{当年可用于还款的资金额} \tag{8-1}
$$

要注意的是，该借款偿还期只是为估算利息备付率和偿债备付率指标所用，不应与利息备付率和偿债备付率指标并列。

2) 资产负债表的编制

资产负债表通常按企业范围编制，企业资产负债表是国际上通用的财务报表，表中数据可以由其他报表直接引入或经过适当计算后列入，以便反映企业某个特定日期的财务状况。在编制过程中资产负债表的科目可以适当简化，反映的是各年年末的财务状况，如表 8-5 所示。

表 8-5　资产负债表　　　　　　　　　　　　　　　　单位：万元

序　号	项　　目	合　计	计　算　期					
			1	2	3	4	…	n
1	资产							
1.1	流动资产总额							
1.1.1	货币资金							
1.1.2	应收账款							
1.1.3	预付账款							
1.1.4	存货							
1.1.5	其他							

序 号	项 目	合 计	计 算 期					
			1	2	3	4	⋯	n
1.2	在建工程							
1.3	固定资产净值							
1.4	无形资产及其他资产净值							
2	负债及所有者权益(2.4 + 2.5)							
2.1	流动负债总额							
2.1.1	短期借款							
2.1.2	应付账款							
2.1.3	预收账款							
2.1.4	其他							
2.2	建设投资借款							
2.3	流动资金借款							
2.4	负债小计(2.1 + 2.2 + 2.3)							
2.5	所有者权益							
2.5.1	资本金							
2.5.2	资本公积金							
2.5.3	累计盈余公积金							
2.5.4	累计未分配利润							
计算指标:	资产负债率(%)							

资产由流动资产、在建工程、固定资产净值、无形资产及其他资产净值四项组成。

(1) 流动资产为货币资金、应收账款、预付账款、存货、其他之和。应收账款、预付账款和存货三项数据来自流动资金估算表。货币资金数据则取自财务计划现金流量表的累计资金盈余与流动资金估算表中现金项之和。

(2) 在建工程是指建设投资和建设期利息的年累计额。

(3) 固定资产净值和无形资产及其他资产净值分别从固定资产折旧费估算表和无形资产及其他资产摊销估算表取得。

负债包括流动负债、建设投资借款和流动资金借款。流动负债中的应付账款、预付账款数据可以由流动资金估算表直接取得。后两项需要根据财务计划现金流量表中的对应项及相应的本金偿还项进行计算。

所有者权益包括资本金、资本公积金、累计盈余公积金及累计未分配利润。其中,累计未分配利润可以直接来自利润表;累计盈余公积金也可以由利润表中的盈余公积金项计算各年份的累计值,但应根据是否用盈余公积金弥补亏损或转增资本金的情况进行相应调整;资本金为项目投资中累计自有资金(扣除资本溢价),当存在由资本公积金或盈余公积金转增资本金的情况时应进行相应调整。资本公积金为累计资本溢价及赠款,转增资本金时进行相应调整。

资产负债表满足等式:资产 = 负债 + 所有者权益。

3. 财务生存能力分析

财务生存能力分析旨在考察项目(企业)在整个计算期内的资金充裕程度,分析财务可持续性。判断项目在财务上的生存能力，应根据财务计划现金流量表进行。

财务计划现金流量表是国际上通用的财务报表，用于反映计算期内各年的投资活动、融资活动和经营活动所产生的现金流入、现金流出和净现金流量，分析项目是否有足够的净现金流量维持正常运营，是表示财务状况的重要财务报表。为此，财务生存能力分析亦称为资金平衡分析。财务计划现金流量表如表 8-6 所示，其中绝大部分数据可以来自其他表格。

财务生存能力分析应结合偿债能力分析进行，项目的财务生存能力分析可以通过以下相辅相成的两个方面进行。

1) 分析是否有足够的净现金流量维持正常运营

(1) 在项目(企业)运营期间，只有能够从各项经济活动中得到足够的净现金流量，项目才能持续生存。在财务生存能力分析中应根据财务计划现金流量表，考察项目计算期内各年的投资活动、融资活动和经营活动所产生的各项现金流入及流出，计算净现金流量和累计盈余资金，分析项目是否有足够的净现金流量维持正常运营。

表 8-6　财务计划现金流量表　　　　　单位：万元

序　号	项　目	合　计	计　算　期					
			1	2	3	4	…	n
1	经营活动净现金流量(1.1-1.2)							
1.1	现金流入							
1.1.1	营业收入							
1.1.2	增值税销项税额							
1.1.3	补贴收入							
1.1.4	其他收入							
1.2	现金流出							
1.2.1	经营成本							
1.2.2	增值税进项税额							
1.2.3	营业税金及附加							
1.2.4	增值税							
1.2.5	所得税							
1.2.6	其他流出							
2	投资活动净现金流量(2.1 - 2.2)							
2.1	现金流入							
2.2	现金流出							
2.2.1	建设投资							
2.2.2	维持运营投资							
2.2.3	流动资金							
2.2.4	其他流出							
3	筹资活动净现金流量(3.1 - 3.2)							
3.1	现金流入							
3.1.1	项目资本金投入							
3.1.2	建设投资借款							
3.1.3	流动资金借款							

续表

序 号	项 目	合 计	计 算 期					
			1	2	3	4	…	n
3.1.4	债券							
3.1.5	短期借款							
3.1.6	其他流入							
3.2	现金流出							
3.2.1	各种利息支出							
3.2.2	偿还债务本金							
3.2.3	应付利润(股利分配)							
3.2.4	其他流出							
4	净现金流量(1 + 2 + 3)							
5	累计盈余资金							

(2) 拥有足够的经营净现金流量是财务上可持续的基本条件，特别是在运营初期。一个项目具有较大的经营净现金流量，说明项目方案比较合理，实现自身资金平衡的可能性大，不会过分依赖短期融资来维持运营。反之，一个项目不能产生足够的经营净现金流量，说明项目方案缺乏合理性，实现自身资金平衡的可能性小，有可能要靠短期融资来维持运营，有些项目可能需要政府补助来维持运营。

(3) 通常运营前期的还本付息负担较重，故应特别注重运营前期的财务生存能力分析。如果安排的还款期过短，致使还本付息负担过重，导致为维持资金平衡必须筹措的短期借款过多，那么可以设法调整还款期，甚至寻求更有利的融资方案，减轻各年还款负担。所以，财务生存能力分析应结合偿债能力分析进行。

2) 各年累计盈余资金不出现负债是财务可持续的必要条件

在整个运营期间，允许个别年份的净现金流量出现负值，但不能允许任一年份的累计盈余资金出现负值。一旦出现负值就应适时进行短期融资，该短期融资应体现在财务计划现金流量表中，同时短期融资的利息也应纳入成本费用和其后的计算。较大的或较频繁的短期融资有可能导致以后的累计盈余资金无法实现正值，致使项目难以持续运营。

8.4.4　财务评价指标体系与方法

建设项目财务评价方法是与财务评价的目的和内容相联系的。财务评价的主要内容包括盈利能力评价和清偿能力评价。财务评价的方法有以现金流量表和利润表为基础的动态获利性评价及静态获利性评价、以资产负债表为基础的财务比率分析、以借款还本付息计划表和财务计划现金流量表为基础的偿债能力分析与财务生存能力分析等。

1. 建设项目财务评价指标体系

建设项目财务评价指标体系是按照财务评价的内容建立起来的，同时也与编制的财务评价报表密切相关。建设项目财务评价内容、评价报表、评价指标之间的关系如表8-7所示。

表8-7 财务评价指标体系

评价内容	基本报表		评价指标	
			静态指标	动态指标
盈利能力分析	融资前分析	项目投资现金流量表	项目投资回收期	项目投资财务内部收益率 项目投资财务净现值
	融资后分析	项目资本金现金流量表		项目资本金财务内部收益率
		投资各方现金流量表		投资各方财务内部收益率
		利润与利润分配表	总投资收益率 项目资本金 净利润率	
偿债能力分析	借款还本付息计划表		偿债备付率 利息备付率	
	资产负债表		资产负债率 流动比率 速动比率	
财务生存能力分析	财务计划现金流量表		累计盈余资金	
外汇平衡分析	财务外汇平衡表			
不确定性分析	盈亏平衡分析		盈亏平衡产量 盈亏平衡生产能力利用率	
	敏感性分析		灵敏度 不确定性因素的临界值	
风险分析	概率分析		FNPV≥0 的累计概率	
			定性分析	

2. 建设项目财务评价方法

1) 财务盈利能力评价

财务盈利能力评价主要考察投资项目投资的盈利水平，是在编制项目投资现金流量表、项目资本金现金流量表、利润和利润分配等财务报表的基础上，计算财务净现值、财务内部收益率、投资回收期、投资收益率和资本金利润率等指标，这几项指标及判别准则详见第5章。

2) 清偿能力评价

投资项目的资金构成一般可以分为借入资金和自有资金。自有资金可以长期使用，而借入资金必须按期偿还。项目的投资者自然要关心项目偿债能力，借入资金的所有者——债权人也非常关心贷出资金能否按期收回本金。因此，偿债分析是财务分析中的一项重要内容。

(1) 利息备付率(ICR)。利息备付率是指项目在借款偿还期内的息税前利润(EBIT)与应付利息(PI)的比值，它从付息资金来源的充裕性角度反映项目偿付债务利息的保障程度。利息备付率的含义和计算公式均与财政部对企业绩效评价的"已获利息倍数"指标相同，用于支付利息的息税前利润等于利润总额和当期应付利息之和。当期应付利息是指计入总成本费用的全部利息。利息备付率应按下式计算：

$$\text{ICR} = \frac{\text{EBIT}}{\text{PI}} \qquad (8\text{-}2)$$

利息备付率应分年计算。对于正常经营的企业，利息备付率应当大于 1，并结合债权人的要求确定。利息备付率高，表明利息偿付的保障程度高，偿债风险小。

(2) 偿债备付率(DSCR)。偿债备付率是指项目在借款偿还期内，各年可以用于还本付息的资金(EBITDA－Tax)与当期应还本付息金额(PD)的比值，它表示可以用于还本付息的资金偿还借款本息的保障程度，应按下式计算：

$$\text{DSCR} = \frac{\text{EBITDA} - \text{Tax}}{\text{PD}} \qquad (8\text{-}3)$$

式中：EBITDA——息税前利润加折旧和摊销；

Tax——企业所得税。

偿债备付率既可以按年计算，也可以按整个借款期计算。偿债备付率表示可以用于还本付息的资金偿还借款本息的保证倍率，正常情况下应大于 1，并结合债权人的要求确定。

(3) 资产负债率。资产负债率是反映项目各年所面临的财务风险程度及偿债能力的指标，计算公式为

$$\text{资产负债率} = \frac{\text{负债合计}}{\text{资产合计}} \times 100\% \qquad (8\text{-}4)$$

资产负债率表示企业总资产中有多少是通过负债得来的，是评价企业负债水平的综合指标。适度的资产负债率既能表明企业投资人、债权人的风险较小，又能表明企业经营安全、稳健、有效，具有较强的融资能力。国际上公认的较好的资产负债率指标是 60%。但是难以简单地用资产负债率的高或低来进行判断，因为过高的资产负债率表明企业财务风险太大，过低的资产负债率则表明企业对财务杠杆利用不够。实践表明，行业间资产负债率差异也较大。实际分析时应结合国家总体经济运行状况、行业发展趋势、企业所处竞争环境的具体条件进行判定。

(4) 流动比率。流动比率是反映项目各年偿付流动负债能力的指标，计算公式为

$$\text{流动比率} = \frac{\text{流动资产总额}}{\text{流动负债总额}} \times 100\% \qquad (8\text{-}5)$$

流动比率衡量企业资金流动性的大小，考虑流动资产规模与负债规模之间的关系，判断企业短期债务到期前，可以转化为现金用于偿还流动负债的能力。该指标越高，说明偿还流动负债的能力越强。但该指标过高，说明企业资金利用效率低，对企业的运营也不利。国际公认的标准是 200%。但行业间流动比率会有很大差异，一般来说，若行业生产周期较长，则流动比率就应该相对提高；反之，就可以相对降低。

(5) 速动比率。速动比率是反映项目各年快速偿付流动负债能力的指标，计算公式为

$$\text{速动比率} = \frac{\text{流动资产总额－存货}}{\text{流动负债总额}} \times 100\% \qquad (8\text{-}6)$$

速动比率指标是对流动比率指标的补充，是将流动比率指标计算公式的分子剔除了流动资产中的变现力最差的存货后，计算企业实际的短期债务偿还能力，较流动比率更为准确。该指标越高，说明偿还流动负债的能力越强。与流动比率一样，该指标过高，说明企业资金利用效率低，对企业的运营也不利。国际公认的标准比率为 100%。同样，该指标在

行业间也有较大差异，在实践中应结合行业特点分析判断。

在项目评价过程中，可行性研究人员应该综合考察以上的盈利能力和偿债能力分析指标，分析项目的财务运营能力能否满足预期的要求和规定的标准要求，从而评价项目的财务可行性。

8.5　国民经济评价

8.5.1　概述

1. 概念

建设项目国民经济评价即指项目经济费用效益分析，是按合理配置资源的原则，采用影子价格、影子率、社会折现率等经济评价参数，分析项目投资的经济效率和对社会福利所做出的贡献，评价项目的经济合理性。对于财务现金流量不能全面、真实地反映其经济价值，需要进行经济费用效益分析的项目，应将经济费用效益分析的结论作为项目决策的主要依据之一。国民经济评价的方法主要有经济费用效益分析法和费用效果分析法。对于效益与费用可以货币化的项目应采用经济费用效益分析法。而费用效果分析法是指费用采用货币计量，效果采用非货币计量的经济效果分析方法。

2. 意义

1) 国民经济评价是宏观上合理配置国家有限资源的需要

国家的资源(资金、土地、劳动力等)总是有限的，而同一种资源可以有不同的用途，我们必须从这些相互竞争的用途中做出选择。这时，我们就需要从国家整体利益的角度来考虑，借助于国民经济评价。国民经济是一个大系统，项目建设是这个大系统中的一个子系统，国民经济评价就是要分析项目从国民经济中所吸取的投入以及项目产出对国民经济这个大系统的经济目标的影响，从而选择对大系统目标最有利的项目或方案。

2) 国民经济评价是真实反映项目对国民经济净贡献的需要

在我国，不少商品的价格不能反映价值，也不反映供求关系，即所谓的价格"失真"。在这样的条件下，按现行价格来考察项目的投入或产出，不能确切地反映项目建设给国民经济带来的效益和费用。因此需要通过国民经济评价进行价格调整，运用能反映资源真实价值的价格来计算建设项目的费用和效益，以便得出该项目建设是否有利于国民经济总目标的结论。

3) 国民经济评价是投资决策科学化的需要

国民经济评价是项目评价方法体系的重要组成部分，市场分析、技术方案分析、财务分析、环境影响分析、组织机构分析和社会评价都不能代替国民经济评价的功能和作用。国民经济评价是市场经济体制下政府对公共项目进行分析评价的重要方法，是市场经济国家政府部门干预投资活动的重要手段。在新的投资体制下，国家对项目的审批和核准重点放在项目的外部效果、公共性方面，国民经济评价强调从资源配置经济效率的角度分析项目的外部效果，通过国民经济评价方法判断建设项目的经济合理性，是政府审批或核准项目的重要依据。

3．主要内容

全面识别整个社会为项目付出的代价，以及项目为提高社会福利所做出的贡献，评价项目投资的经济合理性。分析项目的国民经济评价与财务评价现金流量存在的差别，以及造成这些差别的原因，提出相关的正常调整建议。对于市场化运作的基础设施等项目，通过国民经济评价分析来论证项目的经济价值，为制订财务方案提供依据。分析各利益相关者为项目付出的代价及获得的收益，通过对受损者及受益者的国民经济评价分析，为社会评价提供依据。

4．项目类型

从投资管理的角度，现阶段需要进行国民经济评价的对象可以分为以下几类。

(1) 政府预算内投资(包括国债资金)的用于关系国家安全、国土开发和市场不能有效配置资源的公益性项目和公共基础设施建设项目、保护和改善生态环境项目、重大战略性资源开发项目。

(2) 政府各类专项建设基金投资的用于交通运输、农林水利等基础设施、基础产业的建设项目。

(3) 利用国际金融组织和外国政府贷款，需要政府主权信用担保的建设项目。

(4) 法律、法规规定的其他政府性资金投资的建设项目。

(5) 企业投资建设的涉及国家经济安全、影响环境资源和公共利益、可能出现垄断、涉及整体布局等公共性问题，需要政府核准的建设项目。

8.5.2　经济费用效益分析的项目范围

经济费用效益分析的理论基础是新古典经济学有关资源优化配置的理论。从经济学的角度看，经济活动的目的是通过配置稀缺经济资源用于生产产品和提供服务，尽可能地满足社会需要。当经济体系功能发挥正常，社会消费的价值达到最大时，就认为是取得了"经济效率"。

1．经济费用效益分析与财务分析的区别

1) 分析的角度与基本出发点不同

与传统的国民经济评价是从国家的角度考察项目不完全相同的是，经济费用效益分析更关注从各方利益群体的角度来分析项目，解决项目可持续发展的问题。财务分析是站在项目的层次，从项目的投资者、债权人、经营者的角度，分析项目在财务上能够生存的可能性，分析各方的实际收益和损失，分析投资或贷款的风险及收益。

2) 项目的费用和效益的含义及范围划分不同

经济费用效益分析是对项目所涉及的所有成员或群体的费用和效益做全面分析，考察项目所消耗的有用社会资源和对社会提供的有用产品，不仅考虑直接的费用和效益，还要考虑间接的费用和效益，某些转移支付项目，例如流转税等，应视情况判断是否计入费用和效益。财务分析指根据项目直接发生的财务收支，计算项目的直接费用和效益。

3) 所使用的价格体系不同

经济费用效益分析使用影子价格体系，而财务分析使用预测的财务收支价格。

4) 分析的内容不同

经济费用效益分析通常只有营利性分析，没有清偿能力分析。而财务分析通常包括盈利能力分析、清偿能力分析和财务生存能力分析等。

2. 经济费用效益分析的项目类别

在现实经济中，由于市场本身的原因及政府不恰当的干预，都可能导致市场配置资源的失灵，市场价格难以反映建设项目的真实经济价值，客观上需要通过经济费用效益分析来反映建设项目的真实经济价值，判断投资的经济合理性，为投资决策提供依据。因此，当某类项目依靠市场无法进行资源合理配置时，就需要进行经济费用效益分析。

1) 需要进行经济费用效益分析的项目判别准则

符合以下特性之一的项目，都需要进行经济费用效益分析。

(1) 自然垄断项目。对于电力、电信、交通运输等行业的项目，存在着规模效益递增的产业特征，企业一般不会按照帕累托最优规则进行运作，从而导致市场配置资源失效。

(2) 公共产品项目，即项目提供的产品或服务在同一时间内可以被共同消费，具有"消费的非排他性"(未花钱购买公共产品的人不能被排除在此产品或服务的消费之外)和"消费的非竞争性"(一人消费一种公共产品并不以牺牲其他人的消费为代价)特征。由于市场价格机制只有通过将那些不愿意付费的消费者排除在该物品的消费之外才能得以有效运作，因此市场机制对公共产品项目的资源配置失灵。

(3) 具有明显外部效果的项目。外部效果是指一个个体或厂商的行为对另一个个体或厂商产生了影响，而该影响的行为主体又没有负相应的责任或没有获得应有报酬的现象。产生外部效果的行为主体由于不受预算约束，因此常常不考虑外部效果承受者的损益情况。这样，这类行为主体在其行为过程中常常会低效率甚至无效率地使用资源，造成消费者剩余与生产者剩余的损失及市场失灵。

(4) 对于涉及国家控制的战略性资源开发及涉及国家经济安全的项目，往往具有公共性、外部效果等综合特征，不能完全依靠市场配置资源。

(5) 政府对经济活动的干预，如果干扰了正常的经济活动效率，那么也是导致市场失灵的重要因素。

2) 需要进行经济费用效益分析的项目类别

从投资管理角度来看，现阶段需要进行经济费用效益分析的项目可以分为以下几类。

(1) 政府预算内投资(包括国债资金)的用于关系国家安全、国土开发和市场不能有效配置资源的公益性项目和公共基础设施建设项目、保护和改善生态环境项目、重大战略性资源开发项目。

(2) 政府各类专项建设基金投资的用于交通运输、农林水利等基础设施、基础产业建设项目。

(3) 利用国际金融组织和外国政府贷款，需要政府主权信用担保的建设项目。

(4) 法律、法规规定的其他政府性资金投资的建设项目。

(5) 企业投资建设的涉及国家经济安全，影响环境资源、公共利益，可能出现垄断，涉及整体布局等公共性问题，需要政府核准的建设项目。

8.5.3 经济费用和效益的识别

1. 经济费用和效益的内容及范围

1) 经济费用

项目的经济费用是指项目耗用社会经济资源的经济价值，即按经济学原理估算出的被耗用经济资源的经济价值。

项目经济费用包括三个层次的内容，即项目实体直接承担的费用、受项目影响的利益群体支付的费用以及整个社会承担的环境费用。第二项和第三项一般称为间接费用，但更多地称为外部效果。

2) 经济效益

项目的经济效益是指项目为社会创造的社会福利的经济价值，即按经济学原理估算出的社会福利的经济价值。

与经济费用相同，项目的经济效益也包括三个层次的内容，即项目实体直接获得的效益、受项目影响的利益群体获得的效益以及项目可能产生的环境效益。

2. 识别经济费用效益的一般原则

1) 遵循有无对比的原则

项目经济费用效益分析应建立在增量效益和增量费用识别及计算的基础之上，不应考虑沉没成本和已经实现的效益。应按照"有无对比"增量分析的原则，通过项目的实施效果与无项目情况下可能发生的情况进行对比分析，作为计算机会成本或增量效益的依据。

2) 对项目所涉及的所有成员及群体的费用和效益做全面分析

经济费用效益分析应全面分析项目投资及运营活动耗用资源的真实价值以及项目为社会成员福利的实际增加所做出的贡献。

(1) 分析体现在项目实体本身的直接费用和效益以及项目引起的其他组织、机构或个人发生的各种外部费用与效益。

(2) 分析项目的近期影响以及项目可能带来的中期、远期影响。

(3) 分析与项目主要目标直接联系的直接费用效益以及各种间接费用和效益。

(4) 分析具有物质载体的有形费用和效益以及各种无形费用与效益。

3) 正确识别和计算正面及负面的外部效果

在识别经济费用效益时，应考虑项目投资可能产生的其他关联效应，并对项目外部效果的识别是否适当进行评估，防止漏算或重复计算。对于项目的投入或产出可能产生的第二级乘数波及效应，在经济费用效益分析中不予考虑。

4) 合理确定效益和费用的空间范围及时间跨度

经济费用效益识别应以本国居民作为分析对象，应重点分析对本国公民新增的效益和费用。项目对本国以外的社会群体所产生的效果，应进行单独陈述。

经济费用效益识别的时间跨度应足以包含项目所产生的全部重要费用和效益，而不应仅根据有关财务核算规定确定。例如财务分析的计算期可以根据投资各方的合作期进行计算，而经济费用效益分析不受此限制。

5) 根据不同情况区别对待和调整转移支付

从社会角度看，项目的有些财务收入和支出并没有造成资源的实际增加或减少，从而称为经济费用效益分析中的"转移支付"。转移支付代表购买力的转移行为，接受转移支付的一方所获得的效益与付出方所产生的费用相等，转移支付行为本身没有导致新增资源的发生。因此，在经济费用效益分析中，税赋、补贴、借款和利息等均属于转移支付。但是，一些税收和补贴可能会影响市场价格水平，导致包括税收和补贴的财务价格可能并不反映真实的经济成本和效益。在进行经济费用效益分析中，转移支付的处理应区别对待。

8.5.4　经济费用和效益的计算

项目投资所造成的经济费用和效益的计算，应在利益相关者分析的基础上，研究在特定的社会经济背景下相关利益主体获得的收益及付出的代价，计算与项目相关的费用和效益。

1. 经济费用和效益的计算原则

1) 支付意愿原则

项目产出物的正面效果的计算遵循支付意愿原则，用于分析社会成员为项目所产出的效益愿意支付的价值。

2) 受偿意愿原则

项目产出物的负面效果的计算遵循接受补偿意愿原则，用于分析社会成员为接受这种不利影响所得到的补偿的价值。

3) 机会成本原则

项目投入的经济费用的计算应遵循机会成本原则，用于分析项目所占用的所有资源的机会成本。机会成本应按资源的其他最有效利用所产生的效益进行计算。

4) 实际价值计算原则

项目经济费用效益分析应对所有费用和效益采用反映资源真实价值的实际价格进行计算，不考虑通货膨胀因素的影响，但应考虑相对价格变动。

在费用与效益货币化过程中，用于估算其经济价值的价格应为影子价格。对于已经有市场价格的货物(或服务)，不管该市场价格是否反映经济价值，代表其经济价值的价格称为影子价格，形象地说是指在日光下原有"价格杠杆"的"影子"。对于没有市场价格的产品，代表其经济价值的价格要根据特定环境，利用特定方法进行估算。影子价格的测算在建设项目的经济费用效益分析中占有重要地位。

2. 具有市场价格的货物(或服务)的影子价格计算

若该货物或服务处于竞争性市场环境中，市场价格能够反映支付意愿或机会成本，则将应采用市场价格作为计算项目投入物或产出物影子价格的依据。考虑到我国仍然是发展中国家，整个经济体系还没有完成工业化过程，国际市场和国内市场的完全融合仍然需要一定的时间等具体情况，应将投入物和产出物区分为外贸货物和非外贸货物，并采用不同的思路确定其影子价格。

1) 外贸货物

可外贸的投入物或产出物的价格应基于口岸价格进行计算，以便反映其价格取值具有

国际竞争力，计算公式为

$$出口产出的影子价格(出厂价) = 离岸价(FOB) \times 影子汇率 - 出口费用 \qquad (8-7)$$

$$进口投入的影子价格(到厂价) = 到岸价(CIF) \times 影子汇率 + 进口费用 \qquad (8-8)$$

2) 非外贸货物

非外贸货物的投入或产出的影子价格应根据下列要求计算。

(1) 如果项目处于竞争性市场环境中，就应采用市场价格作为计算项目投入或产出的影子价格的依据。

(2) 如果项目的投入或产出的规模很大，项目的实施将足以影响其市场价格，导致"有项目"和"无项目"两种情况下市场价格不一致，那么在项目经济费用效益分析中，取二者的平均值作为计算影子价格的依据。

3. 不具有市场价格的货物(或服务)的影子价格计算

如果项目的产出效果不具有市场价格，或市场价格难以真实反映其经济价值，就应遵循消费者支付意愿和(或)接受补偿意愿的原则，按下列方法计算其影子价格。

1) 显示偏好法

按照消费者支付意愿的原则，通过其他相关市场价格信号，按照"显示偏好"的方法，寻找揭示这些影响的隐含价值，对其效果进行间接估算。如果项目的外部效果导致关联对象产出水平或成本费用的变动，那么通过对这些变动进行客观量化分析，作为对项目外部效果进行量化的依据。

2) 陈述偏好法

根据意愿调查评估法，按照"陈述偏好"的原则进行间接估算。一般通过对被评估者的直接调查，直接评价对象的支付意愿或接受补偿的意愿，从中推断出项目造成的有关外部影响的影子价格。应注意调查评估中可能出现的以下偏差。

(1) 当调查对象相信他们的回答能影响决策，从而使他们实际支付的私人成本低于正常条件下的预期值时，调查结果可能产生的策略性偏差。

(2) 当调查者对各种备选方案介绍得不完全或使人误解时，调查结果可能产生的资料性偏差。

(3) 问卷假设的收款或付款方式不当，调查结果可能产生的手段性偏差。

(4) 调查对象长期免费享受环境和生态资源等所形成的"免费搭车"心理，导致调查对象将这种享受看作天赋权利，反对为此付款，从而导致调查结果的假想性偏差。

4. 特殊投入物的影子价格

1) 劳动力的影子价格——影子工资

项目因为使用劳动力所付的工资，是项目实施所付出的代价。劳动力的影子工资等于劳动力机会成本与因为劳动力转移而引起的新增资源消耗之和。

2) 土地的影子价格

土地是一种重要的资源，项目占用的土地无论是否支付费用，均应计算其影子价格。项目所占用的农业、林业、牧业、渔业及其他生产性用地，其影子价格应按照其未来对社会可提供的消费产品的支付意愿及因为改变土地用途而发生的新增资源消耗进行计算。项目所占用的住宅、休闲用地等非生产性用地，在市场完善的前提下，应根据市场交易价格估算其影子价格。无市场交易价格或市场机制不完善的，应根据支付意愿价格估算其影子价格。

3）自然资源的影子价格

项目投入的自然资源，无论在财务上是否付费，在经济费用效益分析中都必须测算其经济费用。不可再生自然资源的影子价格应按资源的机会成本计算，可再生资源的影子价格应按资源再生费用计算。

8.5.5　经济费用效益分析的指标

项目经济费用与经济效益估算出来后，可以编制经济费用效益流量表，计算经济净现值、经济内部收益率与经济效益费用比等经济费用效益分析指标。

1. 经济费用效益流量表的编制方法

经济费用效益流量表的编制可以在项目投资现金流量表的基础上，按照经济费用效益识别和计算的原则与方法直接进行，也可以在财务分析的基础上将财务现金流量转化为反映真正资源变动状况的经济费用效益流量。具体形式如表 8-8 所示。

表 8-8　项目投资经济费用效益流量表

序　号	项　目	合　计	计 算 期					
			1	2	3	4	…	n
1	效益流量							
1.1	项目直接效益							
1.2	资产余值回收							
1.3	项目间接效益							
2	费用流量							
2.1	建设投资							
2.2	维持运营投资							
2.3	流动资金							
2.4	经营费用							
2.5	项目间接费用							
3	净效益流量(1-2)							
4	累计所得税前净现金流量							
5	调整所得税							
6	所得税后净现金流量(3-5)							
7	累计所得税后净现金流量							

计算指标：经济内部收益率(%)
　　　　　经济净现值(i_s，%)

1）直接经济费用效益流量的识别和计算

(1) 对于项目的各种投入物，应按照机会成本的原则计算其经济价值。

(2) 识别项目产出物可能带来的各种影响效果。

(3) 对于具有市场价格的产出物，以市场价格为基础计算其经济价值。

(4) 对于没有市场价格的产出效果，应按照支付意愿及接受补偿意愿的原则计算其经济价值。

(5) 对于难以进行货币量化的产出效果，应尽可能地采用其他量纲进行量化。难以量化的，进行定性描述，以便全面反映项目的产出效果。

2) 在财务分析的基础上进行经济费用效益流量的识别和计算

(1) 剔除财务现金流量表中的通货膨胀因素，得到以实价表示的财务现金流量。

(2) 剔除运营期财务现金流量中不反映真实资源流量变动情况的转移支付因素。

(3) 用影子价格或影子汇率调整建设投资各项组成，并提出其费用中的转移支付项目。

(4) 调整流量资金，将流动资产和流动负债中不反映实际资源耗费的有关现金、应收款、应付款、预收款、预付款从流动资金中剔除。

(5) 调整经营费用，用影子价格调整主要原材料、燃料及动力费用、工资及福利费等。

(6) 调整营业收入，对于具有市场价格的产出物，以市场价格为基础计算其影子价格。对于没有市场价格的产出效果，以支付意愿及接受补偿意愿的原则计算其影子价格。

(7) 对于可以货币化的外部效果，应将货币化的外部效果计入经济效益费用流量。对于难以进行货币化的外部效果，应尽可能地采用其他量纲进行量化。难以量化的，进行定性描述，以便全面反映项目的产出效果。

2. 经济费用效益分析的主要指标

1) 经济净现值(ENPV)

经济净现值是项目按照社会折现率将计算期内各年的经济净效益流量折现到建设期初的现值之和，是经济费用效益分析的主要评价指标。计算公式为

$$\text{ENPV} = \sum_{t=1}^{n}(B-C)_t(1+i_s)^{-t} \tag{8-9}$$

式中：B——经济效益流量；

C——经济费用流量；

$(B-C)_t$——第 t 期经济净效益流量；

n——项目计算期；

i_s——社会折现率。

社会折现率是用以衡量资金时间经济价值的重要参数，代表资金占用的机会成本，并且用作不同年份之间资金价值折算的折现率。社会折现率应根据经济发展的实际情况、投资效益水平、资金供求状况、资金机会成本、社会成员的费用效益时间偏好以及国家宏观目标取向等因素进行综合分析测定。

在经济费用效益分析中，如果经济净现值等于或大于 0，就说明项目可以达到社会折现率要求的效率水平，认为该项目从经济资源配置的角度可以被接受。

2) 经济效益内部收益率(EIRR)

经济效益内部收益率是项目在计算期内经济净效益流量的现值累计等于 0 时的折现率，是经济费用效益分析的辅助评价指标。计算公式为

$$\sum_{t=1}^{n}(B-C)_t(1+\mathrm{EIRR})^{-t}=0 \tag{8-10}$$

如果经济效益内部收益率等于或者大于社会折现率，那么表面项目资源配置的经济效率达到了可以被接受的水平。

3）效益费用比(R_{BC})

效益费用比是项目在计算期内效益流量的现值与费用流量的现值的比率，是经济费用效益分析的辅助评价指标。计算公式为

$$R_{BC}=\frac{\sum\limits_{i=1}^{n}B_t(1+i_s)^{-t}}{\sum\limits_{i=1}^{n}C_t(1+i_s)^{-t}} \tag{8-11}$$

如果效益费用比大于 1，就表明项目资源配置的经济效率达到了可以被接受的水平。

8.6　环　境　评　价

8.6.1　建设项目对环境的影响

任何建设项目总是处在一定的环境之中。在这里，环境的概念是指包含了一切有生命的物体以及它们生存于其中的自然环境。环境既是一切生物生存发展的物质载体，又是其生存发展的制约条件。地球上自从有了人类活动以来，环境问题便如影随形。尤其是在大规模的工业化与城市化浪潮席卷之下，各种环境公害更是层出不穷，人们不得不为自己对环境的鲁莽行为和对资源的无节制欲望付出十分沉重的代价。今天，人类终于认识到，环境问题是超越国界与意识形态的世界性问题，只有各国政府、国际社会和全体人民一起行动起来，才能把地球从环境灾难中拯救出来。因此，人类共同的行为准则，就是坚定不渝地奉行可持续发展战略。这条原则要贯彻到一切生产与生活活动之中，投资项目的建设也毫不例外。

1. 影响的形式

项目对环境的影响，是指项目的开发建设活动所引起的原有环境条件的改变和新的环境条件的形成。环境影响的形式，可以从不同的角度进行划分。

1）按项目实施阶段划分

按项目实施阶段划分，可以分成原发性影响和继发性影响。前者是指项目开发活动引起的直接后果，后者是指由直接后果引起的其他后果。

2）按影响存在的时间划分

按影响存在的时间划分，可以分成短期影响和长期影响。前者是指项目开发活动引起的即时直接后果，后者是指在较长时间持续存在的后果。

3）按环境复原程度划分

按环境复原程度划分，可以分成可恢复性影响和不可恢复性影响。前者是指项目开发活动引起的环境变化经过一定的培育工作，可以全部或大部分复原，后者是指这种环境变化为永久性的、不可恢复的。

2. 影响的表现

建设项目对环境的影响(主要是指不利影响)表现为以下三个方面。

1) 环境污染

环境污染是指人类在生产和生活活动中排放的废物超过了环境的净化能力所允许的最高限量,从而使环境质量下降。环境污染的类型主要有大气污染、水体污染、固体废弃物污染、噪声污染、其他污染等。

2) 资源破坏

资源破坏即由于项目开发活动使各种自然资源遭受破坏,主要表现为植被和野生生物资源破坏、水资源破坏、土地资源破坏、矿藏资源破坏、自然景观资源破坏等。

3) 自然灾害

自然灾害即由于项目开发活动导致或诱发的各种自然灾害,主要表现为水土流失、土壤沙化和大面积荒漠化,山体滑坡,泥石流,诱发洪水,诱发地震,传播和扩散有害细菌、病毒及其他病虫害等。

上述三大类的环境影响,往往不是孤立地出现的。这是因为自然环境与生态系统本身是一个紧密联系的有机体,其中的任一环节遭到扰动,都会波及其他部分,使受影响的区域和对象渐次扩散,最终可能演变成一场环境公害和生态灾难。因此,对投资项目进行环境影响评价,做到防患于未然,是十分必要的。

8.6.2 环境评价的概念与内容

正因为环境状况的严重恶化已经成为全球性问题,所以在建设项目中实施有关环境评价和环境保护的制度,便成为社会普遍认可的一项必要措施。

1. 概念与相关制度

建设项目的环境评价又称为环境影响评价,是指项目实施前,在充分调查研究的基础上,分析项目可能给环境带来的影响,做出全面的科学的定量预测,分析这些环境要素的变化给人类带来的有利与不利的影响。

对于大中型建设项目,或对环境影响较大的小型项目,必须编制环境影响报告书。编制环境影响报告书的目的是在项目的可行性研究阶段,即对项目可能对环境造成的近期和远期影响、拟采取的防治措施进行评价,论证和选择技术上可行,经济、布局上合理,对环境的有害影响较小的最佳方案,为领导部门决策提供科学依据。

对于一般小型项目,若对环境影响较小,则可以只编制环境影响报告表,其内容实际上与环境影响报告书差不多,只不过在格式上更简化、扼要而已。

2. 原则

环境评价是一项关系国计民生和长远发展的重要工作,必须慎重对待、认真处理。在工作中应把握以下几项原则。

1) 规范化、法治化原则

环境评价不是可有可无、无关宏旨的多余之举,它对于建设项目具有"一票否决权",

即环境影响评价通不过的项目，哪怕经济效益再好，也坚决不能上马。从评价的对象、内容、格式、承接单位资质，到审批程序，国家都以立法(行政法规)的手段予以规范。因此，在这个问题上绝无讨价还价、"酌情变通"的余地，否则就是违法行为。

2) 科学性、综合性原则

正因为环境评价关系到项目的命运，所以就必须以实事求是的科学精神，客观、公正、全面地分析项目对环境影响以及环境变化给人类社会带来的益处或危害，按照自然规律和经济规律制定相应对策。在评价工作中，它需要预测大气、水质、生物、土壤等各环境要素的物理、化学和生物学变化，并应用经济学、社会学知识进行评价，因此是一项综合性很强的工作。

3) 坚持"三同时"原则

坚持"三同时"原则即一切新建或改扩建项目的防止和治理污染及其他公害的设施，必须与主体工程同时设计、同时施工、同时投产使用，绝不可预留缺口、事后弥补。因此在项目建议书和可行性研究阶段，就必须完成环境影响评价报告书或环境影响评价报告表以及相关环境保护的论述。

4) 综合利用、化害为利、达标排放原则

综合利用、化害为利、达标排放原则即采取新技术、新工艺，对废物进行综合利用处理，既节约资源，又减少排放，且符合国家环境要求和排放标准。

3. 内容

按照《中华人民共和国环境影响评价法》和《建设项目环境影响评价技术导则总纲》(HJ2.1-2016)的要求，建设项目环境影响评价工作要完成以下主要工作。

1) 环境现状调查与评价

对与建设项目有密切关系的环境要素应全面、详细调查，给出定量的数据并作出分析或评价。

充分收集和利用评价范围内各例行监测点、断面或站位的近三年环境监测资料或背景值调查资料，当现有资料不能满足要求时，应进行现场调查和测试，现状监测和观测网点应根据各环境要素环境影响评价技术导则要求布设，兼顾均布性和代表性原则。符合相关规划环境影响评价结论及审查意见的建设项目，可直接引用符合时效的相关规划环境影响评价的环境调查资料及有关结论。

(1) 自然环境现状调查与评价。包括地形地貌、气候与气象、地质、水文、大气、地表水、地下水、声、生态、土壤、海洋、放射性及辐射(如必要)等调查内容。根据环境要素和专题设置情况选择相应内容进行详细调查。

(2) 环境保护目标调查。调查评价范围内的环境功能区划和主要的环境敏感区，详细了解环境保护目标的地理位置、服务功能、四至范围、保护对象和保护要求等。

(3) 环境质量现状调查与评价。根据建设项目特点、可能产生的环境影响和当地环境特征选择环境要素进行调查与评价。说明环境质量的变化趋势，分析区域存在的环境问题及产生的原因。

(4) 区域污染源调查。选择建设项目常规污染因子和特征污染因子、影响评价区环境质量的主要污染因子和特殊污染因子作为主要调查对象，注意不同污染源的分类调查。

2) 环境影响预测与评价

环境影响预测与评价的时段、内容及方法均应根据工程特点与环境特性、评价工作等级、当地的环境保护要求确定。同时须考虑环境质量背景与环境影响评价范围内在建项目同类污染物环境影响的叠加。

对于环境质量不符合环境功能要求或环境质量改善目标的,应结合区域限期达标规划对环境质量变化进行预测。

(1) 应重点预测建设项目生产运行阶段正常工况和非正常工况等情况的环境影响。

(2) 当建设阶段的大气、地表水、地下水、噪声、振动、生态以及土壤等影响程度较重、影响时间较长时,应进行建设阶段的环境影响预测和评价。

(3) 可根据工程特点、规模、环境敏感程度、影响特征等选择开展建设项目服务期满后的环境影响预测和评价。

(4) 当建设项目排放污染物对环境存在累积影响时,应明确累积影响的影响源,分析项目实施可能发生累积影响的条件、方式和途径,预测项目实施在时间和空间上的累积环境影响。

(5) 对以生态影响为主的建设项目,应预测生态系统组成和服务功能的变化趋势,重点分析项目建设和生产运行对环境保护目标的影响。

(6) 对存在环境风险的建设项目,应分析环境风险源项,计算环境风险后果,开展环境风险评价。对存在较大潜在人群健康风险的建设项目,应分析人群主要暴露途径。

3) 环境保护措施及其可行性论证

明确提出建设项目建设阶段、生产运行阶段和服务期满后(可根据项目情况选择)拟采取的具体污染防治、生态保护、环境风险防范等环境保护措施;分析论证拟采取措施的技术可行性、经济合理性、长期稳定运行和达标排放的可靠性、满足环境质量改善和排污许可要求的可行性、生态保护和恢复效果的可达性。

各类措施的有效性判定应以同类或相同措施的实际运行效果为依据,没有实际运行经验的,可提供工程化实验数据。

环境质量不达标的区域,应采取国内外先进可行的环境保护措施,结合区域限期达标规划及实施情况,分析建设项目实施对区域环境质量改善目标的贡献和影响。

给出各项污染防治、生态保护等环境保护措施和环境风险防范措施的具体内容、责任主体、实施时段,估算环境保护投入,明确资金来源。

环境保护投入应包括为预防和减缓建设项目不利环境影响而采取的各项环境保护措施和设施的建设费用、运行维护费用,直接为建设项目服务的环境管理与监测费用以及相关科研费用。

4) 环境影响经济损益分析

以建设项目实施后的环境影响预测与环境质量现状进行比较,从环境影响的正负两方面,以定性与定量相结合的方式,对建设项目的环境影响后果(包括直接和间接影响、不利和有利影响)进行货币化经济损益核算,估算建设项目环境影响的经济价值。

5) 环境管理与监测计划

(1) 按建设项目建设阶段、生产运行、服务期满后(可根据项目情况选择)等不同阶段,针对不同工况、不同环境影响和环境风险特征,提出具体环境管理要求。

（2）给出污染物排放清单，明确污染物排放的管理要求。包括工程组成及原辅材料组分要求，建设项目拟采取的环境保护措施及主要运行参数，排放的污染物种类、排放浓度和总量指标，污染物排放的分时段要求，排污口信息，执行的环境标准，环境风险防范措施以及环境监测等。提出应向社会公开的信息内容。

（3）提出建立日常环境管理制度、组织机构和环境管理台账相关要求，明确各项环境保护设施和措施的建设、运行及维护费用保障计划。

（4）环境监测计划应包括污染源监测计划和环境质量监测计划，明确自行监测计划内容。

6）环境影响评价结论

对建设项目的建设概况、环境质量现状、污染物排放情况、主要环境影响、公众意见采纳情况、环境保护措施、环境影响经济损益分析、环境管理与监测计划等内容进行概括总结，结合环境质量目标要求，明确给出建设项目的环境影响可行性结论。

对存在重大环境制约因素、环境影响不可接受或环境风险不可控、环境保护措施经济技术不满足长期稳定达标及生态保护要求、区域环境问题突出且整治计划不落实或不能满足环境质量改善目标的建设项目，应提出环境影响不可行的结论。

本 章 小 结

建设项目的可行性研究是项目投资前期的一项重要工作，是项目投资决策的重要依据。本章从建设项目的概念入手，系统介绍了项目的建设程序、可行性研究的阶段、主要内容和工作程序以及可行性研究报告的编制方法，并分类介绍了项目规模的选择、厂址的选择。财务评价、国民经济评价、环境评价是可行性研究的重要组成部分。分析计算工程项目直接发生的财务效益和费用，编制财务报表，计算财务评价指标，考察项目的盈利能力、清偿能力以及外汇平衡状况，并进行不确定性分析，以便判断拟建项目的财务可行性。国民经济评价中介绍了费用与效益的划分原则和内容、国民经济评价的指标与参数、影子价格的计算。环境评价中介绍了环境评价的原则与内容。

通过本章的学习，要了解建设项目的建设程序、掌握项目可行性研究的内容与基本方法，掌握财务评价指标和评价方法。了解国民经济评价与环境评价。

习 　 题

1. 什么是可行性研究？可行性研究的主要内容有哪些？

2. 可行性研究的步骤和基本格式是什么？

3. 对建设项目为什么要进行经济评价？其主要内容有哪些？

4. 简述建设项目财务评价的指标与方法。

5. 工程项目的财务评价与国民经济评价有何异同？

6. 什么是影子价格？什么是影子汇率？

7. 经济费用效益分析的项目判别准则是什么？有哪些主要指标？

8. 环境影响评价的主要内容是什么？

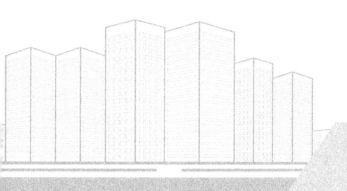

第9章　设备更新决策

※ 【学习要点及目标】

- 熟悉设备更新原因分析。
- 熟悉设备更新分析的特点。
- 掌握设备经济寿命的计算。
- 掌握设备更新的理论和方法。
- 了解设备更新方案的综合比较。

※ 【核心概念】

设备更新、设备磨损、设备补偿、年值成本、经济寿命、设备租赁

【引导案例】

同样用途的设备，结构类型不同，设备售价不同，或者使用成本不同，那么设备投资的效果就会不同。怎样选择合适的设备方案，可以获得最佳设备方案的经济效果，这是本章的学习要点。

例如建筑设备 A 在 4 年前以原始费用 33 000 元购置，估计可以使用 10 年，第 10 年年末估计净残值为 3000 元，年使用费用为 9000 元，目前的售价是 9000 元。现在市场上同类建筑设备 B 的原始费用为 32 000 元，估计可以使用 10 年，第 10 年年末的净残值为 4500 元，年使用费用为 5000 元。现在有两个方案：方案一继续使用机器 A；方案二把机器 A 出售，然后购买机器 B。已知基准折现率为 15%，试比较这两个方案的优劣。

9.1　设备磨损与补偿

9.1.1　设备的磨损

设备是企业固定资产的主要组成部分，是企业生产和扩大再生产的主要手段。各种机器设备的质量和技术水平是衡量一个国家工业化水平的重要标志，是判断一个企业技术能力、开发能力和创新能力的重要标准。

设备投入使用以后，随着使用时间的延长，其技术状况和经济合理性会逐渐劣化，设备的价值和使用价值也会随时间逐渐降低，这种现象称为磨损。磨损可以分为有形磨损、无形磨损和综合磨损三类。

1. 有形磨损

机器设备在使用(或闲置)过程中所发生的实体的磨损称为有形磨损。

运转中的机器设备，在外力的作用下，其零部件发生摩擦、振动和疲劳等现象致使机器设备的实体发生磨损、变形(不可恢复性)和损坏。这种磨损与设备的使用时间和使用强度有关，通常表现为：①机器设备零部件的原始尺寸甚至形状发生变化；②公差配合性质发生改变，精度降低；③零部件损坏。

设备在闲置过程中，由于自然力的作用使金属件生锈、腐蚀，橡胶件老化等，加上管理不善和缺乏必要的维护也会造成设备的实体发生磨损。它与设备的闲置时间和闲置期间的维护状况有关。

综上可以看出，有形磨损的技术后果是设备使用价值的降低甚至完全丧失，经济后果是设备原始价值的部分降低甚至完全贬值。

2. 无形磨损

机器设备除了遭受有形磨损之外，还遭受无形磨损(亦称为经济磨损、精神磨损)。所谓无形磨损是指由于科学技术进步，不断出现性能完善、生产效率更高的设备而使原有设备的价值降低，或者生产同样结构设备的价值不断降低而使原有设备的价值降低。无形磨损不是由于生产过程中的使用或自然力的作用造成的，所以不表现为设备实体的变化，而表现为设备原始价值的贬值。无形磨损亦可以分为两种。

1) 第 I 种无形磨损

第 I 种无形磨损是指由于技术进步的影响，在生产这种设备的过程中，生产工艺不断改进，劳动生产率不断提高，成本不断降低，生产同种(原型)设备的社会必要劳动减少，因此设备的市场价格下降，从而使原有设备的价值发生贬损。

第 I 种无形磨损虽然使生产领域中的现有设备部分地贬值，但是设备本身的技术特性和功能不受影响，设备的使用价值并未降低，因此不会直接产生提前更换现有设备的问题。但由于技术进步对生产部门的影响往往大于修理部门，使设备本身价值降低的程度比其修理费用降低的速度快，从而有可能造成在尚未到达耐用年限之前设备的修理费用就高于设备本身的再生产价值。

2) 第 II 种无形磨损

第 II 种无形磨损是指由于技术进步，社会上出现了结构更合理、技术更先进、性能更完善、效率更高和经济效果更好的新型设备，从而使现有设备显得陈旧和落后，因此产生价值贬损。

第 II 种无形磨损不仅使原有设备的价值贬损，而且如果继续使用旧设备还会降低生产的经济效果，例如设备效率低，生产中耗用的原料、燃料、工资及辅助材料比新设备高等。这种经济效果的降低，实际上反映了原设备使用价值的局部或全部丧失，这就有可能产生新设备代替现有旧设备的必要性。是否代替取决于现有设备的贬值程度和在生产中继续使用旧设备的经济效果下降的程度。

3. 综合磨损

一般情况下，设备在使用过程中发生的磨损实际上是由有形磨损和无形磨损同时作用而产生的，称之为综合磨损。两类磨损都会引起设备原始价值的贬值，这一点两者是相同的。不同的是，遭受有形磨损的设备，特别是有形磨损严重的设备，在修复补偿之前，往往不能正常运转，大大降低了设备工作性能。而遭受无形磨损的设备，如果其有形磨损程度比较小，那么无论其无形磨损的程度如何，都不会影响正常使用，只是其经济性能必定发生变化，需要经过经济分析以便决定是否继续使用下去。

9.1.2　设备磨损的补偿

由于设备有形磨损和无形磨损的存在，对设备的使用价值产生不同程度的影响，为了维持设备正常工作所需要的特性和功能，必须对设备的磨损进行及时、合理的补偿，以便恢复设备的生产能力。设备磨损的补偿包括技术补偿和经济补偿两个方面。

1. 设备磨损的技术补偿

根据设备遭受磨损的类型、程度的不同，相应地就有修理、现代化改装和更新等几种技术补偿方式，其目的在于减轻设备的有形劣化和无形劣化，保障设备良好的技术状态，防止设备因为故障停机等造成的损失。

1) 设备修理

一台设备通常是由不同材质的众多零部件组成的，这些零部件在设备运行过程中承担的功能不同，工作条件不同，其耐用性和受磨损的程度是不同的。有的零件可能已经磨损需要修复或更换，而有的则磨损较小仍然可以继续使用，甚至还有一些零件在整个使用期里，实际上并不需要修理或更换。正是这种有形磨损的不均衡性决定了设备修理的可行性。如果设备的全部零部件在相同的时间内磨损，并要求更换，那就不存在修理的问题了。为了消除这些经常性的有形磨损，排除设备运行中出现的各种故障，保证设备在其寿命期内维持必要的功能，就需要进行设备的修理，修理就是恢复设备在使用过程中局部丧失的工作能力的过程。

修理通常分为保养、小修和大修三种。①保养是为了通过减少整机和零件磨损以便保持设备性能，减少故障。保养的工作内容包括清洁、检查、调整、紧固、润滑、防腐等，必要时更换少量易损件。②小修主要是排除设备运转过程中出现的突发性故障和异常，以及对损坏严重的局部进行调整修理。③大修是在原有实物形态上的一种局部更新，是有形磨损的局部补偿。它通过对设备全部解体，修理耐久的部分，更换全部损坏的零部件，全面消除缺陷，使整机全部或接近全部恢复设备原有的精度、生产效率和功能。

一方面，大修理能够利用被保留下来的零部件，从而节约大量原材料及修理工时。这与购置新设备相比具有很大的优越性，因此它是保证修理的经济性的先决条件。另一方面，大修理是修理工作中规模最大、花钱最多的一种设备维修方式。因此，对修理经济性的研究，主要是就大修理而言的。另外在对设备进行大修理决策时，必须与设备更新及设备其他再生产方式相比较。

2) 现代化改装

设备的现代化改装也是在原有实物形态上的一种局部更新，是第Ⅱ种无形磨损的局部补偿。它是指利用现代的科技成果，适应生产的具体需要，改进现有设备的局部结构，改善现有设备的技术性能，使之全部达到或局部达到新设备的技术水平和效率。

设备的现代化改装是克服现有设备的技术陈旧状态，消除第Ⅱ种无形磨损，促进技术进步的方法之一。由于这种方法是在旧设备的基础上进行的，所需要的费用显然少于新购设备，所以对于我国许多资金不足的老企业来说是一条改变技术落后状况的重要途径。设备的现代化改装在经济上是否合理，需要与设备更新的其他方式进行对比。

3) 设备更新

设备更新是对旧设备的整体更换，也就是用原型新设备或结构上更加合理、技术上更加完善、性能和生产效率更高、比较经济的新设备更换已经陈旧了的，在技术上不能继续使用，或在经济上不宜继续使用的旧设备。设备更新有两种形式，一种是原型更新，即用相同的设备去更换有形磨损严重、不能继续使用的旧设备。另一种是新型更新，即用技术上更先进、效率更高、原料消耗更少的新设备来更换旧设备。

若设备的磨损主要是由有形磨损所致，则应视有形磨损情况而决定补偿方式。有形磨损程度较轻，可以通过修理进行补偿。有形磨损较重，修复费用较高，则应对修理或更新两种方式加以经济比较，以便确定恰当的补偿方式。若有形磨损很严重，甚至无法修复，或虽然修复了，但是其精度已经达不到要求，则应该以更新作为补偿手段。

若设备的磨损主要是由第Ⅱ种无形磨损所致，则应采用现代化改装或更新的补偿方式。若设备的磨损仅是由第Ⅰ种无形磨损所致，则不必进行补偿，可以继续使用。设备磨损形式与其补偿方式的相互关系如图9-1所示。

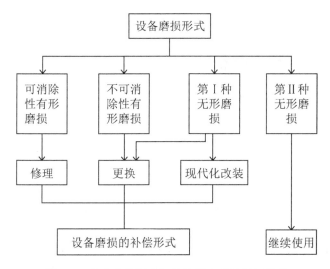

图 9-1　设备磨损形式与其补偿方式的相互关系

设备更新是企业提高生产的现代化水平、发展生产能力、改善产品质量、促进技术进步、提高劳动生产率和经济效益的重要手段。随着社会需求水平的不断提高和科学技术的不断发展，新技术、新工艺、新材料不断出现，设备更新的速度越来越快。

2. 设备磨损的经济补偿

设备磨损的经济补偿一般要从原有设备的折旧基金中支出相应的补偿费用，以便抵偿相应贬值的部分。设备的折旧是伴随设备损耗发生的价值转移。设备投入使用后，其实物形态逐渐磨损，对应的价值逐步转移到产品中，构成产品的成本，待产品销售后再将这部分价值收回。对设备提取的折旧主要用于设备的更新。

9.2　设备更新概述

9.2.1　设备更新的概念

设备更新是指对技术上或者经济上不宜继续使用的设备，用新的设备更换或者用先进的技术对原有的设备进行局部改造。设备更新有两种形式。

(1) 用相同的设备去更换有形磨损严重而不能继续使用的旧设备。这种更新只解决设备的损坏问题，不具有技术更新的性质，不能促进技术的进步。

(2) 用技术更先进、结构更完善、效率更高、性能更好、耗费能源和原材料更少的新型设备来替换那些在物理上不能继续使用或者在经济上不宜继续使用的旧设备。

设备更新和技术方案选择一样，应遵循有关的技术政策，进行技术论证和经济分析，做出最佳的选择。设备更新的经济分析就是对设备磨损补偿选择什么样的方式和时机等进行经济分析论证。如果因为设备暂时故障而草率做出报废的决定，或者片面追求现代化，一味购买最新式设备，就会造成资本的流失。而如果延缓设备更新，失去设备更新的最佳时机，同时竞争对手又积极利用现代化设备降低产品成本和提高产品质量，那么企业必定会丧失竞争能力。因此，识别设备在什么时间不能再有效地使用，应该怎么更新和何时更新等，是工程经济学要解决的重要问题。

9.2.2　设备更新的特点分析

1. 设备更新的中心内容是确定设备的经济寿命

由于设备在使用(或闲置)过程中，受无形磨损和有形磨损的影响，设备寿命具有几种不同的形态，它们是决定设备补偿时间的依据。

1) 自然寿命

自然寿命即物理寿命，它是指设备从全新状态投入使用开始，直到即使通过大修也不能使其恢复到原有用途而只能报废的全部时间过程。它是由设备的有形磨损决定的。

2) 技术寿命

技术寿命是指设备能够维持其使用价值的时间过程，即设备从全新状态投入使用开始，到由于技术进步而导致设备被淘汰所经历的时间。它是由无形磨损决定的，一般短于自然寿命。技术进步速度越快，设备的技术寿命越短。通过现代化改装，可以延长设备的技术寿命。

3) 使用寿命

使用寿命是指设备产生有效服务所经历的时间，即设备为其设备拥有者服务的时间。对于设备拥有者，它是指从设备拥有到设备被转让或卖掉为止的时间。在自然寿命期内，因为设备转让，它可能有若干个拥有者，所以就有若干个使用寿命。

4) 经济寿命

经济寿命是从经济角度分析所得的设备最合理的使用期限，是指设备从投入使用的全新状态开始到因为继续使用在经济上不合理而被更新所经历的时间。它是由有形磨损和无形磨损共同决定的。具体来说是指能使投入使用的设备等额年总成本(包括购置成本和运营成本)最低或等额年净收益最高的期限。例如一台车床，随着使用时间的延长，平均每年分摊的车床购置费用越来越小，仅就此而言，似乎使用的时间越长越好。但另一方面，随着使用年限的延长，旧车床的维护费用等将不断递增。因此，前者那部分越来越低的成本，将被后者越来越高的那部分成本所抵消。在两种相互消长的变化过程中，必定有某个时点会使年度总成本最低，这一点就是该车床的经济寿命。在设备更新分析中，经济寿命是确定设备最优更新期的主要依据。

5) 折旧寿命

折旧寿命即设备的折旧年限，它是指按国家财务通则和财务制度规定的折旧原则与方法，将设备的原值通过折旧方式转入产品成本，直到设备的折旧余额达到或者接近于零时所经历的时间。

设备更新的时机，一般取决于设备的经济寿命，并受技术寿命的制约。

2. 设备更新分析应站在咨询者的立场分析问题

设备更新问题的要点是站在咨询师的立场上，而不是站在旧资产所有者的立场上考虑问题。咨询师并不拥有任何资产，故若要保留旧资产，则首先要付出相当于旧资产当前市场价值的现金，才能取得旧资产的使用权。这是设备更新分析的重要概念。也就是说，设备更新分析不能按方案的直接现金流量进行比较,而应从一个客观的立场上去比较。作为分析对象的旧设备已经为投资者所有,投资者会自然地从所有者的角度来分析方案的现金流量,这是不合适的。

3. 设备更新分析只考虑未来发生的现金流量

设备经过磨损,其实物资产的价值有所降低。设备经过折旧后所剩下的账面价值,并不等于其当前的市场价值,即更新旧设备往往会产生一笔沉没成本。

沉没成本 = 旧设备账面价值 − 当前市场价值(残值)

或沉没成本 = (旧设备原值 − 历年折旧费) − 当前市场价值(残值)

沉没成本与是否选择新设备进行设备更新的决策无关,它不计入工程经济分析的现金流中。因此,设备更新分析中的另一个重要的特点,就是在分析中只考虑今后所发生的现金流量,对以前发生的现金流量及沉没成本,因为它们都属于不可恢复的费用,与更新决策无关,故不需要再参与经济计算。

4. 只比较设备的费用

通常在比较更新方案时,假设设备产生的收益是相同的,因此只对它们的费用进行比较。

5. 设备更新分析以费用年值法为主

由于不同设备方案的服务寿命不同,因此通常都采用费用年值法进行比较。

例 9-1 假设某工厂在 4 年前以原始费用 2200 万元买了机器 A,估计还可以使用 6 年,第 6 年年末估计残值为 200 万元,年度使用费为 700 万元。现在市场上出现了机器 B,原始费用为 2400 万元,估计还可以使用 10 年,第 10 年末残值为 300 万元,年度使用费为 400 万元。现在采用两个方案:方案甲继续使用机器 A;方案乙把机器 A 以 600 万元出售,然后购买机器 B。如果规定基准收益率为 15%,那么比较方案甲、乙。

解 如果按照两个方案的直接现金流量(见图 9-2),那么计算结果如下:

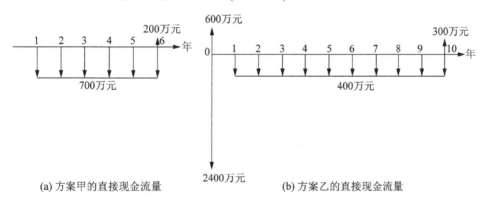

(a) 方案甲的直接现金流量   (b) 方案乙的直接现金流量

图 9-2 方案甲、乙的直接现金流量

$$AC_甲 = 700 - 200(A/F, 15\%, 6) = 677.16(万元)$$

$$AC_乙 = (2400 - 600)(A/P, 15\%, 10) + 400 - 300(A/F, 15\%, 10) = 743.95(万元)$$

按照这样的计算方法,方案甲比方案乙在 6 年内每年可以节约费用 743.95 − 677.16 = 66.79(万元)。这种计算方法是错误的，因为把机器 A 的残值(售价)分摊在 10 年的期间，而实际上它只应该分摊到 6 年的期间。

此外，把旧机器(机器 A)的售价作为新机器(机器 B)的收入不妥当，因为这笔收入不是由新机器本身带来的。因此正确的计算方法如下：站在这样一个客观的立场上，或者花 600 万元购买机器 A，或者花 2400 万元购买机器 B。这样两个方案进行比较，其现金流量如图 9-3 所示。计算结果如下：

$$AC_{甲} = (600 - 200)(A/P,15\%,6) - 200(A/F,15\%,6) + 700 = 782.84(万元)$$

$$AC_{乙} = (2400 - 300)(A/P,15\%,10) + 400 - 300(A/F,15\%,10) = 803.74(万元)$$

由此可见，方案甲比方案乙在 6 年内每年节约费用 803.74 - 782.84 = 20.9(万元)。上一个计算方法的结果是 66.79 万元，显然是夸大了两个方案的差别。

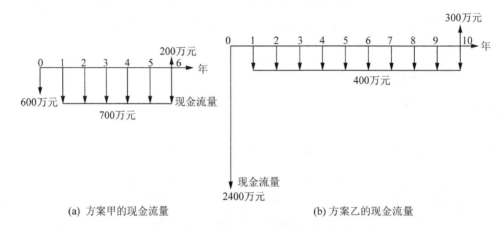

(a) 方案甲的现金流量　　　　　　　　　　(b) 方案乙的现金流量

图 9-3　方案甲、乙的现金流量

另一种计算方法是求出年度费用与新设备相等的旧设备价值。设 x 代表机器 A 的现在应值的价值，其年度费用与机器 B 的年度费用相等，则

$$(x - 200)(A/P,15\%,6) - 200(A/F,15\%,6) + 700 = 803.74(万元)$$

解得：$x = 679.11(万元)$

这就是说，与机器 B 比较，机器 A 应值 679.11 万元，但其售价只是 600 万元。因此，它应该保留，不需要更新。

按照以前的计算结果，保留机器 A 可以在 6 年内每年节约 20.9 万元，如果折合成现值，那么有 $20.9 \times (P/A,15\%,6) = 79.10(万元)$，这个数目刚好约等于 679.11 - 600 = 79.11(万元)。

9.3　设备更新方案的比较和选择方法

9.3.1　设备经济寿命的计算原理

设备的经济寿命是从经济角度分析设备使用的最合理期限。因此计算设备的经济寿命可以从设备在其整个使用过程中发生的费用入手，分析其变化规律。

一台设备在其整个寿命期内发生的费用包括：①原始费用，指采用新设备时一次性投入的费用，包括设备原价、运输费和安装费等；②使用费用，指设备在使用过程中发生的费用,包括运行费用(人工、燃料、动力、机油等消耗)和维修保养费用(保养费、修理费、停工损失费、废次品损失费等);③设备净残值,可以根据设备转让或处理的收入扣除拆卸费用等计算,设备净残值也可能是一个负数。

设备的年平均使用成本由两部分组成,一部分是设备的原始费用与设备残值代数和的年分摊额,随着设备使用年限的延长,设备的年分摊额会逐渐减少;另一部分是设备的年使用费用,该部分费用随着设备使用年限的延长会逐渐增加。因此,设备的年平均使用成本是随着设备使用时间而变化的,在适当的使用年限会出现年平均使用成本最低值,这个能使平均使用成本达到最低的年数就是设备的经济寿命。

9.3.2　经济寿命的计算方法

按照是否考虑资金的时间价值,确定设备经济寿命的方法可以分为静态方法和动态方法。

1. 确定经济寿命的静态计算方法

1) 匀速劣化数值法

随着设备使用期限的增加,年运营成本每年以某种速度在递增,这种运营成本的逐年递增称为设备的劣化。假设每年运营成本的增量是均等的,即运营成本呈线性增长,如图 9-4 所示。假设运营成本均发生在年末,设每年运营成本增加额为 λ,若设备使用期限为 n 年,P 为设备原值,L_n 为设备在第 n 年年末的残值,C_1 为第 1 年的运营成本,则

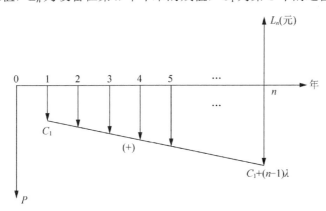

图 9-4　劣化增量均等的现金流量

设备第 j 年的运营成本为 $C_j = C_1 + (j-1)\lambda$

n 年内设备运营成本的平均值为 $C_1 + \dfrac{n-1}{2}\lambda$

n 年内设备的年等额总成本为

$$\mathrm{AC}_n = \frac{P - L_n}{n} + \frac{1}{n}\sum_{j=1}^{n} C_j = \frac{P - L_n}{n} + C_1 + \frac{n-1}{2}\lambda \tag{9-1}$$

设 L_n 为一个常数,若使 AC_n 最小,则令

$$\frac{\mathrm{d}(\mathrm{AC}_n)}{\mathrm{d}n} = \frac{P - L_n}{n^2} + \frac{\lambda}{2} = 0$$

则

$$n = \sqrt{\frac{2(P - L_n)}{\lambda}} \tag{9-2}$$

解出的 n，即为设备的经济寿命。

例 9-2 设有一台设备，购置费为 8000 元，预计残值为 800 元，运营成本初始值为 600 元，年运行成本每年增长 300 元，求该设备的经济寿命。

$$n = \sqrt{\frac{2 \times (8000 - 800)}{300}} = 7(\text{年})$$

2) 费用平均法

设备在使用过程中，每年的运行费用实际上不可能总是保持等额的增长，此时就可以采用年费用平均法来计算其经济寿命。年费用平均最低的年份就是该设备的经济寿命。

n 年内设备的总成本为

$$\text{TC}_n = P - L_n + \sum_{j=1}^{n} C_j \tag{9-3}$$

则 n 年内设备的年等额总成本为

$$\text{AC}_n = \frac{\text{TC}_n}{n} = \frac{P - L_n}{n} + \frac{1}{n} \sum_{j=1}^{n} C_j \tag{9-4}$$

式中：n 为设备使用年限，在设备经济寿命计算中，n 是一个自变量；j 为设备使用年度，j 的取值范围为 $1 \sim n$；TC_n 为设备使用年限内的总成本；AC_n 为 n 年内设备的年等额总成本；P 为设备购置成本，即设备原值；C_j 为在 n 年使用期间的第 j 年度设备的运营成本；L_n 为设备在第 n 年年末的残值。

由式(9-4)可知，设备的年等额总成本 AC_n 等于设备的年等额资产恢复成本 $\dfrac{P - L_n}{n}$ 与设备的年等额运营成本 $\dfrac{1}{n} \sum_{j=1}^{n} C_j$ 之和。

在所有设备的使用期限内，能使设备年等额总成本 AC_n 最低的那个使用期限就是设备的经济寿命(见图 9-5)。因此，可以通过计算不同使用年限的年等额总成本 AC_n 来确定设备的经济寿命。若设备的经济寿命为 m 年，则应满足下列条件：$\text{AC}_m \leqslant \text{AC}_{m-1}$，$\text{AC}_m \leqslant \text{AC}_{m+1}$。

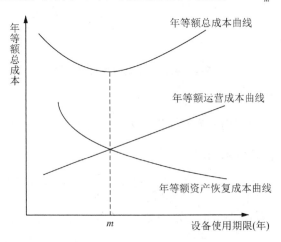

图 9-5 设备的经济寿命

例 9-3 某设备原始价值为 30 000 元,各年运行费用及年末残值如表 9-1 所示,试用静态计算方法确定该设备的经济寿命。

表 9-1 设备运行费用与年末残值数据　　　　　　　　　　　单位:元

使用年度 j	1	2	3	4	5	6	7
j 年度运营成本	5000	6000	7000	9000	11 500	14 000	17 000
n 年年末残值	15 000	7500	3750	1875	1000	1000	1000

该设备在不同使用期限的年等额总成本 AC_n 如表 9-2 所示。

表 9-2 设备年等额总成本

使用期限 n/年	资产恢复成本 $P-L_n$/元	年等额资产恢复成本 $\dfrac{P-L_n}{n}$/元	年度运营成本 C_j/元	使用期限内运营成本累计 $\sum\limits_{j=1}^{n} C_j$/元	年等额运营成本 $\dfrac{1}{n}\sum\limits_{j=1}^{n} C_j$/元	年等额总成本 AC_n/元
1	15 000	15 000	5000	5000	5000	20 000
2	22 500	11 250	6000	11 000	5500	16 750
3	26 250	8750	7000	18 000	6000	14 750
4	28 125	7031	9000	27 000	6750	13 781
5*	29 000	5800	11 500	38 500	7700	13 500*
6	29 000	4833	14 000	52 500	8750	13 583
7	29 000	4143	17 000	69 500	9929	14 072

注: *表示年等额总成本最低。

从结果来看,该设备使用 5 年时,其年等额总成本最低($AC_5 = 13\ 500$ 元),使用期限大于或小于 5 年时,其年等额总成本均大于 13 500 元,故该设备的经济寿命为 5 年。

2. 确定经济寿命的动态计算方法

1) 一般情况

设折现率为 i,其余符号同上,则

n 年内设备的总成本现值为

$$\mathrm{TC}_n = P - L_n(P/F, i, n) + \sum_{j=1}^{n} C_j(P/F, i, j) \tag{9-5}$$

n 年内设备的年等额总成本为

$$\mathrm{AC}_n = \mathrm{TC}_n(A/P, i, n) \tag{9-6}$$

2) 特殊情况

现金流量如图 9-4 所示,设基准收益率为 i_C,设备使用到 n 年年末时年等额资产恢复成本为

$$
\begin{aligned}
&P(A/P, i_C, n) - L_n(A/F, i_C, n) \\
&= P(A/P, i_C, n) - L_n[(A/P, i_C, n) - i_C] \\
&= P(P - L_n)(A/P, i_C, n) + L_n i_C
\end{aligned}
$$

等额年运营成本为

$$C_1 + \lambda(A/G, i_C, n)$$

则设备使用到第 n 年年末时等额年总成本可以按下式计算:

$$AC_n = (P - L_n)(A/P, i_C, n) + L_n i_C + C_1 + \lambda(A/G, i_C, n) \tag{9-7}$$

故可以通过计算不同使用年限的年等额总成本 AC_n 来确定设备的经济寿命。若设备的经济寿命为 m 年,则应满足下列条件: $AC_m \leqslant AC_{m-1}$, $AC_m \leqslant AC_{m+1}$。

例 9-4 某设备原始价值为 24 000 元,第 1 年的设备运营费为 8000 元,以后每年增加 5600 元,设备逐年减少的残值如表 9-3 所示。试用动态计算方法确定该设备的经济寿命。设基准收益率为 12%。

表 9-3　设备运行费用与年末残值数据

使用年限/年	设备使用到第 n 年年末的残值/元	年度运行费用/元
1	12 000	8000
2	8000	13 600
3	4000	19 200
4	0	24 800

列表计算,计算过程及结果如表 9-4 所示。已知: $P = 24\,000$ 元, $C_1 = 8000$ 元, $\lambda = 5600$ 元, $i_C = 12\%$。

表 9-4　设备经济寿命动态计算

使用年限/年	设备使用到第 n 年年末的残值/元	年度运行费用/元	$A/P, i, n$	年等额资产恢复成本/元	$A/G, i, n$	年等额运营成本/元	年等额总成本/元
1	12 000	8000	1.1200	14 880	0	8000	22 880
2	8000	13 600	0.5917	10 427	0.4717	10 642	21 069
3	4000	19 200	0.4163	8806	0.9246	13 178	21 984
4	0	24 800	0.3292	7901	1.3589	15 610	23 511

根据计算结果,设备的经济寿命为 2 年。

9.3.3　设备更新方案的比较和选择

设备更新是修理以外的另一种设备综合磨损的补偿方式。在我国设备生产能力和自有资金还很有限的情况下,设备的更新应本着如下的原则:如果设备采用修理的方式比较合理的就不要急着更新,可以修中有改;改进工艺设备能满足要求的,也不要更新设备;只需要更新个别关键零部件或单台设备的,就不要更新整机或整条生产线。

1. 设备更新方案的经济分析

设备更新经济分析就是确定一套正在使用的设备什么时候应该以及是否应该用更经济的设备来替代或者改进现有设备。对于设备更新不能轻率从事,应根据具体的情况区别对待,尤其是在做更新决策时,关键是要确定一个设备的最佳更新期限,应以技术经济分析作为依据。从理论上讲,设备合理的更新时间应等于其经济寿命,也就是说,设备到了经济寿命就应进行更新。但是应该指出的是研究设备的经济寿命的时候，只是从设备的年平均费用入手，忽略了技术进步和资金等因素对设备更新的影响及制约。所以，在研究设备经济寿命的基础上进一步研究设备的更新时机问题是很有必要的。

设备更新有两种形式：一种是用相同结构和效能的机器设备去更换有形磨损严重、不能继续使用的旧设备，这种更新不具有更新技术的性质，主要解决设备的损坏问题，这就是原型设备更新的问题；另一种是在技术不断进步的条件下，由于无形磨损的作用，很可能在设备尚未使用到其经济寿命，就已经出现了价格很低的同型设备或工作效率更高和经济效益更好的更新型的同类设备，这时就要分析继续使用原设备和购置新设备的两种方案，进行选择，确定设备是否更新。这种更新不仅能解决设备的损坏问题，还能解决设备技术落后的问题。在技术迅速进步的 21 世纪，设备更新主要采用后面一种形式。

2. 原型设备更新分析

如果设备在其整个使用期内并不过时，也就是说在其使用期内还没有功能更全、性能更好的先进设备出现，那么该设备的未来替换物仍然是同一种设备，设备不存在技术上提前报废的问题。当该设备到达经济寿命年限时，再继续使用，经济上已经不合算，于是可以用原型设备进行替换。这类原型设备更新的时机应以其经济寿命年限为佳。

原型设备更新分析主要有三个步骤。

(1) 确定各方案共同的研究期。

(2) 用费用年值法确定各方案设备的经济寿命。

(3) 通过比较每个方案设备的经济寿命确定最佳方案，即旧设备是否更新以及新设备未来的更新周期。

例 9-5　企业有一台设备 A，目前市场上另有两种与设备 A 同样功能的设备 B 和设备 C，目前设备 A 的剩余寿命为 5 年，设备 B 和设备 C 的自然寿命分别为 6 年及 7 年，设备各年的现金流量如表 9-5 所示，设基准收益率为 12%，采用原型设备更新分析方法，比较三个设备方案的优劣。

表 9-5　各方案设备现金流量

使用年度/年	设备 A		设备 B		设备 C	
	第 n 年年末残值/元	第 n 年年度运营成本/元	第 n 年年末残值/元	第 n 年年度运营成本/元	第 n 年年末残值/元	第 n 年年度运营成本/元
0	14 000		20 000		27 500	
1	9900	3300	0	1200	0	1650
2	8800	5500	0	3400	0	1650
3	6600	6050	0	5800	0	1650
4	5500	8800	0	8000	0	1650
5	3300	9900	0	10 200	0	1650
6			0	12 600	0	1650
7					0	1650

方案共同的研究期为5、6、7的最小公倍数210年。

设备A有5个更新策略,设备B和设备C分别有6个和7个更新策略,如图9-6所示,更新分析的互斥策略数为5+6+7=18个。各设备等额年总成本最低的策略所对应的使用期限就是该设备的经济寿命。

各方案不同更新策略的等额年总成本如表9-6所示。其中旧设备A的经济寿命为2年,新设备B的经济寿命为5年,新设备C的经济寿命为7年。在研究期210年内,以各方案设备经济寿命对应的等额年总成本为比较依据,方案C为最优。

结论:采用设备C,设备C未来的更新周期为其经济寿命7年。

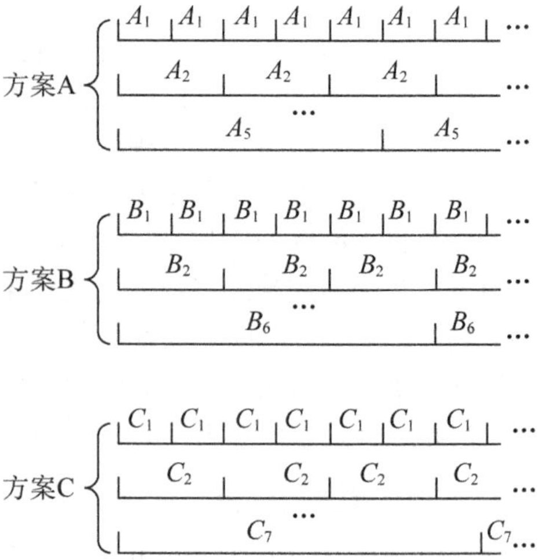

图9-6 原型设备更新策略

表9-6 三个方案设备的经济寿命计算结果

第 j 年年末	等额年总成本/元		
	设备A	设备B	设备C
1	9080.16	23 600.06	32 450.08
2	8470.69	14 071.79	17 921.80
3	8717.34	11 619.10	13 098.10
4	9130.30	10 861.76	10 702.85
5	9702.00	10 758.09	9278.45
6		10 984.14	8337.82
7			7675.25

3. 新型设备更新分析

所谓新型设备更新分析,就是假设企业现有设备可以被其经济寿命期内年等额总成本最低的设备取代。

例9-6 假设例9-5的现有设备A可以采用经济寿命内等额年总成本最低的新设备进行更新,试进行更新决策。

在能对现有设备A进行更新的新设备中,设备C在其经济寿命7年内的等额年总成本为7675.25元,低于设备B在其经济寿命5年内的年等额总成本10 758.09元,故将设备C作为现有设备A的潜在更新设备,这相当于在图中设备B、C的13个互斥策略中选择了一个策略 C_7,这样图中的策略数减少至6个,如图9-7所示。

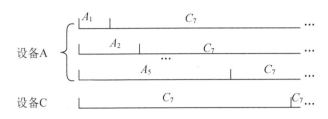

图 9-7　新型设备更新策略

由于 7 年后，各策略的现金流量相同，故选择新设备 C 的经济寿命 7 年为研究期，采用总成本现值法并根据表 9-6 中的数据比较设备方案。

$$PC_{A1} = 9080.16 \times (P/A,12\%,1) + 7675.25(P/A,12\%,6) = 39\,663.70(元)$$
$$PC_{A2} = 8470.69 \times (P/A,12\%,2) + 7675.25(P/A,12\%,5) = 41\,984.05(元)$$
$$PC_{A3} = 8717.34 \times (P/A,12\%,3) + 7675.25(P/A,12\%,4) = 44\,249.34(元)$$
$$PC_{A4} = 9030.30 \times (P/A,12\%,4) + 7675.25(P/A,12\%,3) = 46\,165.88(元)$$
$$PC_{A5} = 9702.00 \times (P/A,12\%,5) + 7675.25(P/A,12\%,2) = 47\,945.71(元)$$
$$PC_{C7} = 7675.25 \times (P/A,12\%,7) = 35\,028.31(元)$$

策略 C_7 的总费用现值最低，故应采用新设备 C 立即更新现有设备 A。

例 9-7　假设例 9-5 中经济寿命内等额年总成本最低的设备 C 缺货，难以采购，只能采用设备 B 对现有设备 A 进行更新，试进行更新决策。

采用设备 B 的经济寿命 5 年作为研究期，各策略如图 9-8 所示。

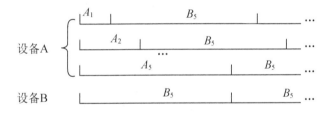

图 9-8　新型设备更新策略

采用总费用现值并根据表 9-6 中的数据比较设备方案。

$$PC_{A1} = 9080.16 \times (P/A,12\%,1) + 10\,758.09(P/A,12\%,4) = 40\,783.22(元)$$
$$PC_{A2} = 8470.69 \times (P/A,12\%,2) + 10\,758.09(P/A,12\%,3) = 40\,155.09(元)$$
$$PC_{A3} = 8717.34 \times (P/A,12\%,3) + 10\,758.09(P/A,12\%,2) = 39\,119.56(元)$$
$$PC_{A4} = 9030.30 \times (P/A,12\%,4) + 10\,758.09(P/A,12\%,1) = 37\,337.36(元)$$
$$PC_{A5} = 9702.00 \times (P/A,12\%,5) = 34\,973.77(元)$$
$$PC_{B5} = 10\,758.09 \times (P/A,12\%,5) = 38\,780.76(元)$$

从以上计算可以看出，现有设备 A 应保留 5 年。

例 9-8　假设例 9-5 中的现有设备 A 可以采用经济寿命内等额年总成本最低的新设备进行更新，但由于市场原因，企业的生产经营期只能维持 7 年。试进行更新决策。

将研究期定为生产经营期 7 年，则备选互斥方案的策略如图 9-9 所示。

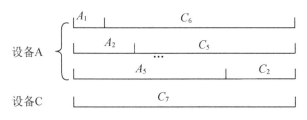

图 9-9　新型设备更新策略

采用总费用现值并根据表 9-6 中的数据比较各策略。

$$PC_{A1} = 9080.16 \times (P/A, 12\%, 1) + 8337.82(P/A, 12\%, 6) = 42\,387.79(元)$$

$$PC_{A2} = 8470.69 \times (P/A, 12\%, 2) + 9278.45(P/A, 12\%, 5) = 47\,763.27(元)$$

$$PC_{A3} = 8717.34 \times (P/A, 12\%, 3) + 10\,702.85(P/A, 12\%, 4) = 53\,445.07(元)$$

$$PC_{A4} = 9030.30 \times (P/A, 12\%, 4) + 13\,098.10(P/A, 12\%, 3) = 59\,190.48(元)$$

$$PC_{A5} = 9702.00 \times (P/A, 12\%, 5) + 17\,921.80(P/A, 12\%, 2) = 65\,263.40(元)$$

$$PC_{C7} = 7675.25 \times (P/A, 12\%, 7) = 35\,028.31(元)$$

从以上计算可知，现有设备 A 应用新设备 C 立即更新。

从以上举例可以看出，设备更新分析结论与研究期密切相关，同样的新旧设备，研究期的假设条件不同，可能得出各种不同的结论。

9.3.4　各种因素下设备更新方案的比较

设备需要更新的原因很多，大致主要有能力不适应、性能下降、使用费用过多、效率降低、无形磨损严重等。以下分别举例介绍。

1. 由于能力不适应而引起的更新

在企业生产经营中，有时设备既没有技术上的陈旧落后，也没有经济上的不可行，仅仅是因为生产的发展而引起的生产能力或加工精度难以满足要求，这时也需要更新。

例 9-9　某企业在 3 年前花 23 000 元购置了一台设备，估计该设备的寿命为 18 年，年度使用费每年固定为 1300 元。由于企业生产产品数量增加了一倍，原设备能力已经不能满足生产的需要，所以为了满足生产的需要，企业现在提出 A、B 两种解决方案。方案 A 除了原有设备继续使用以外，再花 17 000 元购置一台和原有设备完全相同的设备。方案 B 是将原来的旧设备以 6200 元出售，再花 26 000 元购置一台能力增加一倍的设备，估计寿命为 15 年，年度使用费为 2400 元。三台设备的残值均为购置成本的 15%。如果基准收益率为 10%，研究期为 15 年，那么比较 A、B 两个方案。

根据已知条件，方案 A 中的旧设备现在的购买价相当于 6200 元。方案 C 中新设备的年固定费用与旧设备相同，为每年 1300 元。A、B 两个方案的现金流量如图 9-10 和图 9-11 所示。

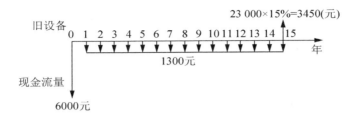

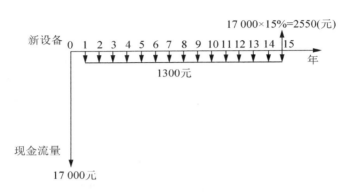

图 9-10　方案 A 的现金流量

方案 A:

使用旧设备的年度费用:

$$AC_{旧} = (6200 - 23\,000 \times 15\%) \times (A/P,10\%,15) + 23\,000 \times 15\% \times 10\% + 1300$$
$$= 2006.63(元/年)$$

使用新设备的年度费用:

$$AC_{新} = (17\,000 - 17\,000 \times 15\%) \times (A/P,10\%,15) + 17\,000 \times 15\% \times 10\% + 1300$$
$$= 3455.18(元/年)$$

方案 A 的年度总费用为

$$AC_{A} = 2006.63 + 3455.18 = 5461.81(元/年)$$

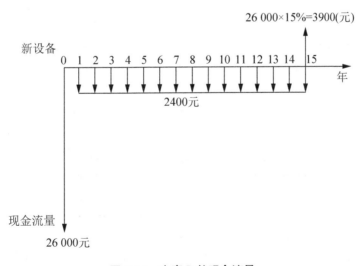

图 9-11　方案 B 的现金流量

方案 B 的年度总费用为

$$AC_B = (26\,000 - 26\,000 \times 15\%) \times (A/P, 10\%, 15) + 26\,000 \times 15\% \times 10\% + 2400$$
$$= 5696.15(元/年)$$

通过以上计算可以知道，采用在旧设备基础上再购置一台与原设备完全相同的设备比购置能力增大一倍的新设备每年节省 $5696.15 - 5461.81 = 234.34$(元)。

2. 由于维修过多而引起的更新

由于设备在使用过程中发生磨损，需要进行临时性的小修理或者定期大修。在大修之前，应该分析计算大修和更新的优越性，判断继续大修和更新哪一种方案更合算。

例 9-10 某公司有一台设备已经使用多年，需要进行大修理，估计大修费用为 14 000 元，大修后可以继续使用 4 年，每年的维修费用为 2000 元。另一个方案是重新购置一台功能相同的设备，购置费用为 35 000 元，可以使用 15 年，每年的维修费用为 600 元。如果基准收益率为 12%，试比较两个方案。

把大修的费用看作购买旧设备的费用。采用费用年值法比较两个方案，则有

大修理方案： $AC_{大修} = 14\,000 \times (A/P, 12\%, 4) + 2000 = 6608.8(元/年)$

更新方案： $AC_{更新} = 35\,000 \times (A/P, 12\%, 15) + 600 = 5738(元/年)$

由此可见，更新方案较好，比大修理方案每年可以节约 $6608.8 - 5738 = 870.8$(元)。

许多设备由于维修过多，使设备的年度使用费用逐年增加，这往往是需要更新的主要原因。

3. 由于效率降低而引起的更新

设备通常在开始使用时效率较高，以后随着磨损的产生而效率不断降低。当效率的降低是由于设备的少数组件受到磨损而引起时，应定期更新这些组件，使整个设备保持较高的效率。但有些设备，其效率的降低是无法通过修理来恢复的，例如冰箱制冷系统损坏、热水管内形成水垢等，这时就要通过经济分析在一定的时候全部加以更新。

例 9-11 假设一台带式运输机由于其提斗逐渐磨损而使其效率降低，如表 9-7 所示。由于提斗的容量变小，所以必须延长运输机的运行时间，这样就增加了运行费用。设原有运输机目前的残值为零，下一年度的使用费为 8900 元，以后每年递增 100 元。当提斗处于崭新状态时，为了完成运输任务，运输机每年应运行 1200 小时。当效率降低时，每年运行时数就增加。每小时运行费用为 6.2 元。提斗的更新费用为 980 元。假设现在有一台与原运输机性能完全相同的新运输机可以替换旧运输机，如果基准收益率为 10%，试问：是否需要更新运输机？

表 9-7　运输机提斗的年初运行效率

年末	1	2	3	4	5
年初效率	1.00	0.94	0.88	0.84	0.80

由于旧运输机目前残值为零，因此旧运输机的年平均费用就等于年平均使用费，而年使用费是逐年增加的，所以旧运输机年平均费用最低的年份就在第 1 年年末，即旧运输机的经济寿命为 1 年，在第 1 年年末的费用为 8900 元。

新运输机随着时间的延长，效率降低。已知的是年初效率，必须换算成年平均效率。

$$年平均效率 = \frac{年初的效率 + 年末的效率}{2}$$

当效率降低时，新运输机的运行时数就会增加，每年的运行时数为

$$年运行时数 = \frac{年总运行时数}{年平均效率}$$

$$年运行费 = 年运行时数 \times 6.2$$

$$年平均费用 = 年平均运行费 + 年折旧费$$

提斗的更新费用是 980 元，可以看作运输机现在的购置费用，新运输机的残值也为零，则运输机的年折旧费用为 $980 \times (A/P, 10\%, t)$。

年运行费和年折旧费用都不是一个常数，因此，需要列表计算新运输机的经济寿命，如表 9-8 所示。

表 9-8　经济寿命的计算

年末	1	2	3	4	5
年初效率	1.00	0.94	0.88	0.84	0.80
年平均效率	0.97	0.91	0.86	0.82	
年运行时数/小时	1237	1319	1395	1463	
年运行费/元	7669.4	8177.8	8649	9070.6	
年运行费现值/元	6972.3	6758.1	6498	6195.2	
年运行费现值总和/元	6972.3	13 730.4	20 228.4	26 423.6	
年平均运行费现值/元	7669.53	7911.5	8133.8	8336.6	
年折旧费/元	1078	564.7	394.1	309.2	
年度平均使用费/元	8747.53	8476.2	8527.9	8645.8	

从表 9-8 可以看出，新运输机的经济寿命为 2 年，这时年平均费用最低，为 8476.2 元。又由于在新旧运输机的经济寿命内，新运输机费用最低，因此，应该进行更新。更新后每年可以节省 $8900 - 8476.2 = 423.8$(元)。

4. 由于无形磨损而引起的更新

通过技术创新不断改善设备的生产效率，提高设备的使用功能，会造成旧设备产生无形磨损。当无形磨损达到一定的限度时，现代化的改装也不经济，就有可能导致企业对旧设备进行更新。

例 9-12　某公司 8 年前用 60 000 元购买一台设备 A，设备 A 目前市场价格为 18 000 元，估计设备 A 还可以再使用 2 年，第 2 年年末的残值为 2600 元。目前市场上出现了一种新设备 B，设备 B 的购置及安装费用为 80 000 元，使用寿命为 12 年，残值为原始价值的 15%。旧设备 A 和新设备 B 加工 100 个零件所需时间分别为 5.24 小时和 4.20 小时，该公司预计今后每年平均能销售 40 000 件该产品。新旧设备的运行费每小时均为 8.0 元。假设基准收益率为 12%，试分析是否应采用新设备 B 更新旧设备 A。

旧设备的年度费用为

$$AC_A = (18\,000 - 2600) \times (A/P, 12\%, 2) + 2600 \times 12\% + 8 \times 40\,000 \times 5.24 \div 100$$
$$= 26\,192.18(元)$$
$$AC_B = 80\,000 \times (1 - 15\%) \times (A/P, 12\%, 12) + 12\,000 \times 12\% + 8 \times 40\,000 \times 4.2 \div 100$$
$$= 25\,855.2(元)$$

从以上计算结果可以看出，使用新设备 B 比使用旧设备 A 每年节约 336.98 元，故应立即用设备 B 更新设备 A。

9.3.5　设备更新方案的综合比较

设备超过最佳期限以后，就存在更新问题。但陈旧设备直接更换是否必要或是否是最佳选择，需要进一步研究。一般而言，对超过最佳期限的设备可以采用以下 5 种方案进行更新。

方案一，继续使用旧设备。

方案二，用相同结构的原型新设备更新旧设备。

方案三，用新型、高效的设备更新旧设备。

方案四，对旧设备进行现代化技术改造。

方案五，对旧设备进行大修理。

对以上更新方案进行综合比较宜采用最低的总费用现值法。其计算公式为

$$PC_1 = \frac{1}{\alpha_1}\left[P_1 + \sum_{j=1}^{n} C_{1j}(P/F, i_c, j) - L_{1n}(P/F, i_c, n)\right]$$

$$PC_2 = \frac{1}{\alpha_2}\left[P_2 + \sum_{j=1}^{n} C_{2j}(P/F, i_c, j) - L_{2n}(P/F, i_c, n)\right]$$

$$PC_3 = \frac{1}{\alpha_3}\left[P_3 + \sum_{j=1}^{n} C_{3j}(P/F, i_c, j) - L_{3n}(P/F, i_c, n)\right]$$

$$PC_4 = \frac{1}{\alpha_4}\left[P_4 + \sum_{j=1}^{n} C_{4j}(P/F, i_c, j) - L_{4n}(P/F, i_c, n)\right]$$

$$PC_5 = \frac{1}{\alpha_5}\left[P_5 + \sum_{j=1}^{n} C_{5j}(P/F, i_c, j) - L_{5n}(P/F, i_c, n)\right] \tag{9-8}$$

式中：$PC_1 \sim PC_5$——以上 5 种方案 n 年内的总费用现值；

$\quad\quad P_1 \sim P_5$——以上 5 种方案所需的投资；

$\quad\quad C_1 \sim C_5$——以上 5 种方案在第 j 年的经营成本；

$\quad\quad L_{1n} \sim L_{5n}$——以上 5 种方案的设备到第 n 年残值；

$\quad\quad \alpha_1 \sim \alpha_5$——以上 5 种方案的生产效率系数，可以将原型新设备的生产效率系数定为基准值，即取 $\alpha_2 = 1$。

例 9-13　假设各种更新方案分项费用的原始资料如表 9-9 所示，假设基准收益率为 10%，试选择最佳更新方案。

表 9-9　各种方案的原始数据

方案	投资/元	生产效率系数 α		年　数									
				1	2	3	4	5	6	7	8	9	10
方案一	3 000	0.7	C	1400	1800	2200							
			L	1200	600	300							
方案二	16 000	1	C	450	550	650	750	850	950	1050	1150	1250	1350
			L	9360	8320	7280	6240	5200	4160	3120	2080	1300	1300
方案三	20 000	1.3	C	350	420	490	560	630	700	770	840	910	980
			L	11 520	10 240	8600	7250	5700	4700	4000	3000	2000	2000
方案四	11 000	1.2	C	550	680	810	940	1070	1200	1330	1460	1590	1720
			L	9000	8000	6700	5700	4700	3700	2700	1700	1000	1000
方案五	7 000	0.98	C	700	950	1200	1450	1700	1950	2200	2450	2700	2950
			L	6400	5800	5200	4700	3800	3000	2200	1400	700	700

注：C 表示各年运行费用；L 表示各年年末残值，单位为元。

根据式(9-8)，依次计算出不同服务年限各方案的现值总费用，如表 9-10 所示。

表 9-10　不同服务年限各方案总费用现值

状态＼年限	1 年	2 年	3 年	4 年	5 年	6 年	7 年	8 年	9 年	10 年
继续使用旧设备	4545*	7521	10 268							
用原型设备更新	7900	9988	11 882	13 602	15 163	16 580	17 866	19 033	19 962	20 553
用新型设备更新	6871	8443	10 023	11 284	12 487	13 341	14 004*	14 701*	15 326*	15 629*
进行技术改造	5265	7042	8864	10 350*	11 716*	12 972*	14 126	15 187	16 057	16 642
旧设备大修理	4917	6863*	8688*	10 409	12 355	14 157	15 885	17 537	19 069	20 257

注：*表示年设备更新总费用最低，表中费用单位为元。

从计算结果可以看出，如果设备只使用 1 年，那么以继续使用旧设备的方案为最佳。如果打算使用 2～3 年，那么最佳方案是对原设备进行一次大修理。如果打算使用 4～6 年，那么进行技术改造为最佳。如果估计设备使用 7～10 年，那么最佳方案是用新型设备更新。

9.4　设备租赁与购买方案的比较和选择分析

9.4.1　设备租赁的概念

设备租赁是指设备的使用者(承租人)向设备所有者(出租人)按合同规定定期支付一定的费用(租金)而取得设备使用权的一种方式。

9.4.2　设备租赁的方式

1. 经营性租赁

经营性租赁又称为运行租赁，是一种传统的设备租赁方式，它是由出租方根据承租方的需要，与承租方签订租赁合同，在合同期内将设备交给承租方，承租方按合同规定，向出租方支付租赁费的一种租赁业务。在经营性租赁中，出租方除了向承租方提供租赁设备以外，还承担设备的保养、维修、老化、贬值以及不再续租的风险。这种方式带有临时性，任何一方可以随时通知对方在规定时间内取消或终止租约。临时使用的设备(例如车辆、计算机等)通常采用这种方式。

2. 融资性租赁

1) 融资租赁的含义

融资租赁也称为金融租赁或资本租赁，是一种融资与融物相结合的租赁方式，该种租赁是不带维修条件的设备租赁业务。这种租赁方式是以融资和对设备的长期使用为前提的，租赁期相当于或超过设备的寿命期，租赁对象往往是一些贵重和大型设备，出租方和承租方不得任意终止和取消租赁合同。融资租赁与分期付款购入设备相类似，实质上是承租者通过设备租赁公司筹集设备投资的一种方式。

在融资租赁方式下，设备是由出租人完全按照承租人的要求选定的，所以出租人对设备的性能、物理性质、老化风险以及维修保养不负任何责任。在大多数情况下，出租人在租期内分期回收全部成本、利息和利润，租赁期满后，出租人通过收取名义货价的形式，将租赁物件的所有权转移给承租人。

2) 融资租赁的方式

(1) 自营租赁。自营租赁也称为直接租赁。其一般程序为：用户根据自己所需设备，先向制造厂家或经销商洽谈供货条件，然后向租赁公司申请租赁预约，经过租赁公司审查合格后，双方签订租赁合同，由租赁公司支付全部设备款，并让供货者直接向承租人供货，货物经过验收并开始使用后，租赁期即开始，承租人根据合同规定向租赁公司分期交付租金，并负责租赁设备的安装、维修和保养。

(2) 回租租赁。回租租赁也称为售出与回租，是先由租赁公司买下企业正在使用的设备，然后再将原设备租赁给该企业的租赁方式。

(3) 转租赁。转租赁是指国内租赁公司在国内用户与国外厂商签订设备买卖合同的基础上，选定一家国外租赁公司或厂商，以承租人身份与其签订租赁合同，然后再以出租人身份将该设备转租给国内用户，并收取租金转付给国外租赁公司的一种租赁方式。

9.4.3 设备租赁租金的计算

设备租赁费用主要包括租赁保证金、租金、担保费。其中租金的计算主要有附加率法和年金法。

1. 附加率法

附加率法是在租赁资产的设备货价或概算成本上再加上一个特定的比率来计算租金。每期期末支付租金 R 的表达公式为

$$R = P\frac{1+Ni}{N} + Pr \tag{9-9}$$

式中：P——租赁资产的价格；

N——还款期数，可按月、季、半年、年计；

i——与还款期数相对应的折现率；

r——附加率。

例 9-14　某租赁公司出租设备的年租金为 23.12 万元，租期为 5 年，每年年末支付租金，折现率为 10%，附加率为 4%，试确定这台设备的价格是多少？

根据式(9-9)

$$23.12 = P \times \frac{1 + 5 \times 10\%}{5} + P \times 4\%$$

解得 $P = 68$(万元)。

2. 年金法

年金法是将一项租赁资产价值按相同比率分摊到未来各租赁期间内的租金计算方法。年金法计算有期末支付和期初支付之分。

期末支付方式是在每期期末等额支付租金。每期租金额的表达公式就是资金复利计算的等额支付系列资金回收公式，即为

$$R = P \frac{i(1+i)^N}{(1+i)^N - 1} \tag{9-10}$$

式中各个符号的意义与式(9-9)相同。

期初支付方式是在每期的期初等额支付租金。期初支付要比期末支付提前一期支付租金，因此，期初支付租金额小于期末支付租金额，每期租金额的表达公式为

$$R = P \frac{i(1+i)^{N-1}}{(1+i)^N - 1} \tag{9-11}$$

例 9-15　某租赁公司出租给某企业一台设备，年租金按年金法计算，折现率为 12%，租期为 5 年，设备价格为 120 万元，试确定承租企业年末支付租金与年初支付租金的租金差值。

根据题意，由年金法的期末和期初支付租金计算式(9-10)和式(9-11)得

$$\Delta R = P \frac{i(1+i)^N}{(1+i)^N - 1} - P \frac{i(1+i)^{N-1}}{(1+i)^N - 1} = P \frac{i^2(1+i)^{N-1}}{(1+i)^N - 1} = 120 \times \frac{0.12^2 \times 1.12^4}{1.12^5 - 1} = 3.566(万元)$$

所以，承租企业年末支付租金与年初支付租金的租金差值约为 3.566 万元。

9.4.4　设备租赁与购买方案的比较和选择

对于承租人来说，设备租赁决策关键的问题是决定租赁还是决定购买。这实际上是要将设备租赁方案与设备购买方案进行比较选优，也是互斥型方案选优问题，其方法与设备更新方案选优无实质上的差别。

1. 从收益角度看

1) 经营性租赁设备方案的净现金流量

净现金流量 = 销售收入 − 经营成本 − 租赁费 − 销售税及附加 − (销售收入 − 经营成本 − 租赁费) × 所得税税率 (9-12)

2) 融资性租赁设备方案的净现金流量

净现金流量 = 销售收入 − 经营成本 − 租赁费 − 销售税及附加 − (销售收入 − 经营成本
− 折旧费 − 租赁费中的手续费和利息) × 所得税税率　　　　　　(9-13)

3) 在相同条件下，购置设备方案的净现金流量

净现金流量 = 销售收入 − 经营成本 − 设备购置费 − 贷款利息 − 销售税及附加
− (销售收入 − 经营成本 − 折旧费 − 贷款利息) × 所得税税率　　　　(9-14)

在充分考虑各种方式的税收优惠影响下，应该选择税后收益更大的方案。

2. 从费用角度看

在假设所得到设备的收入相同的条件下，最简单的方法是将租赁成本和购买成本进行比较。根据互斥型方案比较和选择的原则，只需要比较两个净现金流量的差异部分，即比较租赁设备和购置设备。

1) 租赁设备

　　　经营租赁的净现金流量 = 所得税税率 × 租赁费 − 租赁费　　　　　　(9-15)

　融资租赁的净现金流量 = 所得税税率 × (折旧费 + 租赁费中的手续费和利息)　(9-16)

2) 购置设备

　净现金流量 = 所得税税率 × (折旧费 + 贷款利息) − 设备购置费 − 贷款利息　(9-17)

在这种情况下，应该选择税后成本最小的方案。

例 9-16　某企业急需某种设备，其购置费用为 30 000 元，估计使用寿命为 10 年，期末残值为 3000 元。这种设备也可以租到，每年租赁费为 4800 元，运行费用都是 2000 元/年。政府规定的所得税税率为 25%，年末纳税。折旧采用直线法，折现率为 10%。试确定该企业应采用租赁方案还是购置方案？

按经营性租金方式，忽略贷款利息，用年值成本法进行比较，只比较两种方案年费用的差值部分。

① 企业如果采用购置设备方案。

年费用的差异部分 $AC^*_{购}$ = 年设备购置费用 − 所得税税率 × 年折旧费

　　　设备购置费 = $(30\,000 - 3000) \times (A/P, 10\%, 10) + 3000 \times 10\% = 4696$(元)

　　　年折旧 = $(30\,000 - 3000)/10 = 2700$(元)

购置方案年费用的差异部分为：　$AC^*_{购} = 4696 - 2700 \times 25\% = 4021$(元)

② 企业如果采用租赁设备方案。

年费用的差异部分 $AC^*_{租}$ = 租赁费 − 所得税税率 × 租赁费

　　　　$AC^*_{租} = 4800 \times (1 + 10\%) - 4800 \times 25\% = 4080$(元)

由于 $AC^*_{购} < AC^*_{租}$，所以购置设备方案优于设备租赁方案。企业从经济角度考虑应选择购置设备为佳。

案 例 分 析

某企业现有一台旧设备，市场价值为 5000 元，该设备从现在起每年预计的净值和设备

使用成本如表 9-11 所示。目前市场上出现的新型设备的价格为 9000 元，服务期内各年的设备使用成本为 1200 元，经济寿命为 8 年，期末残值为 2000 元。期望收益率为 10%。为了降低设备使用成本，企业决定对现有设备进行更新。

表 9-11　旧设备数据资料

年份/年	1	2	3	4	5
使用成本/元	1500	1800	2000	2400	2800
净值/元	4500	4000	3500	3000	2500

(1) 分析设备是否需要更换。

若继续使用旧设备：

$$
\begin{aligned}
\mathrm{AC}_{旧} =& [(5000-2500)(P/F,10\%,5)+1500(P/F,10\%,1)+1800(P/F,10\%,2) \\
&+2000(P/F,10\%,3)+2400(P/F,10\%,4)+2800(P/F,10\%,5)](A/P,10\%,5) \\
=& 3154.9(元)
\end{aligned}
$$

若更新设备：

$$
\begin{aligned}
\mathrm{AC}_{新} =& [9000-2000(P/F,10\%,8)](A/P,10\%,8)+1200 \\
=& 2712.4(元)
\end{aligned}
$$

因 $\mathrm{AC}_{新}<\mathrm{AC}_{旧}$，所以应该更换旧设备，使用新设备。但如果马上就要更新，那么可能不是最经济。这需要进一步分析。

(2) 分析何时更新。

① 若旧设备继续使用 1 年。

$$
\mathrm{AC}_{旧(1)}=[5000-4500(P/F,10\%,1)+1500(P/F,10\%,1)](A/P,10\%,1)=2500(元)
$$

② 若旧设备继续使用 2 年。

$$
\begin{aligned}
\mathrm{AC}_{旧(2)}=&[5000-4000(P/F,10\%,2)+1500(P/F,10\%,1)+1800(P/F,10\%,2)](A/P,10\%,2) \\
=& 2619.1(元)
\end{aligned}
$$

③ 若旧设备继续使用 3 年。

$$
\begin{aligned}
\mathrm{AC}_{旧(3)}=&5000-3500(P/F,10\%,3)+1500(P/F,10\%,1)+1800(P/F,10\%,2) \\
&+2000(P/F,10\%,3)(A/P,10\%,3) \\
=& 2711.1(元)
\end{aligned}
$$

④ 若旧设备继续使用 4 年。

$$
\begin{aligned}
\mathrm{AC}_{旧(4)}=&5000-3500(P/F,10\%,4)+1500(P/F,10\%,1)+1800(P/F,10\%,2) \\
&+2000(P/F,10\%,3)+2400(P/F,10\%,4)(A/P,10\%,4) \\
=& 2821.8(元)
\end{aligned}
$$

由上述计算可知，$\mathrm{AC}_{旧(1)}<\mathrm{AC}_{旧(2)}<\mathrm{AC}_{旧(3)}<\mathrm{AC}_{新}<\mathrm{AC}_{旧(4)}$，因此，应当保留使用旧设备 3 年后更换新设备，此期间旧设备年平均费用均低于新设备。如果旧设备继续使用超过 3 年，那么其年平均费用将比使用新设备高。

本 章 小 结

从设备磨损和补偿入手,研究各种更新方案的合理性。从经济角度分析设备的更新时机,计算设备的经济寿命,分析设备最合理的使用期限。设备更新的经济分析有新旧设备更新比较分析和不同方案之间的比较分析,不同方案的比较分析方法有原型设备更新分析法和新型设备更新分析法。本章还介绍了由于能力不适应引起的更新、由于维修过多引起的更新、由于效率降低引起的更新和由于无形磨损引起的更新,以及设备租赁与购买方案的比较分析。通过本章学习,要求读者掌握设备经济寿命计算方法、设备更新的分析方法和设备更新的多方案比较方法及设备租赁与购买方案的分析方法。

习 题

一、单选题

1. 设备的有形磨损是( )。
   A. 社会进步的影响　　　　　　　　　B. 设备实体上的磨损
   C. 社会必要劳动时间的降低　　　　　D. 设备的贬值
2. 设备的无形磨损是( )。
   A. 社会进步的影响　　　　　　　　　B. 设备实体上的磨损
   C. 设备的贬值　　　　　　　　　　　D. 第Ⅱ种无形磨损
3. 决定设备合理更新周期的依据是( )。
   A. 自然寿命　　　B. 物质寿命　　　C. 技术寿命　　　D. 经济寿命

二、多选题

1. 设备的寿命形态有( )。
   A. 技术寿命　　　B. 物理寿命　　　C. 经济寿命　　　D. 自然寿命
2. 新型设备的更新比较方法有( )。
   A. 年值成本法　　B. 现值成本法　　C. 边际成本法　　D. 总成本法
3. 租金计算的附加率方法要考虑( )。
   A. 租赁设备的价格　　　　　　　　　B. 租赁期限
   C. 租赁期限对应折现率　　　　　　　D. 附加率
4. 租赁费用要考虑( )。
   A. 租赁保证金　　B. 租金　　　　　C. 担保费　　　　D. 租赁合同

三、复习思考题

1. 某设备原始价值为8000元,可以用5年,有关数据如表9-12所示。计算: ①不考虑资金时间价值时的设备的经济寿命; ②考虑资金时间价值时设备的经济寿命。已知基准收益率为10%。

表 9-12 某设备各年发生的费用

设备使用年限/年	1	2	3	4	5
运行成本初始值/元	600	600	600	600	600
运行成本劣化值/元		200	400	600	800
年末残值/元	5500	4500	3500	2500	1000

2. 某企业 4 年前花 2200 元购置了设备 A，目前设备 A 的剩余寿命为 6 年，寿命终了时的残值为 200 元，设备 A 每年的运营费用为 700 元。目前，有一个设备制造厂出售与设备 A 具有相同功能的设备 B，设备 B 售价 2400 元，寿命为 10 年，残值为 300 元，每年运营费用为 400 元。如果企业购买设备 B，那么设备制造厂愿意出价 600 元购买旧设备 A。设基准折现率为 15%，研究期为 6 年，试判断现在企业应保留设备 A，还是用设备 B 更新设备 A。

3. 某企业需要使用计算机，根据目前的市场情况，有两种方案可供选择。一种方案是投资 29 000 元购置一台计算机，估计计算机的服务寿命为 6 年，6 年年末残值为 5800 元，运行费每天 50 元，年维修费为 2800 元。另一种方案是租用计算机，每天租赁费用 160 元，如果企业一年中用机的天数估计为 200 天，政府规定的所得税税率为 25%，采用直线折旧法计提折旧，基准贴现率为 12%，试确定该企业是采用购置方案还是租赁方案。

4. 某企业有一条通往码头的道路，需要进行大修理，大修理费用估计为 3000 元，经过大修理后，这条道路可以继续使用 3 年，每年的修理费用为 5000 元。该企业也可以考虑把原有道路完全翻新，估计造价为 120 000 元，可以使用 20 年，每年需要维修费 400 元，该企业规定的基准收益率为 12%，试比较两个方案。

5. 两年前花 80 000 元购了一台设备，设备在 5 年服务期内的年度使用费：第一年为 3000 元，以后每年增加 2000 元；目前的残值为 40 000 元，以后每年贬值 5000 元。现有同样功能的新设备的原始费用为 50 000 元，可以使用 10 年。年度使用费固定为 3000 元，任何时候的残值均为零。基准折现率为 10%，新旧设备随时都可以更换，应选择哪种设备？

6. 某设备原始价值为 10 000 元，物理寿命为 10 年，各年运行费及残值如表 9-13 所示。

表 9-13 各年设备运行费及残值

使用年数/年	1	2	3	4	5	6	7	8	9	10
年运行费/元	1200	1350	1500	1700	1950	2250	2600	3000	3500	4000
年末残值/元	7000	5000	3500	2000	1000	800	600	400	200	100

若财务折现率 $i_C = 10\%$，试分别用静态和动态的最小年费用法求设备经济寿命。

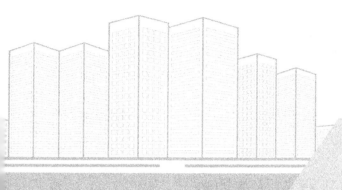

第 10 章　价值工程

※　【学习要点及目标】

- 掌握价值工程的含义。
- 了解价值、功能和寿命周期成本的概念。
- 掌握提高价值的途径。
- 了解价值工程的特征。
- 懂得价值工程的工作步骤。
- 懂得价值工程对象选择的一般原则和方法。
- 了解情报收集的要求和内容。
- 懂得功能分析与整理。
- 掌握功能评价的方法。

※　【核心概念】

　　价值工程、价值、功能、寿命周期成本、总功能、上位功能、下位功能、同位功能、末位功能、功能现实成本、功能重要性系数、功能成本系数、功能评价值、功能价值系数、方案创造、方案评价

【引导案例】

某施工企业以总价合同形式承包了某市高新技术开发区的两幢科研楼，单方造价为 1800 元/m²。该施工企业为了控制工程造价和进一步降低费用，在项目管理目标责任书中要求项目经理部在保证质量、工期、进度前提下降低成本 10%。该项目经理该如何做才能达到降低成本的目标呢？

在实际工作中，该项目经理可以运用价值工程的分析方法建立工作思路和提出解决方案。

10.1　价值工程的基本原理

10.1.1　价值工程的基本概念

1. 价值工程的含义

价值工程也称为价值分析，起源于美国，是 20 世纪 40 年代以后发展起来的一种现代管理方法。价值工程是指以产品或作业的功能分析为核心，以提高产品或作业的价值为目的，力求以最低寿命周期成本可靠地实现产品或作业必要功能的一项有组织的创造性活动。

价值工程采用系统的工作方法分析产品的功能与成本、效益与费用之间的关系。它不仅广泛应用于产品设计和产品开发，而且应用于各种建设工程项目，甚至应用于组织机构的改革。价值工程在建设工程项目中主要应用在规划和设计阶段，因为这两个阶段是提高建设工程项目经济效果的关键环节。

2. 与价值工程相关的概念

价值工程中"工程"一词的概念与日常习惯上讲的土木工程等的"工程"概念不一样。这里"工程"的含义是指为了实现提高价值的目标所进行的一系列分析研究的活动。价值工程涉及价值、功能和寿命周期成本等三个基本要素。

1) 价值

价值工程中所说的"价值"有其特定的含义，与哲学、政治经济学、经济学等学科关于价值的概念有所不同。价值工程把"价值"定义为"对象所具有的功能与获得该功能的全部费用之比"。例如，人们在购买商品时，总是希望"物美而价廉"。价值工程中所述的"价值"是一个相对的概念，它不是对象的使用价值，也不是对象的交换价值，而是对象的比较价值，是作为评价事物有效程度的一种尺度提出来的。这种对比关系可以用下列数学公式表示：

$$V = \frac{F}{C} \tag{10-1}$$

式中：V——价值；

　　　F——研究对象的功能；

　　　C——成本。

价值取决于功能和成本两个因素，因此提高价值的途径可以归纳如下。

(1) 保持产品的必要功能不变，降低产品成本，以便提高产品的价值。

(2) 保持产品成本不变，提高产品的必要功能，以便提高产品的价值。

(3) 成本稍有增加，但必要功能增加的幅度更大，使产品价值提高。

(4) 在不影响产品主要功能的前提下，适当降低一些次要功能，大幅度降低产品成本，提高产品价值。

(5) 运用高新技术，进行产品创新，既提高必要功能，又降低成本，以便大幅度提高价值，这是提高产品价值的理想途径。

2) 功能

价值工程认为，功能对于不同的对象有着不同的含义。对于物品来说，功能就是它的用途或效用。对于作业或方法来说，功能就是它所起的作用或要达到的目的。对于人来说，功能就是他应该完成的任务。对于企业来说，功能就是它应为社会提供的产品和效用。总之，功能是对象满足某种需求的一种属性，是使用价值的具体表现形式。任何功能无论是针对机器还是针对工程，最终都是针对人类主体的一定的需求目的，最终都是为了人类主体的生存与发展服务，因此最终将体现为相应的使用价值。因此，价值工程所谓的"功能"实际上就是使用价值的产出量。

价值工程的核心是功能分析。功能的确定必须以用户的需要为出发点，既要尽可能消除过剩功能，又要避免功能不足。功能的确定主要考虑三方面因素：功能本身必须适合用户的某种需求，功能必须符合用户的条件和环境，功能必须适合用户的承受能力。

为了弄清功能的定义，根据功能的不同特性，可以先将功能分为以下几类。

(1) 按功能的重要程度分为基本功能和辅助功能。

按功能的重要程度分类，产品的功能一般可以分为基本功能和辅助功能。基本功能就是要达到这种产品的目的所必不可少的功能，是产品的主要功能，如果不具备这种功能，这种产品就失去了其存在的价值。辅助功能是为了更有效地实现基本功能而添加的功能，是次要功能，是为了实现基本功能而附加的功能。

(2) 按功能的性质分为使用功能和美学功能。

按功能的性质分类，产品的功能可以划分为使用功能和美学功能。使用功能从功能的内涵上反映其使用属性，而美学功能是从产品外观上反映功能的艺术属性。

(3) 按用户的需求分为必要功能和不必要功能。

按用户的需求分类，产品的功能可以分为必要功能和不必要功能。必要功能是指用户所要求的功能及与实现用户所需求功能有关的功能，使用功能、美学功能、基本功能、辅助功能等均为必要功能。不必要功能是不符合用户要求的功能，又包括三类：一是多余功能，二是重复功能，三是过剩功能。因此，价值工程的功能一般是指必要功能。

(4) 按功能的量化标准分为过剩功能与不足功能。

按功能的量化标准分类，产品的功能可以分为过剩功能与不足功能。过剩功能是指某些功能虽属必要，但满足需要有余，在数量上超过了用户要求或标准功能水平。不足功能是相对于过剩功能而言的，表现为产品整体功能或零部件功能水平在数量上低于标准功能水平，不能完全满足用户需要。

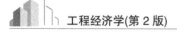

(5) 按总体与局部分为总体功能和局部功能。

按总体与局部分类，产品的功能可以划分为总体功能和局部功能。总体功能和局部功能之间是目的与手段的关系。总体功能以各局部功能为基础，又呈现出整体的新特征。

3) 寿命周期成本

从对象被研究开发、设计制造、用户使用直到报废为止的整个时期，称为对象的寿命周期。对象的寿命周期一般可以分为自然寿命和经济寿命。价值工程一般以经济寿命来计算和确定对象的寿命周期。

寿命周期成本是指从对象被研究开发、设计制造、销售使用直到停止使用的经济寿命期间所发生的各项成本费用之和。产品的寿命周期成本包括生产成本和使用成本两部分。生产成本是产品在研究开发、设计制造、运输施工、安装调试过程中发生的成本。使用成本是用户在使用产品过程中所发生的费用总和，包括产品的维护、保养、管理、能耗等方面的费用，即

$$C = C_1 + C_2$$

式中：C_1——生产成本；

C_2——使用成本(扣除净残值)。

一般情况下，C_1 越高，功能满足程度越好，使用费用 C_2 就越少。反之，若 C_1 越低，功能满足程度越差，使用费用 C_2 就越高。价值工程的目的是在满足功能前提下寻求最低的寿命周期成本，即 C_1、C_2 二者之和 C 达到最小值 $C_{\min}$。此时对应的 F 为最适宜的功能水平。

10.1.2 价值工程的特征

价值工程主要有六个方面的特征。

(1) 价值工程的目标是以最低的寿命周期成本实现产品或作业的必要功能。

(2) 价值工程的核心是对产品或作业进行功能分析。

(3) 价值工程将产品价值、功能和成本作为一个整体同时考虑。

价值工程中对价值、功能、成本的考虑不是片面和孤立的，而是在确保产品功能的基础上综合考虑生产成本和使用成本，兼顾生产者和用户的利益，创造出总体价值最高的产品。

(4) 价值工程强调不断地改革和创新。

开拓新构思和新途径，获得新方案，创造新功能载体，从而简化产品结构，节约原材料，提高产品的技术经济效益。

(5) 价值工程要求将功能定量化。

价值工程要求将功能转化为能够与成本直接相比的量化值。

(6) 价值工程是以集体的智慧开展的有计划、有组织的管理活动。

开展价值工程，要组织科研、设计、制造、管理、采购、供销、财务等各方面有经验的人员参加，组成一个智力结构合理的集体，发挥集体智慧，博采众长地进行产品设计，以便达到提高方案价值的目的。

10.1.3 价值工程的工作步骤

开展价值工程的过程是一个发现问题、解决问题的过程。针对价值工程的研究对象，逐步深入地提出一系列问题。通过回答问题寻找答案，导致问题的解决。所提问题通常有

以下 7 个。

(1) 价值工程的对象是什么？

(2) 它是有什么作用？

(3) 其成本是多少？

(4) 其价值是多少？

(5) 有无其他方法可以实现同样的功能？

(6) 新方案的成本是多少？

(7) 新方案能满足要求吗？

价值工程的实施步骤按一般的决策过程划分为分析问题、综合研究与方案评价 3 个阶段以及对象的选择、目标的选定、收集情报、功能的分析、方案的评价和选择、试验和提案、活动成果的评价 7 个具体步骤，把 3 个阶段和 7 个具体步骤、7 个提问分别对应列于表 10-1。

表 10-1　价值工程的工作步骤

一般决策过程的阶段	价值工程实施的具体步骤	价值工程的对应问题
分析问题	对象的选择	(1)价值工程的对象是什么？
	目标的选定	(2)它有什么作用？
	收集情报	(3)其成本是多少？
	功能的分析	(4)其价值是多少？
综合研究	方案创造和选择	(5)有无其他方法实现同样的功能？
方案评价	试验和提案	(6)新方案的成本是多少？
	活动成果的评价	(7)新方案能满足要求吗？

10.2　选择价值工程对象与收集情报

10.2.1　选择价值工程对象

正确选择工作对象是价值工程成功的第一步，能起到事半功倍的效果。选择价值工程的对象的过程就是逐步缩小研究范围、明确分析研究的目标、确定主攻方向的过程。

1. 选择对象的一般原则

对企业来讲，凡是为获取功能而发生费用的事物，都可以作为价值工程的研究对象，例如产品、工艺、工程、服务或它们的组成部分等。

一般来说，选择价值工程的对象需要遵循以下原则。

(1) 从设计方面看，对产品结构复杂、性能和技术指标差距大、体积大、重量大的产品进行价值工程活动，可以使产品结构、性能、技术水平得到优化，从而提高产品价值。

(2) 从生产方面看，对量多面广、关键部件、工艺复杂、原材料和能源消耗高、废品率高的产品或零部件，特别是对量多、产值比重大的产品，只要成本下降，所取得的经济效果就大。

(3) 从市场销售方面看，选择用户意见多、系统配套差、维修能力弱、竞争力差、利润率低、寿命周期较长、市场上畅销但竞争激烈的产品或零部件；选择新产品、新工艺等。

(4) 从成本方面看，选择成本高于同类产品、成本比重大的，例如材料费、管理费、人工费等。

根据以上原则，对生产企业，有以下情况之一者，应优先选择为价值工程的对象：

① 结构复杂或落后的产品；

② 制造工序多或制造方法落后及手工劳动较多的产品；

③ 原材料种类繁多和互换材料较多的产品；

④ 在总成本中所占比重大的产品。

对由各组成部分组成的产品，应优先选择以下部分作为价值工程的对象：

① 造价高的组成部分；

② 占产品成本比重大的组成部分；

③ 数量多的组成部分；

④ 体积或重量大的组成部分；

⑤ 加工工序多的组成部分；

⑥ 废品率高和关键性的组成部分。

2．对象选择的方法

价值工程对象选择的方法有很多种，不同方法适宜于不同的价值工程对象，根据企业条件选用适宜的方法，就可以取得较好的效果。常用的方法有因素分析法、ABC 分析法、强制确定法、百分比分析法等。

1) 因素分析法

因素分析法是一种常用的方法，又称为经验分析法，是指根据选择价值工程对象应考虑的各种因素，凭借分析人员的经验集体研究确定选择对象的一种方法，是一种定性的分析方法。用经验分析的方法确定价值工程对象时，要对各种影响因素进行综合分析，区分主次轻重，既考虑需要，也考虑可能，从而尽可能合理地选择价值工程与产品改进的项目。经验分析法可以与其他方法结合使用。例如利用因素分析法进行初步选择，再用其他方法进行进一步分析；或将其他方法选出的对象再用因素分析法进行综合分析，加以修正。

因素分析法的优点是简便易行，不需要特殊的训练，考虑问题综合全面。缺点是分析质量受价值工程人员的经验与工作态度的影响较大，有时难以保证分析的准确性。所以，因素分析法要求参加价值工程活动的人员要熟悉业务、经验丰富，同时要发挥集体的智慧，协同作战，以求准确。

2) ABC 分析法

如果不分主次，对企业的每一种产品或产品的每一种零部件都进行价值工程活动，那么价值工程活动会浪费大量的人力、物力、财力，不仅达不到应有的效果，还会适得其反。ABC 分析法正是一种有助于抓住重点、有的放矢地开展价值工程活动的定量分析方法。

ABC 分析法又称为帕累托分析法，是价值工程活动中选择对象应用最多的方法。意大利经济学家帕累托在 20 世纪初研究资本主义国民财富的分布状况时发现一个规律，即占人口比例不大的少数人，占有社会的大部分财富，而占人口比例很大的多数人却只拥有社会财富中的一小部分。由此得出了"关键的少数和次要的多数"的原理。后来人们发现，在产品成本分配方面，具有非常类似的规律。这个原理目前广泛地应用于库存管理、质量控制、成本分析与控制，也被用于进行价值工程研究对象的选择。

ABC 分析法抓住成本比重大的零部件或工序作为研究对象，有利于集中精力重点突破，取得较大效果，同时简便易行，因此，广泛为人们所采用。但在实际工作中，有时由于成本分配不合理，造成成本比重不大但用户认为功能重要的对象可能被漏选或排序推后。ABC分析法的这个缺点可以通过经验分析法、强制确定法等方法补充修正(见表 10-2)。

表 10-2　A、B、C 类别划分参考值

类 别	数量占总数百分比	成本占总成本百分比	研究对象的选择
A 类	10%左右	70%左右	重点对象
B 类	20%左右	20%左右	一般对象
C 类	70%左右	10%左右	不做分析

3) 强制确定法

强制确定法是以功能重要程度作为选择价值工程对象的一种分析方法。其具体做法为：先求出分析对象的成本系数、功能系数，然后得出价值系数，以便揭示出分析对象的功能与成本之间是否相符；如果不相符，价值低的就被选为价值工程的研究对象。这种方法在功能评价和方案评价中也有应用。

强制确定法从功能和成本两方面综合考虑，比较适用、简便，不仅能明确揭示出价值工程的研究对象所在，而且具有数量概念。但这种方法是人为打分，不能准确地反映出功能差距的大小，只适用于部件之间功能差别不太大且比较均匀的对象，而且一次分析的部件数目也不能太多，以不超过 10 个为宜。在零部件很多时，可以先用 ABC 法、经验分析法选出重点部件，然后再用强制确定法细选。也可以用逐层分析法，从部件选起，然后在重点部件中选出重点零件。

4) 百分比分析法

百分比分析法是通过分析各个产品的两个或两个以上的技术经济指标所占总和百分比的大小，来选择价值工程研究对象的方法。

例 10-1　某企业有甲、乙、丙、丁 4 种产品，它们各自的年成本和年利润占企业总成本与总利润的百分比如表 10-3 所示。试确定价值工程对象。

表 10-3　产品成本、利润比重

产品名称	甲	乙	丙	丁	合计
成本/万元	5000	3000	2000	1000	11000
成本比重/%	45.5	27.2	18.2	9.1	100
利润/万元	1250	300	700	250	2500
利润比重/%	50	12	28	10	100
利润比重/成本比重	1.10	0.44	1.54	1.10	1.00

由表 10-3 可知，这 4 种产品中，乙产品占总成本的 27.2%，而乙产品的利润则只占总利润的 12%，所以乙产品应为价值工程研究的对象。

百分比法的优点是，当企业在一定的时期内要提高某些经济指标且拟选对象数目不多时，具有较强的针对性和有效性。缺点是不够系统和全面，有时为了更全面、更综合地选择对象，百分比法可以与经验分析法结合使用。

10.2.2　收集价值工程情报

价值工程情报是指与价值工程有关的记录，有利用价值的报道、消息、见闻、图形、表格、图像、知识等。收集价值工程情报资料时应满足五个方面的要求：一是目的性，即收集的情报资料应满足价值工程活动的目的要求；二是时间性，即收集的情报资料是近期的、较新的资料；三是准确性，即所收集的情报资料必须是可靠的，能真实反映客观事物的实际；四是完整性，即能保证全面、充分和完善地评价研究对象；五是经济性，即尽量用最少的开支收集所需的情报资料。

价值工程所需的信息资料应视具体情况而定。对于产品分析来说，一般应收集以下几方面的信息资料。

(1) 用户方面的信息资料。

(2) 市场销售方面的信息资料。

(3) 技术方面的信息资料。

(4) 经济方面的信息资料。

(5) 本企业的基本资料。

(6) 环境保护方面的信息资料。

(7) 外协方面的信息资料。

(8) 政府和社会有关部门的法律、法规、条例等方面的信息资料。

10.3　功能分析、整理和评价

功能分析是价值工程活动的核心内容和基本内容。它通过分析信息资料，正确表达各对象的功能，明确功能特性要求，绘制功能系统图，在此基础上，依据掌握的用户对功能的要求，对功能进行定量评价，以便确定提高价值的重点改进对象。

10.3.1　功能定义

功能定义是指用简明、准确的语言表述价值工程研究对象的功能。用户购买产品其实是购买产品所具有的功能，所以功能是连接生产与消费的本质性的东西。价值工程以功能分析为核心，站在用户的立场上，有利于开辟思路和创新。

不仅要对价值工程研究对象整体功能进行定义，而且要对研究对象各个构成部分进行功能定义。功能定义通常用动词和名词宾语把功能简明扼要地描述出来，主语是被描述的对象。例如，基础的功能是"承受荷载"，这里基础是功能承担体。

功能定义要做到准确且不限制思路，可以提高价值工作的质量。功能定义时应注意，名词部分要尽量用可测量的词汇，以便利于定量化。例如，电线功能定义为"传电"就不如"传递电流"好。另外，动词要采用扩大思路的词汇，例如，定义一种在零件上做孔的工作的功能，用"做孔"比用"钻孔"思路开阔得多。

10.3.2 功能整理

功能整理就是对定义的功能进行系统的分析、整理，明确功能之间的关系，分清功能类别，建立功能系统图，如图 10-1 所示。功能系统图是表示对象功能得以实现的功能逻辑关系图。功能系统图中包括总功能、上位功能、下位功能、同位功能、末位功能以及由上述功能组成的功能区域。

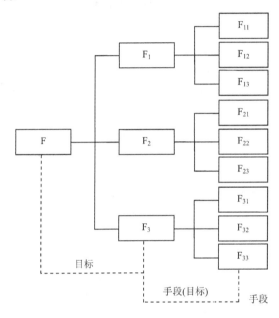

图 10-1　功能系统分析

功能系统图中，两个功能直接相连时，如果一个功能是另一个功能的目的，并且另一个功能是这个功能的手段，就把作为目的的功能称为上位功能，作为手段的功能称为下位功能，上位功能和下位功能通常具有相对性。如图 10-1 所示，F_1 相对 F_{11}、F_{12} 和 F_{13} 来说是上位功能，相对于 F 来说是下位功能。同位功能是指功能系统图中，与同一上位功能相连的若干下位功能，如图 10-1 中，F_{11}、F_{12} 和 F_{13} 就是同位功能。总功能是指功能系统图中，仅为上位功能的功能，例如 F。末位功能指功能系统图中，仅为下位功能的功能，如图 10-1 中的 F_{11}、F_{12} 和 F_{13} 等。功能区域是功能系统图中，任何一个功能及其各级下位功能的组合。

以平屋顶为例，在对其功能进行定义的基础上，通过功能分析和功能整理，得到平屋顶功能的功能系统如图 10-2 所示。

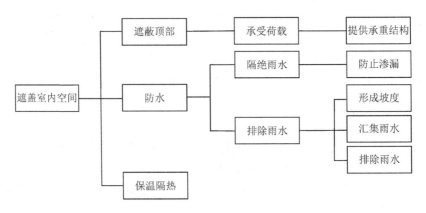

图 10-2　平屋顶功能系统

10.3.3　功能评价

功能评价是在功能定义与功能整理完成之后，在已经定性确定问题的基础上进一步做定量的确定。如前所述，价值 V 是功能和成本的比值，成本 C 是以货币形式数量化的，问题的关键是功能 F 也必须数量化，即都用货币表示后才能把两者直接进行比较。但由于功能性质的不同，其量度单位也就多种多样，例如美学功能一般是用美、比较美、不美等概念来表示，它是非定量的。因此，功能评价的基本问题是功能的数量化，即把定性指标转化为数量指标，从而为功能与成本提供可比性。

功能评价，即评定功能的价值，是指找出实现功能的最低费用作为功能的目标成本(又称为功能评价值)，以功能目标成本为基准，通过与功能现实成本的比较，求出两者的比值(功能价值系数)和两者的差异值(改善期望值)，然后选择功能价值低、改善期望值大的功能作为价值工程活动的重点对象。功能评价工作可以更准确地选择价值工程的研究对象，同时，通过制定目标成本，有利于提高价值工程的工作效率，并增强工作人员的信心。

1．功能现实成本的计算

功能现实成本的计算与一般的传统成本核算不同，功能现实成本计算的是对象功能的成本，而传统的成本核算计算的是产品或零部件的成本。因此，在计算功能现实成本时，就需要根据传统的成本核算资料，将产品或零部件的现实成本用一定的方法换算成功能的现实成本。

例 10-2　设某产品具有 F_1、F_2、F_3 三项功能，由 A、B、C、D 四种构配件实现，相关资料如表 10-4 所示。计算 F_1、F_2、F_3 三项功能的显示成本。

表 10-4　构配件成本及分配

构配件名称	构配件成本/元	构配件成本分配给各功能的比重		
		F_1	F_2	F_3
A	3600	10%	0	90%
B	5100	50%	10%	40%
C	5700	20%	20%	60%
D	6600	0	30%	70%
合计	21 000	—	—	—

F_1、F_2、F_3 三项功能的显示成本计算如下：

F_1 的现实成本 $= 3600 \times 10\% + 5100 \times 50\% + 5700 \times 20\% = 4050$(元)

F_2 的现实成本 $= 5100 \times 10\% + 5700 \times 20\% + 6600 \times 30\% = 3630$(元)

F_3 的现实成本 $= 3600 \times 90\% + 5100 \times 40\% + 5700 \times 60\% + 6600 \times 70\% = 13\,320$(元)

2. 功能成本系数的计算

功能成本系数是指评价功能的现实成本在全部成本中所占的比率。其计算公式如下：

$$功能成本系数 = \frac{某功能的现实成本}{总成本} \tag{10-2}$$

运用例 10-2 资料，可以计算 F_1、F_2、F_3 三项功能的成本系数分别为 19.29%、17.29%、63.42%。

3. 功能重要性系数

功能重要性系数又称为功能评价系数或功能指数，是指评价对象(例如零部件等)的功能在整体功能中所占的比率。确定功能重要性系数的关键是对功能进行打分。常用的打分方法有 0-1 评分法、0-4 评分法、倍比法等。

1) 0-1 评分法

0-1 评分法是请 5～15 名对产品熟悉的人员参加功能的评价。首先按照功能的重要程度一一对比打分，重要的功能打 1 分，相对不重要的功能打 0 分。

例 10-3　某产品包含 5 个功能 A、B、C、D、E，其中 A 比 B 重要，B 比 C 重要，D 比 A 重要，C 比 E 重要。试计算各零部件的功能重要性系数。

计算结果如表 10-5 所示。表 10-5 中要分析的对象(功能)自己与自己相比不得分，用"×"表示。最后，根据每个参与人员选择该零部件得到的功能重要性系数，可以得到该零部件的功能重要性系数平均值 W：

$$W = \frac{\sum_{i=1}^{k} W_i}{k}$$

式中：k——参加功能评价的人数。

为了避免不重要的功能得零分，可以将各功能累计得分加 1 分进行修正，用修正后的总分分别去除各功能累计得分即得到功能重要性系数。

表 10-5　0-1 评分法功能重要性系数的计算

评价对象	A	B	C	D	E	功能总分	修正得分	功能重要性系数
A	×	1	1	0	1	3	3 + 1 = 4	0.27
B	0	×	1	0	1	2	2 + 1 = 3	0.20
C	0	0	×	0	1	1	1 + 1 = 2	0.13
D	1	1	1	×	1	4	4 + 1 = 5	0.33
E	0	0	0	0	×	0	0 + 1 = 1	0.07
合计	—	—	—	—	—	10	15	1.00

2) 0-4 评分法

0-1 评分法中的功能重要程度差仅为 1 分，不能拉开档次。为了弥补这个不足，将分档扩大为 4 级，其打分矩阵仍同 0-1 法。档次划分为如下几种。

(1) F_1 功能比 F_2 功能重要得多：F_1 得 4 分，F_2 得 0 分。

(2) F_1 功能比 F_2 功能重要：F_1 得 3 分，F_2 得 1 分。

(3) F_1 功能比 F_2 功能同等重要：F_1 得 2 分，F_2 得 2 分。

(4) F_1 功能不如 F_2 功能重要：F_1 得 1 分，F_2 得 3 分。

(5) F_1 功能远不如 F_2 重要：F_1 得 0 分，F_2 得 4 分。

强制确定法适用于被评价对象在功能重要程度上的差异不太大，并且评价对象子功能数目不太多的情况。

以各部件功能得分占总分的比例确定各部件功能评价指数的计算公式如下：第 i 个评价对象的功能指数 $F_i = ($第 i 个评价对象的功能得分值 $F_i)/$ 全部功能得分值 。

如果功能评价指数大，说明功能重要。反之，功能评价指数小，说明功能不太重要。

例 10-4 某产品包含 5 个功能 A、B、C、D、E，经过专家评定，对各功能重要性达成以下共识：B 和 C 同样重要，D 和 E 同样重要，A 相对于 D 很重要，A 相对于 B 较重要。试计算各零部件的功能重要性系数。

各零部件功能重要性系数计算结果如表 10-6 所示。

表 10-6　0-4 评分法功能重要性系数的计算

评价对象	A	B	C	D	E	得　分	权　重
A	×	3	3	4	4	14	0.350
B	1	×	2	3	3	9	0.225
C	1	2	×	3	3	9	0.225
D	0	1	1	×	2	4	0.100
E	0	1	1	2	×	4	0.100
合计						40	1.00

3) 倍比法

这种方法是利用评价对象之间的相关性进行比较来定出功能评价系数，其具体步骤如下：根据各评价对象的功能重要性程度，按上高下低原则排序；从上至下按倍数比较相邻两个评价对象；令最后一个评价对象得分为 1，按上述各对象之间的相对比值计算其他对象的得分；计算各评价对象的功能评价系数。

例 10-5 某产品包含 4 个功能 F_1、F_2、F_3、F_4，经过专家评定，对各功能重要性达成以下共识：F_1 是 F_2 重要性的 2 倍，F_2 是 F_3 重要性的 3 倍，F_3 是 F_4 重要性的 1.5 倍。试计算各零部件的功能重要性系数。

各零部件功能重要性系数计算结果如表 10-7 所示。

表 10-7　倍比法功能重要性系数的计算

评价对象	相对比值	得　分	功能评价系数
F_1	$F_1/F_2=1.5$	9	0.4737
F_2	$F_2/F_3=2$	6	0.3158
F_3	$F_3/F_4=3$	3	0.1579
F_4	—	1	0.0526
合计		19	1.0000

4．功能评价值 F 的计算

对象的功能评价值 F(目标成本)是指可靠地实现用户要求功能的最低成本。它可以理解为是企业有把握或者说应该达到的实现用户要求功能的最低成本。从企业目标的角度来看，功能评价值可以看成是企业预期的、理想的成本目标值。功能评价值一般以功能货币价值形式表达。功能的现实成本较易确定，而功能评价值较难确定。计算功能评价值的方法较多，这里仅介绍功能重要性系数评价法。

功能重要性系数评价法是一种根据功能重要性系数确定功能评价值的方法。这种方法是把功能划分为几个功能区(即子系统)，并根据各功能区的重要程度和复杂程度，确定各个功能区在总功能中所占的比重，即功能重要性系数，然后将产品的目标成本按功能重要性系数分配给各个功能区作为该功能区的目标成本，即功能评价值。其具体计算步骤如下所述。

第一步，确定功能重要性系数。

第二步，确定功能评价值。

功能评价值的确定分为以下两种情况。

1) 新产品评价设计

一般在产品设计之前，根据市场供需情况、价格、企业利润与成本水平已经初步设计了目标成本。因此，在功能重要性系数确定之后，就可以将新产品设定的目标成本按已有的功能重要性系数加以分配计算，求得各个功能区的功能评价值，并将此功能评价值作为功能的目标成本。

例 10-6 仍用例 10-2 的资料，假设从功能的重要程度上看，F_1 是 F_2 的 1.5 倍，F_3 是 F_1 的 3 倍，假设 F_2 得分为 1 分，产品目标成本为 18 900 元，试求该新产品三个功能区的功能评价值。

第一步，确定功能重要性系数。

因为 F_2 得分 1 分

所以 F_1 得分 1.5 分；F_3 得分 4.5 分；合计 7 分

F_1 功能重要性系数 = 1.5/7 = 3/14

F_2 功能重要性系数 = 1/7

F_3 功能重要性系数 = 4.5/7 = 9/14

第二步，确定功能评价值。

$$F_1 \text{目标成本} = 18\,900 \times 3/14 = 4050(元)$$
$$F_2 \text{目标成本} = 18\,900 \times 1/7 = 2700(元)$$
$$F_3 \text{目标成本} = 18\,900 \times 9/14 = 12\,150(元)$$

2) 既有产品的改进设计

既有产品应以现实成本为基础计算功能评价值，进而确定功能的目标成本。由于既有产品已经有现实成本，所以就没有必要再假设目标成本。但是，既有产品的现实成本原已分配到各功能区中去的比例不一定合理，这就需要根据改进设计中新确定的功能重要性系数，重新分配既有产品的原有成本。从分配结果看，各功能区新分配成本与原分配成本之间有差异。正确分析和处理这些差异，就能合理确定各功能区的功能评价值，求出产品功能区的目标成本。

例 10-7 某既有产品的现实成本为 500 元，该新产品的 F_1、F_2、F_3、F_4 的功能重要性系数分别为 0.47、0.32、0.16、0.05。试求既有产品 4 个功能区的功能评价值及成本降低幅度。

该新产品 4 个功能区的功能评价值及成本降低幅度的计算结果如表 10-8 所示。

表 10-8　既有产品功能评价值的计算

功能区	功能现实成本/元	功能重要性系数	根据产品现实成本和功能重要性系数重新分配的功能区成本/元	功能评价值(或目标成本)/元	成本降低幅度/元 (1)~(4)
	(1)	(2)	(3) = (2)×500	(4)	(5)
F_1	130	0.47	235	130	—
F_2	200	0.32	160	160	40
F_3	80	0.16	80	80	—
F_4	90	0.05	25	25	65
合计	500	1.00	500	395	105

表 10-8 中第(3)栏是把产品的现实成本 $C = 500$ 元，按改进设计方案的新功能重要性系数重新分配给各功能区的结果。该分配结果可能有以下 3 种情况：功能区新分配的成本等于现实成本，此时应以现实成本作为功能评价值 F；新分配成本小于现实成本，此时应以新分配的成本作为功能评价值 F；新分配的成本大于现实成本，出现这种情况的原因需要进行具体分析。如果是因为功能重要性系数定高了，那么经过分析后可以将其适当降低。如果因为成本确实投入太少，那么可以允许适当提高一些。

5. 功能价值系数 V 的计算

通过计算和分析对象的价值 V，可以分析成本功能的合理匹配程度。功能价值 V 的计算方法可以分为两大类：功能成本法与功能指数法。

1) 功能成本法

功能成本法又称为绝对值法，是通过一定的测算方法，测定实现应有功能所必须消耗的最低成本，同时计算为实现应有功能所耗费的现实成本，经过分析、对比，求得对象的价值系数和成本降低期望值，确定价值工程的改进对象。其表达式如下：

$$V_i = \frac{F_i}{C_i} \tag{10-3}$$

式中：V_i——第 i 个评价对象的价值系数；

F_i——第 i 个评价对象的功能评价值；

C_i——第 i 个评价对象的现实成本。

一般可以采用表 10-9 进行定量分析。

表 10-9　功能评价值与价值系数的计算

序号	项目 子项目	功能重要性系数 ①	功能评价值 ② = 目标成本×①	现实成本 ③	价值系数 ④ = ②/③	改善幅度 ⑤ = ③-②
1	A					
2	B					
3	C					
…	…					
合计						

功能的价值计算出来以后，需要进行分析，以便揭示功能与成本的内在联系，确定评价对象是否为功能改进的重点及其功能改进的方向和幅度，从而为后面的方案创造工作打下良好的基础。

根据上述计算公式，功能的价值系数计算结果有以下四种情况。

$V_i = 1$ 时，即功能评价值等于功能现实成本，这表明评价对象的功能现实成本与实现功能所必需的最低成本大致相当。此时评价对象的价值为最佳，一般无须改进。

$V_i < 1$ 时，即功能现实成本大于功能评价值，这表明评价对象的现实成本偏高，而功能要求不高。这时一种可能是由于存在着过剩的功能，另一种可能是功能虽然无过剩，但是实现功能的条件或方法不佳，以致使实现功能的成本大于功能的实际需要。这两种情况都应列入功能改进的范围，并且以剔除过剩功能及降低现实成本为改进方向，使成本与功能比例趋于合理。

$V_i > 1$ 时，即功能现实成本低于功能评价值，说明该部件功能比较重要，但分配的成本较少。此时应进行具体分析，功能与成本的分配可能已较理想，或者有不必要的功能，或者应该提高成本。

$V_i = 0$ 时，要进一步分析。如果是不必要的功能，就取消该部件。但如果是最不重要的必要功能，就要根据实际情况处理。

例 10-8 仍然用例 10-2、例 10-6 的资料，计算 F_1、F_2、F_3 三项功能的价值系数，并对功能改善的优先次序做出评价。

$$F_1 \text{价值系数} = 4050/4050 = 1$$
$$F_2 \text{价值系数} = 2700/3630 = 0.74$$
$$F_3 \text{价值系数} = 12\ 150/13\ 320 = 0.91$$

改善的优先次序为 F_2、F_3，F_1 无须改进。

2) 功能指数法

功能指数法又称为相对值法，是通过评定各对象功能的重要程度，用功能指数表示其功能程度的大小，然后将评价对象的功能指数与相对应的成本指数进行比较，得出该评价对象的价值指数，从而确定改进对象，并求出该对象的成本改进期望值。由于评价对象的功能水平和成本水平都用它们在总体中所占的比率来表示，这样就可以采用上面的公式方便地、定量地表达评价对象价值的大小，因此，在功能指数法中，价值指数是作为评定对象功能价值的指标。

根据功能重要性系数和成本系数计算价值指数可以通过列表进行，如表 10-10 所示。

表 10-10　价值指数的计算

零部件名称	功能重要性系数 ①	现实成本 ②	成本系数 ③	价值指数 ④ = ① / ③
A				
B				
C				
…				
合计	1.00		1.00	

价值指数的计算结果有以下三种情况。

$V_i = 1$ 时，此时评价对象的功能比重与成本比重大致平衡，合理匹配，可以认为功能的现实成本是比较合理的。

$V_i < 1$ 时，此时评价对象的成本比重大于其功能比重，表明相对于系统内的其他对象而言，目前所占的成本偏高，从而会导致该对象的功能过剩。此时应将评价对象列为改进对象，改善方向主要是降低成本。

$V_i > 1$ 时，此时评价对象的成本比重小于其功能比重。出现这种结果的原因可能有三种：第一，由于现实成本偏低，不能满足评价对象实现其应具有的功能的要求，致使对象功能偏低，这种情况应列为改进对象，改善方向是增加成本；第二，对象目前具有的已经超过了其应该具有的水平，即存在过剩功能，这种情况也应列为改进对象，改善方向是降低功能水平；第三，对象在技术、经济等方面具有某些特征，在客观上存在着功能很重要而需要消耗的成本却很少的情况，这种情况一般就不应列为改进对象。

从以上的分析可以看出，对产品部件进行价值分析，就是使每个部件的价值系数尽可能趋近于 1。换句话说，在选择价值工程对象的产品和零部件时，应当综合考虑价值系数偏离 1 的程度和改善幅度，优先选择价值系数远小于 1 且改善幅度大的产品或零部件。

总之，对产品部件进行价值分析，就是使每个部件的价值系数尽可能趋近于 1。价值工程对象经过以上各个步骤，特别是完成功能评价之后，得到其价值的大小，就明确了改进方向、目标和具体范围。

10.4 方案创造与评价

10.4.1 方案创造

方案创造是从提高对象的功能价值出发，在正确的功能分析和评价的基础上，针对应改进的具体目标，通过创造性的思维活动，提出能够可靠地实现必要功能的新方案。

从某种意义上讲，价值工程可以说是创新工程，方案创造是价值工程取得成功的关键一步。因为前面所论述的一些问题，例如选择对象、收集资料、功能成本分析、功能评价等，虽然都很重要，但都是为了方案创造和制定服务的。前面的工作做得再好，如果不能创造出高价值的创新方案，也就不会产生好的效果。所以，从价值工程技术实践来看，方案创造是决定价值工程成败的关键阶段。

方案创造的理论依据是功能载体具有替代性。这种功能载体替代的重点应放在以功能创新的新产品替代原有产品和以功能创新的结构替代原有结构方案。而方案创造的过程是思想高度活跃、进行创造性开发的过程。为了引导和启发创造性的思考，可以采用各种方法，比较常用的方法有以下几种。

1．头脑风暴法

在群体决策中，由于群体成员心理相互作用影响，所以容易屈于权威或大多数人意见，形成所谓的"群体思维"。群体思维削弱了群体的批判精神和创造力，损害了决策的质量。为了保证群体决策的创造性，提高决策质量，管理上发展了一系列改善群体决策的方法，头脑风暴法是较为典型的一个。

头脑风暴法又称为智力激励法或自由思考法(畅谈法、畅谈会、集思法),是由美国创造学家 A. F. 奥斯本于 1939 年首次提出、1953 年正式发表的一种激发性思维的方法。头脑风暴法出自"头脑风暴"一词。所谓头脑风暴,最早是精神病理学上的用语,指精神病患者的精神错乱状态。而现在则成为无限制的自由联想和讨论的代名词,其目的在于产生新观念或激发创新设想。

采用头脑风暴法组织群体决策时,要集中有关专家召开专题会议,参加人数一般为 5～10 人,最好由不同专业或不同岗位者组成。会议时间控制在 1 小时左右。设主持人一名,主持人只主持会议,对设想不做评论。主持者以明确的方式向所有参与者阐明问题,说明会议的规则,尽力创造融洽轻松的会议气氛。一般不发表意见,以免影响会议的自由气氛。由专家们自由提出尽可能多的方案。会议设记录员 1～2 人,要求认真将与会者每个设想不论好坏都完整地记录下来。

为了使与会者畅所欲言,互相启发和激励,达到较高的效率,必须严格遵守下列原则。

第一,禁止批评和评论,也不要自谦。只有这样,与会者才可能在充分放松的心境下,在别人设想的激励下,集中全部精力开拓自己的思路。

第二,目标集中,追求设想数量,越多越好。会议以谋取设想的数量为目标。

第三,鼓励巧妙地利用和改善他人的设想。每个与会者都要从他人的设想中激励自己,从中得到启示,或补充他人的设想,或将他人的若干设想综合起来提出新的设想等。

第四,与会人员一律平等,各种设想全部记录下来。

第五,主张独立思考,不允许私下交谈,以免干扰别人思维。

第六,提倡自由发言,畅所欲言,任意思考。会议提倡自由奔放、随便思考、任意想象、尽量发挥,主意越新、越怪越好,因为它能启发人推导出好的观念。

第七,不强调个人成绩,应以小组的整体利益为重,注意和理解别人的贡献,人人创造民主环境,不以多数人的意见阻碍个人新观点的产生,激发个人追求更多更好的主意。

2. 歌顿法

歌顿法是一种定性决策类型,又称为提喻法。美国人歌顿在 1964 年提出了这种方法。该方法与头脑风暴法相类似,先由会议主持人把决策问题向会议成员做笼统的介绍,然后由会议成员(即专家成员)海阔天空地讨论解决方案。当会议进行到适当时机,决策者将决策的具体问题展示给小组成员,使小组成员的讨论进一步深化,最后由决策者吸收讨论结果,进行决策。其中的一个基本观点就是"变熟悉为陌生",即抛开对事物性质原有的认识,在"零起点"上对事物进行重新认识,从而得出相应的结论。可见,这个方法也是在会议上提方案,但究竟研究什么问题,目的是什么,只有会议的主持人知道,以免其他人受约束。例如,想要研究试制一种新型剪板机,主持会议者请大家就如何把东西切断和分离提出方案。当会议进行到一定的时机,再宣布会议的具体要求,在此联想的基础上研究和提出各种新的具体方案。

这种方法的指导思想是把要研究的问题适当抽象,以便利于开拓思路。在研究到新方案时,会议主持人开始并不全部摊开要解决的问题,而是只向大家做一番抽象笼统的介绍,要求大家提出各种设想,以便激发出有价值的创新方案。这种方法要求会议主持人机智灵活、提问得当。提问太具体，容易限制思路；提问太抽象，则方案可能离题太远。

3. 德尔菲法

德尔菲法是在 20 世纪 40 年代由赫尔默和戈登首创。1946 年，美国兰德公司为了避免集体讨论存在的屈从于权威或盲目服从多数的缺陷，首次用这种方法来进行定性预测，后来该方法被迅速广泛采用。20 世纪中期，当美国政府执意发动朝鲜战争的时候，兰德公司又提交了一份预测报告，预告这场战争必败。政府完全没有采纳，结果一败涂地。从此以后，德尔菲法得到广泛认可。德尔菲法最初产生于科技领域，后来逐渐被应用于任何领域的预测，例如军事预测、人口预测、医疗保健预测、经营和需求预测、教育预测等。此外，还用来进行评价、决策、管理沟通和规划工作。

德尔菲法又称为专家规定程序调查法。德尔菲法是由组织者将研究对象的问题和要求函寄给若干有关专家，使他们在互不商量的情况下提出各种建议和设想，专家返回设想意见，经过整理分析后，归纳出若干较合理的方案和建议，再函寄给有关专家征求意见，再回收整理。如此经过几次反复后，专家意见趋向一致，从而最后确定出新的功能实现方案。这种方法的特点是专家们彼此不见面，研究问题时间充裕，可以无顾虑、不受约束地从各种角度提出意见和方案。其缺点是花费时间较长，缺乏面对面的交谈和商议。

德尔菲法的具体实施步骤如下。

(1) 组成专家小组。按照课题所需要的知识范围，确定专家。专家人数的多少，可以根据预测课题的大小和涉及面的宽窄而定，一般不超过 20 人。

(2) 向所有专家提出所要预测的问题及有关要求，并附上有关这个问题的所有背景材料，同时请专家提出还需要什么材料。然后由专家做书面答复。

(3) 各个专家根据他们所收到的材料，提出自己的预测意见，并说明自己是怎样利用这些材料并提出预测值的。

(4) 将各位专家第一次判断意见汇总，列成图形和表格，进行对比，再分发给各位专家，让专家比较自己和他人的不同意见，修改自己的意见和判断。也可以把各位专家的意见加以整理，或请身份更高的其他专家加以评论，然后把这些意见再分送给各位专家，以便他们参考后修改自己的意见。

(5) 将所有专家的修改意见收集起来汇总，再次分发给各位专家，以便做第二次修改。逐轮收集意见并为专家反馈信息是德尔菲法的主要环节。收集意见和信息反馈一般要经过三四轮。在向专家进行反馈的时候，只给出各种意见，但并不说明发表各种意见的专家的具体姓名。这个过程重复进行，直到每一个专家不再改变自己的意见为止。

(6) 对专家的意见进行综合处理。德尔菲法本质上是一种反馈匿名函询法。由此可见，德尔菲法是一种利用函询形式进行的集体匿名思想交流过程。它有三个明显区别于其他专家预测方法的特点，即匿名性、多次反馈、小组的统计回答。其中，统计回答报告 1 个中位数和 2 个四分点，其中一半落在 2 个四分点之内，一半落在 2 个四分点之外。这样，每种观点都包括在这样的统计中，避免了专家会议法只反映多数人观点的缺点。

4. 专家检查法

这个方法不是靠大家想办法，而是由主管设计的工程师做出设计，提出完成所需功能的办法和生产工艺，然后按顺序请各方面的专家(例如材料、生产工艺、工艺装备、成本管理、采购方面)审查。这种方法先由熟悉的人进行审查，以便提高效率。

10.4.2 方案评价

方案评价是在方案创造的基础上对新构思方案的技术、经济和社会效果等几方面进行估价，以便于选择最佳方案。

在方案创造阶段提出的设想和方案是多种多样的，能否付诸实施，就必须对各个方案的优缺点和可行性进行分析、比较、论证和评价，并在评价过程中对有希望的方案进一步完善。方案评价包括概略评价和详细评价两个阶段。其评价内容包括技术评价、经济评价、社会评价及综合评价。在对方案进行评价时，无论是概略评价还是详细评价，一般可以先做技术评价，再分别进行经济评价和社会评价，最后再进行综合评价。

此外，在方案实施过程中，应该对该方案的实施情况进行检查，发现问题及时解决。方案实施完成后，要进行总结、评价与验收。

案 例 分 析

环宇房地产开发公司在本市高新区拟开发商住楼 5 幢，有三种可行设计方案 A、B、C，单方造价分别为 1800 元/m²、1650 元/m²、1520 元/m²。请有关专家论证，设置了结构体系 F_1、模板类型 F_2、墙体材料 F_3、面积系数 F_4、窗户类型 F_5 等五项功能指标，并对各方案进行功能评价，各方案的功能权重及得分如表 10-11 所示。请选择最优设计方案。

表 10-11 A、B、C 方案的功能权重及得分

方案功能	功能权重	方案功能得分		
		A	B	C
结构体系	0.25	10	10	9
模板类型	0.05	10	10	9
墙体材料	0.25	9	9	7
面积系数	0.35	9	8	7
窗户类型	0.10	9	7	8

可以应用价值工程方法分析。

第一步，分析每个方案的功能得分。

A 方案的功能得分：$10 \times 0.25 + 10 \times 0.05 + 9 \times 0.25 + 9 \times 0.35 + 9 \times 0.10 = 9.3$

B 方案的功能得分：$10 \times 0.25 + 10 \times 0.05 + 9 \times 0.25 + 8 \times 0.35 + 7 \times 0.10 = 8.75$

C 方案的功能得分：$9 \times 0.25 + 9 \times 0.05 + 7 \times 0.25 + 7 \times 0.35 + 8 \times 0.10 = 7.7$

三个方案功能得分合计：$9.3 + 8.75 + 7.7 = 25.75$

第二步，分析每个方案的功能评价系数。

A 方案的功能评价系数：$9.3/25.75 = 0.361$

B 方案的功能评价系数：$8.75/25.75 = 0.340$

C 方案的功能评价系数：$7.7/25.75 = 0.299$

第三步,分析每个方案的成本系数。

$$A方案的成本系数:\frac{1800}{1800+1650+1520}=0.362$$

$$B方案的成本系数:\frac{1650}{1800+1650+1520}=0.332$$

$$C方案的成本系数:\frac{1520}{1800+1650+1520}=0.306$$

第四步,分析每个方案的价值系数。

A 方案的价值系数:$0.361/0.362=0.997$

B 方案的价值系数:$0.340/0.332=1.024$

C 方案的价值系数:$0.299/0.306=0.977$

据此选择最优方案 B。

本 章 小 结

(1) 价值工程也称为价值分析,是指以产品或作业的功能分析为核心,以提高产品或作业的价值为目的,力求以最低寿命周期成本可靠地实现产品或作业必要功能的一项有组织的创造性活动。

(2) 价值工程的实施步骤按一般的决策过程划分为分析问题、综合研究与方案评价三个阶段以及对象的选择、目标的选定、收集情报、功能的分析、方案的评价和选择、试验和提案、活动成果的评价七个具体步骤。

(3) 正确选择工作对象是价值工程成功的第一步,能起到事半功倍的效果。选择价值工程的对象过程就是逐步缩小研究范围、明确分析研究的目标、确定主攻方向的过程。价值工程情报是指与价值工程有关的记录,有利用价值的报道、消息、见闻、图形表格、图像、知识等。

(4) 功能分析是价值工程活动的核心内容和基本内容。它通过分析信息资料,正确表达各对象的功能,明确功能特性要求,绘制功能系统图,在此基础上,依据掌握的用户对功能的要求,对功能进行定量评价,以便确定提高价值的重点改进对象。功能评价即评定功能的价值,是指找出实现功能的最低费用作为功能的目标成本(又称为功能评价值),以功能目标成本为基准,通过与功能现实成本的比较,求出两者的比值(功能价值系数)和两者的差异值(改善期望值),然后选择功能价值低、改善期望值大的功能作为价值工程活动的重点对象。功能评价工作可以更准确地选择价值工程的研究对象,同时,通过制定目标成本,有利于提高价值工程的工作效率,并增强工作人员的信心。

(5) 方案创造是从提高对象的功能价值出发,在正确的功能分析和评价的基础上,针对应改进的具体目标,通过创造性的思维活动,提出能够可靠地实现必要功能的新方案。

方案评价是在方案创造的基础上对新构思方案的技术、经济和社会效果等几方面进行估价,以便于选择最佳方案。

习　　题

一、单选题

1. 价值工程是以( )可靠地实现产品或作业的必要功能。
   A. 最低寿命周期费用
   B. 最低周期费用
   C. 最低费用
   D. 控制成本费用

2. 价值工程是着重于( )的有组织的活动。
   A. 价格分析　　　B. 功能分析　　　C. 成本分析　　　D. 产品价值分析

3. ( )是指价值工程研究对象所具有的能够满足某种需求的一种属性。
   A. 成本　　　　　B. 价值　　　　　C. 价值指数　　　D. 功能

4. 价值工程的目标表现为( )。
   A. 产品价值的提高
   B. 产品功能的提高
   C. 产品功能与成本的协调
   D. 产品价值与成本的协调

5. 一般而言随着产品质量的提高，生产产品的成本呈( )趋势。
   A. 上升　　　　　B. 下降　　　　　C. 平衡　　　　　D. 不确定

6. 一般而言随产品质量的提高，产品在使用过程中的维修费用将呈( )趋势。
   A. 上升　　　　　B. 下降　　　　　C. 平衡　　　　　D. 不确定

7. 价值工程是一种( )方法。
   A. 工程技术　　　B. 技术经济　　　C. 经济分析　　　D. 综合分析

8. 价值工程应注重于( )。
   A. 研制设计阶段　B. 试制阶段　　　C. 生产阶段　　　D. 使用和寿命终结阶段

9. 价值工程中的价值是指研究对象的功能与成本(即费用)的( )。
   A. 绝对值　　　　B. 相对值　　　　C. 绝对比值　　　D. 相对比值

10. 价值工程的工作程序一般可以归结为( )个阶段。
   A. 三　　　　　　B. 四　　　　　　C. 五　　　　　　D. 六

二、多选题

1. 价值工程中为了提高价值，可以通过( )途径来实现。
   A. 成本不变，功能提高
   B. 功能不变，成本降低
   C. 功能降低，成本降低
   D. 成本提高，功能提高
   E. 功能提高，成本降低

2. 在下述价值工程对象选择信息资料中，属于经济分析资料的是( )。
   A. 生产与供应　　B. 科学技术　　　C. 销售价格
   D. 用户要求　　　E. 成本

3. 价值工程中的方案评价包括( )。
   A. 方案设计评价
   B. 概略评价
   C. 详细评价
   D. 方案优化评价
   E. 方案具体化

4. 价值工程中方案实施阶段的工作包括( )。

    A. 方案预审   B. 方案审批   C. 方案实施

    D. 方案实施检查   E. 成果总评

5. 产品寿命周期是指产品从( )直至报废为止的整个周期。

    A. 开发   B. 设计   C. 制造

    D. 使用   E. 维护

三、复习思考题

1. 什么是价值工程？价值工程经历了怎样的产生和发展过程？

2. 与价值工程相关的概念有哪些？请解释含义。

3. 提高价值的途径有哪些？

4. 功能如何分类？

5. 价值工程的一般工作程序是什么？

6. 价值工程对象选择的一般原则是什么？价值工程对象选择的方法有哪些？

7. 功能分析的目的是什么？功能系统图的要点是什么？

8. 确定功能重要性系数的方法有哪些？

9. 什么是功能评价？常用的评价方法有哪些？

10. 功能改善目标如何确定？

11. 如何运用 ABC 分析法进行价值工程对象选择？

12. 方案创造的方法有哪些？方案评价的内容和步骤有哪些？

四、计算题

设某种产品具有 F_1、F_2、F_3 三项功能，由 A、B、C、D 四种构配件实现，相关资料如表 10-12 所示。

表 10-12　构配件成本及分配

构配件名称	构配件成本/元	构配件成本分配给各功能的比重		
		F_1	F_2	F_3
A	600	10%	0	90%
B	850	50%	10%	40%
C	950	20%	20%	60%
D	1100	0	30%	70%
合计	3500	—	—	—

从功能的重要程度上看，F_1 是 F_2 的 1.5 倍，F_3 是 F_1 的 3 倍，产品目标成本为 3150 元，试计算 F_1、F_2、F_3 三项功能的价值系数，并对功能改善的优先次序做出评价。

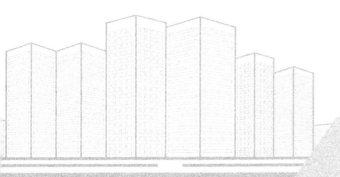

第 11 章　工程经济学在工程中的应用

※ 【学习要点及目标】

- 了解工业建筑设计和民用建筑设计与经济的关系。
- 掌握设计方案的技术经济分析指标与评价方法。
- 理解设计方案的技术经济评价流程。
- 掌握提高建筑设计方案技术经济效果的途径。
- 理解施工方案技术经济分析的内容。
- 掌握施工工艺方案和施工组织设计方案的技术经济评价指标与评价方法。
- 掌握施工方案的技术经济分析与比较。

※ 【核心概念】

　　厂区总平面图设计、空间平面设计、最优设计、施工方案、多指标综合评价法、价值分析法、评分评价法

【引导案例】

某开发商拟开发一幢商住楼，有如下三种可行设计方案。方案 A：结构方案为大柱网框架轻墙体系，采用预应力大跨度叠合楼板，墙体材料采用多孔砖及移动式可拆装式分室隔墙，窗户采用单框双玻璃钢塑窗，面积利用系数为 93%，单方造价为 1437.58 元/m^2。方案 B：结构方案同 A 墙体，采用内浇外砌，窗户采用单框双玻璃空腹钢窗，面积利用系数为 87%，单方造价为 1108 元/m^2。方案 C：结构方案采用砖混结构体系，采用多孔预应力板，墙体材料采用标准黏土砖，窗户采用单玻璃空腹钢窗，面积利用系数为 70.69%，单方造价为 1081.8 元/m^2。将土建工程划分为 4 个功能项目按限额设计要求目标成本额应该控制为 12 170 万元。方案基础资料如表 11-1 所示。

表 11-1 方案基础资料

方案功能	方案功能得分			方案功能重要系数	序号	土建工程功能项目	功能评分	目前成本/万元
	A	B	C					
结构体系 F_1	10	10	2	0.25	1	A. 桩基围护工程	11	1 520
模板类型 F_2	10	10	3	0.05	2	B. 地下室工程	10	1 482
墙体材料 F_3	8	9	4	0.25	3	C. 主体结构工程	35	4 705
面积系数 F_4	9	8	7	0.35	4	D. 装饰工程	38	5 105
窗户类型 F_5	9	7	8	0.10	合计		94	12 812

问题：①试选择最优设计方案。②为了控制工程造价和进一步降低费用，拟针对所选的最优设计方案的土建工程部分，以工程材料费为对象开展价值工程分析。

要解决上述工程设计和施工中的类似问题，需要用工程经济学的相关理论知识解决。

11.1 建筑设计中的经济分析

11.1.1 民用建筑设计与工程经济性的关系

在民用建筑中住宅建筑占了很大比例，住宅小区即居住区是构成城市的有机组成部分，也是一个城市和社会的缩影。我国住宅小区的总体规划一般是按城市居住区、居住小区和住宅组团三级布置，由几个住宅组团组成一个小区，由几个小区组成一个居住区。住宅小区规划在一定的程度上反映了一个国家不同时期的社会政治、经济、思想和科学技术发展水平，它是居民的居住、工作、休息、文化教育、生活服务、交通等方面要求的综合性的建设规划。住宅小区规划和建设的质量及水平将直接关系到人民的身心健康，影响社会的秩序和安宁。

住宅小区规划设计应根据小区的基本功能要求确定小区各构成部分的合理层次与关系，据此安排住宅建筑、公共建筑、管网、道路及绿地的布局，确定合理的人口与建筑密度、房屋间距与建筑层数，合理布置公共设施项目的规模及其服务半径以及水、电、热、燃气的供应等。

住宅小区设计中的经济性指标主要包括用地指标与造价指标两个方面，下面将分别从这两方面来分析方案设计对工程经济性的影响。

1. 影响用地指标的因素分析

土地是一种宝贵的资源，如何做到科学合理地利用土地，在住宅设计中探求提高土地利用率的途径，对人多地少、城市用地紧张的我国来说具有十分重大的现实意义。住宅设计中影响用地的参数主要包括以下几个方面。

1) 平面形状对用地的影响

住宅的平面形状对节约用地有显著的影响，平面形状越规则，越有利于提高土地利用率。如图 11-1 所示，虽然图中 A、B 两栋住宅楼的用地面积均为 304 m²，但是 A 住宅的建筑面积为 304 m²，而 B 住宅的建筑面积只有 256.5 m²。但是，我们不能为节约用地而千篇一律地把住宅设计成方形或矩形，我们既要讲究艺术风格，又要注意节约用地，做到二者兼顾。

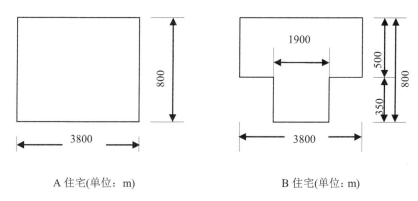

图 11-1　平面形状对用地的影响

2) 剖面形状对用地的影响

如果将住宅的剖面形式做成台阶状，就可以降低檐口的高度，从而可以降低住宅的间距，更好地满足住宅的日照要求。如图 11-2 所示，图中两条斜线平行，在住宅高度相同的情况下两栋住宅为了获得同等日照要求，住宅间距 $d_2 > d_1$。

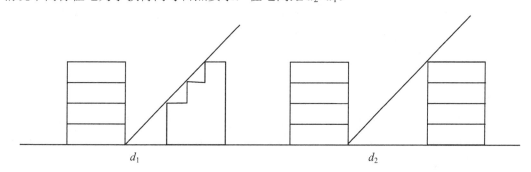

图 11-2　剖面形状对用地的影响

3) 住宅层数对用地的影响

$$\frac{住宅用户}{基本用地} = \frac{进深 \times 层数 \times 间距系数 \times (每户平均面宽 + 平均山墙间距)}{层数} \quad (11\text{-}1)$$

根据式(11-1)可知，提高住宅层数，可以有效地节约用地，但由于在住宅建设时必须考虑到建筑密度的问题，所以不是说住宅设计时，层数越多就会越节约用地。我们可以通过实际数据分析。住宅层数对用地的影响。例如，某地区住宅设计标准如下：进深 10.1m，层高 2.8m，长为 63.6m，每户平均面宽 5.3m，每户平均山墙间距 0.7m，在间距系数为 2 时住宅层数与节约用地的关系如表 11-2 所示。

表 11-2 层高与节约用地的关系

层 数	每户用地/m²	与上一层比较节约用地/m²	与第一层比较节约用地/m²
1	94.2		100
2	63.9	30.3	67.8
3	53.8	10.1	57.1
4	48.8	5.0	1.8
5	45.7	3.1	48.5
6	43.7	2.0	46.4
7	42.3	1.4	44.9

从表 11-2 中可以看出，住宅层数由 1 层增至 4 层时，节约用地的效果十分显著，而在 6 层以上继续增加层数时，节约用地的效果明显减弱。这是因为随着层数的增加，住宅与住宅之间的日照间距也应相应增加，基地面积在每户建筑面积中所占比重逐步减少，所以节约用地的效果逐渐减弱。同时在设计时还要考虑到高层住宅对建筑成本、建设周期、建造成本、抗震、防火避难等方面的问题，所以在住宅设计过程中一定要注意把握好节约用地与降低造价以及其他一些指标的关系。从土地费用、工程造价和其他社会因素综合角度分析，一般来说，中小城市以建造多层住宅较为经济；在大城市可以沿主要街道建设一部分高层住宅，以便合理利用空间，美化市容；对于土地价格昂贵的地区来讲，以高层住宅为主也是比较经济的。当然，在满足城市规划要求等条件下，开发住宅的类型是由房地产开发单位根据市场行情进行经济分析比较后决定的。随着我国居民的生活水平和居住水平的提高，一些城市出现了低密度住宅群。

4) 住宅层高对用地的影响

住宅与住宅之间的日照间距与住宅总高度成正比，所以降低层高可以降低住宅的总高度，从而减少住宅之间的日照间距，达到节约用地的目的。因为国家对住宅的层高有明确规定，所以在设计住宅时在遵循国家有关规定的前提下尽量降低层高是一种有效节约用地的方法。

5) 每户面宽对用地的影响

在每户建筑面积相同的前提下，加大进深，尽量缩小每户面宽，可以有效地节约用地。但在实际设计中要考虑到进深的加大会不利于采光，甚至出现暗室，即使用内天井采光的方法也会降低住宅的环境质量。

6) 住宅间距对用地的影响

合理地确定住宅间距可以有效地节约用地。而住宅间距的确定，除了上面提到过的日照条件以外，还要考虑通风、视野、绿化、道路、庭院、施工、防火、私密性等一系列问题，在住宅设计的时候应分清主次对各因素进行综合分析研究，在保证住宅功能及居民环境质量的前提下，降低住宅间距，达到节约用地的目的。

7) 住宅群体布置对用地的影响

在住宅设计时，采取高低搭配、点条结合、前后错列及局部东西向布置、斜向布置或拐角单元等手法，可以有效地节约用地，并提高住宅区的环境条件，这也是住宅设计中一个不可忽略的因素。

2. 影响造价的设计参数分析

1) 平面形状对造价的影响

平面设计中用每平方米建筑面积的平均外墙周长作为评估造价的指标之一。由于立面装修及建筑热工要求，外墙造价一般比内墙造价高，所以减少外墙周长的经济效果比较显著。外墙周围周长与平面形状有关，在设计过程中可以采用如下方式来缩短外墙周长。

(1) 平面形状力求规则。规则的平面形状，方形或矩形，既可以减少外墙周长，又方便施工。如果设计时平面形状凹凸曲折，就会增加墙体长度和转角。

(2) 合适的住宅深度。通过加大住宅进深，可以减少外墙周长，节省基础和墙体的工程量。

(3) 合适的住宅长度。当住宅进深一定时，适当增加住宅长度，外墙周长会减少。住宅长度在 60m 范围内，当地基条件允许时应尽量采用多单元拼接，增加住宅长度。当然住宅长度不宜过长，否则因为有温度缝的要求设置双墙造价反而上升。

2) 平面系数对造价的影响

平面设计合理，可以提高面积利用率，增加使用面积，相应地降低了造价。在住宅设计中，平面系数是评价使用是否经济合理的一个参考指标。其意义是以相同的造价取得最大的使用面积。不同的平面布置，不同的住宅层数，其平面系数也不同。多层住宅的平面系数一般在 50%以上。影响平面系数的因素主要有以下两个方面。

(1) 结构面积。

住宅的结构面积与结构形式、住宅层数、墙体的功能要求有关，要减少结构面积。首先应发展新型建筑材料，合理选择结构体系，尤其是工业化住宅建筑群体系。

(2) 交通面积。

与交通面积有关的是住宅的层数以及对交通的功能要求。例如，在高层住宅中，电梯间的设置便增加了交通面积的比重。交通面积过少，直接影响使用功能，交通面积过大则增加住宅的造价。提高平面系数，关键是在满足使用要求的前提下，合理布置门厅过道、走廊、楼梯及电梯间等交通面积。

3) 住宅层高对造价的影响

降低层高可以减少墙柱和粉饰工程量。据理论测算，住宅层高每降低 10cm，可以降低造价 1.2%～1.5%。例如，当住宅层高从 3m 降至 2.8m 时，可以降低造价 3%～3.5%。

降低层高可以提高住宅区建筑密度，以 6 层住宅为例，层高降低 20cm 或 30cm，可以分别提高建筑密度 5%～8%，从而可以节约征地拆迁费和市政工程费。在寒冷地区，降低层高可以节约冬季采暖费用，经济效益也十分可观。

4) 住宅层数对造价的影响

住室层数对造价的影响是一个比较复杂的问题。对多层住宅(2～6 层)来说，提高层数可以降低平均每户造价 1%左右。但对于高层住宅(7～8 层以上)来说，由于要设置电梯和加压水泵等，所以造价则相应上升。而且，高层住宅的使用功能和环境质量较多层住宅差，因此一般应控制高层住宅的建造，只有在大城市的特定地区，当高层住宅节约用地效果显著时，才可以建造少量高层住宅。

总之，在住宅设计时，必须以满足住宅的使用功能和环境质量要求为前提，这是合理选择设计参数的先决条件，必须防止牺牲必要的安全、卫生条件而片面强调降低造价的错误做法。

3. 评价住宅设计中的常用技术经济指标

居住小区设计的技术经济分析，其核心问题是提高土地的利用率，所以经常用几项密度指标来衡量，主要的技术经济指标如表 11-3 所示。

表 11-3　住宅设计中的常用技术经济指标

指标名称	计算公式	指标名称	计算公式
居住用地系数/%	$\dfrac{居住用地面积}{小区占地总面积}$	居住面积净密度/%	$\dfrac{居住建筑总居住面积}{居住用地}$
公共建筑系数/%	$\dfrac{公共建筑用地面积}{小区占地总面积}$	居住建筑工程造价/(元/m^2)	$\dfrac{居住建筑总投资}{居住建筑总面积}$
人均用地指标/(m^2/人)	$\dfrac{总居住建筑用地面积}{小区居住总人口}$	平面系数/%	$\dfrac{居住面积}{建筑面积}$
绿化用地系数/%	$\dfrac{绿化用地面积}{小区占地总面积}$	辅助面积系数/%	$\dfrac{辅助面积}{居住面积}$
居住建筑面积毛密度/(m^2/公顷)	$\dfrac{居住建筑面积}{居住区总用地}$	结构面积系数/%	$\dfrac{结构面积}{建筑面积}$
居住建筑面积净密度/(m^2/公顷)	$\dfrac{居住建筑面积}{居住区居民用地}$	墙体面积系数/%	$\dfrac{墙体面积}{建筑面积}$
居住建筑净密度/%	$\dfrac{居住建筑占地面积}{居住用地}$		

除了以上指标以外，还可以计算居住区平均住宅层数、住宅间距、每人居住面积等经济技术指标。

1) 住宅建筑的层数

(1) 层数与用地。总建筑面积是各层建筑面积的总和，层数越多，单位建筑面积所分摊的房屋占地面积就越少。但随着建筑层数的增加，建筑物总高度也增加，考虑地基的基础设计要求和采光等要求，建筑物之间的间距必须增大。因此，用地的节约量并不随层数的增加而同比例递增。据实测计算，住宅建筑超过 6 层，节约用地的效果就不明显。

(2) 层数与造价。建筑层数对工程造价有直接影响，但对各分部结构的影响程度却是不同的。当建筑层数增加时，单位建筑面积所分摊的土地费用及外部流通空间费用将有所降低，从而使建筑物单位面积成本发生变化。众所周知，当住宅超过 7 层时，就要增加电梯费用，需要较多的交通空间和补充设备。建筑物不管层数多少都共用一个屋盖，屋盖部分的单位面积造价随层数增加而明显下降。随着层数增加，基础结构的荷载加大，必须加大基础的承载力，虽然基础部分的单位面积造价随层数增加而有所降低，但是不如屋顶那样显著。承重结构，例如墙、柱、梁等，随层数增加而要提高结构强度，改变结构形式，其单位建筑造价将有所提高。门窗、装修以及楼板等分部结构的造价几乎不受层数的影响，但会因为结构的改变而变化。概括来讲，在确定的各范围段内(多层建筑住宅、中高层住宅、高层住宅)，层数越高则越经济，单方造价成本越低，获利越大。

从土地费用、工程造价和其他社会因素综合角度分析，一般来说，中小城市以建造多层住宅较为经济。在大城市可以沿主要街道建设一部分高层住宅，以便合理利用空间，美化市容。对于土地价格昂贵的地区来讲，以高层住宅为主也是比较经济的。当然，在满足城市规划要求等条件下，开发住宅的类型是由房地产开发单位根据市场行情进行经济分析比较后决定的。

2) 住宅的层高

住宅的层高直接影响住宅的造价，因为层高增加，墙体面积和柱体积增加，并增加结构的自重，会增加基础和柱的承载力，并使给排水和电气的管线加长。反之，降低层高可以节省材料，节约能源，有利于抗震，节省造价，缩小日照距离，节约用地。但是，层高的确定还要结合人们的生活习惯和国家卫生标准。出于降低成本、节约建材、节约土地等考虑，目前一般住宅层高都在 2.8m 左右。

3) 住宅建筑的平面布置

住宅平面布置的主要技术经济评价指标如表 11-4 所示。

表 11-4　住宅建筑平面布置的主要技术经济评价指标

指标名称	计算公式	说　明
平面系数	$K_1 = \dfrac{居住面积/m^2}{建筑面积/m^2}$	用以衡量平面布置的经济合理性,在居住建筑中建筑平面系数一般为 50%～55%。居住面积指住宅建筑中的居室净面积
辅助面积系数	$K_2 = \dfrac{辅助面积/m^2}{居住面积/m^2}$	辅助面积是建筑物各层平面中为辅助生产或生活活动所占净面积的总和。例如居住建筑中的楼梯、走道、卫生间、厨房等
结构面积系数	$K_3 = \dfrac{结构面积/m^2}{建筑面积/m^2}$	结构面积是指住宅建筑墙体、柱等建筑结构所占的面积
外墙周长系数	$K_4 = \dfrac{建筑物外墙周长/m}{建筑物建筑面积/m^2}$	周长系数主要体现了单位建筑面积的外墙工程量的大小，在设计中尽量采用建筑周长系数小的形状

根据住宅建筑平面技术经济指标，住宅建筑平面设计参数的经济性有以下几个方面。

(1) 建筑面积相同，住宅建筑平面形状不同，住宅的外墙周长系数也不相同。显然，平面形状越接近方形或圆形，外墙周长系数越小。在这种情况下，外墙砌体、基础、内外表面装修等减少，造价降低。考虑到住宅的使用功能和方便性，通常单体住宅建筑的平面形状多数为矩形。

(2) 住宅建筑平面的宽度。在满足住宅功能和质量的前提下，加大住宅进深(宽度)，对降低造价有明显效果，因为进深加大，墙体面积系数相应减少，造价降低。

(3) 住宅建筑平面的长度。按设计规范，当房屋长度增加到一定的程度时，就要设置带有两层隔墙的变温伸缩缝。当长度超过 90m 时，就必须有贯通式的过道。这些都要增加造价，所以一般住宅建筑长度以 60～80m 较为经济，根据户型(每套的户室数及组合)的不同，有 2~4 个单元。

(4) 结构面积系数,是衡量设计方案经济性的一个重要指标。结构面积越小,有效面积就越大。结构面积系数除了与房屋结构有关外,还与房屋外形及其长度和宽度有关,同时也与房间平均面积大小和户型组成有关。

11.1.2　设计方案的技术经济分析流程

建筑设计方案的技术经济评价可以按以下步骤进行:明确方案评价的任务和范围,即提出问题→探讨和建立各种可能的技术方案→收集和列出方案的技术、经济、社会等指标及各种规定的参数和变量→分析各项指标的内在联系和函数关系,拟定或选择经济评价的数学模型(包括公式、方程式等)→建立评价标准和确定各种基本参数,并将各项对比指标换算为可比形式→按照选定的评价模型计算、分析和评价→选择最经济的方案,做出最终结论。

11.1.3　设计方案的技术经济分析与比较

设计方案的经济合理性在于为获得预期效果而最大限度地节省各种社会劳动的消耗。投资决策中的各项技术经济决策对项目的工程造价都有重大影响,有些甚至影响到项目的整个寿命过程,工艺流程的设计与确定,材料设备的选用,建设标准的确定,对工程造价的影响更大。工程设计人员应参与主要方案的讨论,与各部门人员共同办公,密切合作,做好多方案的技术经济的分析比较,进行事前控制,选出技术先进、经济合理的最优方案。设计方案的经济分析与比较就是根据前面章节介绍的方法,解决工程设计中的多个优选问题。国内外建筑技术经济评价可以采用的方法很多,以下仅介绍几种常用的技术经济评价方法。

1. 单指标评价方法

单指标评价方法的基本原理是:如果评价对象含有一个或多个技术评价指标,且其中某一个技术指标起主导作用,假设其他指标保持不变,就可以通过对主要技术指标的评价,获得评价对象的结论或对评价对象做出最佳选择。主要适用于对简单技术方案进行评价或方案进行选择。

单指标既可以是效益性指标也可以是费用性指标。效益性指标主要是对于其收益或者功能有差异的多方案的比较选择,对于专业工程设计方案和建筑结构方案的比较和选择来说,尽管设计方案不同,但是方案的收益或功能没有太大的差异,在这种情况下可以采用单一的费用指标,即采用最小费用法选择方案。

采用费用法比较设计方案根据工程项目不同有两种方法:一种是只考察方案初期的一次费用,即造价或投资;另一种方法是考察设计方案全寿命期的费用。设计方案全寿命期费用包括工程初期的造价(投资)、工程交付使用后的经常性开支费用(包括经常费用、日常维护修理费用、使用过程中的大修费用和局部更新费用等)以及工程使用期满后的报废拆除费用等。考虑全寿命周期费用是比较全面合理的分析方法,但对于一些设计方案,如果建成后的工程在日常使用费用上没有明显的差异或者以后的日常使用费难以估计,那么可以直接用造价(投资)来比较优劣。

2．多指标综合评价法

在以经济效益为中心进行社会主义现代化建设的今天，经济标准无疑是最重要的。但是在评价重大技术方案时，判别好坏的客观标准不是单一经济标准，应该有多个方面标准，例如政治、国防、社会、技术、经济、生态环境和自然资源等。所以，必须对这多个方面的效益进行综合评价。

这种方法是衡量住宅建设方案的经济效果的最普通的一种方法，它是用一系列的价值指标、实物指标和时间指标等个体指标来反映方案的经济效果。其中每一个个体指标只说明某个方面的情况，个体指标比较单一，其特点是从某一个局部直接反映经济效果的大小。在选择设计方案的过程中，采用方案竞选和设计招标方式选择设计方案时，通常采用此法。

在综合评价中评价方法有两种。一是评分法，又分为调查咨询评分法(即通过调查咨询的方法对被评价的标准予以打分)和定量计算评分法(即按评价标准要求规定的数值和实际达到数值的相对关系予以打分)两种。二是指数法，它是根据某项评价标准的实际数值与评价标准规定数值的比值进行评价。

在综合评价中，对每个标准的评价包含两个内容：一是评价技术方案对每个标准的满足程度，二是评价每个标准的相对重要程度。满足系数是反映满足程度的一个数值，这个数值有两种表示方法，一种是用评分法和指数法所得数值表示，另一种是用它们的百分数表示。重要系数是反映每个标准相对重要程度的一个数值。重要系数通过调查咨询有两种确定方法：一种是非强制打分法，打分者可以根据实际重要程度的相对大小任意打分；另一种是强制打分法，例如 0-4 法、0-1 法、五分制法、百分制法、13579 法。

技术综合评价实际上是一个多目标决策问题。多目标决策方法的实质是对不同的评价标准的满足系数和重要系数，进行相加、相乘、加乘混合、相除或用最小二乘法以便求得综合的单目标数值(即综合评价值)，然后以此值大小选择最优方案。

多指标综合评价法的步骤有以下几个方面。

1）确定目标

方案评价的具体目标可以根据方案的性质、范围、类型、条件等合理确定。

2）确定评价范围

调查影响目标的各种因素以及各因素之间的制约关系，进而了解各因素所涉及的范围。

3）确定评价指标

评价指标是目标的具体化，在评价工业化住宅建筑体系的设计方案时，评价指标一般可以分为以下两种。

主要指标：单方造价、施工工期、一次性投资、劳动力耗用量、主要材料耗用量等。

辅助指标：建筑物自重、房屋服务年限、经费使用费、工业废料利用与能源消耗等。

4）确定评价标准

评价方案指标值的优劣和满意度，可以采用定性指标或定量指标进行描述或量化处理。

5）确定指标的权重

根据指标对目标的影响程度的不同，合理通过加权修正各项指标。

6）综合评价及结论

计算出各个方案综合的单一指标值，同时列出各个方案主要指标的指标值和优缺点，据此进行方案优选。

3. 价值分析法

价值分析(即价值工程)法是一种相当成熟和行之有效的管理技术与经济分析方法，这种方法力求以最低的寿命周期费用，可靠地实现产品或作业的必要功能，借以提高其价值，而着重于功能研究的、有组织的活动。有关价值工程原理已经在前面章节中做了详细介绍。

4. 评分评价法

评分评价法是将不同技术方案的各项评价指标，按其重要程度由专家鉴定，给予一定的比重分值，并判定各方案对其各类指标的满足程度，从而确定其分值，经过数学运算进行综合，得出总的评分值，最后选择总分值最大者为最佳方案。

评分评价法可以分为评分指数法、评分优选法、比较矩阵法和总乘积评分法。评分的计算方法有加法评分、连乘评分、加权评分和加权修正评分等形式。

5. 指标系数评价法

指标系数评价法是反映住宅建筑在规划、设计、施工、生产等各阶段，在保证住宅质量的前提下，合理利用资金、劳动力、物资、建材、土地，缩短建设工期，提高经济效益及经济效果等情况的评价方法，它可以对改进工程造价管理工作，加强建筑企业管理，重视建筑产品质量，加快建设速度，降低资源消耗，加强企业内部经济核算，强化经济意识等进行全面考核。

具体的评价方法是：先设立各种住宅建筑的技术方案的质量、用地、占用资金、消耗材料、劳动力消耗和建设工期等指标，并与国际规定的定额对比，得出评价指标系数，然后按计算公式确定经济效果评价指标值。

6. 比重因子评价法

比重因子评价法所用的具体指标是工程造价、主要材料耗用、施工工期、劳动用工、一次性投资、能源耗用、废物利用、房屋服务年限、经常性维修费、建筑自重与抗震、使用功能、农田利用、使用面积扩大共 13 项。这 13 项指标并无主次、等级之分。

这种评价方法的基本依据是对于任何一种建筑体系，不论其获得何种经济效果，耗费多少劳动消耗(包括活劳动消耗及物化劳动占有量)，都具有一定的经济意义。而且对任一建筑产品的使用价值和劳动耗用量，都可以用实物形态的实物量或价值形态的货币量表示。因此，也就可以把各种评价指标所反映的使用价值以货币形式加以表示，以统一计算单位来进行计算。

除了上述几种评价方法以外，还有其他住宅建筑经济效果综合评价方法，例如"模糊数学"综合评价法等。

下面举例说明设计方案的经济比较与选择。

例 11-1 某小区拟建几栋住宅，初步拟定Ⅰ、Ⅱ、Ⅲ三种结构设计方案。三种设计方案的费用如表 11-5 所示。试分析在不同的建筑面积范围采用哪个方案最经济($i_C = 10\%$)。

解决实际工程的经济问题，首先可以确定不管采用哪种方案，住宅所发挥的功能是一致的，因此可采用最小费用法比较各方案费用大小进行优选。其次，分析各方案费用的情况。三个方案在初期投资有差异，各方案的年度费用也不相同，一般来说，这种情况下应该考虑方案的全寿命期的费用。依据上述两点，对该方案进行进一步比较。

表 11-5　三种设计方案的费用

方　案	单元造价/(元/m²)	寿命/年	维修费/(元/年)	其他费用/(元/年)	残值/元
I	600	20	28 000	12 000	0
II	725	20	25 000	7500	造价 × 3.2%
III	875	20	15 000	6250	造价 × 1.0%

设住宅的建筑面积为 x，则

$$PC_I = 600x + (28\ 000 + 12\ 000)(P/A, 10\%, 20)$$
$$= 600x + 40\ 000 \times 8.5135$$
$$= 340\ 540 + 600x$$

$$PC_{II} = 725x + (25\ 000 + 7500)(P/A, 10\%, 20) - 725x \times 3.2\% \times (P/F, 10\%, 20)$$
$$= 725x + 32\ 500 \times 8.5135 - 725x \times 3.2\% \times 0.1486$$
$$= 276\ 689 + 721.6x$$

$$PC_{III} = 875x + (15\ 000 + 6250)(P/A, 10\%, 20) - 875x \times 1.0\% \times (P/F, 10\%, 20)$$
$$= 725x + 21\ 250 \times 8.5135 - 875x \times 1.0\% \times 0.1486$$
$$= 180\ 912 + 873.7x$$

显然，三个方案的费用现值 PC 与建筑面积 x 之间呈函数关系，利用优劣平衡分析法，求出三个方案的优劣平衡分歧点：$x_{I\,II} = 525m^2$，$x_{II\,III} = 629\ m^2$，$x_{I\,III} = 583\ m^2$(见图 11-3)。

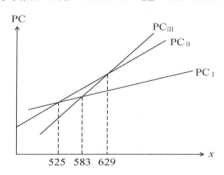

图 11-3　三个方案的优劣平衡分析

根据图 11-3 分析，得出以下分析结论。

(1) 当住宅的面积小于 583 m² 时，选择方案III经济。

(2) 当住宅面积大于 583 m² 时，选择方案 I 经济。

(3) 方案 II 在任何情况下都是不经济的。

例 11-2　某小区一栋 7 层单元式住宅共 48 户，建筑面积为 3852.22 m²。原设计方案为砖混结构，内外墙为 370 mm 砖墙。现拟定的新方案为内浇外砌结构，外墙做法不变，内墙采用 C25 混凝土浇筑。新方案内横墙厚为 140 mm，内纵墙厚为 160 mm。其他部位的做法、选材及建筑标准与原方案相同。两个方案的各项数据如表 11-6 所示。

表 11-6　两个方案的数据

设计方案	建筑面积/m²	使用面积/m²	总投资/元
(Ⅰ)砖混结构	3 852.22	2 663.10	8 062 678
(Ⅱ)内浇外砌	3 852.22	2 775.64	8 172 594

问题：① 通过两方案的单位建筑面积造价和单位使用建筑面积造价等指标对两方案进行经济比较分析。

② 住宅楼作为商品房出售，在按使用面积出售和按建筑面积出售两种情况下分别进行经济分析。

③ 按多指标综合评价法对两方案进行比较，哪个方案更优？评价指标、指标权重与指标值如表 11-7 所示。

表 11-7　两方案的数据

指　标		平面布局	使用功能	造价	使用面积	经济效益	结构安全
权　重		0.15	0.20	0.20	0.15	0.20	0.10
方案	(Ⅰ)砖混	8	8	9	7	7	7
	(Ⅱ)内浇外砌	8	8	8	8	9	8

对住宅来说，住宅的功能与日常运营费用一般不会受到房屋结构方案不同的影响，因此该题的方案比较主要是考察起初的投资或销售收入的差异。问题①和②采用单指标分析，问题③采用多指标综合评价法。

(1) 表 11-8 是各方案单位建筑面积和单位使用面积投资额的计算值。

表 11-8　单位建筑面积和单位使用面积投资额的计算值

设计方案	单位建筑面积投资/(元/m²)	单位使用面积投资/(元/m²)
(Ⅰ)砖混结构	8 062 678÷3852.22 = 2093.00	8 062 678÷2663.10 = 3027.55
(Ⅱ)内浇外砌	8 172 594÷3852.22 = 2121.53	8 172 594÷2775.64 = 2944.40

从表 11-8 中可以看出，按单位建筑面积计算，方案Ⅱ的投资高于方案Ⅰ的投资；按单位使用建筑面积计算，方案Ⅱ的投资低于方案Ⅰ的投资。由于只有使用面积才会真正发挥居住的功能，所以如果不考虑其他因素，那么显然方案Ⅱ优于方案Ⅰ。

(2) 如果作为商品房出售，那么假设方案Ⅱ和方案Ⅰ的单位面积售价是相同的，可以从不同的角度来分析。

按使用面积出售的情况分析：对于买房人来说，如果不考虑其他因素影响，房屋结构对其使用功能不产生影响，也就是说不管房屋是什么结构，他花同样的钱只能购买同样使用面积的住房；对于房产商来说，选择方案Ⅱ有利，因为方案Ⅱ比方案Ⅰ每单位使用面积净收入增加3027.55 - 2944.40 = 83.15(元/m²)，整个住宅至少可以增加净收入83.15 × 2775.64 = 230 794.47(元)，所以在通常情况下，按使用面积出售时有利于房地产供应商。

按建筑面积出售的情况分析：对于房产商来说，选用不同的方案总收入并不增加，但方案Ⅱ比方案Ⅰ的投资额却增加了，单位面积投资增加额为 2121.53 - 2093.00 = 28.53 (元/m²)，投资总额增加为 28.53 × 3852.22 = 109 903.84(元)，所以选择方案Ⅱ对房产商不利；

对于买房人来说，购买一套房子的购房款总额不变，方案 Ⅱ 比方案 Ⅰ 每户多得使用面积 $(2775.64 - 2663.10) \div 48 = 2.34 \text{m}^2$，所以选择方案 Ⅱ 对买房人有利。

(3) 按多指标综合评价法对两方案进行比较来确定最优方案。根据指标得分情况，可以计算出各方案的综合评价值(总分)。方案 Ⅰ 的综合评价值(总分)为 $8 \times 0.15 + 8 \times 0.20 + 9 \times 0.20 + 7 \times 0.15 + 7 \times 0.20 + 7 \times 0.10 = 7.75$，方案 Ⅱ 的综合评价值(总分)为 $8 \times 0.15 + 8 \times 0.20 + 8 \times 0.20 + 8 \times 0.15 + 9 \times 0.20 + 8 \times 0.10 = 8.20$，方案 Ⅱ 的综合评价值高于方案 Ⅰ，因此方案 Ⅱ 为优。

例 11-3 评价某工程的内浇外砌住宅体系，选用传统砖混住宅体系作为对比标准，采用多指标综合评价法，各项技术经济指标如表 11-9 所示。

表 11-9 某工程内浇外砌住宅与砖混住宅技术经济指标汇总比较

项目名称		单位	对比标准	评价对象	评价对象与对比标准增减量	增减百分比
建筑特征	设计型号		传统砖混	内浇外砌		
	有效面积	m^2	2471	3193	+722	+29%
	建筑面积	m^2	3076	3776	+700	+23%
	层数	层	5	6	+1	
	层高	m	2.9	2.9	0	0
主要指标	1 工程单价	元/m^2	120.12	118.37	−1.75	−1.46%
	其中：±0.000 以上土建单价	元/m^2	82.72	82.35	−0.37	−0.45%
	基础部分土建单价	元/m^2	8.64	8.24	−0.40	−4.63%
	水暖电工设备单价	元/m^2	19.75	18.82	−0.93	−4.71%
	2 主要采用耗用量*					
	其中：钢材	kg/m^2	20	20	0	0
	水泥	kg/m^2	153	191	+38	+24.84%
	木材	m^3/m^2	0.065	0.06	−0.005	−7.69%
	黏土砖	块/m^2	291	148	−143	−49.14%
	3 劳动耗用量*	工日/m^2	4.27	4.14	−0.13	−3.04%
	现场用工	工日/m^2	3.95	3.76	−0.19	−4.81%
	预制用工	工日/m^2	0.32	0.38	+0.06	+18.75%
	4 施工工期	天	200	180	−20	−10%
	5 一次性投资	元/m^2	—	3.8	+3.8	—
辅助指标	1 建筑自重*	kg/m^2	1604	1294	−310	−19.33%
	2 能源耗用*	kg/m^2	118	99	−19	−16.10%
	3 年房屋经常使用费*	元/m^2	1.88	1.53	−0.35	−18.62%
	4 房屋使用年限	年	50	80	+30	+60%

注：有"*"号者均为按有效面积计算。

评价过程如下。

(1) 收集评价对象的各种技术经济数据，确定技术经济指标。

(2) 确定对比标准(按可比原理)并找出对比对象的相应的各项技术经济指标。

(3) 对评价对象和对比标准之间的各项技术经济指标加以整理、分析、比较，具体如表 11-9 所示。

(4) 运用多指标综合评价法的评价原则来进行综合评价。从表 11-9 众多的单项指标中，各指标数据高低大小相互交替，根据评价原则从主要指标着手，根据实际调查的资料分析、评价，如表 11-10 所示。

(5) 综合评价及结论。根据表 11-10 的归纳比较，内浇外砌体系的优点较多。随着这种新的施工体系经验的累积，预计劳动生产率还会提高。另外，该体系设计中 16cm 厚、C25 钢筋混凝土内承重墙在多层住宅中尚有承载潜力，可以适当减薄内墙厚度或降低混凝土标号，以便达到节约水泥用量和降低工程造价的效果。内浇外砌体系的使用功能与砖混体系基本相同，是同一种工业化住宅建筑中较好的体系，可以节省用砖，而且其施工用工减少，减轻了施工作业的劳动强度，改善了操作环境。因此，在当地的实际资源条件和技术装备能力情况下，是一种适用的技术，可以在具备条件的城市住宅建设中加以推广应用。

表 11-10　某工程内浇外砌住宅与砖混住宅技术经济评价

优 缺 点	内浇外砌	传统砖混
优点	1. 抗震性能好，使用年限长 2. 施工工期短 3. 按有效面积计算造价低 4. 自重比砖混体系轻 5. 年度经常使用费降低	1. 相对水泥用量少 2. 传统的施工工艺，较简单
缺点	1. 水泥用量增加 2. 增加大模板的一次性投资	1. 按有效面积计算总造价高 2. 施工工期长 3. 抗震性能较差

例 11-4　某市住宅试点小区两幢科研楼及一幢综合楼，设计方案对比项目如下。

方案 A：结构方案为大柱网框架轻墙体系，采用预应力大跨度叠合楼板，墙体材料采用多孔砖及移动式可拆装式分室隔墙，窗户采用单框双玻璃钢塑窗，面积利用系数为 93%，单方造价为 1437.58 元/m²。

方案 B：结构方案同 A 墙体，采用内浇外砌，窗户采用单框双玻璃空腹钢窗，面积利用系数为 87%，单方造价为 1108 元/m²。

方案 C：结构方案采用砖混结构体系，采用多孔预应力板，墙体材料采用标准黏土砖，窗户采用单玻璃空腹钢窗，面积利用系数为 70.69%，单方造价为 1081.8 元/m²。

经过专家分析评价确定，方案功能得分及重要系数如表 11-11 所示。

表 11-11　A、B、C 三个方案功能得分及重要系数对比

功能方案	方案得分			方案功能重要系数
	A	B	C	
结构体系	10	10	8	0.25
模板类型	10	10	9	0.05
墙体材料	8	9	7	0.25
面积系数	9	8	7	0.35
窗户类型	9	7	8	0.10

(1) 试用价值工程方法选择最优设计方案。

(2) 为了控制工程造价及进一步降低费用，拟对最优方案的土建部分以工程材料费为对

象进行价值分析，现将土建工程划分为四个功能项目，各功能项目的评分值及其目前成本如表 11-12 所示，且已经确定目标成本额为 12 170 万元。试分析各功能项目的目标成本及成本可能降低的程度，并确定功能改进顺序。

表 11-12　最优方案工程材料

序　号	功能项目	功能评分	目前成本
1	桩基围护工程	11	1520 万元
2	地下室工程	10	1482 万元
3	主体结构工程	35	4705 万元
4	装饰工程	38	5105 万元
合计		94	12 812 万元

对于第一个问题，根据价值分析原理，首先计算各方案的成本系数，如表 11-13 所示。

表 11-13　成本系数计算

方　案	造价/(元/m^2)	成本系数
A	1437.48	0.3963
B	1108.00	0.3055
C	1181.80	0.2982
合计	3727.28	1.0000

其次，功能因素评分与功能系数计算如表 11-14 所示。

表 11-14　功能因素评分与功能系数计算

功能因素	重要系数	方案功能得分加权值(方案功能得分 × 功能重要系数)		
		A	B	C
结构体系	0.25	$0.25 \times 10 = 2.50$	$0.25 \times 10 = 2.50$	$0.25 \times 8 = 2.00$
模板类型	0.05	$0.05 \times 10 = 0.50$	$0.05 \times 10 = 0.50$	$0.05 \times 9 = 0.45$
墙体材料	0.25	$0.25 \times 8 = 2.00$	$0.25 \times 9 = 2.25$	$0.25 \times 7 = 1.75$
面积系数	0.35	$0.35 \times 9 = 3.15$	$0.35 \times 8 = 2.80$	$0.35 \times 7 = 2.45$
窗户类型	0.10	$0.10 \times 9 = 0.90$	$0.10 \times 7 = 0.70$	$0.10 \times 8 = 0.80$
各方案加权平均总分		9.05	8.75	7.45
功能系数		$\dfrac{9.05}{9.06+8.75+7.45}=0.358$	$\dfrac{8.75}{9.06+8.75+7.45}=0.346$	$\dfrac{7.45}{9.06+8.75+7.45}=0.295$

最后，计算各方案价值系数，如表 11-15 所示。

表 11-15　各方案价值系数计算

方案名称	功能系数	成本系数	价值系数	方案选优
A	0.358	0.3963	0.903	
B	0.346	0.3055	1.136	最优方案
C	0.295	0.2982	0.989	

通过对比，方案 B 的价值系数为 1.136>1 且为最大，所以 B 方案为最优方案。

对于第二个问题，根据已知，我们可以分别计算各功能项目的功能系数和成本系数，再求出其价值系数,然后根据功能系数和总目标成本计算各功能项目目标成本。通过目标成本和现有成本可以计算其成本降低幅度,具体计算如表 11-16 所示。

表 11-16　各方案目标成本及成本降幅计算

序　号	功能项目	功能评分	功能系数	目前成本/万元	成本系数	价值系数	目标成本/万元	成本降幅/万元
1	桩基围护工程	11	0.1170	1520	0.1186	0.9865	1423.89	96.11
2	地下室工程	10	0.1064	1482	0.1157	0.9196	1294.89	187.11
3	主体结构工程	35	0.3723	4705	0.3672	1.0139	4530.89	174.11
4	装饰工程	38	0.4043	5105	0.3985	1.0146	4920.33	184.67
	合计	94	1.0000	12 812	1.0000		12 170	642.00

例 11-5　××工程有六个功能块(Ⅰ、Ⅱ、Ⅲ、Ⅳ、Ⅴ、Ⅵ)。已经完成初步设计,建设单位聘请××咨询公司进行初步设计的价值工程评价工作。下面是××咨询公司在进行价值工程工作中功能评价的过程。

(1) 对××工程各功能重要程度进行评分,确定功能的功能系数。用强制确定法,评分结果如表 11-17 所示。

表 11-17　评分结果

评价对象	Ⅰ	Ⅱ	Ⅲ	Ⅳ	Ⅴ	Ⅵ	功能得分	修正得分	功能系数
Ⅰ	×	1	0	0	1	1	3	4	0.190
Ⅱ	0	×	0	0	1	1	2	3	0.143
Ⅲ	1	1	×	0	1	1	4	5	0.238
Ⅳ	1	1	1	×	1	1	5	6	0.286
Ⅴ	0	0	0	0	×	1	1	2	0.095
Ⅵ	0	0	0	0	0	×	0	1	0.048
合计							15	21	1

(2) 计算成本系数。按初步设计,××工程总投资概算为 5000 万元,各功能块的投资概算如表 11-13 所示,计算成本系数。

(3) 计算价值系数。根据成本系数和功能系数,计算各功能块的价值系数,如表 11-18 所示。

表 11-18　评分结果

评价对象	功能系数	投资概算/万元	成本系数	价值系数
Ⅰ	0.190	1700	0.340	0.559
Ⅱ	0.143	1210	0.242	0.591
Ⅲ	0.238	880	0.176	1.350
Ⅳ	0.286	710	0.142	2.014
Ⅴ	0.095	220	0.044	1.091
Ⅵ	0.048	280	0.056	0.857
合计	1	5000	1	

(4) 按功能系数重新分配总投资概算额,计算各功能块的投资额的变化如表 11-19 所示。通过价值分析确定了Ⅰ、Ⅱ、Ⅲ、Ⅳ为改进对象。根据表 11-19 的②和⑥进行分析。

分析结果如下。

(1) Ⅰ的功能系数并不大，也就是它在项目中的功能并不是特别重要，但占据了大量的投资份额，不仅要考虑降低其建筑成本，更要考虑减少其功能，使项目投资能大幅度下降。

(2) 从功能系数看，对该项目来说，Ⅱ是一个并不太重要的功能，同时价值系数也不大，但投资份额较大，可考虑降低现有的投资额，或者减少Ⅱ的功能。

(3) Ⅲ的功能系数较大，主要应考虑在保持现行设计的功能不变的情况下，通过设计变更、材料代换等，降低其建筑成本。

(4) 从功能系数分析，Ⅳ是一个重要的功能，但现方案中其所耗费的投资比较低，一种可能是其方案比较合理，建造成本较低；另一种可能是现方案中设计标准偏低，可以增加该功能块的投资，提高设计标准，使项目对市场更有吸引力。

(5) 业主希望将投资额控制在 4300 万元以下。按功能系数将其分配到各功能块，目标投资额增减指标如表 11-19 中的计算结果。从计算的结果来看，实现投资额降低目标的主要工种对象还是在Ⅰ和Ⅱ两个功能块上。

表 11-19　各功能块的投资额的变化

部件	功能系数	目前投资概算/万元	成本系数	价值系数	按功能系数分配概算投资额/万元	应增减概算投资额/万元	按功能系数分配目标投资额/万元	按目标投资额增减投资指标
①	②	③	④	⑤	⑥ = ② × 5000	⑦ = ⑥-③	⑧ = ②×4300	⑨ = ⑧-③
Ⅰ	0.190	1700	0.340	0.559	950	−750	817.0	−883.0
Ⅱ	0.143	1210	0.242	0.591	715	−495	614.9	−595.1
Ⅲ	0.238	880	0.176	1.350	1190	310	1023.4	143
Ⅳ	0.286	710	0.142	2.014	1430	720	1229.8	519.8
Ⅴ	0.095	220	0.044	1.091	475	255	408.5	188.5
Ⅵ	0.048	280	0.056	0.857	240	−40	206.4	−73.6
合计	1	5000			5000		4300	

例 11-6　有 A、B、C、D 和 E 五个多层住宅设计方案，现在需要对其进行评价选优。各方案的数据资料如表 11-20 所示。

解　用评价指数对方案进行评价选优，具体步骤如下。

(1) 将一级指标填入表 11-20 中第 2 栏，将一级指标权重(∑权重 = 1)填入表 11-20 中第 5 栏。

(2) 根据当地自然条件与技术水平以及生活习惯选定二级指标和相应的权重值(∑权重值 = 100)，并分别填入表 11-20 中的第 3 栏和第 4 栏。

(3) 用第 4 栏数字乘以第 5 栏数字求出每项指标的计算权重值，分别填入第 6 栏。

(4) 逐个分析二级指标，明确其判别标准，即哪些指标高分优，哪些指标小者优。

(5) 结合平面图、立面图进行分析，计算"平均每套卧室、起居室数"等 6 项定量指标，求出它们的计算值。其余各项定性指标，经过专家评议，给出相应的分值，并将计算值和评分值分别填入表 11-20 中的第 8 栏至第 12 栏内。

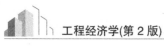

表11-20　该住宅建筑设计方案评价

指标类型	一级指标	二级指标	权重值			判别标准	计算值或评分值					转换值					指数数列					加权综合指数				
			二级	一级	计算		A	B	C	D	E	A	B	C	D	E	A	B	C	D	E	A	B	C	D	E
1	2	3	4	5	6	7	8	9	10	11	12	13	14	15	16	17	18	19	20	21	22	23	24	25	26	27
建筑功能效果	平面空间布置	平面空间综合效果	30	0.30	9	高优	3	3	2	1	1						1.0	1.0	0.67	0.33	0.33	9.00	9.00	6.03	2.97	2.97
		平均每套起居室数	27		8	大优	2	2	2	2	2						1	1	1	1	1	8.00	8.00	8.0	8.0	8.0
		平均每套良好朝向卧室、起居室面积	22		7		18.73	20.7	20.6	22.4	19.6						0.84	0.92	0.92	1	0.87	5.88	6.44	6.44	7.00	6.09
		家具布置	14		4	高优	3	1	2	1	2						1	0.33	0.67	0.33	1.00	4.00	1.32	2.68	1.32	2.68
		储藏设施	7		2		1	2	1	1	3						0.33	0.67	0.33	0.33	1.00	0.66	1.34	0.66	0.66	2
	平面指标	平均每套建筑面积	42	0.20	8	小优	0.15	0.12	0.99	0.36	0.49	0.96	0.99	0.12	0.75	0.62	0.97	1.00	0.12	0.76	0.637	7.76	8.00	0.97	6.08	5.10
		使用面积系数	36		7	大优	0.59	0.57	0.58	0.56	0.57						1.00	0.96	0.98	0.94	0.96	7.00	6.72	6.86	6.58	6.70
		平均每套面宽	22		5	小优	5.82	5.82	6.12	6.73	5.82	6.73	6.73	6.43	5.82	6.73	1.00	1.00	0.96	0.86	1.00	5.00	5.00	4.78	4.30	5.00
	厨卫	厨房布置	56	0.15	8		2	2	3	2	1						0.67	0.67	1.00	0.67	0.33	5.33	5.33	8.00	5.33	2.64
		卫生间布置	44		7		2	3	2	2	2						0.67	1.00	0.67	0.67	0.67	4.67	7.00	4.67	4.67	4.69
	物理性能	采光	31	0.10	3		3	2	3	2	2						1.00	0.67	1.00	0.67	0.67	3.00	2.01	3	2.01	2.01
		通风	28		3		3	2	2	1	2						1.00	0.67	0.67	0.33	0.67	3.00	2.01	2.01	0.99	2.01
		保温(隔热)	23		2		2	2	2	2	2						1.00	1.00	1.00	1.00	1.00	2.00	2.00	2.00	2.00	2.00
		隔声	18		2		2	2	2	2	2						1.00	1.00	1.00	1.00	1.00	2.00	2.00	2.00	2.00	2.00
	安全	安全措施	40	0.10	4	高优	3	2	2	1	2						1.00	0.67	0.67	0.33	0.67	4.00	2.68	4	4	2.68
		结构安全	60		6		2	3	2	1	2						0.67	1.00	1.00	0.67	0.67	4.02	6.00	4.02	1.98	4.02
	建筑艺术效果	室内效果	60	0.15	9		3	2	3	2	2						1.00	0.67	1.00	1.00	1.00	9.00	6.03	9.00	6.03	6.03
		立面效果	40		6		2	2	2	2	2						1.00	1.0	0.50	1.0	1.0	6.00	6.00	3.00	6.00	6.00
社会劳动消耗	造价	造价	100	1.00	100	小优	105	103	103	95	125						1.11	1.08	1.08	1.00	1.32	111	108	108	100	132

(6) 在本例内，有两项功能评价指标的值越小越好，即"平均每套建筑面积"和"平均每套面宽"，为了综合功能指标，必须首先通过大小值求补法对其进行转置，将转置后的数字填在这两项指标的第 13 栏至第 17 栏内。

(7) 求出指数数列，对于功能指标，以每个指标各方案数列中的最大数为分母，分别除以该指标中的各数，例如例题中的"储藏设施"指标，最大值为 3，则以 3 为分母，去除其他各方案该指标的分值，对于社会劳动消耗指标，以各方案数列中的最小数为分母去除以各数。在本例中，方案 D 的造价最低，为 95 元/m²，因此，应以它为分母除以各数。求出的指数分别填入表 11-20 的第 18 栏至第 22 栏内。

(8) 加权计算。用第 18 栏至第 22 栏的指数值乘以该指数相应的权重值(列于第 6 栏)，求出加权指数，填在第 23 栏至第 27 栏内，例如"平面空间综合效果"指标，方案 A 的指数值为 1.00，乘以该指标的权重 9，得加权指数 9.00，填于表 11-20 中该指标方案 A 的第 23 栏内。

(9) 分别求出方案 A 至方案 E 全部建筑功能指标的加权指数总和，得到各方案建筑功能部分的综合指数，分别为 90.32、86.88、78.12、71.92、72.64。

(10) 各方案的技术经济效果(ϕ)分别为各方案建筑功能综合指数与社会劳动消耗综合指数的比值，即

方案 A：$\phi = 90.32 \div 111 = 0.81$

方案 B：$\phi = 86.88 \div 108 = 0.80$

方案 C：$\phi = 78.12 \div 108 = 0.723$

方案 D：$\phi = 71.92 \div 100 = 0.7192$

方案 E：$\phi = 72.64 \div 132 = 0.55$

根据计算结果得出各方案综合技术经济效果优劣结论是：方案 A 的综合技术经济效果最优，方案 B 和 C 次之，方案 D 再次，方案 E 最差。

例 11-7　××地区四种住宅建筑体系经济效果综合评价如表 11-21 所示。试用比重因子法进行评价。

表 11-21　××地区各类住宅建筑体系定量评价示例

序号	评价指标	比重因子	内浇外砌 已知参数	内浇外砌 评分	空心大板 已知参数	空心大板 评分	砌块建筑 已知参数	砌块建筑 评分	砖混建筑 已知参数	砖混建筑 评分
1	建筑功能	5.86/%	合格	5.86	不合格	0	合格	5.86	合格	5.86
2	综合造价		94.42		105.96		93.10		92.14	
3	修正造价	51.7/%	86.31	51.7	98.60	19.30	86.99	49.91	86.97	49.96
4	施工工期	2.58/%	0.42 年	1.032	0.33 年	3.50	0.45 年	0.52	0.48 年	0
5	钢材耗用	2.085/%	15.00	0.52	16.00	0	13	1.56	12	2.085
6	水泥耗用	2.085/%	160	0	160	0	100	2.085	120	1.39
7	劳动用工	5.0/%	3.5	2.19	2.6	5.0	3.5	2.19	4.2	0
8	一次投资	2.89/%	350	2.02	700	0	200	2.89	300	2.31
9	废物利用	5.56/%	0.15	1.39	—	—	0.6	5.56	—	—
10	能源耗用	3.08/%	55.3	1.33	39.3	2.25	25.00	3.08	78.2	0
11	自重与抗震	4.72/%	1.0t/m²	3.93	0.9t/m²	4.72	1.5t/m²	0	1.5t/m²	0
12	使用面积扩大	2.21/%	0.05	1.38	0.08	2.21	—			
13	使用维修	2.77/%	0.05	2.77	0.10	1.39	0.15	0	0.15	0
14	房屋寿命	7.87/%	95 年	7.87	95 年	7.87	80 年	0	80 年	0
15	农田利用	1.59/%	不用	1.59	不用	1.59	不用	1.59	不用	1.59
	总和 S	100/%		83.58		47.72		75.25		63.2

根据定量计算结果得出的结论意见是：××地区以内浇外砌建筑体系效果最好，砌块建筑体系经济效果尚可，而砖混建筑体系的经济效果在××地区则较差，空心大板建筑体系的经济效果在××地区则最差。

11.1.4 最优设计

开发商最关注的就是安全、品质和成本。然而做到三者兼顾并不简单。在提升安全度、舒适度的同时，往往会增加成本的投入。而单纯为了减少成本投入，却容易导致品质下降。如何找到一个最合适的设计方案，在允许的范围内，能使所设计的产品结构最合理、性能最好、质量最高、成本最低(即技术经济指标最佳)，有市场竞争能力，同时设计的时间又不要太长，这就需要设计师通过优化设计，来保障建筑安全和功能、提升品质并有效控制和减少成本。

所谓最优设计是指一种方案可以满足所有的设计要求，而且所需的支出(例如重量、面积、体积、应力、费用等)最小。也就是说最优设计方案就是一个最有效率的方案。据统计，建设项目前期的设计影响整个项目工程建安投资的 80%以上。其中，结构成本分别占到普通住宅和普通公建建安成本的 70%以上和 50%以上。通过实施机电优化，新建建筑可以节能 30%～50%，既有建筑可以节能 10%～30%。而一个好的消防设计方案能够给投资商带来 3%～15%的经济效益和更安全的建筑作品，在消防设施上能节约 10%～20%的工程造价。

常用的建筑优化设计方法通常有以下几种。

(1) 经济分析比较优化。通过经济分析比较的方法选择最优方案。

(2) 数值计算优化。即用一些数学方法寻求最优方案的方法。

(3) 实验优化。合理建立模型，根据模型试验结果寻求最优方案。

(4) 直觉优化。根据直觉或经验知识选择合适的设计方案。例如有的设计，设备、机电、结构各占一层空间，层高 4.2m 的建筑，可能做出来的净高只有 2.6m，导致设计方案既浪费空间、浪费材料又影响了舒适度。

11.2 工程施工中的经济分析

工程施工是使工程项目付诸实施的一个重要阶段，工程项目的投资经济效果，虽然主要是在建设前期的规划设计阶段就已经大体确定了，但其效果还需要在施工过程中实现和体验。为了提高施工时期的投资经济效果，必须在施工实施前认真做好工程施工方案的技术经济技术分析和论证工作。工程施工的技术经济分析，就是为实现最优设计方案，从若干可行的施工工艺方案、施工组织方案中，分析、比较和评价诸方案的经济效益，从中择优选择实施的施工方案以及评价、比较与选择，以及工程施工中采用新工艺、新技术的经济分析评价等施工方案的优劣等，以便提高施工技术和施工组织管理的水平。工程施工中的经济分析在很大的程度上决定施工组织的质量和施工任务完成的好坏，是施工任务顺利完成的前提条件，将直接决定工程乃至企业的经济效益。

在工程施工阶段进行技术经济评价时，主要有两项工作：即施工方案的评价和采用新结构、新材料的评价。施工方案是单位工程或建筑群施工组织设计的核心，是编制施工进度计划、绘制施工平面图的重要依据。

11.2.1 施工方案技术经济分析的内容

对施工方案进行技术经济评价的目的是论证所编制的施工方案在技术上是否可行，在经济上是否合理，通过科学的计算和分析，寻求节约途径，选择满意的施工方案。工程施工中的技术经济分析主要包括以下内容。

1. 施工机械的技术经济分析

为了提高机械化水平和经济效益，应根据全部机器(机具)的数量和质量的增长，采用高效能的机器和机械，提高机器的生产量和机械利用率，降低台班费，加强机械的综合配套。

2. 采用新材料、新结构的技术经济分析

采用新的高效能材料、制品和结构，逐步提高装配化水平和现浇能力。

3. 采用新工艺和先进施工组织的技术经济分析

改进施工工艺、组织和管理，采用先进工艺和先进的施工组织方法，提高劳动生产率和产品质量。为此，应改善施工作业管理和整顿好物资技术供应；采用自动化施工管理、调度和通信联系；运用网络计划和电子计算机施工管理、调度和通信联系；运用网络计划和电子计算机实行管理；采用升板法、滑模、工具式模板现浇等新的施工方法加快施工进度；改进施工管理机构，实行施工企业的联合化和专业化，精简行政机构，减少非生产职工人数。

4. 施工组织管理方面的技术经济分析

为了提高劳动生产率和产量，应改进劳动组织和工资，实行科学劳动管理。为此，应采用先进的劳动组织方法，在施工中充分挖掘工作时间的潜力，采用和推广经济核算，改进劳动工资制度。

11.2.2 施工方案技术经济评价指标体系

1. 施工工艺方案的技术经济评价指标

施工工艺方案是指分部(项)工程的施工方案，主要内容包括施工技术方法和相应的施工机械设备的选择等，例如主体结构工程、基础工程、安装工程、装饰工程、水平运输、垂直运输、大体积混凝土浇筑、混凝土运送以及模板支撑方案等。在施工中采用新工艺、新技术问题，实际上仍然属于施工工艺方案问题。主要的技术经济评价指标有以下几个方面。

1) 技术性指标

技术性指标是指用以反映方案的技术特征或适用条件的指标，可以用各种技术性参数表示。例如主体结构为现浇框架工程施工工艺方案，可用现浇混凝土总量、混凝土运输高度等；例如装配式结构工程施工工艺方案，可用安装构件总量、构件最大尺寸、构件最大重量、最大安装高度等；例如模板工程施工工艺方案的技术性指标，可用模板型号数、各型模板尺寸、模板单件重量等。

2) 经济性指标

消耗性指标主要反映为完成工程任务所必要的劳动消耗，由一系列实物量消耗指标及劳动消耗指标所组成，主要如下。

(1) 工程施工成本。主要用施工直接费成本来表示，包括人工费、材料费、施工设施的成本或摊销费、防止施工公害的设施费等。形式上可用总成本、单位工程量成本或单位面积成本等。

(2) 主要专用机械设备的选用及需要量。包括配备型号、台数、使用时间、总台班数等。

(3) 施工中主要资源需要量。这里的资源不是指构成工程实体的材料、半成品或结构件，而是指顺利进行施工所必需的资源，主要包括施工所需的材料、不同施工工艺方案引起的材料消耗增加量和能源需要量等。

(4) 主要工种工人需要量，可用主要工种工人需用总数、需用期、月平均需用数、高峰期需用数来表示。

(5) 劳动消耗量，可以用总劳动消耗量、月平均劳动消耗量、高峰期劳动消耗量来表示。

3) 效果(效益)性指标

效果指标主要反映采用该施工工艺方案后所能达到的效果，主要有以下几种。

(1) 工程效果指标。

① 工程施工工期。施工工期是指工程破土动工到竣工投产或交付使用为止的建设日期。具体可以分为总工期、与工期定额相比的节约工期等指标。

② 工程施工效率。可用进度实物工程量表示，例如土方工程可以用 m³/月(m³/周、m³/台班、m³/工日或 m³/小时等)。

(2) 经济效果指标。

① 成本降低额或降低率，即实施该施工工艺方案后可能取得的成本降低的额度或程度。

② 材料资源节约额或节约率，即实施该施工工艺方案后，材料资源的可能节约额或节约程度。

(3) 其他指标。

其他指标是指未包括在上述三类中的指标，例如施工临时占地、所采用施工方案对工程质量的保证程度、对抗拒自然灾害的能力、采用该工艺方案后对企业技术装备、素质、信誉、市场竞争力和专有技术拥有程度等方面的影响。这些指标既可以是定量的，也可以是定性的。

2. 施工组织方案的技术经济评价指标

施工组织方案是指单位工程以及包括若干个工程的建筑群体的施工组织方法，例如流水施工、平行流水立体交叉作业等组织方法。施工组织方案包括施工组织总设计、单位工程施工组织设计、分部工程施工组织设计和施工装备的选择等。评价施工组织方案的技术经济指标有以下几个方面。

1) 技术性指标

(1) 反映工程特征的指标。例如建筑面积、主要分部(项)工程量等。

(2) 反映组织特征指标。例如施工工作面的大小、人员的配备、机械设备的配备、划分的施工段、流水步距与节拍等。

2) 消耗性指标

(1) 工程施工成本。

(2) 主要专用施工机械需要量。

(3) 主要材料资源耗用量。主要是指进行施工过程必须消耗的主要材料资源(如道轨、枕木、道砟、模板材料、工具式支撑、脚手架材料等)，一般不包括构成工程实体的材料消耗。

(4) 劳动消耗量。可以用总工日数、分时期的总工日数、最高峰工日数、平均月工日数等指标表示。

(5) 反映施工均衡性的指标。

3) 效果指标

(1) 工程效果指标。

① 工程总工期。

② 工程施工效率。

③ 施工机械效率。可以用两个指标平均：一是主要大型机械单位工程量(单位面积、单位长度或单位体积等)耗用台班数；二是施工机械利用率，即主要机械在施工现场的工作总台班数与在现场的日历天数的比值。

④ 劳动效率(劳动生产率)。可以用 3 个指标平均；一是单位工程量(单位面积、长度或单位体积等)用工数(例如总工日数/建筑面积)；二是分工种的每工产量(m/工日、m²/工日、m³/工日或吨/工日)；三是生产工人的日产值(元/工日)。

⑤ 施工均衡性。可以用下列指标评价(系数越大越不均衡)：

$$主要工种工程施工不均衡系数 = \frac{高峰月工程量}{平均月工程量}$$

$$主要材料资源消耗不均衡系数 = \frac{高峰月耗用量}{平均月耗用量}$$

$$劳动量消耗不均衡系数 = \frac{高峰月劳动消耗量}{平均月劳动消耗量} \tag{11-2}$$

(2) 经济效果指标。

① 成本降低额或降低率。可以用工程施工成本和临时设施成本的节约额或节约率等指标。

② 材料资源节约额或节约率，即实施该施工工艺方案后所采用的材料资源的可能节约额度或程度。

③ 总工日节约额。

④ 主要机械台班节约额。

4) 其他指标

其他指标指上述三项指标之外的其他指标，例如施工临时占地、投标竞争力、文明工地、环境保护等。

3. 新结构、新材料的经济评价

1) 采用新结构、新材料的技术经济效果

(1) 改善建筑功能，例如改善保温、隔热、隔音等功能以及扩大房屋的有效使用面积等。

(2) 减轻建筑物自重，节约运输能力，降低工程造价。

(3) 有利于缩短施工工期，加快施工的机械化、装配化、工厂化，从而加快了施工速度。

(4) 有利于利用废渣、废料，节约能源。

(5) 减轻施工劳动强度，改善施工作业条件，提高机械化程度，实现文明施工。

2) 新结构、新材料的技术经济评价指标

(1) 工程造价。这是反映方案经济性的综合指标，一般用预算价格计算。

(2) 主要材料消耗量，指钢材、水泥、木材、黏土砖等的消耗量。

(3) 施工工期，指从开工到竣工的全部日历时间。

(4) 劳动消耗量。这个指标反映活劳动消耗量，现场用工与预制用工应分别计算。

(5) 一次性投资额，指为了采用某种新结构、新材料而需要建立的相应的材料加工厂、制品厂等的基本建设投资。

3) 辅助指标

(1) 建筑物自重(kg/m^2)，指采用新结构、新材料后，单位建筑面积建筑物的自重。

(2) 能源消耗量，指采用新结构、新材料后，在生产制造、运输、施工、安装、使用过程中的年能源消耗量。

(3) 工业废料利用量，指采用新结构、新材料后，每平方米建筑面积可以利用工业废料的数量。

(4) 建筑物使用年限。

(5) 经常使用费，指采用新结构、新材料后每年的日常使用费及维护修理费等。

在进行方案评价时，应以主要指标作为基本依据。在主要指标之间发生矛盾时，应着重考虑造价和主要材料消耗量指标。当主要指标相差不大时，则需要分析辅助指标，作为方案评价的补充论证。

11.2.3 施工方案经济分析与评价的方法

施工方案总体来说包括前面提到的三大类，具体而言最为常见的有施工机械的选择与调度、人员的安排、运输方案的选择、施工流水作业方案设计、现场总平面布置等。一般来说，小型工程的方案选择不需要花费大量人力物力及时间，一般施工管理人员就可以完成，但大型工程项目或有各种特殊要求的项目施工方案选择时，就需要进行详细的分析、评价与比较，才能及时做出正确的选择。施工方案选择与评价的方法和上一节中施工设计的选择与评价方法类似，一般可以采用定性评价方法和定量评价方法相结合，综合评判的方法。常见的同样有多指标综合评价法、单指标评价法及价值分析方法三种。但由于设计与施工中的评价指标体系不同，在分析时的着重点也就不同，下面我们将通过实例来对施工中的一些常见问题进行分析与选择。

例 11-8 某机械化施工企业承担了某工程的基坑土方施工：土方量为 20 000m^3，平均运土距离为 8km，计划工期为 15 天，每天一班制施工。该企业现有 WY50、WY75、WY100 挖掘机各 2 台以及 5t、8t、10t 自卸汽车各 20 辆，其主要参数如表 11-22、表 11-23 所示。

(1) 若挖掘机和自卸汽车按表中型号各取一种，WY50 + 5t 自卸、WY75 + 8t 自卸、WY100 + 10t 自卸，哪种组合最经济？相应的每立方米土方的挖土、运输直接费为多少？

(2) 根据该公司现有的挖掘机和自卸汽车的数量，完成土方挖运任务每天应安排几台何种型号的挖掘机和几辆何种型号的自卸汽车？

表 11-22　自卸汽车的主要参数

载重能力	5t	8t	10t
运距 8km 台班产量/(m³/台班)	32	51	81
台班单价/(元/台班)	413	505	978

表 11-23　挖掘机的主要参数

型　号	WY50	WY75	WY100
容量/m³	0.50	0.75	1.00
台班产量/(m³/台班)	480	558	690
台班单价/(元/台班)	618	689	915

(3) 根据所安排的挖掘机和自卸汽车数量，该土方工程可以在几天内完成？相应的每立方米土方的挖土、运输直接费为多少？

问题(1)：

步骤一：分析各种机械的单位费用。

挖掘机 WY50：$618/480 = 1.29$(元/ m³)

WY75：$689/558 = 1.23$(元/ m³)

WY100：$915/690 = 1.33$(元/ m³)

自卸汽车 5t：$413/32 = 12.91$(元/ m³)

8t：$505/51 = 9.90$(元/ m³)

10t：$978/81 = 12.07$(元/ m³)

步骤二：分别计算 3 种组合的每立方米挖土、运输直接费。

WY50 + 5t 自卸：$1.29 + 12.91 = 14.20$(元/ m³)

WY75 + 8t 自卸：$1.23 + 9.90 = 11.13$(元/ m³)

WY100 + 10t 自卸：$1.33 + 12.07 = 13.40$(元/ m³)

所以 WY75 + 8t 自卸为最佳经济组合。

问题(2)：

步骤一：从费用最低的机械选起。

先选挖掘机，若选取 WY75 型，则每天需要的台数为 $20\,000÷558÷15 = 2.39$(台)，企业拥有 2 台 WY75，每天完成 $558 × 2 = 1116$(m³)。而要满足工期要求，日产量必须达到或超过 $20\,000÷15 = 1333.3$(m³)。另选 1 台 WY50 型，日产量达到 $558 × 2 + 480 = 1596$(m³)。

步骤二：选择自卸汽车与挖掘机配合。

自卸汽车从 8t 的选起，要达到日产 1596m³，与开挖量相配合，所需数量为 $1596÷51 ≈ 31.3$(辆)。企业拥有 20 辆 8t 自卸汽车，全部选用，每天还有不能完工余土 $1596-20 × 51 = 576$(m³)。余土由 5t 和 10t 自卸汽车进行运输，选取 6 辆 10t 自卸汽车和 3 辆 5t 自卸汽车，则其每天运量为 $81 × 6 + 32 × 3 = 582$(m³)可以满足要求。

每天应安排 1 台 WY50、2 台 WY75 挖掘机和 3 辆 5t、6 辆 10t、20 辆 8t 自卸汽车来完成挖运任务。

问题(3)：

步骤一：计算施工天数，即 $20\,000÷1596 ≈ 13$ 天。

步骤二：计算每立方米挖运成本$(618 \times 1 + 413 \times 3 + 505 \times 20 + 978 \times 13) \div 20\,000 = 1.23$ (元/m^3)。

例 11-9 某工程的一根 9.9m 长的钢筋混凝土柱，可以采用三种设计方案(见表 11-24)。经过测算 A、B、C 方案中使用的商品混凝土的费用分别为 220 元/m^3、230 元/m^3、225 元/m^3，柱模板的摊销费用为 248 元/m^3，钢筋制作、绑扎的费用为 3.39 元/kg，问哪个方案为优？

表 11-24　混凝土柱的三种方案

方　案	柱断面尺寸	单位体积混凝土用钢量/(kg·m^3)
A	300mm × 900mm	95
B	500mm × 600mm	80
C	300mm × 800mm	105

不管采用哪个方案，柱承受的荷载并不改变，即柱发挥的功能和作用是一样的，所以可以采用最小费用法比较。另外，由于各个方案中柱将来的维护费用并无差异，因此只比较初始投资造价，且无须考虑资金的时间价值因素。对于这三个方案可以用方案的直接费用的大小来比较优劣。

首先要计算出各方案中混凝土、钢筋、模板的使用量，然后根据给定的单价，计算每个方案的直接费用。

计算方案 A 的直接费用。

① 混凝土费用：$0.3 \times 0.9 \times 9.9 \times 220 = 588.06$(元)

② 柱模板费用：$0.3 \times 0.9 \times 9.9 \times 248 = 662.90$(元)

③ 钢筋费用：$0.3 \times 0.9 \times 9.9 \times 95 \times 3.390 = 860.84$(元)

④ 方案 A 的直接费用：$588.06 + 662.90 + 860.80 = 2111.80$(元)

同样的方案，可以计算出方案二与方案三的直接费用，计算结果汇总在表 11-25 中。

表 11-25　三种方案的直接费用计算结果

费用项目	单　位	方案 A	方案 B	方案 C
混凝土	m^3	2.673	2.97	2.373
梁模板	m^3	2.673	2.97	2.373
钢筋	kg	253.90	237.60	249.50
混凝土费用	元	588.06	683.10	543.60
模板费用	元	662.90	736.56	588.50
钢筋费用	元	860.84	805.46	845.81
合计(直接费用)	元	2111.80	2225.12	1977.91

经过分析发现：$1977.91_{(方案C)} < 2111.80_{(方案A)} < 2225.12_{(方案B)}$，即方案 C 的直接费用最少，故方案 C 最优。

例 11-10 某市拟开发建设一幢集科研、办公于一体的综合楼。工程施工场地狭小，实物工程多，结构复杂，预算造价近千万元。为了保证施工质量，按期完成施工任务，施工单位决定在施工组织设计中展开价值工程活动。

(1) 对象选择。

该施工单位对工程情况进行分析，工程由三个部分组成：地下基础、主体、装修。对这三部分主体工程就施工时间、实物工程、施工机具占用、施工难度和人工占用等进行测算，结果表明筒仓工程在指标中占首位，情况如表 11-26 所示。

表 11-26　该综合楼工程各项指数预算

工程名称指标	地下基础	主体	装修
施工时间占用	20/%	55/%	25/%
实物工程占用	20/%	54/%	26/%
施工机具占用	11/%	56/%	33/%
人工占用	17/%	54/%	29/%

能否如期完成施工任务的关键在于能否正确处理综合楼工程面临的问题，能否选择符合本企业技术经济条件的施工方法。总之，综合楼工程是整个工程的主要矛盾，要全力解决。决定以该综合楼工程为价值工程研究对象，优化综合楼工程施工组织设计。

(2) 功能分析。

① 功能定义。综合楼的基本功能是提供办公和科研空间，其辅助功能主要是方便使用和外形美观。

② 功能整理。在办公楼工程功能定义的基础上，根据办公楼工程内在的逻辑联系，采取剔除、合并、简化等措施对功能定义进行整理，绘制出办公楼工程功能系统图，如图 11-4 所示。

(3) 方案创造与评价。

根据功能系统图可以明确看出，施工对象是综合楼。在施工阶段运用价值工程不同于设计阶段运用价值工程，重点在于考虑怎样实现活动空间。这就是说，

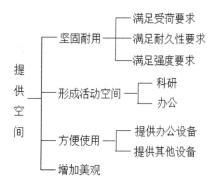

图 11-4　综合楼工程功能系统图

采用什么样的方法组织施工、保质保量地建设综合楼，是应用价值工程编制施工组织设计中所要解决的中心问题。根据"质量好、时间短、经济效益好"的原则，工程技术人员、施工人员、管理人员初步建立了以下三个方案，在此基础上进行技术经济评价。

方案 A：结构方案为大柱网框架轻墙体系，采用预应力大跨度叠合楼板，墙体材料采用多孔砖及移动式可拆装式分室隔墙，窗户采用中空玻璃断桥铝合金窗，面积利用系数为 93%，单方造价为 1438 元/m^2。

方案 B：结构方案同方案 A，墙体采用内浇外砌，窗户采用双玻璃钢塑窗，面积利用系数为 87%，单方造价为 1108 元/m^2。

方案 C：结构方案采用砖混结构体系，采用多孔预应力板，墙体材料采用标准黏土砖，窗户采用单玻璃空腹钢塑窗，面积利用系数为 79%，单方造价为 1082 元/m^2。

① 施工方案评价。价值工程人员运用"给分定量法"进行方案评价，三种施工方案的评价情况和具体打分结果如表 11-27 所示。

表 11-27 评分结果

方案评价		方 案		
指标体系	功能权重	A	B	C
结构体系	0.25	10	10	8
模板类型	0.05	10	10	9
墙体材料	0.25	8	9	7
面积系数	0.35	9	8	7
窗户类型	0.10	9	7	8
合计	1	46	44	39
功能指数		46/129 = 0.357	44/129 = 0.341	39/129 = 0.302

从得分结果可知，方案 A 功能指数最高，其次为方案 B。方案 A 最优，但功能系数小于 1，应寻求降低成本途径，需要作进一步分析。具体计算结果如表 11-28 所示。

表 11-28 给分定量法施工方案评价

方案评价			方 案		
指标体系	评分等级	评分标准	A	B	C
技术水平	1.清楚	10	10	10	
	2.不清楚	5			5
材料	1.需求量小	5			5
	2.需求量大	10	10	10	
成本	1.很高	5			5
	2.较低	10	10	10	
工程质量	1.保证质量	10	10	10	
	2.难以保证	5			5
安全生产	1.避免事故责任	10			10
	2.尽量避免事故责任	5	5	5	
施工质量	1.需要参加	5	5	5	
	2.不需要参加	10			10
合计			50	50	40

表 11-28 表明，方案 A 和方案 B 评价结果相同。需要进一步对各方案作价值分析，根据相关数据计算的各方案的预算成本及价值指数如表 11-29 所示。

表 11-29 各方案预算成本及价值指数

方 案	单方造价/(元/m²)	成本指数	价值指数
A	1438	0.396	0.904
B	1108	0.305	1.138
C	1082	0.298	0.990

从表 11-29 可知方案 B 价值指数最高，因此方案 B 为最优。

② 施工方案 B 的进一步优化。由于施工方案 B 存在多工种、多人员作业和总体施工时间长的问题，所以适宜用价值工程方法进一步优化。

经过考察，水平运输和垂直运输使大量人工耗用在无效益的搬运上。为了减少人工耗用，有以下几种途径。

　　a. 成本不增加，人员减少。

　　b. 成本略有增加，人员减少而工效大大提高。

　　c. 成本减少，人员总数不变而提高工效。

　　根据以上途径，相应提出三个施工方案。

　　方案Ⅰ：单纯减少人员。

　　方案Ⅱ：变更施工方案为单组流水施工。

　　方案Ⅲ：采用成倍节拍流水施工。

　　对以上三个方案采用给分定量法进行评价，方案 B 为最优，即采用成倍节拍流水施工进行方案 B 的施工。

　　③ 效果评价。通过运用价值工程，使该工程施工方案逐步完善，施工进度按计划完成，产值小幅增加，利润提高，工程质量好，能够降低成本，成效显著。

　　例 11-11　某地下工程中的墙体工程决策表如表 11-30 所示。该工程类别为地下工程，分部工程名称为墙体工程。

表 11-30　决策表 1

建筑工程种类：地下工程 $5m \leqslant d \leqslant 9m$，$6m \leqslant h \leqslant 10m$				决策卡 1～n															
				1	2	3	4	5	6	7	8	9	10	11	12	13	14	15	…	n
比较条件	地基	钢筋混凝土基础		○	○	○							●				○	○		○
		毛石基础					○	○	○	○					○					
		灰土基础									○	○		○	○					
	地下水	基础范围内无地下水		○	○	○	○	○	○	○	○	○		○	○					
		基础范围内有地下水	地下水无须下降										●			○	○	○		○
			地下水需要下降																	
内径		$5m \leqslant d \leqslant 7m$					○	○			○		●			○				○
		$7m \leqslant d \leqslant 9m$		○	○					○		○	○	○			○			○
沟深		$6m \leqslant h \leqslant 8m$				○		○			○		●			○				○
		$8m \leqslant h \leqslant 10m$		○		○		○		○		○								
施工技术与工艺方法	墙体建筑工程	1	敞开式施工	○	○	○	○	○	○	○	○	○								○
		2	封闭式施工(围堰/钢)	○	○	○	○	○	○	○	○	○								○
		3	纵墙施工方法 现浇混凝土	○	○	○	○	○	○	○	○	○	●	○	○		○	○		○
		4	装配式	○	○	○	○	○	○	○	○	○	●	○	○		○	○		○
		5	下沉方法 现浇混凝土 边制作边下沉	○	○	○	○	○	○				●	○	○		○	○		○
		6	滑模法施工	○	○		○	○	○				●	○	○		○	○		○
		7	装配式 水平连续法	○		○		○	○				●	○		○				○
		8	垂直连续法	○	○	○	○	○	○				●	○	○	○				○
		9	地梁	○	○	○	○	○	○	○	○	○	●							○

　　墙体工程的决策表说明如下。原始条件，包括本例普遍适用的约束条件及工程的范围；施工技术和工艺的方案，表 11-30 中列有 9 个方案，用这些施工方案可以在满足力学与防水

性能条件下实现这种形式和规模的结构的施工;各项条件的组合作为编制决策卡 1 至 n 的依据。

决策过程的第一个阶段是根据本工程所提出的原始条件,在表 11-30 中寻找适合的条件组合,决策表中第 10 列决策组合符合这种要求,这样就可以从方案 3 至 9 中确定可能的施工技术与工艺方法。

决策过程的第二个阶段是采用决策卡 10,进一步选择(优化)方案,如表 11-31 所示。表中包括施工技术与工艺方案评价所需要的建筑业主要技术经济指标、初选中所确定的各方案用数字及形象表示的指数、确定各方案的总评价指标并按指数值大小排列次序作为最终结果。

表 11-31 决策表 2

方案 指标名称	1	2	3	4	5	6	7	8	9
1.工期(x_1)	0	0	0.53	0.64	0.49	1.1	0.9	0.80	0.31
2.用工量(x_2)	0	0	0.45	0.70	0.51	0.55	1.01	0.84	0.31
3.装配化程度(x_3)	0	0	0	1	0	1.22	0.90	0.90	0
4.机械使用系数(x_4)	0	0	0.65	0.99	0.62	0.94	0.91	0.91	1
5.占地面积(x_5)	0	0	0.63	0.68	0.66	0.81	1	1	0.90
6.技术方案重复使用率(x_6)	0	0	0.53	0.63	1	0.90	0.74	0.74	0.80
7.造价(x_7)	0	0	0.92	0.85	0.97	1	0.80	0.81	0.32
8.成本(x_8)	0	0	0.97	0.82	0.87	0.93	0.82	0.82	0.78
9.材料耗用量(x_9)	0	0	0.42	1.02	0.70	0.64	0.94	0.93	0.25
总评价指数	0	0	5.2	7.33	5.82	8.09	8.0	7.75	4.67
排序			6	4	5	1	2	3	7

本例中作为优选方案之一的"滑模施工法"9 个可行指标的总评价指数中最大的是 8.09,故方案 6 为最优方案。

指数的选择:为了求得最优方案,对于工期、用工量、占地面积、造价、材料耗用量及成本等需要量,为了使其耗用量减少,应取各需要量最小者为优。为了便于计算和比较,用各需要量的倒数来表示指数。上述指数是根据"满足需要,并非满足可能"的原则,按使用耗费指数求出的。而对于装配化程度、机械使用系数及技术方案的重复使用率等,为了使各项指标最大,则使用其正常值。

表 11-31 各行中所列的指数是由 3 至 9 各列的指标与 3 至 9 的理想方案指标比值得到的。最后求出各项指数的总和,就能获得各方案的排序。在上述决策任务的例子中指标是以相同权重的数值来求得的,就此方法而论,也会出现这样的可能性,就是各项指标根据现有的工艺与经济上的约束关系可能附有不同的权数。在这种情况下,各指数则可引入加权系数换算来进行评价。

上述决策辅助方法是一种按照工程技术途径编制的表格决策资料,在建筑工程中用这种方法可以加强施工准备工作,利用这种表格提供的资料可以减轻施工准备人员的工作量,

使其能在较短的时间内将可行方案排列在一起并选择最优方案。这样可以加速施工技术与
工艺方案的实施，而所得到的评价结果是比较客观的，能排除某些主观因素的决策影响。

这种方法即使对于复杂、综合的决策过程，也可以根据决策表编制决策。实践证明，
该方案直观易懂，便于应用，并可以通过预算进行。但在综合决策过程中要注意简化，可
以分阶段进行，并应客观地确定各项指标的指数，以便防止决策表的复杂化和运算的不便。

11.2.4　施工方案的技术经济分析与比较

1. 施工方案的技术经济比较

在单位工程施工组织设计中对施工方案首先要考虑技术上的可能性，即是否能实现，
然后是经济上是否合理。在拟定的若干方案中，如果各施工方案均能满足要求，那么最经
济的方案就是最优方案。因此，要计算出各方案所发生的费用。

由于施工方案的类别较多，所以施工方案的技术经济分析应从实际条件出发，切实计
算发生的一切费用。如果属于固定资产的一次性投资，就要分别计算资金的时间价值。若
仅仅是在施工阶段的临时性一次投资，则由于时间短，可以不考虑资金的时间价值。

例 11-12　某工程施工中，对混凝土制作进行技术经济分析，有两个可供选择的方案，
①现场制作混凝土；②采用商品混凝土。已知 2500 m³ 混凝土，现场设置搅拌机容量为 0.375
m³，商品混凝土平均价格为 170 元/ m³，现场一个临时搅拌站一次性投资 12 500 元(含临时
建筑、设备运输费、装拆费与工资等)，与工期有关的费用，即容量 0.375 m³ 搅拌站设备装
置的租金与维修费为 1000 元/月，与混凝土数量有关的费用，即水泥、骨料、水电及工资等
工 160 元/m³。试对上述两个方案进行技术分析。

下面进行技术经济比较。

$$\frac{\text{现场制作}}{\text{混凝土单价}}=\frac{\text{搅拌站一次性投资费用}}{\text{现场混凝土总需要量}}+\frac{\text{与工期有关的费用}\times\text{工期}}{\text{现场混凝土总需要量}}+\frac{\text{与混凝土有关的费用}}{\text{现场混凝土总需要量}}$$

(1) 当工期为 12 个月时的成本分析：

$$\text{现场制作混凝土单价}=\frac{12\,500}{2500}+\frac{1000\times12}{2500}+160=169.8\,\text{元}/\text{m}^3<170\,\text{元}/\text{m}^3$$

即当工期为 12 个月时，现场制作混凝土比购买商品混凝土经济。

(2) 当工期为 24 个月时的成本分析：

$$\text{现场制作混凝土单价}=\frac{12\,500}{2500}+\frac{1000\times24}{2500}+160=174.6\,\text{元}/\text{m}^3>170\,\text{元}/\text{m}^3$$

即当工期为 24 个月时，购买商品混凝土比现场制作混凝土经济。

(3) 当工期多长时(x)，两个方案费用相同？

$$\frac{12\,500}{2500}+\frac{1000x}{2500}+160=170,\ \text{则}\,x=12.5\,\text{个月}$$

即当工期为 12.5 个月时，两个方案费用相同。

(4) 当工期为 12 个月，现场制作混凝土的最少数量为多少时(y)比较经济？

$$\frac{12\,500}{y}+\frac{1000\times12}{y}+160=170,\ \text{则}\,y=2450\,\text{m}^3$$

即当工期为 12 个月时，现场制作混凝土数量大于 2450 m³ 时比较经济。

由此可见，在不同的工期或混凝土数量变化时对费用变化产生影响。此外，在不同的运输距离下商品混凝土的单价也不相同。通过技术经济分析，说明经济比较必须实事求是，绝不能事先有某种倾向性方案，为了证实它而凑合数据，就不能真正得到客观分析的效果。

2. 缩短施工工期的经济分析

在施工方案的比较中首先涉及的是工期因素，根据缩短施工工期的经济效果进行综合比较来选择方案。缩短施工工期的效果(G)主要从以下三个方面考虑。

(1) 工程项目提前交付使用所得的收益(G_1)。由于改进施工组织方案，所以缩短了工期，提前投入生产，产生经济效益。即

$$G_1 = B(T_1 - T_2)$$

(2) 加速资金周转的效益(G_2)。当单位工程的施工工期缩短时，可以节约施工中占用的固定生产基金投资，减少流动资金和未完成工程费用。即

$$G_2 = EH(K_1 T_1 - K_2 T_2)$$

(3) 节约施工企业间接费用的经济效益(G_3)。由于缩短工程项目施工周期，所以使施工企业节省间接费用的效益。即

$$G_3 = H_y(1 - T_2/T_1)$$

因此，缩短施工工期的总经济效益(G)是上述三方面效益之和。

式中：B——工程项目使用时期内的平均收益；

$\qquad$ T_1——计划规定的施工工期；

$\qquad$ T_2——实际的施工工期；

$\qquad$ K_1——计划的基本建设投资；

$\qquad$ K_2——改进施工工艺后，需要的基本建设投资；

$\qquad$ EH——该部门投资的定额效果系数；

$\qquad$ H_y——基准方案与工期有关间接费用固定部分。

$$H_y = \frac{C \times H \times R}{(1+Y)(1+H)}$$

式中：C——工程预算造价；

$\qquad$ H——工程间接费率；

$\qquad$ R——与工期有关的间接费的固定部分比率；

$\qquad$ Y——计划利润。

例 11-13 某装机容量为 10 万千瓦的水电站，投资为 3100 万元，施工工期为 2 年，按设计能力年发电时间为 5000 小时，计划成本为 0.06 元/度，上网电价为 0.16 元/度，施工企业的计划利润(Y)为 6.6%，间接费率(H)为 12.4%。后来因为改进了施工工艺方案，可以提前一年建成发电，但需要增加投资 500 万元。试问：①提前一年投产的经济效益如何？②缩短工期一年带来的经济效益如何(设定额效果系数为 $EH = 0.2$)？③缩短施工工期的效益如何(间接费用中与缩短工期有关的固定部分 R 占 50%)？

具体分析如下。

① 提前一年投产的经济效益。

每度电的利润 = 0.16 − 0.06 = 0.10(元)

年平均收益(B) = 年生产能力 × 单位利润 = 10 × 5000 × 0.10 = 5000(万元)

提前一年投产的经济效益 $G_1 = B(T_1 − T_2) = 5000 × (2 − 1) = 5000$(万元)

结果说明提前一年投产所得收益为 5000 万元。

② 缩短工期一年带来的经济效益。

$$G_2 = EH(K_1T_1 − K_2T_2) = 0.2 × (3100 × 2 − 3500 × 1) = 540(万元)$$

结果说明缩短一年施工工期使该项目投资能获得 540 万元收益。

③ 缩短施工工期的效益。

$$H_y = \frac{C × H × R}{(1 + Y)(1 + H)} = \frac{3100 × 0.124 × 0.5}{(1 + 0.066) × (1 + 0.124)} = 160.41(万元)$$

间接费用的节约效益 $G_3 = H_y(1 − T_2/T_1) = 160.41 × (1 − 1/2) = 80.21$(万元)

结果说明缩短一年施工工期，可以节约施工间接费用 80.21 万元。

3. 主要施工机械选择的经济分析

选择主要施工机械要从机械的多用性、耐久性、经济性及生产率等要素来考虑，如果有若干种可供选择的机械，那么在使用性能和生产率相类似的条件下，人们通常的观念是从机械的价格最低来衡量。但是在技术经济评价中应全面考虑。机械的经济性包括原价、保养费、维修费、能耗费、使用年限、折旧费(即残值)等的综合评价。它是用折算成机械的年度费用(R)来比较，合理选择经济的方案。具体按下式计算：

$$R = P\frac{i(1 + i)^N}{(1 + i)^N − 1} + Q − r\frac{i}{(1 + i)^N − 1}$$

式中：R——折算成机械的年度费用(元/年)；

　　　P——机械原价(元)；

　　　Q——机械的年度保养费和维修费(元)；

　　　N——机械的使用年限(年)；

　　　r——残值(元)。

4. 提高施工机械设备使用率和降低停歇率的分析

工程项目施工过程中涉及很多机械设备，在施工方案中应列出选用的机械与设备的类型和数量，同时根据每台机械设备的空歇，列出该机械或设备的停歇时间并计算出停歇率。在使用机械和设备的类型以及数量相同的条件下，主要机械停歇时间最少的方案为最优方案。

通过以上对施工方案的技术经济分析，说明了任何一个施工组织设计，特别是施工方案的选择，必须根据业主的施工要求、施工企业自身的技术装备及建设项目的工程量，充分应用网络计划的严密性和科学性，合理安排劳动力、材料、机械设备、施工工艺等的计划，为决策者和管理者提供既能反映施工生产计划安排情况，又能反映出各工种的分解及相互关系，以及操作的时空关系，提出技术革新，挖掘企业潜力，从而提出工程节约措施及让利优惠，反映企业的生产管理水平，体现企业的综合实力。

本 章 小 结

研究和学习工程经济学的最终目的是要将工程经济学的原理应用到工程实践中去。通过对本章的学习,应了解工业建筑设计和民用建筑设计与经济的关系,理解设计方案的技术经济评价流程,掌握提高建筑设计方案技术经济效果的途径,理解施工方案技术经济分析的内容,掌握设计方案和施工方案的技术经济评价指标及评价方法,掌握施工方案的技术经济分析与比较等。

习 题

1. 厂区总平面设计方案的技术经济指标有哪些?
2. 住宅建筑设计的技术经济评价指标有哪些?
3. 设计方案技术经济评价方法有哪些?
4. 施工方案技术经济分析的内容有哪些?指标有哪些?
5. 施工方案技术经济分析的经济效果指标有哪些?
6. 试用价值工程方法对例 11-2 中的两个方案进行比较。
7. ××房地产开发商开发一个别墅群,在设计时设计师考虑选择家用中央空调系统。该别墅群每栋各三层,建筑面积大约都在 $250m^2$,每栋别墅需要配备空调的房间有 9 间,如果选择水系统家用中央空调系统,那么需要配置 10 台室内风盘。现有两种品牌的家用中央空调系统供选择。

Ⅰ型:初始购置费(包括安装费用)为 7.5 万元,年平均运行费用为 4300 元(按现行电价计算)。

Ⅱ型:初始购置费(包括安装费用)为 5.9 万元,年平均运行费用为 5000 元(按现行电价计算)。

空调平均使用寿命为 20 年,均无残值。基准收益率为 6%。

(1) 用单指标评价方法选择最优型号。

(2) 与Ⅱ型相比,Ⅰ型为知名品牌,具有低故障率、稳定性好、运行可靠、智能化程度高、售后服务体系完善等优势,综合考虑以上因素,如何进行选择?

8. 某施工项目进行施工方案设计时,为了能保证钢结构质量的焊接,已经初选出电渣焊、埋弧焊、CO_2 焊、混合焊等四种焊接方法。根据调查资料和实践经验,已经定出各评价要素的权重及方案的评分值(见表 11-32)。试对焊接方案进行比较和选择。

表 11-32 各评价要素的权重及其评分值

序 号	评价要素	权重	方案满足程度			
			电渣焊	埋弧焊	CO_2 焊	混合焊
1	焊接质量	40/%	75	65	35	55
2	焊接效率	15/%	80	70	40	70
3	焊接成本	30/%	75	95	95	95
4	操作难易	15/%	55	95	65	85

9. 某建筑进行施工方案设计时，为了选择确定刷浆工程的质量、进度和成本，已经初步选出石灰浆、大白浆、水泥砂浆和聚合物水泥浆四种浆液类型。根据调查资料和实践经验，已经定出各评价要素的权重及方案的评分值(见表 11-33)。试对各方案进行比较和选择。

表 11-33　各用浆方案评分

序　号	评价要素	权　重	方案评分值			
			石灰浆	大白浆	水泥砂浆	聚合物水泥浆
1	质量	30/%	75	80	90	100
2	成本	40/%	100	95	90	85
3	进度	10/%	100	100	85	90
4	操作难度	5/%	100	95	90	90
5	技术成熟度	15/%	100	100	95	95

10. 某工程需要制作一条 10m 长的钢筋混凝土梁，可以采用三种设计方案(见表 11-34)。经过测算，A、B、C 三种标号的混凝土的制作费分别为 220 元/m³、230 元/m³、225 元/m³，梁侧模的摊销费为 24.8 元/m²，钢筋制作、绑扎费用为 3390 元/吨，问哪个方案最优？

表 11-34　混凝土梁的三种方案

方　案	梁断面尺寸	钢筋(kg/m³ 混凝土)	混凝土标号
1	300mm × 900mm	95	A
2	500mm × 600mm	80	B
3	300mm × 800mm	105	C

11. 某施工单位在某工程施工中(工期在 1 年左右)，对该工程的混凝土供应提出了两个方案。

方案 A：现场搅拌混凝土方案。

现场建一个搅拌站，初期一次性建设费用，包括地坑基础、骨料仓库、设备的运输及装拆等费用，总共 100 500 元；搅拌设备的租金与维修费为 22 050 元/月；每立方米混凝土的制作费用，包括水泥、骨料、添加剂、水电及工资等总共为 275 元。

方案 B：商品混凝土方案。

由某构件厂供应商品混凝土，送到施工现场的价格为 355 元/m³。

分别在下列两种情况下，对两个方案进行经济分析比较。

(1) 设工程混凝土总需要量为 5000m³，在不同的工期下，比较两个方案。

(2) 设工程的工期为 1 年(12 个月)，在不同的混凝土总需要量下，比较两个方案。

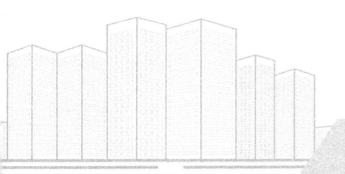

第 12 章 经济评价案例

※ 【学习要点及目标】

● 掌握建设项目经济评价的基本内容。

12.1 项 目 概 况

某石化工程项目为新建项目。该项目经济评价是在可行性研究完成市场需求预测、生产规模、工艺技术方案、原材料、燃料及动力的供应、建厂条件和厂址方案、公用工程和辅助设施、环境保护、工厂组织和劳动定员以及项目实施规划诸方面进行研究论证和多方案比较后，确定了最佳方案的基础上进行的。

项目主要产品之一石油蜡是石油炼制中的一种高附加值的产品，广泛应用于化工、轻工、食品、医疗、机械和国防等领域，是炼油厂不可忽视的效益增长点。项目主产品之二微晶蜡通常称为石油地蜡，具有高硬度、高熔点和高分子量的特点，具有独特的物理、化学性质，在掺合物中可改善光稳定性、抗张强度和抗脂性，同时它还具有优越的隔水、隔汽、隔味和隔氧等性质，被广泛地用于电子、造纸、医药及日用化学品等许多工业系统。

厂址拟建设地点位于城市近郊，占用一般农田 150 亩，由国家划拨。靠近铁路、公路、码头、交通运输方便，靠近主要原料和燃料产地，供应有保证；水、电供应可靠。

该项目主要设施包括主生产车间、与工艺生产相适应的辅助生产设施、公用工程以及有关的生产管理、生活福利等设施。

项目计划建设期为 2 年，第 3 年投产。投产当年生产负荷达到设计能力的 70%，第四年达到 100%。生产期按照 12 年计算，项目计算期为 14 年。

12.2 投 资 估 算

项目总投资 48052 万元，其中，建设投资 42967.27 万元，建设期贷款利息 1030.62 万元，流动资金投资 4054.11 万元。

公司自有资金共计 24350 万元，分别于第一年投入 15827.5 万元、第二年投入 8522.5 万元，均用于建设投资。

公司拟向建设银行借款筹资 18617.27 万元，其中第 1 年借入 12101.23 万元、第 2 年借入 6516.04 万元，借款均为均衡借入和使用，均用于建设投资。建设期内该借款产生 1030.62 万元利息。该借款年利率 4.75%，项目投产后分 5 年等额本息还款。

流动资金均来源于银行借款，总额为 4054.11 万元，按流动资金需求借入，借款利率为 4.35%。

1. 建筑工程费估算

本项目总建筑面积 37865 平方米，包括生产车间、厂部及车间办公场所、服务性设施和福利设施等，预计工程费用为 10066 万元。(为简化计算过程，形成固定资产过程中所产生的可抵扣的增值税进项税均计入固定资产成本，不做后续抵扣处理。)

2. 设备购置费估算

设备购置费按生产厂家报价或参考同类工程估算，共购置 175 台(套)设备，估算总额为 15866 万元。

3. 安装工程费用估算

各类设备的安装工程费用预计 4693 万元。

4. 工程建设其他费用估算

工程建设其他费用根据国家有关规定计取。

(1) 固定资产其他费用：2852 万元。

(2) 无形资产费用：公司购置专利技术费用共计 4410 万元。

(2) 其他费用：986 万元。

5. 预备费估算

基本预备费按工程费用的 8%计算确定，为 2678.16 万元。价差预备费的估算中，年均投资计划上涨率 4%，无建设前期，为 1416.11 万元。

表 12-1 固定资产及其他资产投资估算表

序号	工程或费用名称	估算价值				
		建筑工程	设备购置	安装工程	其 他	总 值
1	建设投资	10066.00	15866.00	4693.00	12342.27	42967.27
1.1	工程费用	10066.00	15866.00	4693.00	2852.00	33477.00
1.1.1	主要生产项目	4099.00	9991.00	2153.00	1851.00	18094.00
1.1.2	辅助生产车间	2475.00	1841.00	892.00	253.00	5461.00
1.1.3	公用工程	1861.00	992.00	431.00	221.00	3505.00
1.1.4	环境保护工程	701.00	1531.00	900.00	423.00	3555.00
1.1.5	总图运输	165.00	997.00	244.00	39.00	1445.00
1.1.6	厂区服务性工程	440.00	308.00	38.00	39.00	825.00
1.1.7	生活福利工程	325.00	206.00	35.00	26.00	592.00
1.2	工程建设其他费用				5396.00	5396.00
1.2.1	固定资产其他费用					
1.2.2	无形资产费用				4410.00	4410.00
1.2.3	其他资产费用				986.00	986.00
1.3	预备费用				4094.27	4094.27
1.3.1	基本预备费				2678.16	2678.16
1.3.2	价差预备费				1416.11	1416.11
2	建设期贷款利息				1030.62	1030.62
3	固定资产投资					43997.89

12.3 流动资金估算

流动资金采用分项详细估算法，对构成流动资金的各项流动资产和流动负债分别进行估算，流动资金估算总额为 49.57 万元，详见表 12-7"流动资金估算表"。

12.4 基 础 数 据

1. 项目计算期

项目计算期为 14 年，其中建设期为 2 年，运营期为 12 年。投产当年生产负荷达到设计能力的 70%，第四年达到 100%。

2. 外购原材料及燃料动力费用

外购原材料及燃料动力费用见表 12-2。

表 12-2　外购原材料及燃料动力费用估算表

序号	名　称	单　价		第 3 年(70%)			第 4-14 年各年(100%)		
		金　额	单　位	消耗量	单　位	消耗金额/万元	消耗量	单　位	消耗金额/万元
1	主要材料					53747.04			76781.49
1.1	58#脱油蜡	3241.00	元/吨	5.271	万吨	17083.31	7.530	万吨	24404.73
1.2	66#脱油蜡	3668.00	元/吨	4.270	万吨	15662.36	6.100	万吨	22374.80
1.3	70#脱油蜡	5074.00	元/吨	2.702	万吨	13709.95	3.860	万吨	19585.64
1.4	75#脱油蜡	6056.00	元/吨	1.204	万吨	7291.42	1.720	万吨	10416.32
2	辅助材料					818.97			1169.95
2.1	新氢	1.00	元/m³	307.300	万 m³	307.30	439.000	万 m³	439.00
2.2	白土	1200.00	元/吨	0.175	万吨	210.00	0.250	万吨	300.00
2.3	精制催化剂	16.00	万元/吨	13.300	吨	212.80	19.000	吨	304.00
2.4	保护剂	15.50	万元/吨	1.330	吨	20.62	1.900	吨	29.45
2.5	二甲基二硫	2.50	万元/吨	4.900	吨	12.25	7.000	吨	17.50
2.6	抗氧化剂	4.00	万元/吨	14.000	吨	56.00	20.000	吨	80.00
3	外购燃料动力					756.57			1080.82
3.1	水	2.00	元/吨	73.500	万吨	147.00	105.000	万吨	210.00
3.2	电	0.48	元/度	531.300	万度	255.02	759.000	万度	364.32
3.3	净化风	0.15	元/m³	105.000	万 m³	15.75	150.000	万 m³	22.50
3.4	蒸汽	91.00	元/吨	2.800	万吨	254.80	4.000	万吨	364.00
3.5	燃料气	600.00	元/吨	0.140	万吨	84.00	0.200	万吨	120.00

3. 销售收入、税金及附加

销售收入、税金及附加见表 12-3。

表 12-3　销售收入、税金及附加估算表

序　号	项　目	单价/(元/吨)	第 3 年		第 4-14 年各年(100%)	
			销量/万吨	金额/万元	销量/万吨	金额/万元
1	营业收入			71251.64		101788.05
1.1	58#石蜡	3735.00	5.131	19164.29	7.33	27377.55
1.2	66#石蜡	5149.00	4.130	21265.37	5.90	30379.10
1.3	70#微晶蜡	7538.00	2.632	19840.02	3.76	28342.88

序　号	项　目	单价/(元/吨)	第 3 年		第 4-14 年各年(100%)	
			销量/万吨	金额/万元	销量/万吨	金额/万元
1.4	75#微晶蜡	9356.00	1.169	10937.16	1.67	15624.52
1.5	含氢气体	800.00	0.056	44.80	0.08	64.00
2	营业税金及附加			2021.05		2887.21
2.1	增值税			1837.32		2624.74
2.1.1	销项税额			8197.09		11710.13
2.1.2	进项税额			6359.77		9085.39
2.2	城市维护建设税			128.61		183.73
2.3	教育费附加			55.12		78.74

4. 折旧及摊销

根据规定，固定资产折旧年限为 12 年，无形资产按 10 年摊销，其他资产于经营期第 1 年全额摊销，折旧及摊销费见表 12-4。

表 12-4　折旧及摊销估算表

序号	项　目	原　值	投产期	达到设计能力投产期/年						
			3	4	5	6	7	8-13	14	
1	固定资产	38601.89								
1.1	年折旧额		3056	3056	3056	3056	3056	18336	3056	
1.2	净值		35545.89	32489.89	29433.89	26377.89	23321.89	4985.89	1929.89	
1.3	累计折旧额		3056	6112	9168	12224	15280	33616	36672	
2	无形资产	4410								
2.1	摊销额		882	882	882	882	882			
2.2	净值		3528	2646	1764	882				
3	其他资产	986								
3.1	摊销额		986							
3.2	净值									

5. 职工薪酬

工厂定员为 200 人，管理人员 45 人，生产工人 155 人。职工薪酬按管理人员每人每年 75000 元估算，生产工人按每人每年 50000 元估算，全年职工薪酬为 1112.5 万元。

6. 税金及税率

增值税税率为 13%(水的增值税税率为 9%)；城市维护建设税率为流转税额的 7%，教育费附加率为流转税额的 3%；企业所得税税率为 25%。

7. 修理费

项目建成后各种设备及建筑物等的后期修理费用按固定资产原值的 6%估算。

8. 其他费用

其他销售费用按当年销售额的 5%估算；其他管理费用以管理人员定员为基础按 50000 元/人年估算；其他制造费用以生产工人定员为基础按 40000 元/人年估算。

9. 利润分配

盈余公积金按税后利润的 15%计取，除此之外，无其他利润分配事项。

10. 项目基准收益率

依据《建设项目经济评价方法与参数》，同时结合行业收益率，确定本项目基准收益率为 8%。

12.5 财务分析

1. 成本分析

项目主要的成本构成为各类脱油蜡，达产年各类脱油蜡消耗量为 19.21 万吨，总成本为 76781 万元，占项目总成本费用的 85%。本项目的总成本费用见表 12-6。

2. 收入及利税分析

1) 收入

根据当前市场销售情况及考虑未来增长因素，本项目主要产品的销量、价格以及销售收入等情况见表 12-3。

2) 利税分析

经过计算，平均年利润总额 6217.29 万元，年均所得税 1554.32 万元，年均净利润 4662.96 万元，详见表 12-8。

3. 财务生存能力分析

项目计算期内各年的净现金流量及累计盈余资金均为正值，各年均有足够的净现金流量维持项目的正常运营，可以保证项目财务的可持续性，详见表 12-10、12-11。

12.6 盈利能力分析

通过对本项目全部投资现金流量进行分析可得以下结果。

净现值为 10929 万元($i_C = 8\%$)；内部收益率为 11.23%；动态投资回收期为 11.19 年；静态投资回收期为 7.67 年；投资利润率为 12.94%；投资利税率为 18.8%；资本金利润率为 25.53%。

12.7 不确定因素分析

1. 敏感性分析

本项目的基本方案净现值 10929 万元，内部收益率为 11.23%，动态投资回收期 11.19 年，满足财务基准值的要求。但考虑项目实施过程中一些不利因素的变化，分别对项目的销售收入、主要材料、建设投资做了降低 10% 和提高 10% 的单因素变化对净现值影响的敏感性分析，详见图 12-1 和表 12-5。

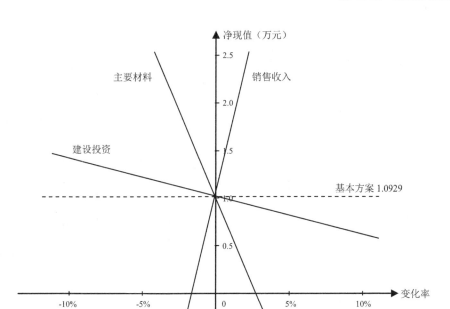

图 12-1　敏感性分析

表 12-5　敏感性分析

序　号	变化因素	变化率	净现值	敏感系数	临界点/%
1	基本方案		10929.00		
2	销售收入	−10%	−30986.80	38.35	−2.61%
3	主要材料	+10%	−20825.41	−29.06	3.44%
4	建设投资	+10%	6064.74	−4.45	22.47%

从敏感性分析表中可以看出，各因素的变化都不同程度地影响净现值，其中经营收入的提高或降低最为敏感。

2. 盈亏平衡分析

以销售率表示的盈亏平衡点(以达产年平均值计算)：

$$盈亏平衡点 = \frac{12318.64}{101788.05 - 79807.26 - 2887.21} = 64.5\%$$

通过分析表明，项目只要达到64.5%的销售率，就可以保本。

12.8　财务评价结论

盈利能力分析表明，项目税后净现值为 10929 万元，税后财务内部收益率为 11.23%，高于设定的基准收益率 8%。盈亏平衡分析和敏感性分析说明项目虽然可能面临某些风险，但是仍然有一定的抗风险能力。

从财务评价的角度来看，项目建设是可行的，应尽早落实资金尽早实施。

经济评价计算过程及结果数据见表 12-1 至表 12-13。

单位：万元

表 12-6　总成本费用估算表

序号	项目	投产期			达产期			
		3	4	5	6	7	13	14
1	外购原材料	54566.01	77951.44	77951.44	77951.44	77951.44	467708.64	77951.44
2	外购燃料、动力	756.57	1080.82	1080.82	1080.82	1080.82	6484.92	1080.82
3	职工薪酬	1112.50	1112.50	1112.50	1112.50	1112.50	6675.00	1112.50
4	修理费	2316.11	2316.11	2316.11	2316.11	2316.11	13896.66	2316.11
5	折旧费	3056.00	3056.00	3056.00	3056.00	3056.00	18336.00	3056.00
6	摊销费	1868.00	882.00	882.00	882.00	882.00		
7	财务费用	1064.73	939.88	762.07	575.82	380.72	1058.10	176.35
7.1	长期借款利息	933.27	763.53	585.72	399.47	204.37	1058.10	176.35
7.2	短期借款利息	131.46	176.35	176.35	176.35	176.35		
8	其他费用	4407.58	5934.40	5934.40	5934.40	5934.40	35606.40	5934.40
8.1	其他制造费用	620.00	620.00	620.00	620.00	620.00	3720.00	620.00
8.2	其他管理费用	225.00	225.00	225.00	225.00	225.00	1350.00	225.00
8.3	其他销售费用	3562.58	5089.40	5089.40	5089.40	5089.40	30536.40	5089.40
9	总成本费用	69147.50	93273.15	93095.34	92909.09	92713.99	549765.72	91627.62
	其中：固定成本	13049.92	13465.89	13288.08	13101.83	12906.73	70922.16	11820.36
	变动成本	56097.58	79807.26	79807.26	79807.26	79807.26	478843.56	79807.26
10	经营成本	63158.77	88395.27	88395.27	88395.27	88395.27	530371.62	88395.27

单位：万元

表 12-7　流动资金估算表

序号	项目	周转天数	周转次数	投产年	达产年					9-14各年
				3	4	5	6	7	8	
1	流动资产			8554.30	11957.34	11957.34	11957.34	11957.34	11957.34	11957.34
1.1	应收账款	30	12	5263.23	7366.27	7366.27	7366.27	7366.27	7366.27	7366.27
1.2	存货			3061.07	4297.45	4297.45	4297.45	4297.45	4297.45	4297.45
1.2.1	原材料燃料动力	3	120	461.02	658.60	658.60	658.60	658.60	658.60	658.60
1.2.2	在产品	3	120	494.76	692.34	692.34	692.34	692.34	692.34	692.34

续表

序号	项目	周转天数	周转次数	投产年 3	4	5	6	7	8	9-14 各年
						达产年				
1.2.3	产成品	12	30	2105.29	2946.51	2946.51	2946.51	2946.51	2946.51	2946.51
1.3	现金	15	24	230.00	293.62	293.62	293.62	293.62	293.62	293.62
2	流动负债			5532.26	7903.23	7903.23	7903.23	7903.23	7903.23	7903.23
2.1	应付账款	36	10	5532.26	7903.23	7903.23	7903.23	7903.23	7903.23	7903.23
3	流动资金(1-2)			3022.04	4054.11	4054.11	4054.11	4054.11	4054.11	4054.11
4	流动资金本年增加额			3022.04	1032.07					

表 12-8　利润和利润分配表

单位：万元

序号	项目	投产年 3	4	5	6	7	8-13	14
				达产年				
1	营业收入	71251.64	101788.05	101788.05	101788.05	101788.05	610728.30	101788.05
2	营业税金及附加	2021.05	2887.21	2887.21	2887.21	2887.21	17323.26	2887.21
3	总成本费用	69147.50	93273.15	93095.34	92909.09	92713.99	549765.72	91627.62
4	利润总额(1-2-3)	83.09	5627.69	5805.50	5991.75	6186.85	43639.32	7273.22
5	弥补前年度亏损							
6	应纳税所得额(4-5)	83.09	5627.69	5805.50	5991.75	6186.85	43639.32	7273.22
7	所得税	20.77	1406.92	1451.38	1497.94	1546.71	10909.86	1818.31
8	税后利润(4-7)	62.32	4220.77	4354.12	4493.81	4640.14	32729.46	5454.91
9	可供分配利润	62.32	4220.77	4354.12	4493.81	4640.14	32729.46	5454.91
10	利润分配	9.35	633.12	653.12	674.07	696.02	4909.44	818.24
10.1	盈余公积金	9.35	633.12	653.12	674.07	696.02	4909.44	818.24
10.2	应付利润							
11	未分配利润	52.97	3587.65	3701.00	3819.74	3944.12	27820.02	4636.67
12	累计未分配利润	52.97	3640.62	7341.62	11161.36	15105.48	42925.50	47562.17

表 12-9 借款还本付息估算表

单位：万元

| 序号 | 项目 | 建设期/年 | | 投产年 | 达产年 | | | | | |
		1	2	3	4	5	6	7	8-13	14
1	长期借款年初本息累计		12388.63	19647.89	16074.31	12330.99	8409.86	4302.48		
2	长期借款本年应计利息			933.27	763.53	585.72	399.47	204.37		
3	长期借款本年还本			3573.58	3743.32	3921.13	4107.38	4302.48		
4	长期借款本年支付利息			933.27	763.53	585.72	399.47	204.37		
5	偿还长期借款的资金来源			5919.59	8922.30	8877.84	8831.28	8782.51	51065.46	8510.91
5.1	税后利润			62.32	4220.77	4354.12	4493.81	4640.14	32729.46	5454.91
5.2	折旧费			3056.00	3056.00	3056.00	3056.00	3056.00	18336.00	3056.00
5.3	摊销费			1868.00	882.00	882.00	882.00	882.00		
5.4	短期借款									
5.5	长期借款利息费用			933.27	763.53	585.72	399.47	204.37		
6	偿还长期借款本息			4506.85	4506.85	4506.85	4506.85	4506.85	51065.46	8510.91
7	偿还本息后余额			1412.74	4415.45	4370.99	4324.43	4275.66		
8	累计盈余			1412.74	5828.19	10199.18	14523.61	18799.27	69864.73	78375.64

表 12-10 项目全部投资现金流量表

单位：万元

| 序号 | 项目 | 建设期/年 | | | 投产期 | 达产期 | | | | | |
		0	1	2	3	4	5	6	7	8-13	14
1	现金流入				71251.64	101788.05	101788.05	101788.05	101788.05	610728.30	107772.05
1.1	营业收入				71251.64	101788.05	101788.05	101788.05	101788.05	610728.30	101788.05
1.2	补贴收入										
1.3	回收固定资产余值										1929.89
1.4	回收流动资金										4054.11
2	现金流出	27928.73	15038.54	3022.04	66211.89	91282.48	91282.48	91282.48	91282.48	567694.88	91282.48
2.1	建设投资	27928.73	15038.54								
2.2	流动资金			3022.04	1032.07						
2.3	经营成本				63158.77	88395.27	88395.27	88395.27	88395.27	530371.62	88395.27
2.4	营业税金及附加				2021.05	2887.21	2887.21	2887.21	2887.21	17323.26	2887.21
2.5	维持运营投资										

续表

序号	项目	建设期/年			投产期		达产期				14
		0	1	2	3	4	5	6	7	8-13	
3	调整所得税				286.96	1641.89	1641.89	1641.89	1641.89	11174.34	1862.39
4	所得税后净现金流量	-27928.73	-15038.54	-3022.04	4752.79	8863.68	8863.68	8863.68	8863.68	51859.08	14627.18
5	累计所得税后净现金流量	-27928.73	-42967.27	-45989.31	-41236.52	-32372.84	-23509.16	-14645.48	-5781.80	146815.98	60704.46
计算指标											
净现值(ic=8%)	10929 万元										
内部收益率	11.23%										
动态投资回收期	11.19 年										
静态投资回收期	7.67 年										

表 12-11　项目资本现金流量表

单位：万元

序号	项目	建设期/年			投产期		达产期				14
		0	1	2	3	4	5	6	7	8-13	
1	现金流入				71251.64	101788.05	101788.05	101788.05	101788.05	610728.30	107772.05
1.1	营业收入				71251.64	101788.05	101788.05	101788.05	101788.05	610728.30	101788.05
1.2	补贴收入										
1.3	回收固定资产余值										1929.89
1.4	回收流动资金										4054.11
2	现金流出	15827.50	8522.50		69838.90	97372.60	97417.06	97463.62	97512.39	559662.84	93277.14
2.1	技术方案资本金	15827.50	8522.50								
2.2	借款本金偿还				3573.58	3743.32	3921.13	4107.38	4302.48	1058.10	
2.3	借款利息支付				1064.73	939.88	762.07	575.82	380.72	176.35	
2.4	经营成本				63158.77	88395.27	88395.27	88395.27	88395.27	530371.62	88395.27
2.5	营业税金及附加				2021.05	2887.21	2887.21	2887.21	2887.21	17323.26	2887.21
2.6	所得税				20.77	1406.92	1451.38	1497.94	1546.71	10909.86	1818.31
2.7	维持运营投资										
3	净现金流量(1-2)	-15827.50	-8522.50		1412.74	4415.45	4370.99	4324.43	4275.66	51065.46	14494.91

单位：万元

表 12-12　资产负债表

序号	项目	建设期/年		投产期				达产年		
		1	2	3	4	5	6	7	8
1	资产	28216.13	43997.89	49040.93	52921.42	53354.41	53740.84	54078.50	59533.41
1.1	流动资产			9967.04	17785.53	22156.52	26480.95	30756.61	39267.52
1.1.1	应收账款			5263.23	7366.27	7366.27	7366.27	7366.27	7366.27
1.1.2	存货			3061.07	4297.45	4297.45	4297.45	4297.45	4297.45
1.1.3	现金			230.00	293.62	293.62	293.62	293.62	293.62
1.1.4	累计盈余资金			1412.74	5828.19	10199.18	14523.61	18799.27	27310.18
1.2	在建工程	28216.13	43997.89						
1.3	固定资产净值			35545.89	32489.89	29433.89	26377.89	23321.89	20265.89
1.4	无形及递延资产净值			3528.00	2646.00	1764.00	882.00		
2	负债及所有者权益	28216.13	43997.89	49040.93	52921.42	53354.41	53740.84	54078.50	59533.41
2.1	流动负债			8554.30	11957.34	11957.34	11957.34	11957.34	11957.34
2.1.1	应付账款			5532.26	7903.23	7903.23	7903.23	7903.23	7903.23
2.1.2	短期借款			3022.04	4054.11	4054.11	4054.11	4054.11	4054.11
2.2	长期借款	12388.63	19647.89	16074.31	12330.99	8409.86	4302.48		
	负债小计	12388.63	19647.89	24628.61	24288.33	20367.20	16259.82	11957.34	11957.34
2.3	所有者权益	15827.50	24350.00	24412.32	28633.09	32987.21	37481.02	42121.16	47576.07
2.3.1	资本金	15827.50	24350.00	24350.00	24350.00	24350.00	24350.00	24350.00	24350.00
2.3.2	资本公积								
2.3.3	盈余公积			9.35	642.47	1295.59	1969.66	2665.68	3483.92
2.3.4	未分配利润			52.97	3640.62	7341.62	11161.36	15105.48	19742.15

单位：万元

表 12-13　资产负债表

序号	项目	达产年						
		9	10	11	12	13	14
1	资产	64988.32	70443.23	75898.14	81353.05	86807.96	80305.53
1.1	流动资产	47778.43	56289.34	64800.25	73311.16	81822.07	80305.53
1.1.1	应收账款	7366.27	7366.27	7366.27	7366.27	7366.27	
1.1.2	存货	4297.45	4297.45	4297.45	4297.45	4297.45	
1.1.3	现金	293.62	293.62	293.62	293.62	293.62	293.62
1.1.4	累计盈余资金	35821.09	44332.00	52842.91	61353.82	69864.73	80011.91
1.2	在建工程						
1.3	固定资产净值	17209.89	14153.89	11097.89	8041.89	4985.89	
1.4	无形及递延资产净值						
2	负债及所有者权益	64988.32	70443.23	75898.14	81353.05	86807.96	80305.53
2.1	流动负债	11957.34	11957.34	11957.34	11957.34	11957.34	
2.1.1	应付账款	7903.23	7903.23	7903.23	7903.23	7903.23	
2.1.2	短期借款	4054.11	4054.11	4054.11	4054.11	4054.11	
2.2	长期借款						
2.3	所有者权益	11957.34	11957.34	11957.34	11957.34	11957.34	
		53030.98	58485.89	63940.80	69395.71	74850.62	80305.53
2.3.1	资本金	24350.00	24350.00	24350.00	24350.00	24350.00	24350.00
2.3.2	资本公积						
2.3.3	盈余公积	4302.16	5120.40	5938.64	6756.88	7575.12	8393.36
2.3.4	未分配利润	24378.82	29015.49	33652.16	38288.83	42925.50	47562.17

附录　复利系数表

表 A.1　复利系数表(*i* = 10%)

n	(F/P,i,n)	(P/F,i,n)	(F/A,i,n)	(A/F,i,n)	(P/A,i,n)	(A/P,i,n)	(F/G,i,n)	(P/G,i,n)	(A/G,i,n)
1	1.1000	0.9091	1.0000	1.0000	0.9091	1.1000	0.0000	0.0000	0.0000
2	1.2100	0.8264	2.1000	0.4762	1.7355	0.5762	1.0000	0.8264	0.4762
3	1.3310	0.7513	3.3100	0.3021	2.4869	0.4021	3.1000	2.3291	0.9366
4	1.4641	0.6830	4.6410	0.2155	3.1699	0.3155	6.4100	4.3781	1.3812
5	1.6105	0.6209	6.1051	0.1638	3.7908	0.2638	11.0510	6.8618	1.8101
6	1.7716	0.5645	7.7156	0.1296	4.3553	0.2296	17.1561	9.6842	2.2236
7	1.9487	0.5132	9.4872	0.1054	4.8684	0.2054	24.8717	12.7631	2.6216
8	2.1436	0.4665	11.4359	0.0874	5.3349	0.1874	34.3589	16.0287	3.0045
9	2.3579	0.4241	13.5795	0.0736	5.7590	0.1736	45.7948	19.4215	3.3724
10	2.5937	0.3855	15.9374	0.0627	6.1446	0.1627	59.3742	22.8913	3.7255
11	2.8531	0.3505	18.5312	0.0540	6.4951	0.1540	75.3117	26.3963	4.0641
12	3.1384	0.3186	21.3843	0.0468	6.8137	0.1468	93.8428	29.9012	4.3884
13	3.4523	0.2897	24.5227	0.0408	7.1034	0.1408	115.227	33.3772	4.6988
14	3.7975	0.2633	27.9750	0.0357	7.3667	0.1357	139.750	36.8005	4.9955
15	4.1772	0.2394	31.7725	0.0315	7.6061	0.1315	167.725	40.1520	5.2789
16	4.5950	0.2176	35.9497	0.0278	7.8237	0.1278	199.497	43.4164	5.5493
17	5.0545	0.1978	40.5447	0.0247	8.0216	0.1247	235.447	46.5819	5.8071
18	5.5599	0.1799	45.5992	0.0219	8.2014	0.1219	275.992	49.6395	6.0526
19	6.1159	0.1635	51.1591	0.0195	8.3649	0.1195	321.591	52.5827	6.2861
20	6.7275	0.1486	57.2750	0.0175	8.5136	0.1175	372.750	55.4069	6.5081
21	7.4002	0.1351	64.0025	0.0156	8.6487	0.1156	430.025	58.1095	6.7189
22	8.1403	0.1228	71.4027	0.0140	8.7715	0.1140	494.027	60.6893	6.9189
23	8.9543	0.1117	79.5430	0.0126	8.8832	0.1126	565.430	63.1462	7.1085
24	9.8497	0.1015	88.4973	0.0113	8.9847	0.1113	644.973	65.4813	7.2881
25	10.8347	0.0923	98.3471	0.0102	9.0770	0.1102	733.471	67.6964	7.4580

n	(F/P,i,n)	(P/F,i,n)	(F/A,i,n)	(A/F,i,n)	(P/A,i,n)	(A/P,i,n)	(F/G,i,n)	(P/G,i,n)	(A/G,i,n)
26	11.9182	0.0839	109.182	0.0092	9.1609	0.1092	831.818	69.7940	7.6186
27	13.1100	0.0763	121.100	0.0083	9.2372	0.1083	940.999	71.7773	7.7704
28	14.4210	0.0693	134.210	0.0075	9.3066	0.1075	1062.10	73.6495	7.9137
29	15.8631	0.0630	148.631	0.0067	9.3696	0.1067	1196.31	75.4146	8.0489
30	17.4494	0.0573	164.494	0.0061	9.4269	0.1061	1344.94	77.0766	8.1762
31	19.1943	0.0521	181.943	0.0055	9.4790	0.1055	1509.43	78.6395	8.2962
32	21.1138	0.0474	201.138	0.0050	9.5264	0.1050	1691.38	80.1078	8.4091
33	23.2252	0.0431	222.252	0.0045	9.5694	0.1045	1892.52	81.4856	8.5152
34	25.5477	0.0391	245.477	0.0041	9.6086	0.1041	2114.77	82.7773	8.6149
35	28.1024	0.0356	271.024	0.0037	9.6442	0.1037	2360.24	83.9872	8.7086
36	30.9127	0.0323	299.127	0.0033	9.6765	0.1033	2631.27	85.1194	8.7965
37	34.0039	0.0294	330.039	0.0030	9.7059	0.1030	2930.39	86.1781	8.8789
38	37.4043	0.0267	364.043	0.0027	9.7327	0.1027	3260.43	87.1673	8.9562
39	41.1448	0.0243	401.448	0.0025	9.7570	0.1025	3624.48	88.0908	9.0285
40	45.2593	0.0221	442.593	0.0023	9.7791	0.1023	4025.93	88.9525	9.0962
41	49.7852	0.0201	487.852	0.0020	9.7991	0.1020	4468.52	89.7560	9.1596
42	54.7637	0.0183	537.637	0.0019	9.8174	0.1019	4956.37	90.5047	9.2188
43	60.2401	0.0166	592.401	0.0017	9.8340	0.1017	5494.01	91.2019	9.2741
44	66.2641	0.0151	652.641	0.0015	9.8491	0.1015	6086.41	91.8508	9.3258
45	72.8905	0.0137	718.905	0.0014	9.8628	0.1014	6739.05	92.4544	9.3740
46	80.1795	0.0125	791.795	0.0013	9.8753	0.1013	7457.95	93.0157	9.4190
47	88.1975	0.0113	871.975	0.0011	9.8866	0.1011	8249.75	93.5372	9.4610
48	97.0172	0.0103	960.172	0.0010	9.8969	0.1010	9121.72	94.0217	9.5001
49	106.719	0.0094	1057.19	0.0009	9.9063	0.1009	10081.9	94.4715	9.5365
50	117.391	0.0085	1163.91	0.0009	9.9148	0.1009	11139.1	94.8889	9.5704
60	304.482	0.0033	3034.82	0.0003	9.9672	0.1003	29748.2	97.7010	9.8023
70	789.747	0.0013	7887.47	0.0001	9.9873	0.1001	78174.7	98.9870	9.9113
80	2048.40	0.0005	20474.0	0.0000	9.9951	0.1000	203940	99.5606	9.9609
90	5313.02	0.0002	53120.2	0.0000	9.9981	0.1000	530302	99.8118	9.9831

表 A.2　复利系数表(*i* = 15%)

(,n)	(P/F,i,n)	(F/A,i,n)	(A/F,i,n)	(P/A,i,n)	(A/P,i,n)	(F/G,i,n)	(P/G,i,n)	(A/G,i,n)
00	0.8696	1.0000	1.0000	0.8696	1.1500	0.0000	0.0000	0.0000
	3225	0.7561	2.1500	0.4651	1.6257	0.6151	1.0000	0.7561	0.4651
	1.5209	0.6575	3.4725	0.2880	2.2832	0.4380	3.1500	2.0712	0.9071
4	1.7490	0.5718	4.9934	0.2003	2.8550	0.3503	6.6225	3.7864	1.3263
5	2.0114	0.4972	6.7424	0.1483	3.3522	0.2983	11.6159	5.7751	1.7228
6	2.3131	0.4323	8.7537	0.1142	3.7845	0.2642	18.3583	7.9368	2.0972
7	2.6600	0.3759	11.0668	0.0904	4.1604	0.2404	27.1120	10.1924	2.4498
8	3.0590	0.3269	13.7268	0.0729	4.4873	0.2229	38.1788	12.4807	2.7813
9	3.5179	0.2843	16.7858	0.0596	4.7716	0.2096	51.9056	14.7548	3.0922
10	4.0456	0.2472	20.3037	0.0493	5.0188	0.1993	68.6915	16.9795	3.3832
11	4.6524	0.2149	24.3493	0.0411	5.2337	0.1911	88.9952	19.1289	3.6549
12	5.3503	0.1869	29.0017	0.0345	5.4206	0.1845	113.344	21.1849	3.9082
13	6.1528	0.1625	34.3519	0.0291	5.5831	0.1791	142.346	23.1352	4.1438
14	7.0757	0.1413	40.5047	0.0247	5.7245	0.1747	176.698	24.9725	4.3624
15	8.1371	0.1229	47.5804	0.0210	5.8474	0.1710	217.203	26.6930	4.5650
16	9.3576	0.1069	55.7175	0.0179	5.9542	0.1679	264.783	28.2960	4.7522
17	10.7613	0.0929	65.0751	0.0154	6.0472	0.1654	320.501	29.7828	4.9251
18	12.3755	0.0808	75.8364	0.0132	6.1280	0.1632	385.576	31.1565	5.0843
19	14.2318	0.0703	88.2118	0.0113	6.1982	0.1613	461.412	32.4213	5.2307
20	16.3665	0.0611	102.444	0.0098	6.2593	0.1598	549.624	33.5822	5.3651
21	18.8215	0.0531	118.810	0.0084	6.3125	0.1584	652.067	34.6448	5.4883
22	21.6447	0.0462	137.632	0.0073	6.3587	0.1573	770.878	35.6150	5.6010
23	24.8915	0.0402	159.276	0.0063	6.3988	0.1563	908.509	36.4988	5.7040
24	28.6252	0.0349	184.168	0.0054	6.4338	0.1554	1067.79	37.3023	5.7979
25	32.9190	0.0304	212.793	0.0047	6.4641	0.1547	1251.95	38.0314	5.8834
26	37.8568	0.0264	245.712	0.0041	6.4906	0.1541	1464.75	38.6918	5.9612
27	43.5353	0.0230	283.569	0.0035	6.5135	0.1535	1710.46	39.2890	6.0319
28	50.0656	0.0200	327.104	0.0031	6.5335	0.1531	1994.03	39.8283	6.0960
29	57.5755	0.0174	377.170	0.0027	6.5509	0.1527	2321.13	40.3146	6.1541
30	66.2118	0.0151	434.745	0.0023	6.5660	0.1523	2698.30	40.7526	6.2066